| 民商法论丛 |

2009年度教育部人文社会科学研究青年基金项目
（09YJC820006）结项成果

意外事故的综合救济机制研究

历史与比较的考察

主　编　李昊

撰稿人　王晓明　李昊　汪志刚
　　　　唐超　窦海阳　张挺

北京大学出版社
PEKING UNIVERSITY PRESS

图书在版编目(CIP)数据

意外事故的综合救济机制研究:历史与比较的考察/李昊主编.--北京:北京大学出版社,2024.8.--(民商法论丛).-- ISBN 978-7-301-35223-6

Ⅰ.D913.1

中国国家版本馆 CIP 数据核字第 202425G4U2 号

书　　　　名	意外事故的综合救济机制研究——历史与比较的考察 YIWAI SHIGU DE ZONGHE JIUJI JIZHI YANJIU ——LISHI YU BIJIAO DE KAOCHA
著作责任者	李　昊　主编
责任编辑	周　菲
标准书号	ISBN 978-7-301-35223-6
出版发行	北京大学出版社
地　　　　址	北京市海淀区成府路 205 号　100871
网　　　　址	http://www.pup.cn
新浪微博	@北京大学出版社　@北大出版社法律图书
电子邮箱	编辑部 law@pup.cn　总编室 zpup@pup.cn
电　　　　话	邮购部 010-62752015　发行部 010-62750672　编辑部 010-62752027
印　刷　者	大厂回族自治县彩虹印刷有限公司
经　销　者	新华书店
	965 毫米×1300 毫米　16 开本　25 印张　428 千字 2024 年 8 月第 1 版　2024 年 8 月第 1 次印刷
定　　　　价	68.00 元

未经许可,不得以任何方式复制或抄袭本书之部分或全部内容。
版权所有,侵权必究
举报电话: 010-62752024　电子邮箱: fd@pup.cn
图书如有印装质量问题,请与出版部联系,电话: 010-62756370

目　录

引　言 …………………………………………………………… (1)

第一章　新西兰意外事故人身伤害的综合救济机制 ……………… (22)
  第一节　1972年之前新西兰的意外人身伤害补偿法律制度 …… (22)
  第二节　新西兰意外事故补偿法的历史沿革 …………………… (28)
  第三节　现行意外事故补偿法的适用范围 ……………………… (86)
  第四节　意外事故补偿制度与侵权法和社会保障法的关系 …… (109)
  第五节　意外事故受害人的权利 ………………………………… (120)
  第六节　现行意外事故补偿基金的运行 ………………………… (169)
  第七节　对新西兰意外事故综合救济机制的评价 ……………… (187)

第二章　澳大利亚的意外事故救济机制 …………………………… (192)
  第一节　现行意外事故救济体系概览 …………………………… (192)
  第二节　1973年有关建立综合救济机制的探索 ……………… (200)
  第三节　20世纪末至21世纪初的侵权法改革 ………………… (209)
  第四节　最近的发展动向——"全民人身伤害保险方案" ……… (227)
  第五节　对澳大利亚意外事故救济机制的总结 ………………… (233)

第三章　瑞典人身损害综合救济机制研究 ………………………… (234)
  第一节　瑞典的侵权法制 ………………………………………… (235)
  第二节　瑞典的社会保险法制 …………………………………… (242)
  第三节　瑞典的特别赔付体制："瑞典模式" …………………… (251)
  第四节　从"瑞典模式"到"北欧模式" ………………………… (280)

第五节 国际视野下的"瑞典模式":限于患者险 …………… (287)
第六节 对瑞典人身损害综合救济机制的总结 ……………… (294)

第四章 美国意外事故救济机制研究 …………………………… (300)
第一节 19世纪末至20世纪中期美国意外事故救济
机制的状况 ……………………………………………… (304)
第二节 美国意外事故救济体制的改革建议 ………………… (311)
第三节 美国当代意外事故救济机制的状况 ………………… (328)
第四节 对美国意外事故救济机制的总结 …………………… (341)

第五章 日本综合救济论的生成与展开 ………………………… (343)
第一节 侵权行为制度的危机与综合救济论的提出 ………… (343)
第二节 综合救济体系的构想及对其的批判 ………………… (350)
第三节 综合救济论的新发展——以大气污染被害者救济
制度为例 ………………………………………………… (357)
第四节 今后的课题 …………………………………………… (364)

结　语 …………………………………………………………… (368)

参考文献 ………………………………………………………… (373)

后　记 …………………………………………………………… (395)

引　言

一、何谓"意外事故"?

法律意义上的"意外事故"通常有多重含义。① 在侵权法中,它往往仅指由他人的行为(故意或过失)造成的不可忽视的伤害或损害。起因于自然原因(如地震、海啸等)的伤害或损害,被认为是"不可抗力"(Act of God)、纯粹意外或不可避免之意外事故,这些意外事故往往被认为是当事人免于承担责任的抗辩事由,其造成的损害或损失只能由受害人自己承担。

而新西兰2001年《事故补偿法》(Accident Compensation Act 2001,以下简称"ACA 2001")第25条对"意外事故"(Accident)作出如下定义②:

---

① 对"意外事故"一词的法律语义分析,see Peter Cane, *Atiyah's Accident, Compensation and the Law*, 7th ed., Cambridge University Press, 2006, pp.3-9.
② **25 Accident**
(1) **Accident** means any of the following kinds of occurrences:
　(a) a specific event or a series of events, other than a gradual process, that—
　　(i) involves the application of a force (including gravity), or resistance, external to the human body; or
　　(ii) involves the sudden movement of the body to avoid a force (including gravity), or resistance, external to the body; or
　　(iii) involves a twisting movement of the body:
　(b) the inhalation of any solid, liquid, gas, or foreign object on a specific occasion, which kind of occurrence does not include the inhalation of a virus, bacterium, protozoan, or fungus, unless that inhalation is the result of the criminal act of a person other than the injured person:
　(ba) the oral ingestion of any solid, liquid, gas, fungus, or foreign object on a specific occasion, which kind of occurrence does not include the ingestion of a virus, bacterium, or protozoan, unless that ingestion is the result of the criminal act of a person other than the injured person:
　(c) a burn, or exposure to radiation or rays of any kind, on a specific occasion, which kind of occurrence does not include a burn or exposure caused by exposure to the elements:

(1) 意外事故是指下列事件之一：
　　(a) 一个特定的或连锁的事件,但不包括渐进过程,该事件
　　　　(i) 涉及身体之外的力量（包括地心引力）的施加或反抗；或
　　　　(ii) 涉及身体为了避免身体之外的力量而突然移动或反抗；或
　　　　(iii) 身体的扭转。
　　(b) 于特定场合,经吸入任何固体、液体、气体或异物,但不包括吸入病毒、细菌、微生物或真菌,除非其吸入是受害人之外的他人之犯罪行为的结果。
　　(ba) 于特定场合,经口摄吸入任何固体、液体、气体、真菌或异物,但不包括吸入病毒、细菌或微生物,除非其吸入是受害人之外的他人之犯罪行为的结果。
　　(c) 灼伤或暴露于辐射能源、辐射线。
　　(d) 在不超过一个月的期间内,经皮肤吸收任何化学药品。

　　(d) the absorption of any chemical through the skin within a defined period of time not exceeding 1 month;
　　(e) any exposure to the elements, or to extremes of temperature or environment, within a defined period of time not exceeding 1 month, that,—
　　　　(i) for a continuous period exceeding 1 month, results in any restriction or lack of ability that prevents the person from performing an activity in the manner or within the range considered normal for the person; or
　　　　(ii) causes death.
　　(f) an application of a force or resistance internal to the human body at any time from the onset of labour to the completion of delivery that results in an injury described in Schedule 3A to a person who gives birth.
(2) However, **accident** does not include—
　　(a) any of those kinds of occurrences if the occurrence is treatment given,—
　　　　(i) in New Zealand, by or at the direction of a registered health professional; or
　　　　(ii) outside New Zealand, by or at the direction of a person who has qualifications that are the same as or equivalent to those of a registered health professional; or
　　(b) any ecto-parasitic infestation (such as scabies), unless it is work-related; or
　　(c) the contraction of any disease carried by an arthropod as an active vector (such as malaria that results from a mosquito bite), unless it is work-related.
(2A) Subsection (2)(a) does not apply to an accident of the kind described in subsection (1)(f).
(3) The fact that a person has suffered a personal injury is not of itself to be construed as an indication or presumption that it was caused by an accident.

(e) 在不超过一个月的期间内,暴露于可能产生下列任何结果之气温或环境中:
  (i) 暴露于该环境中持续超过一个月会导致正常行为能力的欠缺;或
  (ii) 导致死亡。①
(f) 从分娩开始到分娩完成的任何时间涉及身体内部的力的施加或反抗,导致对分娩者造成附表 3A 中所述的伤害。
(2) 但,意外事故不包括:
  (a) 下列任何事件,只要该事件是:
    (i) 在新西兰,由注册的医疗人员或在其指导下给予的治疗;或
    (ii) 在新西兰外,由具有与注册的医疗人员同样或相当资格的人或在其指导下给予的治疗,或
  (b) 外生寄生虫为患(如疥疮),除非它与工作相关;或
  (c) 感染由节肢动物作为活动载体携带的疾病(如因蚊虫叮咬带来的疟疾),除非它与工作相关。
(2A) 第(2)(a)款不适用于第(1)(f)款所述种类的事故。
(3) 遭受人身伤害的事实自身并不能被解释为,可以表征或推定该人身伤害是由意外事故造成的。

与侵权法相比,ACA 2001 显然把自然原因导致的人身伤害纳入了意外事故的范畴——任何外力(包括纯粹的自然力)对人体造成的不可预见的伤害均属于意外事故——从而扩大了对人身伤害受害人的保护。这样一来,无论是他人的行为("人祸")还是纯粹的自然力量("天灾"),只要造成了人身伤害之后果,受害人均可依照法律的规定寻求伤害补偿等一系列救济措施。但这一定义不包括与工作无关的疾病。

也有学者限缩了意外事故的范围,将之主要限定为严重影响他人健康权益的人为活动,即人为、非故意造成且发生频率较高的人类伤亡事件,如职业灾害、药害事故、预防接种事故、汽车交通事故、公害、医疗伤害等现代

---

① 第 1 款的翻译参考了颜佳莹:《纽西兰意外补偿制度与我国相关意外伤害补偿制度之研究》,台湾政治大学 2006 年度硕士学位论文,第 21—22 页。

社会生活常见意外事故,而排除了自然原因以及"犯罪被害补偿制度"。这些意外事故具有如下特性:(1)造成事故之活动皆为合法而必要;(2)事故发生之不可预测性;(3)事故发生之不可归责性;(4)事故所造成的人民健康权益的损失相当严重。①

本书在前一宽泛的意义上使用"意外事故"的表达,并将研究范围限于意外事故造成的人身伤害。

二、意外事故救济与侵权法危机

侵权法危机——一个"带入新时代的旧问题"②——现在似乎已经淡去。那些宣扬侵权法危机论调的学者也渐渐归于平寂。当初,侵权法由于在人身伤害赔偿领域乏善可陈的表现,被贴上了"危机"的警示牌,这代表了学界对侵权法发展趋势的忧患意识,颇有一些末日危途的启示录格调。现在看来,"危机"这一说法确实有些过于敏感或危言耸听了。为了表现出更为乐观积极的态度,英美法学者开始换了另外一种说法——"侵权法改革"——继续探讨侵权法中人身伤害赔偿的问题。所以,可以肯定的是,危机论调不再流行,绝不意味着它所指向的那些问题已经得到妥善的解决。危机也好,改革也罢,说法不相同,面对的问题却从未改变。那么,当初的侵权法危机究竟何指呢?侵权法危机或改革面临哪些棘手的难题呢?这一切归根溯源还得从过错责任原则开始谈起。

(一)过错责任原则的兴起

19世纪中期,侵权法在英美法系中还不能真正算是一个独立的法律部门,充其量只是"一些毫不相关联的令状的组合而已"。③英国古老的侵害诉讼令状仍在承担着矫正加害人的不法行为之神圣任务,殴打、威吓、邻里侵扰等不法行为似乎已是侵权法的全部内容,整个侵权法充满了浓厚的"田园风光"景象。但是工业革命的到来改变了这一切:以铁路交通事故为典型代

---

① 詹丰吉:《意外事故社会保障之研究:以损害赔偿与社会保障法之交互影响为中心》,台湾政治大学2008年度硕士学位论文,第7—8、13—15页。
② 姚辉:《侵权法的危机:带入新时代的旧问题》,载《人大法律评论》(2000年第二辑),中国人民大学出版社2000年版,第209—235页。
③ G. Edward White, *Tort Law in America: An Intellectual History* (expanded edition), Oxford University Press, 2003, p.16.

表的现代工业灾难性事故日益增多,工业化人口的迁徙流动使得"陌生人案件"如雨后春笋般地成长起来。原有的令状制度因无法应对新型工业化社会的挑战而走向崩溃。为此,以霍姆斯为首的法学界精英(学者、普通法法官和律师等)开始用过错责任原则来建构侵权法制度的基础框架。

过错责任原则是在当事人行为自由和社会安全之间进行价值判断的结果,其核心问题是"定义个人的恰当行为领域,每个人在其界限内都可以随心所欲地行动,却不会因给他人造成的损失而受到责难"①。因此,过错责任原则要求主观上具有过错——违反一般注意义务——的被告对他人造成的损害承担赔偿责任。如果被告不具有过错,那么"事故导致的损失应该留置在事故发生的地方"②,被告无须就自己的损害行为承担任何赔偿责任,而受害人此时唯一能做的无非就是埋怨自己运气不好罢了。可以看出,过错责任原则秉承了古典自由主义,强调个人权利的自由行使,其现实目的在于"为法庭外面日渐紊乱的世界带来秩序"③。到19世纪末,侵权法的"过错化"改造工作基本完成,过失侵权责任跃然立于历史舞台并成为英美侵权法的主要归责原则。④

在过错责任原则观念的支配下,侵权法被认为是一种以矫正正义为目的的损失移转机制。当事人之间的私法关系由于被告的过错(注意义务的违

---

① 〔美〕约翰·法比安·维特:《事故共和国:残疾的工人、贫穷的寡妇与美国法的重构》,田雷译,上海三联书店2008年版,第72页。

② Oliver Wendell Holmes, Jr., *The Common Law*, Little Brown Company, 1881, p.94. 霍姆斯对过错责任原则最伟大的智识贡献在于,将过失侵权独立出来,并使其成为侵权法的基本原则。这在以下两个方面具有重大意义:首先,它把美国普通法中的"过失"的含义从对特定的、先前的义务的忽视扩展到了对整个世界负有的一般性义务的违反;其次,它为侵权法提供了一个哲学基础:无过错就无侵权责任;过错应由"政策动机"或"时代所感知的必要性"来加以确定。不久之后,这个原则统治了整个侵权法。霍姆斯如此沉溺在"大多数案件"(the great mass of case)中探索过失标准的运用,以至于在他第一次提出侵权理论的短短八年之后准备论证:绝对责任从未在侵权法中存在过,过错——无论是严格意义上(故意)还是松散意义上(过失)——总是责任成立的先提条件。See G. Edward White, *Tort Law in America: An Intellectual History* (expanded edition), Oxford University Press, 2003, p.21.

③ 〔美〕约翰·法比安·维特:《事故共和国:残疾的工人、贫穷的寡妇与美国法的重构》,田雷译,上海三联书店2008年版,第73页。

④ 1959年,Robert Keeton曾言:"一个多世纪以来,过错一直是侵权法的基本主题。侵权法已经成为一部过失责任法"。See Robert Keeton, "Conditional Fault in the Law of Torts", 72 *Harvard Law Review* 401, 402 (1959).

反)而遭到扭曲,侵权责任制度的意义就在于将遭到扭曲的、不正常的关系"矫正"到原来的平衡状态。因此,侵权法主要服务于以下三个基本目标:对不法行为的谴责、通过损害赔偿恢复道德平衡以及预防、震慑未来可能发生的不法行为。① 这就意味着,对受害人的损害赔偿只是实现矫正正义的手段,而非侵权法的主要目的。

(二)过错责任原则的修正、严格责任与无过错补偿立法

过错责任原则刚刚在侵权法中站稳脚跟,就立刻遭到了挑战和批评。由于过失判断标准的主观流变性、僵化的证据法规则以及侵权诉讼中原告(往往是工业事故中的雇员)的弱势地位等原因,侵权诉讼被告(大多是公司企业)往往被法院判定不承担损害赔偿责任。这似乎反映了"行为自由优先,经济发展优先"的意识形态:在工业机器时代,牺牲一些个人安全(尤其是那些工业灾难事故中的受害人)要比让企业背负根本无法避免的意外事故成本更符合社会的整体利益。② 在"过失责任"时代,侵权法将某些人身伤害视为"工业化过程中不可避免的代价"。③ 过失侵权成为大规模工业化背景下,整个社会经济、政治、科学技术飞速发展所诞生的副产品。在工业事故领域,侵权法中臭名昭著的"邪恶三剑客"——与有过失、风险自担和共同雇佣规则——往往成为企业雇主免于承担侵权损害赔偿责任的免责事由(或者抗辩事由),企业雇主相当程度上具有了一定的豁免权。更为严重的是,越来越多的意外事故受害人无法通过过失侵权责任制度获得赔偿救济,这已经成了当时的主要社会问题:美国侵权法的抽象理论结构仿佛一座空中楼阁,社会现实却是机械、铁路、电车与电梯所导致的堆积如山的事故。人身伤害律师、保险公司代理、工业雇主、受伤工人都在攻击和挑战侵权法的正当性……围绕着个人在其自治区域内自由活动的原则来组织侵权法,这一自由工程被证明是一项不可能的任务。④

如何破解古典侵权法在事故补偿领域的困境?英美侵权法沿着三条不

---

① Richard B. Stewart, "Crisis in Tort Law: The Institutional Perspective", 54 *University of Chicago Law Review* 184, 186 (1987).
② John Fleming, *The Law of Torts*, 3rd ed., Law Book Company, 1967, p.108.
③ Kermit L. Hall (ed.), *Tort Law in American History*, Garland Publishing Co., 1987, p.7.
④ 〔美〕约翰·法比安·维特:《事故共和国:残疾的工人、贫穷的寡妇与美国法的重构》,田雷译,上海三联书店 2008 年版,第 72 页。

同的路径同时进行了探索和发展。首先,过错责任原则于 20 世纪 20 年代开始在普通法实践中得到修正和完善:(1) 过失概念的判断标准由主观的心理状态转为客观的外部行为。"客观过失学说注重对行为人的客观外部行为的考察,而不是对行为人主观心理状态进行检验,强调对外部行为的非难而不是对内在的主观状态的非难。行为人具有过错乃是因为没有达到某种行为标准,这就使过错概念体现为对行为人的评价,从而使过错和违法性概念趋于统一。"① 过失概念的客观化,使得过错的判断更为容易,减轻了受害人过错的举证负担,强化了对受害人的救济。(2) 免责事由遭到限制。国家主权、慈善机构和父母(对子女的)豁免权被废除,与有过失规则也逐渐被比较过失规则所取代。② (3) 扩大精神损害赔偿在"危险区域"、事故旁观者或受害人遭受严重侵害等情况下的适用,等等。③ 这些措施具有一个共同的特征,即增强受害人获得损害赔偿的权利。

第二条路径是无过错补偿立法的兴起。在 20 世纪初的美国,企业责任理论(enterprise liability theory)开始崭露头角,矛头直接指向过错责任原则(尤其是过失侵权制度)。早期的企业责任理论家认为,以过错责任原则为基石的古典侵权法理论是一种过于保守且概念上有硬伤的理论体系,它往往阻碍了法律制度的迫切改革需要。古典侵权法的矫正正义观念在现代工业化社会已经无法发挥实际的效用。损害赔偿并不是矫正加害人不法行为的手段;相反,它应该是损失分散或保险观念的体现。④ 在企业责任理论家的眼中,工业企业是社会意外事故风险的主要制造者,企业应对自己的行为或产品所导致的损害后果承担严格责任,因为企业可以通过责任保险(或第一方保险)来更好地分散损害风险。简言之,侵权法应摒弃过错责任之理论基础,而成为一种强制性的保险制度;这样一来,它就可以将少数人承担巨大损失的风险通过产品或商业服务来分散到每个社会成员(消费者)身

---

① 姚辉:《侵权法的危机:带入新时代的旧问题》,载《人大法律评论》(2000 年第二辑),中国人民大学出版社 2000 年版,第 229 页。
② See Dan B. Dobbs, *The Law of Torts*, West Group, 2000, pp. 753-754.
③ Ibid., pp. 826, 839-841.
④ Richard B. Stewart, "Crisis in Tort Law: The Institutional Perspective", 54 *University of Chicago Law Review* 184, 186 (1987).

上,从而降低风险承担的成本并增进社会福祉。①

既然过错责任难堪大任,那么应该采用什么样的方式来实现人身伤害损失分散之目的呢？早期的企业责任理论家毫不犹豫地将目光投向了立法者。于是,在企业责任理论家们的鼓动下,立法者面对意外事故受害人补偿不力的社会难题一改往日的懒惰和无能,大胆地在工伤事故领域采用了无过错补偿方案,以期改善先前侵权法在这个问题上的无能表现。到20世纪20年代,无过错工伤补偿制度已经在大多数英美法系国家得到确立：1897年的英国《劳工补偿法》被公认为是普通法世界第一部无过错补偿性质的工伤补偿制定法。它很快被新西兰和南澳大利亚(1900年)所效仿,澳大利亚其他各州也在其后纷纷采行。加拿大的安大略省在1915年也出台了《劳工补偿法》,其他各省在1931年也相继完成了这一立法过程。在美国,工伤补偿的立法被当时的人们形容为是"迟钝的",在欧洲各国和英联邦国家完成这一立法的数年后才姗姗来迟。在法律层面上,美国当时也存在着争议：首部制定法(纽约州1910年)被州上诉法院裁定为违宪,理由是它作为一种有关财产攫取的法律不符合宪法规定的正当程序条款。美国联邦最高法院最终支持了纽约州1913年重新出台的《劳工补偿法》。到1920年,除了6个州以外,其他各州都建立了工伤补偿制度,尽管这些州大部分都允许私人保险公司的介入。②

英美法系国家的工伤补偿制度采用制定法形式,它往往要求雇主参加

---

① 同时,企业责任理论认为,工业企业对事故受害人承担赔偿责任,完全可以起到预防事故发生、震慑当事人的效果,因为企业责任可以为损害风险之减少提供两种激励机制：第一,企业可以采用传统的成本—效益之经济理性,降低自己行为的风险程度,从而避免责任的产生;第二,从宏观层面来看,赔偿责任的经济负担将迫使企业进一步提高产品价格,而产品价格的提升会减少市场需求。最终,企业会因市场需求的低迷而主动调整自己的产品战略,减少不必要的市场供给,从而总体上降低企业风险行为的规模。See Richard B. Stewart, "Crisis in Tort Law: The Institutional Perspective", 54 *University of Chicago Law Review* 184, 187 (1987). 当然,这种观点是值得商榷的。后来企业责任理论的衰落似乎很好地印证了这一点。关于对企业责任理论的质疑和批判,see George L. Priest, "The Invention of Enterprise Liability: A Critical History of the Intellectual Foundations of Modern Tort Law", 14 *Journal of Legal Studies* 461 (1985); Robert L. Rabin, "Some Reflections on the Process of Tort Reform", 25 *San Diego Law Review* 13 (1988).

② 关于无过错的工伤补偿立法在英美法系国家的历史沿革,see Ken Oliphant, "Landmarks of No-Fault in the Common Law", in Willem H. Van Boom & Michael Faure (eds.), *Shift in Compensation Between Private and Public Systems*, Springer, 2007, pp. 43-85。

强制性的工伤保险。当雇员在工作过程中遭受人身伤害时,受害雇员可以通过工伤保险获得医疗费用和收入损失的补偿。受害雇员的工伤补偿权利之产生,不依赖于工伤事故发生的原因,也不考虑雇主、雇员或第三人是否存在过错。① 简言之,只要属于工伤,无论发生原因或过错,受害人均可获得损失补偿。这就意味着,工伤补偿制度已经把过错责任原则从工业事故领域清理了出去。不仅如此,工伤补偿制度的存在,甚至已经宣告了侵权法在工业事故领域的"死亡"——废除了侵权责任制度在此领域的适用。② 从受害人角度看,尽管工伤补偿金往往低于侵权损害赔偿金,但是工伤补偿制度程序简捷、补偿效率高并且受害人无须承担过错之举证责任,所以工伤补偿制度总体上提高了受害人获得经济补偿的概率,扩大了对受害人的保护。

工业事故领域获得的革命性突破使企业责任理论家备受鼓舞。他们对立法者作出的反应颇为欣慰,并迫切希望立法者再接再厉,将无过错补偿方案推广到其他的事故领域。于是,在20世纪20年代,企业责任理论家开始在道路交通事故领域发表无过错补偿方案的改革建议。③ 1932年,由美国哥伦比亚大学的学者组成的研究小组发表了著名的《哥伦比亚报告》④,对机动车道路交通事故受害人的损失补偿救济机制进行了深入细致的研究。该研究报告主张在机动车道路交通事故领域应该采用与工伤事故相似的无过错补偿方案,"废除过错责任原则,通过保险机制和法定补偿金的等级标准,为所有受害人提供相当程度的补偿救济"。并且,该研究报告在自己的最终

---

① 当然,雇员的自杀或自残行为往往被认为不属于工伤,因为这些行为"违背了工伤无过错补偿制度的立法意旨"。Ken Oliphant, "Landmarks of No-Fault in the Common Law", in Willem H. van Boom & Michael Faure (eds.), *Shift in Compensation Between Private and Public Systems*, Springer, 2007, p. 53.

② 工伤补偿制度与侵权责任制度的关系在不同的英美法系国家呈现不同的形态。英国的工伤补偿制度并不限制受害雇员提起侵权损害赔偿诉讼的权利;在美国,大部分州规定,工伤补偿制度是唯一的补偿救济渠道,禁止受害雇员向雇主提起侵权诉讼(雇主的故意侵权行为除外);在澳大利亚,有的州完全禁止工伤侵权诉讼,有的州对侵权诉讼进行严格限制——例如,对损害赔偿金进行数额限制;对经济损失或非经济损失的适用进行限制;受害人在侵权诉讼或工伤补偿制度之间不可撤销的选择适用;等等。

③ E.g., Arthur A. Ballantine, "A Compensation Plan for Railway Accident Claims", 29 *Harvard Law Review* 705 (1916); Ernst C. Carman, "Is A Motor Vehicle Accident Compensation Act Advisable?", 4 *Minnesota Law Review* 1 (1919).

④ Committee to Study Compensation for Automobile Accident, *Report to the Columbia University Council for Research in the Social Science*, 1932.

结论中强调:"无过错补偿的原则当然能够适用于所有的意外事故。"①在《哥伦比亚报告》发表后的数年内,美国的立法者对机动车道路交通事故的无过错补偿方案进行了"认真"考虑,但是最终却不了了之。尽管1946年加拿大的萨斯喀彻温省(Saskatchewan)在《哥伦比亚报告》的基础上颁布了无过错补偿方案,但就整个英美法系而言,企业责任理论家在机动车道路交通事故领域的改革计划失败了。

机动车道路交通事故无过错补偿方案的流产,迫使企业责任理论家撤出立法领域,所谓的"立法战略"宣告失败。但是,在无奈放弃无过错补偿方案的同时,企业责任理论家又寻找到了另一个改革的突破口:扩大侵权法中的严格责任。特雷诺(Traynor)法官在 Escola v. Coca Cola Bottling Co. 一案中主张突破合同的相对性(privity of contract),对缺陷产品造成的人身伤害采取严格责任。对缺陷产品采取严格责任的正当性主要在于:(1)加害人的过失举证过于困难;(2)证据法中的"事实自证"规则(res ipsa loquitur)实际上已经接近于严格责任;(3)严格责任可以通过合同瑕疵担保义务的违反予以确立;(4)严格责任能够对产品制造商、销售商形成安全激励;(5)企业责任理论认为,产品制造商是阻却风险和损失分散的最佳人选。②后来,美国加利福尼亚州首次确立了缺陷产品的严格责任规则。③ 在对普通法判例总结的基础上,美国法学会《第二次侵权法重述》第402A条明确规定了缺陷产品的严格责任。美国在产品责任领域的改革,对欧洲产生了重大影响。受欧共体指令的约束,英国在20世纪80年代也建立了缺陷产品的严格责任制度。④

---

① Committee to Study Compensation for Automobile Accident,*Report to the Columbia University Council for Research in the Social Science*,1932,pp. 160-161,as cited in Virginia E. Nolan & Edmund Ursin,*Understanding Enterprise Liability*:*Rethinking Tort Reform for the Twenty-first Century*,Temple University Press,1995,p. 39.

② See Dan B. Dobbs,*The Law of Torts*,West Group,2000,pp. 974-977;Simon Deakin,Angus Johnson & Basil Markesinis,*Markesinis and Deakin's Tort Law*,5th ed.,Oxford University Press,2002,pp. 604-609.

③ Greenman v. Yuba Power Product,Inc. (Cal. 1963).

④ 欧共体在1985年发布《关于对有缺陷的产品的责任的指令》(EC Directives 85/374),要求各成员国在1988年8月1日以前采取相应的国内立法予以实施,但允许各成员国有某些取舍的余地。因此,英国于1987年颁布《消费者保护法》,完成了产品责任领域的法律改革。1987年的英国《消费者保护法》将产品的销售商和零售商纳入责任主体范围,整体上强化了缺陷产品的严格责任。

综上所述,自20世纪初开始,面对意外事故频发、受害人补偿不力等社会难题带来的巨大压力,过错责任原则在普通法判例中不断得到修正:过错判断标准的客观化减轻了受害人对过错的举证负担;一些偏袒工业企业被告的抗辩事由被予以限制或废除;在企业责任理论的推动下,普通法法院逐渐放松了对严格责任的戒心,缺陷产品的严格责任开始得到重视和认可。在侵权法外部,企业责任理论秉承损失分散和社会福利的观念,主张废除侵权法中的过错责任原则,并在工伤事故和机动车道路交通事故领域实现了(或部分实现了)无过错补偿的改革构想。不可否认的是,严格责任和无过错补偿方案在这个时期只是一些局部性或暂时性的变化,这些变化并没有撼动过错责任原则在侵权法中的核心地位。但是值得庆幸的是,经过这一番修正、变化和改革,侵权责任标准的门槛终于降低,越来越多的受害人通过侵权诉讼获得了赔偿救济。过错责任原则的政策立场也由侧重保护被告的行为自由逐渐转向对受害人的赔偿救济。①

(三)危机降临

从20世纪30年代以来,侵权法开始逐渐扩大对侵权行为受害人的保护,由此进入所谓的"责任扩张"时期。这就意味着,侵权行为人(尤其是公司企业成为被告时)的损害赔偿责任比以前明显加重,而原告的损害赔偿请求往往会更容易得到满足:倾向于保护被告的豁免权和抗辩权在不同程度上被逐渐废除,严格责任原则在产品责任领域得到广泛采用,一些新型侵权案件(如环境侵权诉讼、集团诉讼等)被法院确认并逐渐制度化,受企业责任理论的影响,法院开始更加明显地倾向于对受害人的保护;律师"胜诉收费"(contingent fees)制度被广泛采用,极大降低了法律诉讼的门槛,受害人的损害赔偿请求变得轻而易举。此时的侵权法生气勃勃,极具侵略性。在这个时期,侵权责任制度一直以一幅"原告友好型"(plaintiff-friendly)的亲民形象示人。但后果却是事与愿违——侵权法并没有因此过上太长的安稳日子。20世纪60年代中后期,侵权法遭遇到了前所未有的、内忧外患的危机局面。"前所未有"是指危机的严重性,因为侵权法的"弊端"已深入骨髓,远

---

① "过失侵权制度终于摘掉了'优先保护工业'的帽子,也放下了'偏袒被告'的一幅高不可攀的架子。对于那些遭受工业灾害事故之苦的、可怜的普通民众来说,这绝对是一个好消息。"John T. Nockleby, "100 Years of Conflict: The Past and Future of Tort Retrenchment", 38 *Loyola of Los Angles Law Review* 1021, 1024 (2005).

远超过了早期企业责任理论家的想象。"内忧外患"是指危机的广泛性,因为无论是侵权责任制度内部的法律规则,还是外部的生存环境,均使侵权法的正当性(justification)和必要性(indispensability)面临动摇甚至崩溃的危险。

1."内忧"

危机论者对侵权法的批评已经不再局限于过错责任原则本身,而是扩展至整个侵权责任体系——包括损害赔偿金制度和侵权诉讼制度。在他们看来,侵权法自身具有不可治愈的"硬伤":过错责任原则已经背离了它的道德意蕴[①];侵权责任制度在现实中诡异多变,难以预测,公平正义难以为继,已沦为一种法律"乐透彩票"[②];从制度效果来看,漫长的侵权诉讼程序、不合理的损害赔偿金以及给付方式(一次性赔偿金)已经不能有效地担负起对受害人进行损害赔偿的重任。在运行成本方面,侵权责任制度

---

① 1967年,加拿大学者伊森出版《法证"彩票"》一书,对过失侵权制度进行了全方位的检讨与批评。See Terence G. Ison, *Forensic Lottery*, Staple Press, 1967. 英国法学巨擘阿蒂亚(Atiyah)在其《意外事故、赔偿与法律》(*Accidents, Compensation and the Law*)中更是详细列举了过错责任原则的七大罪状:第一,过错程度与应付赔偿金额无关。"过错犹如魔法一样,一旦加害人被认定有过错,就会陷入任由受害人宰割的境地。一般情况下,过错的大小或过错导致后果的大小都是无关紧要的。"第二,损害赔偿与被告的经济状况无关。被告人的富有不是向其强加责任的理由,被告人的贫困也不是免除其责任的理由。但是,如果被告人没有责任保险,侵权损害赔偿责任可能会使他倾家荡产,一无所有。第三,疏忽不等于道德上的可谴责性。法律上的过错概念体现的是一种道德原则,其规范旨在于使有过错的人向受害人承担赔偿责任。但是在社会现实中,过错的判断标准逐渐客观化,已经不具有内在的道德气质;更为重要的是,侵权法已经背离了这一道德原则,因为"如果它体现了这一原则,那么侵权法就应该禁止责任保险、替代责任或其他损失分担方式,从而使赔偿责任从有过错的一方那里转移出去"。第四,过错责任对原告的行为或需求重视不足。第五,在司法实践中,基于公平的考量,无过错有时也要承担赔偿责任。第六,判断和认定当事人的过错十分困难。第七,过错责任原则助长了谴责文化的兴盛,而阻碍了自己责任观念的生成。参见〔澳〕彼得·凯恩:《阿蒂亚论事故、赔偿及法律》(第六版),王仰光等译,中国人民大学出版社2008年版,第182—204页。

② 阿蒂亚(Atiyah)认为,侵权诉讼中的原告之所以能够获得损害赔偿金,并非依赖于人身伤害的严重程度,更不依赖于受害人受保护救济之现实需要。相反,证明被告的过错和受害人是否因参加责任保险而具有赔偿能力成为获得侵权损害赔偿金的关键。很明显的是,这两个关键因素在现实中往往难以预测,受害人只能像乐透赌博游戏中的彩民一样,把获得赔偿救济的可能性几乎都交给了自己的运气。Patrick S. Atiyah, *Damages Lottery*, Hart Publishing, 1997, pp. 143-150.

| 引　言 |

花费甚巨、代价高昂。与其他补偿制度（商业保险、无过错补偿方案或社会保险）相比，侵权法的运行效率低下，造成了社会资源的大量浪费。① 另外，侵权法的震慑预防功能也受到普遍质疑。作为一种震慑不当行为的机制，侵权责任制度究竟能够在多大程度上起到震慑行为和预防事故的作用，似乎并不是十分明朗。② 但可以肯定的是，"侵权法在震慑不当行为方面的表现离我们的期望还很远"③。除侵权法以外，自我保护的本能、市场力量、个人道德、政府管制（刑法和行政法）均能不同程度地控制那些不合理的危险行为。当然，这些促进安全的力量并不能保证所有的行为都像我们期望的那样安全，所以人们的实际行为和社会期望之间存在着一个断裂。但是侵权法并没有完全弥补这个断裂，实践中很多因素破坏了

---

① 阿蒂亚援引1978年英国《皮尔逊报告》的调查结论，在英国所有的劳动能力丧失者和残疾人中，10%是由于先天性生理缺陷造成的，10%是由于意外事故伤害造成的，80%是由于自然疾病造成的。能够通过侵权诉讼获得损害赔偿金的仅占1.5%。更令人吃惊的是，1.5%的人群却占据了40%的社会补偿资源，而剩下的98.5%的劳动能力丧失者和残疾人仅分享了60%的社会补偿资源。所以，"侵权法显然不是一个公平的制度"。See Patrick S. Atiyah, *Damages Lottery*, Hart Publishing, 1997, pp. 143-150. 相比之下，其他的人身伤害补偿制度（商业保险或工伤补偿制度等）运行效率更高，管理成本更低。例如，美国某些州的工伤补偿制度的运行管理成本非常低廉，仅占全部成本的10%左右。See Kenneth S. Abraham, "Twenty-First-Century Insurance and Loss Distribution in Tort Law", in Stuart Madden (ed.), *Exploring Tort Law*, Cambridge University Press, 2005, p. 81.

② 震慑功能是法经济学派对侵权法的基本观点，目前已成为学界的时尚。将侵权法作为一种震慑机制，其实很容易理解。它首先假定，缺少侵权法，人们将会追求自己的利益从而将自己的利益凌驾于他人的安全之上。这样一来，人们（还有其财产）将受到无理的侵害。相比而言，因为侵权法通过损害赔偿责任对人们进行震慑，从而使他们在从事各种行为时要顾及他人的利益。换句话说，侵权法的震慑理论认为，为了避免法律制裁，人们将会改变自己的行为，使它更少地带来伤害，更能获得社会的认可。将侵权法作为安全促进的手段，其实是强调了侵权损害赔偿金对当事人的威胁作用。另外，侵权法还可以通过对当事人的不名誉之影响来达到震慑的作用。最后，侵权法还影响了当事人进行辩护的成本问题，这也起到了一定的震慑作用。关于法经济学的侵权法震慑理论，参见〔美〕盖多·卡拉布雷西：《事故的成本：法律与经济的分析》，毕竞悦等译，北京大学出版社2008年版。

③ 实证数据研究的结果表明，侵权法的震慑功能很不理想。Don Dewees, David Duff, Michael J. Trebilcock, *Exploring the Domain of Accident Law: Taking the Facts Seriously*, Harvard University Press, 1996; Gary Schwartz, "Reality in the Economic Analysis of Tort Law: Does Tort Law Really Deter?", 42 *UCLA Law Review* 377 (1994).

侵权法的震慑功能。①

2. "外患"

侵权法的"外患"是指商业保险和社会保障制度的外在威胁。首先，责任保险的发展导致了侵权责任的快速膨胀②；保险制度在受害人与加害人之间充当了越来越重要的角色，影响甚至决定着侵权诉讼的结果和侵权责任规则的发展趋势。③ 其次，更为重要的是，侵权法和保险制度对彼此的功能相互复制，已经形成"你中有我，我中有你"的复杂局面：一方面，凭借责任保险的普及和快速发展，侵权法的损失分散功能大大加强；另一方面，保险公司通过风险等级评估等保险费率政策，对风险行为进行经济约束或激励，一定程度上起到了震慑预防之效果。"侵权法已经成了保险制度，而保险制度也越来越具有侵权法的传统功能。"④

---

① 这些破坏侵权法震慑功能的因素主要包括：当事人对法律责任的无知或不敏感、信息的不对称性、经济理性人标准过高和实践中的其他问题，等等。例如，"实际上，没有任何人能够拍着胸脯说，自己的行为永远符合'理性人'标准。这并不是说人们不能控制自己的行为或者不能对自己的行为进行更大程度的警惕或关注。但我们必须承认，指望侵权法去改变或重新塑造人们的本性，就有点牛头不对马嘴了"。Stephen D. Sugarman, *Doing Away with Personal Injury Law*: *New Compensation Mechanisms for Victims*, *Consumers and Business*, Greenwood Press Ltd., 1989, p. 11. 另外，Sugarman 对侵权法的震慑功能持怀疑态度，并批评了法经济学的思考模式："人们和企业好像是心理学家放到电击试验箱的老鼠，他们被一步一步指引着远离那些能够导致电击（'侵权责任'）的行为，而走到不会产生电击的行为轨道上来。但是，法经济学对这种模式所带来的行为矫正的效果过分自信了。"Sugarman, ibid., p. 9.

② 这就反映了现代侵权法的一个重要特征：当被告具有（应该具有）责任保险时，侵权法往往创建新的侵权责任规则，让被告承担赔偿责任；同时，责任保险也会主动作出调整来满足新的责任规则之要求。例如，第二次世界大战以后，美国侵权法中严格责任的膨胀与责任保险制度的发展有着紧密的联系。在产品责任领域，产品生产商对缺陷产品承担严格责任，是因为它能更好地通过保险来分散损失；在不动产侵权责任中，不动产占有人原本对社会客人（social guest）的损害承担过失责任，但第二次世界大战以后不动产所有人责任保险的发展，使普通法法院改变了原来的规则。See Kenneth S. Abraham, *Liability Century*: *Insurance and Tort Law from the Progressive Era to 9/11*, Harvard University Press, 2008, p. 221.

③ 保险制度其实在潜移默化地改变着侵权诉讼的结果，这是因为：(1) 在现实中，原告更愿意起诉具有责任保险的被告，这就意味着保险公司更多地参与到侵权诉讼中；(2) 法院（或陪审团）在审理被告具有责任保险的侵权诉讼案件时更具有改革的勇气，因为被告参加责任保险意味着保险公司最终承担赔偿责任；(3) 保险公司作为专业的理赔机构，它的和解谈判技巧和理赔程序也影响了案件的最终结果。更为重要的是，保险公司介入侵权诉讼，已经改变了传统的诉讼结构和原被告之间的关系。由于保险公司往往是实际的赔偿义务人，所以它在诉讼中割裂了原被告之间的关系。在这种情况下，侵权法的矫正正义、震慑预防甚至损害赔偿等功能均发生了变化。Ibid., pp. 221ff.

④ Ibid., p. 221.

| 引 言 |

与美国高度发达的商业保险(尤其是责任保险)相比,英国的社会保障制度对侵权法的冲击效果更为明显。20世纪初,英国受德国俾斯麦执政时期的社会福利政策影响开始推行社会福利改革。第二次世界大战以后,英国明显加快了社会保障制度的建设。1942年,《贝弗里奇报告》的出台标志着英国正式启动了战后社会保障计划。① 英国政府基本接受了《贝弗里奇报告》的建议,于1944年发布社会保险白皮书,并制定了《国民保险法》《国家卫生服务法》《家庭津贴法》和《国民救助法》等一系列法律。到20世纪70年代,除了在社会保险待遇方面从统一标准逐渐转为收入相关之外,英国的社会保障制度一直在《贝弗里奇报告》的框架基础上运行。社会保障制度的兴起一定程度上消减了侵权法在人身伤害赔偿领域的作用。到20世纪60年代,社会保障制度为受害人提供的补偿金总额比40年代翻了一番,受害人享受到的平均社会保障补贴金额已经高达40年代的7倍。更为重要的是,在人身伤害赔偿领域,社会保障制度与侵权法发生了交错而复杂的关系,并带来了一系列的法律问题。② 另外,20世纪60年代公众开始表达出不满于侵权制度作为一种赔偿事故受害人的手段的想法。③ 1972年,英国的沙利度胺(反应停)事件的爆发更是将公众对侵权法制度的不满推向了一个前所未有的顶峰。

---

① 《贝弗里奇报告》设计了一整套"从摇篮到坟墓"的社会福利制度,提出国家将为每个公民提供九种社会保险待遇(失业、伤残和培训保险金,退休养老金,生育保险金,寡妇保险金,监护人保险金,抚养补贴,子女津贴,工伤养老金,一次性补助金等),提供全方位的医疗和康复服务,并根据个人经济状况提供国民救助。此外,报告还要求建立完整的社会保险制度,由国家强制实施。在这种制度下,不论收入多少,不论风险高低,所有国民都必须参加保险,每人每周缴费,费率相同,而且待遇实行统一标准。参见〔英〕贝弗里奇:《贝弗里奇报告——社会保险和相关服务》,劳动和社会保障部社会保险研究所组织翻译,中国劳动社会保障出版社2008年版,"译者序"第2—3页。

② 20世纪70年代英国的人身伤害补偿制度主要包括侵权法、社会保险、商业保险、企业补贴、刑事犯罪受害人补偿和社会福利制度等内容。在这六个制度领域中,商业保险主要包括第一方人身保险和第三方保险(主要是指责任保险)。第一方人身保险主要包括人寿保险、伤残保险和意外伤害保险。社会保险可进一步分为工伤补偿(残障补偿和特殊救助补贴)、战争补偿、疾病补偿、残疾补偿等不同的项目。企业补贴主要是指企业雇主对雇员实行的病假补贴制度。社会福利制度主要包括国民医疗和社区健康服务等福利项目。关于不同人身伤害补偿制度之间的关系和实证分析,see Donald Harris et al., *Compensation and Support for Illness and Injury*, Clarendon Press, 1984.

③ 〔澳〕彼得·凯恩:《阿蒂亚论事故、赔偿及法律》(第六版),王仰光等译,中国人民大学出版社2008年版,第12页。

商业保险和社会保障制度的急速壮大和发展，映衬了侵权法在人身伤害补偿救济方面力量的弱小。《皮尔逊报告》的统计数据表明，侵权法已经沦为社会保障制度的"小伙伴"（junior partner）。美国的情况也同样如此。根据统计资料，2005年美国各种类型的商业保险（责任保险和人身第一方保险等）对意外事故受害人的保险金支出总计为约9000亿新西兰元，约占美国当年GDP总量的7%；社会保障制度对受害人提供的补偿金、救助金或补贴金支出总计约为6000亿新西兰元。整个侵权法制度的总成本大约为2000亿新西兰元，其中，运行管理费用约1080亿新西兰元，占总成本的54%；受害人获得的损害赔偿金总额约920亿新西兰元，占总成本的46%。2005年，美国侵权法的总体成本比50年前提高了100倍左右。①

（四）小结

法律制度总会随着所处时代经济、政治、文化等其他因素的变化而进行相应的调整和变化。在1852年美国侵权法尚处于襁褓之中时，斯托里（Joseph Story）就主张法律应该"在永恒的前进变化中来适应社会的沧桑巨变"。② 侵权法已成为一块折射社会环境变化的"文化之镜"。③ 所以，从过错责任原则被确立为核心原则以来，英美侵权法一直随着社会的发展进行着制度的变化或改革。由此说来，20世纪初开始兴起的无过错工伤补偿方案，可以看作侵权法的第一次改革成果。

但是，20世纪60年代侵权法遭到如此普遍的质疑，确实令人猝不及防：就内在功能而言，过错责任标准的客观化、因果关系的从宽认定以及保险公司逐渐取代被告成为实际的赔偿义务人，使得侵权法的矫正正义功能大打折扣；侵权法对潜在加害人的震慑功能也被认为是"不能令人信服的"；更为不幸的是，侵权法作为一种损失补偿机制，赔偿规则诡异多变，难以预测，已沦为一种法律"乐透彩票"，损害赔偿的实现成本甚巨且效率低下。就外在环境而言，商业保险和社会保障制度对受害人的补偿程序要比侵权法

---

① Kenneth S. Abraham, *Liability Century: Insurance and Tort Law from the Progressive Era to 9/11*, Harvard University Press, 2008, p. 15.

② Joseph Story, "Court of Legal Study", in William W. Story ed., *The Miscellaneous Writings of Joseph Story*, Charles C. Little and James Brown, 1852, pp. 70-71.

③ Marshall S. Shapo, "In the Looking Glass: What Torts Scholarship Can Teach Us about the American Experience", 89 *Northwestern Law Review* 1567 (1995).

更为便捷高效,运行成本也更为经济低廉。随着不断发展壮大,商业保险和社会保障制度的损失补偿功能大有取代侵权法的势头。所以,在危机论者眼中,内外交困的侵权法确实到了岌岌可危的悬崖边缘。

三、意外事故人身伤害救济制度的改革方案

很明显的是,20世纪60年代开始爆发的英美侵权法危机主要聚焦于人身伤害赔偿领域,并由此引发了学界对侵权法"该向何处去"的广泛和热烈的思想辩论。需要注意的是,随着讨论的深入,学界的关注点有所扩张:侵权行为导致的人身伤害后果,从受害人角度看固然属于意外事故。但是,纯粹的意外事故(如自然灾害或不可抗力事件等)引发的人身伤害,往往不存在加害人的侵权行为,因此不属于侵权法的研究范围。此时,受害人只能通过保险制度分散损失,否则只能风险自担,损失自负。但是,通过对侵权法危机的持续深入思考,学界已经不单单把侵权责任制度作为唯一的研究对象,并且将讨论范围扩大到整个意外事故领域的人身伤害补偿问题上。所以,危机爆发不仅带来了侵权法的检讨反思,而且促成了意外事故补偿法律制度的创新与发展。

意外事故一旦出现,总会有人遭受损失。尽管社会要尽力减少意外事故的发生率和严重程度,但是要完全避免意外事故的发生是个极为幼稚的想法。这是因为:一是要达到全面避免意外事故发生的目标,成本过高;二是这将会限制社会成员的行为自由,显然与平等自由等现代法律理念不符。所以社会应该"有效率地"预防意外事故的发生。① 除了效率,社会还应该考虑如何将事故的成本进行公平的分配。所以,公平与效率——这一对经济思想史上的老冤家——再次狭路相逢于意外事故人身伤害补偿这一问题。根据对公平与效率的侧重不同,可以将目前学界对意外事故补偿问题的改革方案分为以下四类:维护过错责任和诉讼程序的"捍卫侵权法"方案、强调无过错补偿的事故"成本内化"方案、崇尚意思自治的"自由市场"方案和诉诸公权力的"社会保险"方案。当然,这四种方案并不是那么泾渭分明,在不同的社会背景下,它们还可能以不同的方式相互交错重叠。但是,它们在

---

① 用现代法经济学代表人物之一卡拉布雷西教授的话来说,就是要将意外事故的发生控制在"最佳"的程度。

理论上确实反映了不同的思想倾向。

（一）捍卫侵权法

捍卫侵权法,代表了大部分侵权法学者(包括法经济学)的观点。① 它其实就是维护传统的民事责任制度,维护过错责任原则在侵权法中的核心地位。在侵权法捍卫者看来,人们未尽合理的注意义务、未能合理地避免意外事故的发生从而给他人造成损害时,就应该接受相应的经济制裁——承担相应的损害赔偿责任。损害赔偿责任的承担就意味着对行为人的震慑。当然,人们即使尽到了合理的注意义务,某些意外事故仍会发生时,应该由受

---

① 捍卫侵权法的代表著作,see Thomas H. Koenig & Michael L. Rustad, *In Defense of Tort Law*, New York University Press, 2001. 该书作者认为尽管美国侵权法正处在被"围攻"(under siege)状态,但是它具有两个无法否认的功能:一是显性功能(manifest function),即对受害人的损害填补功能;二是隐性功能(latent function),即纠正公司不法行为的公共职能。该书作者通过医疗侵权责任、产品责任、互联网侵权等实例,阐明侵权责任制度在实践中起到了"私人检察官"(private attorney general)的作用,具有实现社会正义的积极效果。因此,侵权法在21世纪仍具有无法替代的作用。澳洲著名学者彼得·凯恩(Peter Cane)则从个人行为责任的伦理道德原理角度对侵权法进行了辩护。他认为侵权法并不是许多具体的"侵权行为"的松散组合,其本质上是个人行为责任的伦理道德原理和规则,其外在形式是一系列侵权诉因之总和,每种诉因包括以下三种要素:一是法律所保护的利益;二是法律所要制裁的行为;三是相应的救济或制裁手段。侵权诉因的结构是"相关性"(correlative),即每一个侵权诉因都是一项由与原告相关的因素和与被告相关的因素共同构成的双边事务。See Peter Cane, *The Anatomy of Tort Law*, Hart Publishing, 1997. 英国著名债法学者安德鲁·巴罗斯(Andrew Burrows)对阿蒂亚废除侵权法的主张进行了严厉斥责,并对侵权法的正当性进行了颇有力度的辩护。他认为,侵权法建立在个人责任的理念基础上,社会保障制度建立在社会责任的理念基础上;侵权责任基于加害人的侵权行为而生,社会保障制度基于受害人的现实需要而生。两者功能不同,但应相互配合,而不能相互替代。在现实中,现代商业保险制度(尤其是责任保险)的发展已经造成加害人往往不承担实际的损害赔偿责任,但是侵权法的意义并不是说必须让加害人赔偿,而是说加害人必须确保受害人获得赔偿。See Andrew Burrows, *Understanding the Law of Obligations*, Hart Publishing, 1998, pp.122-123. 还有学者回归亚里士多德的伦理学传统,运用道德哲学和规范分析手段,认为矫正正义是侵权法乃至整个私法的功能与目的。社会保障或商业保险不能完全满足矫正正义的需要,因此侵权法具有不可取代的地位。参见[加]欧内斯特·J.温里布:《私法的理念》,徐爱国译,北京大学出版社2007年版;Ernest J. Weinrib, "Corrective Justice in a Nutshell", 52 *University of Toronto Law Journal* 349 (2002); Allan Beever, *Rediscovering the Law of Negligence*, Hart Publishing, 2007. 在美国,一些学者基于实用主义立场,就侵权诉讼"爆炸"现象展开分析研究,认为美国并不存在诉讼爆炸或者滥诉现象,侵权诉讼应予以进一步发展。See Carl T. Bogus, *Why Lawsuits Are Good for America*, New York University Press, 2001; Thomas F. Burke, *Lawyers, Lawsuits and Legal Rights*, University of California Press, 2002.

害人承担事故的成本。此时,受害人可以通过商业保险来分散这些事故风险。侵权损害赔偿责任必须依赖于司法诉讼机制,因为只有通过诉讼制度(法官、律师和证据规则等)才能判定当事人是否具有过错。"捍卫侵权法"理论代表了以个人责任为基石的、悠久的私法传统:它强调了受害人正当权益的保护和救济,同时又反映了"罪责自负"的伦理道德观念。它崇尚人的平等自由,希望通过制裁促使人们认真对待自己的社会道德义务。所以,只有受害人向他人提起损害赔偿诉讼的时候,公权力才会介入。

(二)成本内化

侵权法中的严格责任、工伤无过错补偿方案是典型的成本内化机制,它其实就是企业责任理论的另外一种说法——由社会主要组织(公司企业)来承担意外事故的成本,因为它们不仅是意外风险的主要创造者,而且是意外事故损失分散的最佳人选。意外事故成本的内化机制,有可能在侵权法中以严格责任的形式出现,也可能完全脱离侵权法采取以国家强制力为后盾的无过错补偿等方式。但无论内化机制采取何种形式,其主旨仍是十分明确的:让社会主要组织承担人身伤害补偿之义务。意外事故成本内化的思想将公司企业作为社会的主导力量,认为公司企业"能力越大,责任越大",并且更多地关注受害人的基本需求和"宏观正义"(rough justice)。所以,它显然并没有留给过错责任原则太多的空间,也不信任价格昂贵且拖拖拉拉的民事诉讼所带来的个人化"微观正义"(subtle justice)。在意外事故成本内化的思想中,政府(尤其是立法者)的地位大大提高,因为它们是决定公司企业承担人身伤害补偿义务的最终决策者。

(三)自由市场

自由市场理论与侵权法相同的是,两者均建立在个人责任的基础上。但自由市场理论对侵权责任制度(损害赔偿制度和侵权诉讼制度)颇为不满。在自由市场理论看来,每个人均对自己负有不可推卸的保护义务。同时,每个人对他人也负有合理的注意义务。在这种情况下,人们可以通过合同自由原则合理地安排意外事故成本的分担。① 例如,个人和保险公司之间可以建立以当事人意思自治为基础的、以市场化自由竞争为运作模式的第一方保险制度。人们通过保险合同抵御大部分意外人身伤害风险,获得更大范围和更高层次的补偿。由此可以看出,自由市场理论相信个人——而不是法院、政府或公司企业——能够理性地决定意外事故风险,并在此基础上设计自己的人身伤害补偿计划。在工伤事故、产品事故或医疗事故等领域,受害人可以根据自己的风险口味或个人喜好设计不同的保险方案。所以,自由市场理论极端崇尚个人选择,排斥政府管制,从它身上不断散发出浓烈的哈耶克自由主义的味道。

(四) 社会保险

社会保险方案将意外事故预防与受害人补偿的重任交给了国家公权力。政府行政管制法律负责社会生产安全和事故预防,政府主导的社会保险机构负责对意外事故受害人进行补偿。与侵权法的事后制裁不同的是,政府行政管制法律更多地侧重风险的防范。社会保险补偿基金的来源往往是国家税收收入或强制性缴费,它的功能单纯而又唯一——对受害人的人身伤害进行补偿,几乎与意外事故预防或行为震慑无关。与意外事故成本内化机制相比,社会保险方案的覆盖适用范围更为广阔,补偿标准也更为统一。与其他三个改革方案相比,社会保险方案显示了对政府公权力的高度信任。尽管社会保险方案可能也会掺入某些私法因素(如社会保险基金的私有化运行模式等),但总体上它建立在政府公权力的"命令与控制"的基础上。

社会保险方案将国家视为一个社会群体,认为政府应当对全体社会成员承担相应的照顾义务——社会责任(community responsibility)。这种观点被西方政治学者归类为"社群主义"(communitarianism)。社会责任在法律上往往要求政府公权力对受害人或弱势群体(伤残、劳动能力丧失、失

---

① 人身伤害补偿领域的自由市场理论,see Stephen D. Sugarman, *Doing Away with Personal Injury Law: New Compensation Mechanisms for Victims, Consumers and Business*, Greenwood Press Ltd., 1989, pp. 201-217; Patrick S. Atiyah, *Damages Lottery*, Hart Publishing, 1997; Paul H. Rubin, *Tort Reform by Contract*, American Enterprise Institute Press, 1993; Robert Cooter & Stephen D. Sugarman, "A Regulated Market in Unmatured Tort Claims: Tort Reform by Contract", 37 *Proceedings of the Academy of Social Science* 174 (1988).

业或贫困等)进行主动保护。所以,它认为人身伤害补偿的成本应该由社会全体成员共同承担,每个社会成员均应当参与到社会运行和国家政治中来。政府通过全体成员的"社会契约"成为公众的代言人。

上述第四种改革方案——社会保险方案——在新西兰付诸实践。1972年,新西兰颁布《意外事故补偿法》,开始确立以社会保险制度为基础的人身伤害补偿法律制度。该法建立在无过错的基础上,无须加害人过错的存在,即可就人身伤害予以赔偿;其适用范围不但包括各种侵权行为,还适用于纯粹意外事故所导致的各种人身伤害赔偿。受害人可依照法律规定径直向事故赔偿公司(Accident Compensation Corporation,ACC)提出损害赔偿的请求,而无须向法院提起侵权民事诉讼,也无须负担加害人过错的证明义务。实际上,这种所谓的"广泛且普遍的无过错赔偿制度"(universal and comprehensive no-fault compensation scheme)已经基本上取代了侵权法在人身伤害赔偿领域内的适用,侵权法最终沦为了博物馆角落里不受欢迎的、蹩脚的"稀有古董"。该法在人身伤害领域全面废除侵权法的惊人举措,被认为是唱响了普通法的挽歌。① 在惊奇或疑惑的目光注视下,新西兰的意外事故补偿法已经度过了半个世纪的光阴,仍然以独一无二的姿态坚挺地屹立在普通法世界中。

本书即以新西兰独特的意外事故综合补偿机制的历史演进为核心,纳入了对澳大利亚、瑞典、美国和日本等四个典型国家的意外事故救济机制的历史和比较考察,其中瑞典作为北欧模式的代表,建立了以患者险为代表的多种特别赔付体制,形成了另外一种针对人身伤害的独特的意外事故救济模式,而澳大利亚政府、部分美国和日本学者则对新西兰的意外事故的综合补偿机制保持了浓厚的兴趣,并提出了相应的综合改革方案,但并未能完全实现,特别是美国,仍维持了现有侵权法体系,而以内部的改革作为主要的突破点。通过历史和比较的考察,本书希望能以他山之玉为我国意外事故所致人身伤害的救济机制的整合和完善提供可资借鉴的经验和思路。

---

① Geoffrey Palmer,"Compensation for Personal Injury:A Requiem for the Common Law in New Zealand",21 *The American Journal of Comparative Law* 1 (1973).

第一章　新西兰意外事故人身伤害的综合救济机制

第一节　1972年之前新西兰的意外人身伤害补偿法律制度

在1972年《意外事故补偿法》出台以前,新西兰和其他英美法系国家一样,人身伤害的法律救济呈现出侵权法(普通法)、特别制定法和社会保障法相互交织的局面:作为英美法系普通法制度典型代表的侵权法(尤其是过失侵权),成为意外人身伤害的受害人寻求法律救济的主要途径;在工业事故、机动车交通事故和刑事犯罪受害人保护等领域,为克服侵权普通法的某些弊端,国家还出台了一些特别的制定法以满足加强受害人保护的现实需要;除此以外,社会保障法还从社会福利救济的角度为那些无法通过侵权法或特别制定法获得补偿救济的受害人提供了基本的生活保障或经济救济。但很遗憾的是,侵权法、特别制定法和社会保障法三者并没有形成一种严格意义上的人身伤害补偿救济"体系"(system),三者在哲学基础、适用范围、具体内容和运行机制等方面各有不同,但有时又相互重叠或相互冲突。

一、侵权法

新西兰的侵权法主要继承和沿袭了英国的普通法传统,法官的先例判决和普通法规则成为新西兰侵权法的主要法律渊源。但与英国不同的是,新西兰也是一个制定法突出的中央集权国家,制定法中也存在着大量的侵权法律规范。[①] 在新西兰,侵权法在历史上一直是意外人身伤害的主要赔偿

---

① Stephen Todd, *The Law of Torts in New Zealand*, 2nd ed., Brooks Ltd., p.21.

救济手段,它通常要求侵权行为人向受害人支付一定的损害赔偿金,来恢复到受害人遭受侵害前的应有状况。自19世纪末,过失侵权(negligence)成为新西兰侵权法的基本归责原则。美国、加拿大等国于20世纪60年代兴起法律现实主义运动和严格责任(主要在产品责任领域)浪潮时,新西兰仍坚守着过失侵权在侵权法中的核心地位。"准确地说,新西兰对严格责任(包括美国的企业责任理论)极为审慎克制,甚至有些冷漠保守。"①

过失侵权一般由四个基本要素构成:第一,义务(duty)的存在,即侵权行为人对受害人负有一种注意义务;第二,侵权行为人的行为违反(breach)了其负有的注意义务;第三,受害人受有损害(damage);第四,侵权行为人的行为与受害人的损害之间具有因果关系(causation)。遭受人身伤害的受害人通过侵权法寻求损害赔偿,有两个至为关键的先决条件:一是受害人必须提起侵权损害赔偿诉讼。在诉讼过程中,法官(包括陪审团)和律师成为决定案件成败的主要因素。经过"对抗式"(adversarial)司法诉讼模式,受害人有机会获得以"填平损害"为目的的损害赔偿金和以"惩戒震慑"为目的的惩罚性赔偿金。但不容否认的是,侵权损害赔偿诉讼总是需要一定的时间、人力和金钱成本,受害人在决定是否提起侵权诉讼时也总是会不可避免地考虑到这些成本。二是受害人必须要证明加害人的过失。"无过错即无责任",在无法证明加害人的过错时,受害人不可能获得胜诉。此时,受害人只能自己承担人身伤害的苦果。

二、道路交通事故

在机动车事故领域,新西兰主要适用过失侵权的法律规则。这就意味着,机动车事故的受害人必须依照过失侵权或违反制定法义务(breach of statutory duty)等法律规则向肇事者请求损害赔偿。自1928年以来,新西兰开始实行机动车辆的强制责任保险制度,所有注册登记的机动车辆都要参加这种强制的第三方责任保险。机动车强制责任保险制度的目的在于:当机动车所有人存在过失时,确保受害人获得损害赔偿;防止具有过失的机动车所有人因为支付巨额的损害赔偿金而遭遇生活或经济困境。②

---

① Geoffrey Palmer, "Compensation for Personal Injury: A Requiem for the Common Law in New Zealand", 21 *The American Journal of Comparative Law* 1, 8 (1973).
② Ibid., p.13.

在机动车强制责任保险制度中,乘客对司机请求损害赔偿的最高限额为 15000 新西兰元,除此以外,损害赔偿金再无任何数额限制。未经登记注册或未参加强制责任保险的机动车辆发生事故导致他人损害时,受害人可以将国有保险公司作为名义被告(nominal defendant)请求损害赔偿,此时保险公司应以机动车责任保险为基础向受害人支付赔偿金,尽管肇事车辆实际上并没有参加这种责任保险。①

机动车辆的所有人在进行车辆注册的同时,要完成责任保险费的缴纳。在车辆注册时,机动车所有人可以指定某一保险公司作为自己的责任保险人,并缴纳车辆注册费用和责任保险费;保险费的数目随着机动车辆的型号大小而相应变化,并由政府规章具体规定。1970 年,新西兰私家车辆年度责任保险费平均为 8 新西兰元;1971 年,全国机动车辆责任保险费总额大约为 880 万新西兰元。1963 年,机动车强制责任保险使 65% 的机动车事故受害人获得了损害赔偿。②

三、工伤补偿

新西兰在 1900 年首次颁布《劳工事故补偿法》(The Workers' Compensation of Accident Act 1900),其后分别于 1902—1906 年、1908 年[(1908 年改名为《劳工补偿法》(The Workers' Compensation Act)]、1911 年、1922 年、1950 年和 1956 年对之进行了多次修订。与美国、加拿大等国家不同,新西兰的《劳工补偿法》并没有废除雇员就雇主在雇佣过程中的过失侵权行为提起侵权损害赔偿诉讼的权利,并且,雇主不能通过主张传统侵权法中的与有过失、风险自担和共同雇佣等抗辩事由而获得免责。

新西兰 1956 年的《劳工补偿法》的适用范围较为广泛:在适用主体方面,不仅包括各种基于雇佣合同或服务合同成立的雇佣关系,还可以适用于临时工(casual workers)或学徒(apprentices)等特殊群体;在赔偿范围方面,包括所有在雇佣过程中因意外事故导致的人身伤害,还包括对某些职业疾病的损害赔偿;在赔偿金方面,损害赔偿与受害雇员的收入直接挂钩,每周

---

① Transport Act 1962, 2 N. Z. Stat. 1962, no. 135.
② Geoffrey Palmer, "Compensation for Personal Injury: A Requiem for the Common Law in New Zealand", 21 *The American Journal of Comparative Law* 1, 13 (1973).

赔偿额为在丧失工作能力期间受害雇员每周收入的 80%。但是，损害赔偿金有以下两种限制：(1) 每周赔偿金的最高限额为 25 新西兰元；(2) 赔偿期限最长不超过 6 年。在赔偿标准方面，残障雇员的每周赔偿金数额依照该法明文列举的残障等级类型确定。如果受害人的人身伤害是该法明文列举的残障等级类型以外的身体残疾，应按照医学诊断合理地确定赔偿金数额。残障雇员的赔偿金往往采用一次性支付的方式，其数额最高为 7434 新西兰元。在实践中，每周赔偿金数额往往低于受害雇员每周平均收入的 80%。因此，在 1956 年的修正案中，为受害雇员的被抚养人（妻子与未成年子女）规定了附加赔偿的条款，即每周赔偿金为妻子增加 2—3 新西兰元，为未成年子女增加 1—1.5 新西兰元。

工伤损害赔偿的请求并不是由一般的法院进行处理，而是由特别法院进行审理。但是，该法并没有剥夺受害雇员提出侵权损害赔偿的权利，当雇主由于过失或违反了制定法义务而对雇员造成损害时，雇员有权提起侵权损害赔偿之诉。当雇员提起的侵权损害赔偿诉讼失败时，他可以依照《劳工补偿法》请求赔偿；反之，如果他就侵权损害赔偿胜诉，他就无权再依照《劳工补偿法》要求赔偿。

四、刑事犯罪受害人的损害赔偿

1963 年新西兰颁布《刑事犯罪受害人赔偿法》。这部法律明确规定，国家对刑事犯罪受害人承担赔偿责任。国家之所以承担赔偿责任，并不是因为自身具有什么过错，而是出于社会责任的考虑。这部法律显然以 1956 年的《劳工补偿法》为蓝本，对刑事犯罪受害人（包括在受害人死亡时的被抚养人）的每周赔偿金不得超过《劳工补偿法》中规定的最高赔偿限额，最长的赔偿期限不得超过 6 年。尽管政府对《劳工补偿法》规定的较低赔偿金数额不甚满意，但它同时认为对于《劳工补偿法》中的受害雇员而言，提高刑事犯罪受害人的赔偿幅度无疑是不公平的。

五、社会保障法

新西兰是一个现代化的社会福利国家。早在 1898 年，新西兰就实行了国家养老退休金（Old Age Pensions）制度。在 20 世纪 30 年代的经济大萧条时期，自由放任的市场经济遭遇严重挑战，国家积极干预宏观经济运行的凯恩斯主义逐渐成为西方发达资本主义国家的救命稻草。在这样的背景下，社会保障福利思想观念得到迅速发展。1938年，新西兰出台了《社会保障法》。在此以后，新西兰"很大程度上享受着政治家所谓的'从摇篮到坟墓'的社会保障和福利政策的保护"①。从1960年以来，新西兰整个国家收入的14%—15%都用于社会公共服务，约占政府财政支出的60%。新西兰之所以能够成为高社会福利国家，主要基于以下原因：第一，新西兰采用中央集权的单一制民主制度。与其他英美法系国家相比，新西兰的政治制度较为简单，政府往往具有很大的权力，政治官僚层级简单，运行效率较高。这就为各种社会政策的改革奠定了较好的政治氛围。第二，新西兰人口较少，并且国民对政府的信任度较高。第三，新西兰一直具有高就业率的优良经济传统，社会收入差距较小，"平等主义"（egalitarianism）成为社会经济再分配领域的主要指导思想。②

新西兰的《社会保障法》于1964年重新修订并颁布实施，其目的在于"通过退休金和其他救济补贴手段，保护新西兰国民免于遭受因年龄、疾病、孤寡、孤儿、失业或其他情形导致的经济困难和生活贫困……并且，在维持和促进社会卫生健康与整体福利的必要情形下，进一步提供其他的救济补贴"。在人身伤害补偿救济方面，社会保障法往往与侵权法形成了相互排斥适用的关系：通过侵权损害赔偿诉讼获得赔偿金的受害人不得再主张社会保障救济。但是，受害人在等待侵权损害赔偿诉讼判决结果的过程中或因无法证明加害人过错或其他原因而不能获得损害赔偿金时，可以依照《社会保障法》获得一定的社会保障救济。这就说明，侵权法在人身伤害补偿救济方面具有强势地位，社会保障制度只能对意外人身伤害提供补充性或辅助性的救济。

依据1964年的《社会保障法》，社会保障救济金主要包括补贴金（benefits）、补助金（allowance）和救助金（grant）等形式。其中，补贴金是社会保障救济的主要方式。在实践应用中，补贴金依据受害人的实际经济需要被划分为不同的类型：残障补贴金（invalid benefits）主要为丧失劳动能力或遭

---

① Geoffrey Palmer, "Compensation for Personal Injury: A Requiem for the Common Law in New Zealand", 21 *The American Journal of Comparative Law* 1, 4 (1973).

② Geoffrey Palmer, *Compensation for Incapacity: A Study of Law and Social Change in New Zealand and Australia*, Oxford University Press, 1979, p.46.

遇严重残障的人提供基本保障性的经济救济，适用于因意外事故、个人疾病或先天性生理缺陷造成的完全失明或永久性丧失劳动能力的新西兰成年公民（16周岁以上）；疾病补贴金（sickness benefits）适用于那些因意外事故或疾病导致暂时丧失劳动能力的成年公民；紧急补贴金（emergency benefits）主要是对那些突然遭遇经济困境或无法获得正常收入（主要是失业）的受害人进行经济救济和物质帮助。《社会保障法》还确立了"生存者补贴金"（survivors' benefits）制度。当公民死亡时，其家庭成员（寡妇或孤儿）均可享受一定的生存者补贴金。另外，为了帮助残障公民克服残疾所带来的生活不便，社会保障机构还可以对残障公民发放残疾补助金，使残障公民可以获得残障辅助器具和附属设施；为了加强对残障儿童或智力障碍儿童的关怀与保护，社会保障机构还可以向儿童的监护人支付一定的补助金，从而使监护人能够合理地照顾儿童的健康与成长。

需要指出的是，新西兰的社会保障制度并不是一种纯粹的社会保险制度，它无须社会成员缴纳特定的社会保险费用（contributions）；相反，它的资金主要来源于国家的统一税收收入（即个人所得税），因为它的首要目的在于"使社会中的每个人能够维持基本的生活需求，从而避免不应有的压力或负担"。① 另外，社会保障补贴金采用统一固定标准（uniform flat rate），不因被救济对象（即受害人）的社会地位、收入水平、受教育程度等方面的差异而有所不同。但是，在残疾补助金、儿童补助金或其他特殊情况下，社会保障机构可以对被救济对象进行收入状况调查（means test）。这就意味着，只有符合特定收入状况标准的受害人，才可能获得相应的补助金。同时，这种方法也是一种管理手段，用来削减社会保障资金的总体支出规模。1960年以前，收入状况调查涉及申请人的投资性资产（capital assets）和个人收入。1960年以后，投资性资产不再作为收入状况调查的对象。但是，在退休金补贴和儿童（抚养人死亡时）的家庭补贴中，无须进行收入状况调查。

2018年，新西兰社会保障法律体系迎来新的变动，1964年《社会保障法》（Social Security Act 1964）被三部新的法案取代，即2018年《社会保障法》（Social Security Act 2018）、2018年《住院护理与残障支持服务法》（Res-

---

① Geoffrey Palmer, *Compensation for Incapacity: A Study of Law and Social Change in New Zealand and Australia*, Oxford University Press, 1979, p.49.

idential Care and Disability Support Services Act 2018)以及 2018 年《假肢服务法》(Artificial Limb Service Act 2018)。2018 年《社会保障法》使原本的社会保障法律体系更加清晰简洁,同时并未改变国民的福利与相关权利,比如使用更具包容性的语言以及通俗易懂的英语取代了一些过时的术语。①

当前,2018 年《社会保障法》分为八个部分,即"一般规定"(法案的目的、原则等)、"具体救济类型"(包括失业补助金、单亲补助金、生活支持补助金、孤儿补贴金、失养儿童补贴金、青年补助金、年轻父母补助金、紧急补贴金、住房补贴金、冬季能源补贴金、育儿补贴金、残疾儿童补助金、残疾人补助金、丧葬救助金、临时额外补助金、特殊救助)、"义务"(规定社会发展部,即 MSD 以及受益人等所应负担的义务)、"影响福利的因素"、"执行:制裁与犯罪"、"行政管理"(如申请福利的程序、MSD 对申请的调查及授予、福利的支付等)、"审查与上诉"以及"其他规定",在实体及程序各方面为新西兰国民提供了极为全面的社会保障。

第二节 新西兰意外事故补偿法的历史沿革

一、1967 年《伍德豪斯报告》(the Woodhouse Report)

(一)缘起

1964 年,国际劳工组织在日内瓦召开年会,并通过一项有关职业伤害补偿的新公约——《工伤事故公约》。就新西兰政府而言,如果不对国内的工伤补偿立法进行大规模的修改,就不能参加到此公约中。因此,新西兰劳工部建议政府成立一个委员会,对现行的工伤事故补偿制度进行调查研究。② 1966 年 9 月,新西兰政府任命了一个由三人组成的皇家委员会来就工伤赔偿的法律问题进行调查研究。委员会的成员分别是最高法院大法官伍德豪斯(A. O. Woodhouse)、著名会计师和财务专家帕森斯(G. A. Par-

---

① Social Security Act 2018 coming into force,https://www.msd.govt.nz/about-msd-and-our-work/newsroom/2018/social-security-act-2018.html (last visited on Oct. 10, 2023).

② 具体背景论述,see Geoffrey Palmer, "Abolishing the Personal Injury Tort System: The New Zealand Experience", 9 *Alberta Law Review* 169, 191-192 (1971).

sons)和退休的劳工部部长波凯特(H. L. Bockett)。1967年12月,由伍德豪斯法官领衔的"人身伤害赔偿调查委员会"向新西兰政府递交了法律报告——《新西兰人身伤害赔偿:皇家委员会的调查报告》。① 尽管此委员会(以下简称"伍德豪斯委员会"或"委员会")本来的任务是要"对雇佣过程中工伤事故的赔偿状况进行分析和研究"②,但是伍德豪斯委员会并没有把调查研究的视野局限于此领域,而是扩展到整个意外事故导致的人身伤害损害赔偿领域,最终就意外事故的人身伤害赔偿设计出了一个"普遍性"的法律救济体系。

伍德豪斯委员会行动迅速,成果惊人。从正式任命到报告出炉的短短15个月内,委员会先后召开了两次公众听证会(public hearings),先后收到了来自70多个社会团体、组织或个人的呈案(submission)。在两次听证会期间,委员会奔赴世界各国,深入考察各国的侵权损害赔偿、劳工赔偿、保险制度和社会保障体系,访问了各国的政府要员、法官、专家学者,等等。③ 委员会引用、参考了当时世界上最新的判例或立法例,对一些著名学者或法官的学术著作或理论成果也予以了充分的关注。④《伍德豪斯报告》全文共约15万字,正文共500个段落,并附有12个附件。文章结构干净利落,行云流水,与1972年出台的《意外事故补偿法》的晦涩繁冗形成鲜明的对比。更难

---

① A. O. Woodhouse, H. L. Bockett & G. A. Parsons, *Report of The Royal Commission of Inquiry: Compensation for Personal Injury in New Zealand*, R. E. Owen, Government Print, 1967. 由于此三人委员会的主席是伍德豪斯法官,因此该报告也被学术界称为"《伍德豪斯报告》"(the Woodhouse Report)。本书下文也采用这一简称。

② The Woodhouse Report,¶ 31-34.

③ 委员会先后访问了加拿大、意大利、瑞士、瑞典、英国、美国、澳大利亚等国。在其访问的人员当中,不乏当时世界上赫赫有名的法官或学者,如英国的丹宁勋爵、美国哈佛大学的Pollack教授,等等。See the Woodhouse Report, Appendix 2.

④ 《伍德豪斯报告》中引证率最高的学术著作是加拿大学者伊森(Terrence G. Ison)的《法证"彩票"》(*Forensic Lottery*)。据笔者视野所及,伊森教授尽管没有提出"侵权法危机"这一说法,但却是普通法系国家中第一个主张用社会保险制度废除侵权法(过错责任法)的学者。具体论述参见 Terrence G. Ison, *Forensic Lottery*, Staple Press, 1967. 首次提出"侵权法危机"口号的弗莱明(James G. Fleming)教授也在报告中时常出现,其主要观点,see James G. Fleming, *The Law of Torts*, 3rd ed., The Law Book Co Ltd., 1965. 另外,美国学者基顿(Robert E. Keeton)和奥康纳(Jeffrey O'Connell)关于机动车事故无过错赔偿计划的论述也多次在报告中出现,其相关论述的具体内容,see Robert E. Keeton and Jeffrey O'Connell, *Basic Protection for the Traffic Victims*, Charles C. Little and James Brown, 1965。

能可贵的是,《伍德豪斯报告》并没有充斥着枯燥无味的专业术语,而是刻意地使用了大众化和通俗化的语言,"从而使更多公民能够参与到这场前所未有的变革的讨论中来"①。

(二) 主要内容

《伍德豪斯报告》在分别考察了普通法上的侵权损害赔偿诉讼、劳工赔偿立法和社会保障法的现实运行状况以后,认为人身伤害事故已经成为现代工业化、技术化社会中不可避免的现象。面对日益增长的人身伤害事故,上述的各种法律制度往往是不完整、善变无常而又支离破碎的。为了改变目前的状况,伍德豪斯委员会提出了自己的核心主张和建议:建立一个适用于所有意外事故领域的普遍性的无过错补偿体系。就此体系而言,受害人的意外人身伤害成本由整个社会共同负担,并由独立的主管机构负责制度的运行。委员会的上述主张是基于一种"社会责任"的基本理念——在现代化国家,对意外事故中的受害人进行补偿,应该是整个社会的责任。它的目的在于使受害人的身体健康和经济能力得到恢复,从而使其能为社会所用。正如伍德豪斯报告中所说,"人身伤害是社会进步过程中最为令人悲伤的事件之一,那些(从统计学意义上)无法逃脱意外事故厄运的受害人有权从整个国家获得协调统一的回应"②。这就是《伍德豪斯报告》主张的哲学基础。

1. 普通法的侵权损害赔偿

在对新西兰普通法上的侵权损害赔偿制度进行简单的概括说明之后,《伍德豪斯报告》指出了它的四大弊端:第一,过错责任原则从逻辑上不能作为侵权法的正当性基础,过错责任原则在实践中是飘忽不定和诡异多变的;第二,通过侵权诉讼获得的损害赔偿金,只能对极少一部分受害人提供完全、适当的补偿,绝大部分的受害人得不到完全的赔偿甚至一无所获;第三,侵权法不具有事前的预防功能,而且不利于事故发生后受害人的康复;第四,侵权法制度运行成本高昂,效率低下。

过失侵权开始作为一种独立的民事不法行为出现可以追溯到 20 世纪,

---

① Peter McKenzie QC, "The Compensation Scheme No One Asked for: The Origins of ACC in New Zealand", 34 *Victoria University of Wellington Law Review* 193, 201 (2003).

② The Woodhouse Report, ¶ 39.

它一直通过判例法的形式得到发展。19世纪后半叶的工业化深入发展对社会造成了巨大的压力,这促使普通法上严格、僵化的诉讼程式(form of action)开始逐渐松动。在立法机关未能主动作出改革举措时,普通法法官开始诉诸一种简单明了的观念来应对日益增多的工业事故赔偿案件:当事人的过错成为其承担损害赔偿责任的基础原则。于是,过错责任原则成为侵权法的基本归责原则,它反映了这样一种社会经济观念:经济发展是第一位的。在工业机器时代中牺牲一些个人安全(尤其是那些工业灾难事故中的受害人)要比让企业背负根本无法避免的意外事故成本更符合社会的整体利益。① 这就意味着,只有在道德层面存在可谴责性(过错)时,将原告所遭受的损害转移到被告身上才显得合理。

过失侵权最基本的功能在于警示和震慑。因此有学者认为,侵权法是一种预防机制,它可以控制整个社会的预期行为。"金钱损害赔偿并不是侵权责任的终极目标或正当性所在。它只是一种实现惩罚和强制的法律工具。"所以,被告的行为只有在道德层面出现可谴责性的时候——无论他对行为的结果有何意图——过错责任才具有正当性。这就意味着,应该按照被告的侵权行为的性质来判断赔偿责任的产生和具体数额。然而,过错责任在实践中显然与这种思路不符:侵权责任的范围不是由侵权行为的性质所决定,而是由行为的结果决定的。这种状况是保护个人安全的社会需要和放松被告侵权责任的社会政策之间的一种妥协或平衡。

如此一来,过错责任的道德意蕴已经逐渐淡去了。其原因主要有二:一是过错标准的客观化,二是责任保险制度的蓬勃发展。过错标准的客观化,意味着不再考虑被告的行为性质、内心主观状态或个人具体行为能力状况,而是按照一种社会"理性人"的外部客观化的标准来确定侵权责任。责任保险本身独特的损失分散功能,使被告实际上免于侵权责任的承担,将事故的成本转嫁于社会大众。这种背景下,过错责任已经丧失了伦理目标,成了一种较为彻底的技术性规范。同时,过错责任的预防和震慑功能也变得软弱无力。

---

① 过失侵权在英美侵权法上的历史渊源和发展变革,see G. Edward White, *Tort Law in America: An Intellectual History (expanded edition)*, Oxford University Press, 2003, Chapter 1. pp. 11-35。

损害赔偿金的目的是对受害人的损害进行填补,从而使受害人回复到遭受损害之前的完满状态。但是,《伍德豪斯报告》认为,第一,侵权法中的过错相抵制度、受害人的举证责任以及保险公司在诉讼中越来越强大的干扰力,已经使得损害赔偿金不能准确、及时地填补受害人的实际损害。第二,陪审团往往会在诉讼中搅乱普通法精心建构起来的过错责任制度,法庭笼罩在古希腊时代的修辞术氛围之中,成为"眼泪和唾沫齐飞"的舞台。陪审团作出的畸高的损害赔偿金裁决,大大影响了侵权法的正义形象。第三,在赔偿程序方面,尽管责任保险公司起到了一定的积极作用,但受害人往往在遭受人身伤害与侵权损害赔偿诉讼判决生效之间的这一时间段内得不到有效的补偿救济。侵权损害赔偿制度拖拖拉拉的作风,对受害人的康复形成了重大的障碍。第四,《伍德豪斯报告》也对一次性赔偿金制度进行了探讨,认为它确实具有便捷性,在实践中受害人可以将一次性赔偿金用于个人投资获得收益,从而为个人身体康复或未来可能的费用支出提供经济基础。但是,《伍德豪斯报告》也严肃地指出,一次性的赔偿方式无法准确合理地预见受害人未来的收入损失,并且极易受到外界因素(如通货膨胀或受害人身体状况恶化)的影响。所以,一次性赔偿金有可能导致相当多的受害人无法达到应有的(deserving)赔偿水平。

总之,在《伍德豪斯报告》看来,侵权责任制度已经在实际运行中导致少数受害人获得了过度的赔偿,而大部分的受害人则赔偿不足或根本没有获得赔偿。所以,"在这样一个复杂而又快节奏的社会中,人们往往可能成为意外事故的受害人。很明显的是,普通法诉讼已经不能满足意外事故受害人的合理期望"[①]。

2. 工伤补偿制度

普通法国家的工伤补偿立法,旨在提高雇员的安全生产水平和健康保障水平,解决侵权法过错责任原则大行其道的背景下对受害人赔偿不力的糟糕状况。它往往采取国家介入的强制性保险措施,使雇主在无过错的情况下仍对受害人的损失进行赔偿,尽管赔偿金可能是由保险公司而不是雇主支付的。新西兰的《劳工补偿法》也采取了强制保险的机制。但是,《伍德豪斯报告》对新西兰《劳工补偿法》的实际运行状况并不满意,并指出其主要

---

① The Woodhouse Report,¶ 170.

存在以下弊端：

（1）概念界定

新西兰《劳工补偿法》主要解决雇员在雇佣过程中（arising out of employment）所受伤害的补偿问题。所谓"雇员"和"雇佣过程"如何界定？《伍德豪斯报告》在考察相关案例的基础上，认为对这两个概念的界定是非常困难的，并且对法院在此方面的判例很不满意。《伍德豪斯报告》承认每个案件都有不同的事实构成和各自的特质，但是，"这些困难（即概念的界定）仍然会继续存在，因为法院认为自己有能力去恰当地处理受害工人的各种赔偿请求，而这一切都建立在工业事故发生原因（而不是关注受害人所遭受的伤害结果）的基础之上"①。

（2）伤害类型

——伤害类型的列举

新西兰《劳工补偿法》对伤害类型进行了列举编排，受害雇员按照不同的伤害类型获得相应的每周赔偿金。如果受害人所遭受的伤害不在《劳工补偿法》明确列举的范围内，应按照医学诊断合理地确定赔偿金数额。这种伤害类型的列举方法，旨在"提供一种统一的指导性标准，避免不同法院在不同时间作出大相径庭的赔偿结果"②。但实际上，某些人身伤害要比法律列举的情况更为严重。另外，这种列举方法是从人身伤害的严重性出发的，它仅仅关注受害人的残障程度，而没有把受害人劳动能力的状况考虑进来。《伍德豪斯报告》同意新西兰法律协会（New Zealand Law Society）的观点，认为这一问题已经成为"《劳工补偿法》的一个主要弊端"。③ 最后，《伍德豪斯报告》认为，尽管存在着诸多问题，对伤害类型进行明确列举的方法大体上是可取的。但是，"在列举模式和具体规定等方面仍有相当大的发展空间，毫无疑问，在这两个方面应该进行彻底的改革和完善"。④

——赔偿金的最高限额

新西兰《劳工补偿法》对受害工人的每周赔偿金进行了最高额限制（每周最多为25新西兰元，最长赔偿期限为6年）。受害人因工业事故永久性

---

① The Woodhouse Report, ¶ 192.
② The Woodhouse Report, ¶ 195.
③ The Woodhouse Report, ¶ 197.
④ The Woodhouse Report, ¶ 201.

地丧失劳动能力时,这种赔偿限额措施显然不能完全满足受害人的需要。《伍德豪斯报告》承认,为了达到赔偿范围的公平合理,适用一些诸如最高限额的普遍标准是可以理解的。但是,这种普遍标准并不能给受害人带来绝对的正义,"赔偿程序的便捷性和确定性可能更为重要"①。

(3) 赔偿程序

新西兰《劳工补偿法》沿袭了普通法上对抗式诉讼(adversary procedure)的思路:受害雇员在请求赔偿时,应将雇主作为名义被告。即使雇主不实际参与赔偿程序,雇主投保的私人保险公司仍会积极地参加到赔偿程序中来。这种对抗式诉讼的赔偿程序是立法伊始就被确定下来的,因为当时的立法者有这样一种观念:"必须要找到对工业事故之社会成本承担责任的人"。② 对抗式诉讼的赔偿程序所导致的结果,往往是在绝大多数案件中保险公司和受害人在庭外达成和解(settlement)。但是,受害人在庭外和解中经常敌不过精明老练的保险公司,他们会妥协让步,无奈地放弃一些自己的权利。另外,雇主往往也对和解的结果不甚满意,认为和解结果配不上自己缴纳的高额保险费。因此,《伍德豪斯报告》认为,对抗式的赔偿程序应予以改革,由"中央政府的某一独立机构来负责整个损失分担的制度体系"③。

(4) 私人保险公司

在当时,无论是新西兰还是其他采取类似劳工赔偿制度的国家,都存在这样一个问题:工伤补偿制度是否应该交由私人保险公司来运营?在新西兰,1943年确立了雇主的强制保险,1947年确立了国有保险公司在此领域的垄断地位。1949年至1951年间,国家保险办公室(States Insurance Office)负责处理新西兰所有的工伤补偿保险基金事务。但是,政府在此期间发生变化,新上台的执政者主张废除国有保险公司的垄断地位,其主要理由是国家保险办公室是保险市场的一个特殊主体,它应该与其他保险公司一样平等展开市场竞争,另外很多人也认为强迫每个雇主参加国有保险公司的保险,并将其他保险公司排斥在外,是极为不公平的。因此,从1951年3月31日起,国有保险公司的垄断地位被打破,劳工赔偿保险市场开始由61个

---

① The Woodhouse Report,¶ 199.
② The Woodhouse Report,¶ 193.
③ The Woodhouse Report,¶ 206.

私人保险公司或互助保险公司、48个自我保险人和国有保险公司共同组成。

《伍德豪斯报告》认为,应把私人保险公司逐出工伤补偿保险制度,由国有的、垄断的和唯一的专业机构来负责整个工伤补偿保险体系的运行和管理。首先,《伍德豪斯报告》认为,工伤补偿制度并不是一种真正的商业保险制度体系,它实际上只是一种具有强制性、普遍性的分散社会成本的措施。把私人保险公司纳入进来,不符合损失分散的社会理念。其次,私人保险公司的市场运营成本高,资源浪费严重。60多个保险公司同时都在开展工伤补偿的保险业务,它们各自都需要耗费一定的时间、金钱和精力,尽管市场的竞争法则迫使它们不断地提升工作效率和服务质量,但总体上看整个制度体系的运行成本居高不下。最后,私人保险公司并不能在事故预防和受害人康复等领域起到积极有效的促进作用。因此,《伍德豪斯报告》再三强调,私人保险公司不应成为强制保险补偿制度(包括机动车强制保险)的管理者,"国有的保险公司或中央政府的某一独立机构应成为唯一的运行者和管理者",负责"向雇主收取保险费用,建立具体的运营制度分配资金",从而"关注工业事故的预防和受害人的身体康复"。[①]

(5) 小结

在依序分析和检讨了《劳工补偿法》的各种实际问题后,伍德豪斯委员会肯定了英国1942年《贝弗利奇报告》中的评语,即"工伤补偿立法已经出现了一个错误的原则,其发展前景无疑也是错误的"。这种错误是由于立法中出现了不应该出现的妥协:"它本应克服普通法的各种程序性弊端,结果却采用了普通法上的诉讼模式;它本应是一种确定的、可信赖的救济制度,结果却只能提供非常有限的赔偿;它本应更多关注的是人身严重伤害的救济,结果却沉溺于短期的或轻微的人身伤害问题"。在实际运行中,"它由私人保险公司管理,从而破坏了社会责任理念;它运行成本高昂,从而在事故预防和受害人康复领域一事无成"[②]。

3. 社会保障法

(1) 重复赔偿

新西兰社会保障制度的主要目的在于为每个人基本的社会生存水准提

---

① The Woodhouse Report, ¶ 207.
② The Woodhouse Report, ¶ 240.

供保障。申请人一旦符合社会保障制度的救助标准或条件,均可获得社会保障补贴或救助,无论他是否因为意外事故而遭受了人身伤害。但是反过来说,遭受人身伤害的受害人在通过侵权赔偿诉讼或工伤补偿制度获得相应的赔偿前可能已经获得了社会保障补贴救济。在这种情况下,受害人获得的社会保障补贴并不构成受害人损害赔偿的"间接/平行来源"(collateral source),法院在计算受害人的损害赔偿金时,无须对受害人已获得的社会保障补贴进行扣除。也就是说,受害人有可能因为意外人身伤害同时获得损害赔偿金(或工伤补偿金)和社会保障补贴金。《伍德豪斯报告》认为,尽管社会保障制度对侵权法和《劳工补偿法》有一定的辅助作用,但此时受害人有获得"重复赔偿"的嫌疑,这对于其他需要社会保障救济的人而言无疑是不公平的。

(2) 社会保障委员会(Social Security Commission)的提议

在《伍德豪斯报告》出台之前,新西兰社会保障委员会向伍德豪斯委员会送交呈案并提出两个主要建议:一是用一种统一的补偿体系取代目前各自为战、互相敌对的补偿制度。二是这种补偿体系不以收入维持(或称"收入相关")为社会保障补贴救济的给付原则;相反,它应该对受害人进行统一固定的补偿救济,同时再辅以通过收入状况调查的方法确定的特殊补助金,如家庭、儿童的补助金等。

《伍德豪斯报告》赞同第一个建议,但是认为第二个建议是不可取的:第一,它对不同的伤害类型不作任何区分而一概而论,并且补偿的额度和水平都很低。第二,这对于那些遭受严重身体伤害的受害人是不公平的。第三,对永久性身体部分残疾,也实行整齐划一、一概而论的补偿手段,这已经违背了补偿体系的原初目的。因此,《伍德豪斯报告》认为,应仿效工伤补偿制度的收入维持原则,对受害人的实际收入损失进行补偿救济,而不能采取"胡子眉毛一把抓"的统一概括标准。[①] 对于以收入状况作为补偿的标准,《伍德豪斯报告》认为,首先,它只是在对有限资源进行分配时为保障基本物质生活水平而采取的一种促进分配效率的措施,不能用来作为补偿的基本标准;其次,收入状况调查在补偿中是一种不当的干涉。在意外人身伤害补偿制度中,主要是对受害人已经遭受的损失进行补偿,而不是强调对其进行

---

① The Woodhouse Report, ¶ 256-259.

基本的帮助。从这个角度而言,收入状况调查不利于受害人身体的康复。①

4."统一且普遍的补偿方案"

在细数和批判完普通法侵权损害赔偿诉讼、工伤补偿立法和社会保障制度之后,伍德豪斯委员会提出了自己的主张:"为意外事故的防止、伤害康复和赔偿提供一种统一和全面的解决方案。此方案要在一些基本原则的基础上运行,从而避免出现目前运行体系的弊病……为所有的受害人提供补偿救济,不管人身伤害的发生原因是什么,也不管是否具有过错因素的存在"。② 因此,"必须废除侵权法和《劳工补偿法》在人身伤害领域的适用,所有司法诉讼程序和技术性规范应被非对抗式的评估和复议程序所替代……目前的社会保障补贴救济金也不再具有独立存在的价值,它们应作为补偿金的一部分并入未来的补偿方案……这种补偿方案肯定了社会对每个遭受人身伤害的公民负有的广泛责任,因此它必须由社会公共服务机构或政府机构掌握运行"。③

(1) 五大原则

《伍德豪斯报告》提出的补偿方案,是建立在五大原则的基础上:社会责任(community responsibility)、广泛权利(comprehensive entitlement)、彻底康复(complete rehabilitation)、实际赔偿(real compensation)和运行高效(administrative efficiency)。《伍德豪斯报告》补偿方案的具体制度设计细节无不体现了这五大原则。

——社会责任

所谓社会责任,《伍德豪斯报告》认为,"社会必须保护所有的公民(包括自由职业者)和家庭主妇免于遭受意外损害的负担,这既是国家的义务,也是国家的利益所在"。社会责任的正当性基础在于,"他们(公民)通过自己的工作和劳动为整个社会的福祉做出了贡献"。④ 现代化的社会其实是全体社会成员共同劳动之成果,社会因此要对那些愿意工作和劳动的人们承担责任——对意外事故导致的劳动能力之丧失承担补偿和康复等责任。社会责任原则,是《伍德豪斯报告》中最为重要的原则,其他四个原则其实就是社

---

① The Woodhouse Report, ¶ 260.
② The Woodhouse Report, ¶ 488.
③ The Woodhouse Report, ¶ 489.
④ The Woodhouse Report, ¶ 55.

会责任原则在不同领域、不同视角的延展和发展。它显然与传统普通法中的个人(自己)责任(individuals responsibility)完全相反,彻底颠覆了18世纪以来的私法原则和理念。

——广泛权利

广泛权利原则是社会责任原则必然的逻辑结论。它意味着"无论损害发生的原因是什么,所有受害人均可基于统一的标准和程序向社会寻求损害赔偿"。社会责任之观念一旦被确立,社会就不应该按照一些外在的标准(意外事故发生之原因、意外事故发生之领域、当事人过错等)对受害人进行区别对待。所以,伤害事实——而不是事故发生之原因或当事人过错——就成为受害人向社会寻求身体康复和损害补偿的唯一基础。①

——彻底康复

彻底康复原则,是指社会在承担受害人损害赔偿义务的同时,应促进受害人的身体和职业康复。《伍德豪斯报告》认为,意外事故的有效预防和受害人的身体康复要比经济(金钱)赔偿更为重要。彻底康复原则的目的在于,使每个受害人最大程度上恢复身体健康,并在最短时间内恢复工作能力和职业效用(vocational utility)。任何不利于受害人康复的做法,不仅是对受害人自身利益的侵害,而且是对社会公共利益的侵害,因为它妨碍了受害人劳动能力的康复,剥夺了受害人继续服务社会、造福社会的机会。②

——实际赔偿

实际赔偿原则,是指要对受害人在丧失劳动能力的期间内所遭受的收入损失进行赔偿,而不能采用社会保障法中的统一固定原则作为赔偿标准。同时,真实赔偿原则还意味着,任何身体机能障碍(bodily impairment)都属于受害人的损失,不管身体机能障碍是否会对受害人的收入能力造成影响。"我们毫不怀疑地认为,在现代的社会背景下,我们要讨论的伤害赔偿制度应该建立在对实际损失——既包括身体伤害也包括经济损失——进行现实主义式的评价基础上,从而将损失分散至一个更为广阔的空间中。"③

---

① The Woodhouse Report, ¶ 56.
② The Woodhouse Report, ¶ 57.
③ The Woodhouse Report, ¶ 61.

——运行高效

运行效率,是伍德豪斯委员会评价损害赔偿制度优劣时的一个至关重要的标准:"损害赔偿的确定、裁决程序和运行管理等每个方面都应该平稳而又有序;赔偿基金的积累和分配应该迅速、连贯、经济且准确无异议。"①如果赔偿金经常被延误、赔偿标准复杂多变或运行效率低下且浪费严重,那么赔偿方案的目标就无法实现。因此,《伍德豪斯报告》就运行效率确定了两个目标:一是精简赔偿体系的结构和组织,避免重复繁冗;二是赔偿体系的成本——包括运行成本和赔偿金支付——合理且具有经济上的可行性。

(2)补偿体系

——适用范围(contingencies to be covered)

《伍德豪斯报告》所提出的统一且普遍的补偿方案,将保护的范围归纳为"因不可预见的意外事故所导致的身体伤害"。身体伤害的类型,按照世界卫生组织1957年的《疾病分类目录》(International Classification of Diseases)来确定。但是,纯粹因身体不适(sickness)或疾病(diseases)导致的劳动能力之丧失被排除在保护范围之外。自杀或自残行为被视为反社会行为,也不予以保护。

平心而论,依照《伍德豪斯报告》中社会责任原则的内在逻辑,社会也应对非因意外事故(如自然疾病等)导致的人身伤害或劳动能力丧失承担补偿救济之责任,因为这些受害人在丧失劳动能力之前也为整个社会的福祉做出了贡献。在现实中,纯粹的身体疾病是否应被纳入补偿保护的范围,也一直是学界和实务界共同关注的焦点问题。有观点认为,既然要建立一种"统一且普遍的"人身伤害补偿方案,那么身体不适或疾病也应被纳入补偿保护的范围。《伍德豪斯报告》声称"理解这种观点的逻辑",同时强调"它所设计的方案主要用来改善目前人身伤害补偿救济法律体系的不足,而不是满足受害人所有的需求"。在是否将身体不适或疾病纳入补偿保护范围这一问题上,"需要更多的数据统计信息,需要进一步考虑其成本"。因此,《伍德豪斯报告》否定了将身体不适或疾病纳入补偿保护范围这一做法。但是,《伍德豪斯报告》沿袭了劳工赔偿立法的有关规定,将职业疾病纳入补偿保护的范围。这种前后矛盾的做法,引起了一些学者的质疑和批评。

---

① The Woodhouse Report,¶ 62.

——受保护的人群(people to be protected)

首先,成年劳动者或雇员自然被纳入补偿保护的范围。基于社会责任之理念,家庭主妇和自由职业者也应成为补偿保护的对象,因为他(她)们也通过自己的劳动或工作为社会做出了贡献。① 其次,补偿保护的对象不应有年龄的上限,但应有年龄的下限:只有达到法定的年龄或满足一定的标准后,受害人才能对所遭受的人身伤害要求补偿。《伍德豪斯报告》提出了年龄的下限标准,即从事全职工作的人、已经签订每周高于15新西兰元工资的劳务合同当事人或者年龄达到18周岁的人。但是需要注意的是,未达年龄下限的受害人可以享受与成年人同样的医疗和住院补贴。复次,当抚养人因意外事故或职业疾病死亡时,其被抚养人可享受特殊的补贴费和保护。再次,新西兰居民在国外遭受的人身伤害或外国人在新西兰境内遭受的人身伤害在一定程度上也被纳入补偿保护的范围。最后,刑事犯罪受害人和社会公益活动的志愿者或救援人员自然也属于补偿保护的范围。

——补偿金范围(scope of compensation)

《伍德豪斯报告》并不打算对受害人的损失进行全部足额的补偿,而是故意留取了部分差额(margin)。这么做的目的在于消除道德风险,促进受害人的个人激励(personal initiative),使其积极地主动进行身体康复,避免因足额补偿"坐享其成"而拖延或阻止康复过程。因此,在劳动能力完全丧失时,补偿额应被限定在受害人收入损失(税后收入)的80%,每周补偿金(weekly compensation)为80新西兰元(下限)到120新西兰元(上限)。身体机能局部残障或劳动能力部分丧失时的补偿金参照上述标准作出相应的调整。为了将资金更好地用于补偿遭受严重伤害或长期丧失劳动能力的受害人,《伍德豪斯报告》认为,最初四周的补偿金最多为25新西兰元/周。如果受害人在八周后劳动能力仍然处于丧失状态,应按照上述劳动能力自始完全丧失的规定重新确定补偿金数额。另外,不管受害人的伤害状况或严重程度,补偿金有最低限额。《伍德豪斯报告》强调,"无论如何,补偿金额不

---

① "不能仅仅关注受害人自己,而忽略他的妻子或孩子。另外,社会中的每个成员其实都是潜在的受害人。因此,家庭主妇或自由职业者也必须得到考虑。所以,一旦社会责任的观念被建立,上述各种特殊群体就必须被纳入赔偿方案中。"The Woodhouse Report, ¶ 282 (b)。

得低于《社会保障法》在相应情况下的补贴金额"①。

补偿金以分期支付为原则。只有在某些特殊情况下,才可以采用一次性的补偿方式。② 就补偿期限而言,《伍德豪斯报告》废弃了《劳工补偿法》中六年的补偿最长期限,主张"在必要的情况下,可以对受害人的余生进行补偿"③。为适应通货膨胀等外部生活成本的变化,补偿金应以每两年为单位进行自动调整。《伍德豪斯报告》建议,当消费者价格指数(consumer price index,CPI)变动幅度超过3%时,补偿金必须作出相应的调整;此时,补偿金的受益人有权向补偿方案主管机构提起复议,要求增加补偿金的数额。需要指出的是,所谓的"调整"只能是增加补偿金金额,而不能减少补偿金金额,即使受害人的外部生活成本得到了极大的减少。这是因为基于彻底康复原则,如果在受害人外部生活成本减少的情况下降低赔偿金数额,无疑会打击受害人克服生理困难、寻求身体康复的积极性。④

(3) 补偿方案的运行

《伍德豪斯报告》建议未来的补偿方案应具有强制性,不允许有其他的制度安排或"合同规避"(contracting out)。由于个人侵权责任已不复存在,因此商业保险公司不应介入补偿方案的运行,整个补偿方案应由社会公共服务机构或政府机构掌握管理。商业保险公司不能介入补偿方案的主要原因在于:第一,保险公司参与劳工赔偿和机动车交通事故强制保险的运行,是立法机关授权的结果,并不是说保险公司本来就具有介入这些领域的私法上的权利。第二,商业保险制度并不能对意外事故预防和受害人康复起到积极的推动作用。第三,保险公司处理人身伤害补偿案件往往需要借助侵权损害赔偿诉讼。第四,商业保险制度的运行成本并不经济划算。⑤

补偿方案的运行管理机构由三人组成的委员会负责,委员会主席应该具有7年以上的律师职业经验。委员会成员由新西兰总督任命,任期最少

---

① 例如,不得低于1938年《社会保障法》所规定的疾病补贴(sickness benefits),即每周11.5新西兰元。See The Woodhouse Report, ¶ 300(a).
② 轻微的身体局部残障可以采用一次性的赔偿方式,其赔偿幅度为100新西兰元至1200新西兰元。具体的例子可以参见 The Woodhouse Report, Appendix 11.
③ The Woodhouse Report, ¶ 293.
④ The Woodhouse Report, ¶ 293(e).
⑤ The Woodhouse Report, ¶ 491.

为6年且可以无限次连任。① 具体的人身伤害补偿案件处理程序为:首先,受害人提出申请;其次,补偿方案主管机构对受害人的申请进行询问、调查或评估;最后,补偿方案主管机构作出相应的决定。在案件处理过程中,补偿方案主管机构应充分重视案件的事实和自然正义,并享有一定的自由裁量权。受害人对补偿方案主管机构的决定不满的,可以提出复议和上诉。②

在补偿基金来源方面,应将劳工赔偿和机动车交通事故强制保险的资金纳入未来的补偿方案中。但是,《劳工补偿法》中"风险等级"(classification of risk)的缴费标准应予以废除,应该按照工资收入制定统一固定的征税标准。③ 但是,个人收入超过8000新西兰元的部分不予以征税。自由职业者的每年缴费标准也是自己净收入的1%,但最少不少于5新西兰元,最多不超过80新西兰元。机动车的所有人应继续按照以前的强制保险制度缴纳相应的保险费;与此同时,应把机动车的驾驶员纳入未来补偿方案的征税范围。所以,所有具有机动车驾驶执照的人每年应缴纳1.5新西兰元的保险费。政府应(通过卫生部门)承担遭受人身伤害的受害人的医疗费用,并使用税收收入对补偿基金进行相应的支持和补充。④

(三) 影响

《伍德豪斯报告》不但对英美法国家的意外事故补偿制度进行了全方位的批判,而且提出了当时最为激进的改革建议——由国家主导的意外事故补偿方案取代原有的制度,这一做法是具有"革命性的"。⑤《伍德豪斯报告》以社会保障思想(所谓"社会责任")为基础而构建的补偿方案,实际上是一种社会保险制度。它的目的在于解决以个人责任为基础的侵权责任制度在人身伤害补偿领域的无能表现。有意思的是,《伍德豪斯报告》出台以后并没有立即引起本国民众的关注;即使有些社会利益集团(如律师、保险公司

---

① The Woodhouse Report, ¶ 495.
② The Woodhouse Report, ¶ 306-310.
③ 《伍德豪斯报告》建议,对所有雇主按照其对雇员的工资总支出的1%进行征税。尽管对纳税义务人的收入采用累计递进的办法进行征税会增加补偿基金的资本充裕度,但是《伍德豪斯报告》认为,为了"方便快捷和易于管理",还是采用统一固定的征税标准更为可取。The Woodhouse Report, ¶ 311.
④ The Woodhouse Report, ¶ 312-315.
⑤ Joan M. Matheson, "Compensation for Personal Injury in New Zealand: The Woodhouse Report", 18 *The International and Comparative Law Quarterly* 191, 201 (1969).

和工会)对它发表了或支持或反对的意见,它们也可能不会料到《伍德豪斯报告》中的改革建议后来竟成为现实。① 但是,政府却对《伍德豪斯报告》非常重视,这也成为新西兰意外事故补偿制度改革的最直接也是最强大的推动力。

更为重要的是,《伍德豪斯报告》成了新西兰意外事故补偿制度改革的智识渊源。新西兰政府也正是在它的基础上开始推进实际的改革举措。回顾这段历史,可以清楚地发现20世纪70年代以来新西兰的意外事故补偿制度其实一直沿着《伍德豪斯报告》设定的轨迹发展。因此,《伍德豪斯报告》成为研究新西兰意外事故补偿制度绕不过的大山,伍德豪斯本人也因此被许多学者称为"意外事故补偿制度之父"。

二、1972年《意外事故补偿法》

(一) 立法历程

1. 政府"白皮书"(The White Paper)

1969年,也就是《伍德豪斯报告》问世两年之后,新西兰政府出台了一部"白皮书"——全称为《人身伤害:对皇家委员会关于新西兰人身伤害补偿调查报告的评论》。② "白皮书"的目的在于"就报告(即《伍德豪斯报告》)中所设想的人身伤害补偿计划之运行进行检讨,并处理解决其他可能的变化或选择"。尽管被称为政府"白皮书",但它主要分析和评价了《伍德豪斯报告》所设想的人身伤害补偿计划的现实可行性,并深化和推进了一些具体的制度设计。例如,它重新审视了将疾病纳入补偿范围的可能性,进一步讨论了补偿的范围和等级,接纳了普通法中的痛苦与创伤(pain and suffering)、

---

① 帕尔默(Palmer)认为,律师、保险公司和工会等社会利益集团根本没有将《伍德豪斯报告》作为意外事故补偿制度改革的先兆,忽略了它背后的政治支持力量。See Geoffrey Palmer, "Abolishing the Personal Injury Tort System: The New Zealand Experience", 9 *Alberta Law Review* 169 (1971).

② Government of New Zealand, *Personal Injury: A Commentary on the Report of the Royal Commission of Inquiry into Personal Injury in New Zealand* (1969)(在以下引注中简称为"The White Paper")。关于"白皮书"的背景、主要内容及评论,see Palmer, ibid., pp. 192ff.; Alexander Szakats, "Reform of Personal Injury Compensation: The White Paper on the Woodhouse Report", 4 *New Zealand Universities Law Review* 139 (1970).

毁容、生活乐趣之丧失等情形下的一次性补偿支付手段，等等。①

"白皮书"的另外一大特色在于，它运用政府机构得天独厚的优势，采集到最新、最权威的数据，并在数据分析的基础上，对人身伤害补偿基金的来源问题重新进行了讨论。它在某种程度上放弃了《伍德豪斯报告》就工资、薪水或收入采取统一费率（1%）的做法，而是主张根据不同工业领域内（包括机动车领域）的意外事故风险等级来确定不同的收费标准，这样就一定程度上解决了震慑潜在加害人、预防意外事故发生的难题。② 在补偿计划的运行方面，"白皮书"也没有像《伍德豪斯报告》那样全面排斥私人保险公司的介入，相反，它设计了一些试探性的制度，允许私人保险公司一定程度上介入人身伤害补偿市场。③

总体来看，"白皮书"其实是《伍德豪斯报告》的解释细则，旨在缓和或消除社会公众对《伍德豪斯报告》补偿计划的疑虑。它不仅肯定了《伍德豪斯报告》的建议，而且使其更具有可操作性，更能为普通民众所理解。

2.《盖尔委员会报告》

就在政府"白皮书"向众议院提交的次日（1969年10月24日），众议院立即成立了一个以盖尔大法官（the Honorable G. F. Gair）为主席的特别委员会。该委员会（以下简称"盖尔委员会"）负责接收社会各界的建议与呈案，并在1970年2月至6月召开公众听证会，最终收到了来自相关利益集团或个人的45份呈案。④ 1970年11月12日，盖尔委员会向众议院提交了报告——《特别委员会就新西兰人身伤害的报告》（以下简称《盖尔委员会报告》）。⑤《盖尔委员会报告》并没有对先前的政府"白皮书"进行过多的评

---

① The White Paper, ¶ 100-101, ¶ 111-114.
② The White Paper, ¶ 203-206.
③ The White Paper, ¶ 207-217.
④ 对保险公司、法律人士、劳工联盟和机动车协会等利益集团的呈案内容的概括介绍，see Geoffrey Palmer, "Abolishing the Personal Injury Tort System: The New Zealand Experience", (1971) 9 *Alberta Law Review* 169, 204-209 (1971); Palmer & Lemons, "Towards the Disappearance of Tort Law—New Zealand's New Compensation Plan", 1972 *University of Illinois Law Forum* 693, 726-733 (1972); Geoffrey Palmer, "Compensation for Personal Injury: A Requiem for the Common Law in New Zealand", 21 *The American Journal of Comparative Law* 1, 41-43 (1973).
⑤ Report of the Select Commission for Personal Injury in New Zealand (1970)（在以下引注中简称"The Gair Report"）.

论,它关注的焦点仍然是《伍德豪斯报告》。它总体上赞同《伍德豪斯报告》中的补偿计划,但是对以下重大问题进行了修改。

(1) 适用范围

盖尔委员会认为,在未来的人身伤害补偿计划中,应建立两种相互独立的、强制性的且资金自给自足的补偿基金——谋生者补偿基金(Earners' Scheme)和道路事故补偿基金(Road Accident Scheme)。谋生者补偿基金负责对谋生者(雇主、雇员或自由职业者)因意外事故遭受的人身伤害进行补偿;道路事故补偿基金负责对机动车道路交通事故中的受害人进行补偿。这两个意外事故领域的交集——谋生者在机动车道路交通事故中所遭受的人身伤害——则由谋生者补偿基金负责。如此一来,盖尔委员会就将那些非谋生者(如家庭主妇、儿童或老人等)完全排除在补偿计划之外。唯一的例外是非谋生者在机动车道路交通事故中所遭受的人身伤害被纳入补偿计划,由道路事故补偿基金负责补偿。之所以将非谋生者排除在补偿计划之外,是由于盖尔委员会认为非谋生者这一阶层难以控制,并且老年人的疾病和意外事故人身伤害很难予以区分。盖尔委员会进而认为,非谋生者的补偿问题最好交由社会保障部门予以解决。[①]

(2) 补偿金

《盖尔委员会报告》把补偿金分为三种类型:一是维持收入补偿金(Income Maintenance Compensation),对受害人收入之丧失进行补偿(以分期支付的方式),从而满足受害人正常的生活水准;二是非经济损失补偿金(Compensation for Noneconomic Loss),对受害人遭受永久性残障时的痛苦与创伤、生活乐趣之丧失等进行补偿(以一次性支付的方式);三是费用补偿金(Compensation for Expenses),对受害人因人身伤害实际支出的费用进行补偿。

首先,盖尔委员会赞同《伍德豪斯报告》的观点,认为受害人经济损失的补偿金不得超过其收入损失的80%(以1967年的货币价值计算,最高为每周120新西兰元,最低为每周30新西兰元)。《伍德豪斯报告》建议,受害人在意外事故发生后的头四周内经济损失的补偿额每周不得超过25新西兰元;而盖尔委员会则主张意外事故发生一周后就应该对受害人的经济损失

---

① The Gair Report, pp. 21-22.

进行足额的补偿。具体而言，如果人身伤害事故发生在工作范围内，雇主就应向受害雇员支付首周补偿金；如果人身伤害事故发生在工作范围之外，应"鼓励"（encourage）雇主向受害雇员支付首周补偿金。盖尔委员会这一建议，引发了诸多争议。因为新西兰的职工"疾病补贴"（Sick Pay）制度作为一种简单便捷的补偿措施已经在很多企业中实行，盖尔委员会只是强调"鼓励"雇主向雇员支付首周补偿金，这种不痛不痒的做法缺乏一定的法定强制性，无疑会使很多的受害雇员无法获得任何补偿。[1]

其次，《伍德豪斯报告》拒绝将非经济损失（精神损害）纳入补偿范围，这一结论遭到了工会组织、普通法律师等相关利益群体的批评。盖尔委员会肯定了非经济损失在补偿计划中的地位，但同时主张对非经济损失的补偿仅限于永久性人身残障的场合（主要是因身体机能丧失或受严重损害而导致的生活乐趣之丧失）。具体而言，在受害人属于完全的永久性人身残障时，非经济损失补偿金最高可达1万新西兰元；另外，盖尔委员会借鉴工伤补偿制度的做法，对某些常见的意外伤害类型的非经济损失规定了最低补偿标准；同时，赋予补偿方案的主管机构一定的自由裁量权，使其能够根据受害人的具体情况适当地追加补偿金。这种自由裁量权会增加补偿计划的整体运行成本，但盖尔委员会仍坚持这种做法。

最后，就永久性人身残障而言，《伍德豪斯报告》主张成文化的法定标准，采取明细表（schedule）的方法统一规定补偿金数额。盖尔委员会则认为应采取一种独立的、个案裁量的补偿方法——在考虑受害人职业等相关因素的前提下，对每一个案件的实际收入损失进行具体的评估和确定。例如，丧失手臂的钢琴家会比丧失手臂的银行职员遭受更多的经济损失，前者获得的补偿金应多于后者。[2] 盖尔委员会这一观点引起诸多争议，它无疑会增加补偿计划的整体运行成本；另外，它可能会滋生欺诈、滥用等道德风险，妨害受害人的康复进程，因为受害人可以消极地从事治疗康复活动或故意地扩大经济损失来获得更多的补偿金。

---

[1]　P. D. McKenzie, "Report of the Select Committee on Compensation for Personal Injury in New Zealand", 34 *Modern Law Review* 542, 546 (1971).

[2]　The Gair Report, pp. 47-48.

(3) 补偿基金的运营

《伍德豪斯报告》反对私人保险公司介入补偿计划的运营,而盖尔委员会认为补偿计划的私有化因素可以加速补偿计划的实施。盖尔委员会认为,私人保险公司在理赔等方面具有高度的专业性,私人保险公司可以作为补偿计划主管机构的代理人介入补偿计划的运营,从事保险费收取和补偿金支付等具体工作。

《伍德豪斯报告》对保险费率采取统一费率的方法,而盖尔委员会赞同"白皮书"的观点,认为保险费应建立在风险等级评估的基础上——风险等级较高的企业或个人负担较高的保险费,风险等级较低的企业或个人负担较低的保险费。这样做的好处在于,一是使意外事故的成本由企业自身内部消化,二是提高震慑和预防的效果。最后,盖尔委员会主张,补偿基金的资金只能由保险费构成,不能通过普遍税收的方法筹措资金。

总而言之,《盖尔委员会报告》大体上赞成《伍德豪斯报告》中的补偿计划。尽管它存在着许多妥协或修改,但《伍德豪斯报告》中社会责任、广泛权利、彻底康复、实际赔偿等理念精髓并没有被否定,意外事故人身伤害的无过错补偿计划的框架结构仍然存在。盖尔委员会是由立法机关(众议院)所任命,因此它的结论在立法过程中起到了极为重要的作用,影响了众议院的政治氛围和决策倾向。虽然《伍德豪斯报告》的起草者对盖尔委员会的妥协、修改可能会感到些许不爽,但盖尔委员会的结论大体上值得他们庆幸。

《盖尔委员会报告》对补偿计划的适用范围、补偿金类型和数额及补偿基金等问题的改动,并不是说要完善《伍德豪斯报告》中的基本理论或提高补偿计划的实用性、可操作性,相反,《盖尔委员会报告》的目的只不过是想让补偿计划获得政治上的支持罢了。所以,整个《盖尔委员会报告》弥漫着各种利益集团相互斗争、相互妥协的政治气息,这一点也是《盖尔委员会报告》和政府"白皮书"之间最大的区别。正是因为这种妥协,《盖尔委员会报告》获得了各方面的肯定:《盖尔委员会报告》发表后,国家党和工党的领导人均表达了对它的支持;社会媒体对它也褒扬有加;政府也立即成立了一个内阁委员会(Cabinet Committee)来负责法律的起草工作。[①]

[①] See Geoffrey Palmer, "Abolishing the Personal Injury Tort System: The New Zealand Experience", 9 *Alberta Law Review* 169, 212-213 (1971).

3.《意外事故补偿法》的出台

1969年11月29日,在新西兰的政府大选中国家党胜出,开始执掌国家政权。在《盖尔委员会报告》问世以后,国家党迅速作出回应,表示愿意在《盖尔委员会报告》的基础上推进意外事故补偿的立法进程。由此,新西兰的意外事故补偿法开始进入实质的立法阶段。1971年11月15日,《意外事故补偿法》立法草案拟定完成,由新西兰副首相兼劳工部部长马歇尔(J. R. Marshall)提交众议院审议。众议院旋即成立由麦克拉克伦(McLachlan)议员为主席的专门委员会对立法草案进行调查研究。1972年9月19日,麦克拉克伦委员会将原立法草案驳回,并附加了诸多的修改和补充意见。经过一个月的辩论和协商,1972年10月20日众议院终于通过对《意外事故补偿法》的表决。1972年11月25日,工党获得政府大选的胜利。《意外事故补偿法》本来应于1973年10月1日开始生效,但当时刚上台执政的工党政府决定即刻着手扩大此部制定法的适用范围。因此,1973年11月8日,该法第一次修正案(篇幅较长)紧急出炉,并于1974年4月1日正式施行。

(二) 1972年《意外事故补偿法》的内容与评述

1972年《意外事故补偿法》(Accident Compensation Act 1972)最初只规定了两种补偿基金:一是谋生者(earner)基金,用以补偿谋生者因各种意外事故所导致的人身损害;二是机动车事故基金,用以补偿道路交通事故中受害人的人身损害。这两个意外事故领域的交集——即谋生者在机动车道路交通事故中所遭受的人身伤害——则由谋生者补偿基金负责。这就意味着,非谋生者(non-earner)在遭受道路交通事故以外的意外事故时不能依照该法获得补偿,只能诉诸普通法上的侵权赔偿诉讼等救济制度。但是,在1974年生效的修正案中,该法又增加了一个新的补偿基金——补充基金(Supplementary Scheme)。补充基金弥补了谋生者基金和道路交通事故基金的不足,将家庭主妇、儿童或失业人员等非谋生者的意外人身伤害纳入补偿方案。最终,1972年《意外事故补偿法》的适用范围形成了这样的局面:任何人无论遭遇了任何意外事故,不管发生的原因如何,不管其中是否具有人的过错,均有权从意外事故补偿委员会获得补偿。这样一来,1972年《意外事故补偿法》就真正废除了侵权法在人身伤害领域的适用,侵权法中的过错原则、注意义务和因果关系等规则被束之高阁,普通法中以法官、陪审团、律师为中心的传统诉讼救济模式也被彻底颠覆,取而代之的是一种以社会责任理念为基础、专业公共机构负责运行的意外人身伤害补偿方案。

1. 适用范围

1972年《意外事故补偿法》的立法目的,在于预防意外事故、促进安全、促进受害人康复和对受害人进行补偿。这显然将《伍德豪斯报告》中的社会责任理念奉为了圭臬,同时也将《伍德豪斯报告》的"广泛权利"原则和"真实补偿"原则也展现无遗。1972年《意外事故补偿法》基本取缔了侵权法在人身伤害领域的适用,是一种"全方位和全天候"的"无过错"意外人身伤害补偿方案,但它并不想把人类遭受的所有灾难和不幸大包大揽下来。它具有自己具体的适用范围——在适用范围内,受害人按照该法的规定寻求补偿和人身康复;在适用范围之外,受害人无法按照该法获得任何补偿,只能通过其他的法律途径(如侵权法、社会保障法等)来寻求问题解决之道。这样一来,1972年《意外事故补偿法》开始具有了自己独特的内在结构和外在效应,并与侵权法、社会保障法、保险法等其他补偿救济法律制度相区别,尽管这一切经常被1972年《意外事故补偿法》错综复杂、拖沓冗长的法律条文或技术性规定所掩盖。

1972年《意外事故补偿法》第20条规定,受害人只有遭受了"意外人身伤害"方可依照该法获得补偿。那么,所谓"意外人身伤害"是什么?最初的1972年《意外事故补偿法》并未给出任何解释,而1974年的修正案也仅仅是罗列了"意外人身伤害"这一概念的外延和类型:(1)任何意外事故对人身造成的生理性和精神性不利后果;(2)医学治疗、外科手术、牙科或急诊中的不幸事件(misadventure);(3)(该法规定的)职业疾病或工业性耳聋导致的劳动能力丧失;(4)因某些刑事犯罪行为导致的身体伤害。当然,故意自残、自伤或自杀的受害人,不得请求意外人身伤害之补偿。但是,在此情形下,如果受害人的被抚养人(如配偶、子女等)具有"特殊的救助需求时",补偿委员会可以行使自由裁量权,决定对受害人的被抚养人进行补偿。

立法者之所以不对"意外人身伤害"这一概念作出全面界定,而采取复杂的类型列举,其主要目的之一就是把人类疾病排除在"意外人身伤害"这一概念之外——也就是说,疾病导致的劳动能力丧失或死亡不予以补偿。因此,该法明确规定,心脑血管疾病(有例外)、纯粹的人类疾病、感染或自然生理衰老不属于"意外人身伤害"之范畴。但是以下的疾病属于"意外人身伤害"的范围:(1)该法规定的"意外人身伤害"所导致的结果性疾病。例如,当受害人遭受的身体外伤(烧伤、割伤、挫伤等)属于该法的"意外人身伤害"时,因伤口感染而引发的疾病即被认为属于"意外人身伤害"。(2)职业疾病。(3)因"医疗不幸"导致的疾病。(4)受害人因遭受新西兰《刑法》(1961年)第201条规定的犯罪行为导致的疾病。[①](5)特殊情形下的心脑血管疾病。要件有二:一是在雇佣劳动过程中发作,二是发作的原因是遭受了异常的、过度的或罕见的外力刺激。

2. 补偿金

(1)收入损失补偿金

若受害人因意外事故丧失劳动能力(即无法参加工作),那么受害人在事故发生后第一个星期的收入损失("首周收入损失")应如何补偿?如果意外事故发生在"雇佣劳工过程中",雇主必须完全、足额地补偿受害雇员的首周收入损失。如果意外事故并不是发生在"雇佣劳动过程中",受害人只能自己承担首周的收入损失。

在首周之后,意外人身伤害导致的"谋生能力之损失"以受害人实际收入(税后收入)损失的80%进行补偿。针对新西兰的居民平均收入水平,《意外事故补偿法》规定了受害人每周收入损失的最高法定限额——200新西兰元(1974年)。也就是说,对受害人谋生能力之损失的补偿金,每周最多为200新西兰元乘以80%——160新西兰元。那些周平均收入超过200新西兰元的谋生者可以就自己的超额收入参加商业保险,从而避免意外事故导致的收入风险。在决定受害人谋生能力之损失的补偿金时,必须还要考虑到受害人得到补偿的其他来源(collateral sources)——例如企业的疾病补贴等;如果受害人已获得了企业的疾病补贴,那么疾病补贴金额应从谋生能力之损失补偿金中予以扣除。为防止补偿金欺诈等道德风险,如果受害人"在自己的能力范围内不努力工作",补偿委员会有权扣除或减少其补偿金。在对受害人的谋生能力损失进行评估时,补偿委员会可以接纳受害人提供的相关证据。但是,这些证据不必完全拘泥于现有普通法上的证据法规则。委员会必须对受害人的谋生能力损失作出书面决定并及时告知受害人。由于补偿委员会可以随时进行临时性的评估,因此"收入损失补偿金

---

① Terrence G. Ison, *Accident Compensation: A Commentary on the New Zealand Scheme*, Croom Helm Ltd., 1980, p.19.

的确定,不应由于困难和不确定性,而被不当地拖延"。另外,如果谋生者的收入水平过低时,他有权请求将自己的补偿金提高到自己收入损失的 90%。

当受害人是学徒、实习人员或年龄小于 21 周岁时,补偿规则会发生一定变化:在确定其收入损失的补偿金时,应着重考虑其未来可能的(学徒期、实习期结束后或 21 周岁后)的谋生能力。在其他情形中,1972 年《意外事故补偿法》甚至规定了潜在谋生能力的计算方法:年龄小于 16 周岁、正在接受继续教育、学习职业技能或在 1 年内就要走向工作岗位的新西兰常规居民,其每周潜在的收入损失为 50 新西兰元。补偿委员会有权将此数目最高提高到 75 新西兰元。除了这些特殊情况以外,受害人任何意在说明自己未来收入损失可能会增加的言论或证据,均不予考虑。受害人这些言论在普通法(侵权法)损害补偿中可能会起到作用,但是 1972 年《意外事故补偿法》并不认可。

收入损失补偿金一般采取分期支付的方式,具体期限由补偿委员会决定,但分期支付补偿金的每次给付期限间隔不应超过 1 个月。委员会有权在某些"极为特殊的情况下"将分期支付的补偿金全部或部分地转为一次性支付。当受害人住院(除非是自己掏钱)或遭受刑事处罚时,补偿委员会有权减少、推迟或撤销补偿金的支付。如果受害人已经返回工作岗位,但需要经常请假(超过 6 天)而继续进行医学治疗时,其仍有权就请假期间的收入损失请求补偿金之给付待遇。

受害人虽然没有完全康复,但如果他的"治疗状况已经稳定且已经就重返工作岗位和康复采取了所有可能的措施后",补偿委员会可以就受害人的劳动能力丧失状况、性质和程度等进行重新评估。为了避免通货膨胀导致补偿金实质水平的下降,政府可以颁布枢密令(Order-in-Council)对补偿金进行相应的增加。在确定补偿金数额之后,即使受害人谋生能力提高,也不应减少补偿金的数额。但是受害人的外部环境发生恶化时,委员会可以重新对受害人的谋生能力丧失状况进行评估。当受害人达到 65 岁时,受害人收入损失补偿金就终止给付,因为 65 岁以上的受害人可以通过社会保障方案获得养老金和退休金。这就充分说明,1972 年《意外事故补偿法》显然考虑到了受害人获得收入损失补偿的其他制度来源,并反对受害人获得超额的、不必要的"多重补偿"。另需注意的是,在 1974 年《意外事故补偿法》修正案中,虽然承认了非谋生者具有意外人身伤害补偿之法定权利,但与谋生者相比,他们获得的补偿权利显得极为可怜,因为依照该修正案之规定,非谋生者不具有收入损失之补偿权利,他们只能就人身伤害享有费用补偿和非经济损失补偿的权利。

(2)精神损害补偿:非经济损失

《伍德豪斯报告》反对就非经济损失进行个案衡量的具体补偿,而是主张采用固定的标准对非经济损失进行补偿。一旦受害人的精神损害被确认,《伍德豪斯报告》主张运用"经验法则"来评价精神损害,而不是采用侵权法损害补偿中个人主义的、自由裁量的补偿规则。但是,法律职业界对此观点大加批评,"盖尔委员会"对此进行了相应的妥协和修改,尽管这会增加整个意外人身伤害补偿方案的运行成本。《意外事故补偿法》采取了"盖尔委员会"的建议,一方面允许补偿委员会对受害人的精神损害进行个案具体的评估,另一方面对非经济损失的补偿金设定一定的限额。这种做法一方面为律师提供了一定的生存机会,另一方面也考虑了对精神损害进行补偿的必要性。依据1972年《意外事故补偿法》,受害人的非经济损失补偿金主要适用于以下两种情形:一是受害人遭受身体机能永久性丧失或身体残障(第119条),二是受害人因人身伤害产生精神痛苦(痛苦与创伤、生活乐趣丧失等)(第120条)。

当受害人遭受身体机能永久性丧失或身体残障时,受害人可以一次性获得补偿金(不超过5000新西兰元,1974年《意外事故补偿法》修正案将之提升至7000新西兰元)。要想获得非经济损失补偿金,受害人必须从适格的医疗职业者处获得精神损害的医学证明。已死亡的受害人必须曾在意外伤害事故发生后存活28天以上,此时已死亡受害人的被抚养人才有权获得死亡补偿金。这样做的目的,是为了凸显受害人本人才是非经济损失补偿金的产生源泉,从而防止补偿金仅有利于已死亡受害人的被抚养人。《意外事故补偿法》的附录二详细列举了身体机能永久性丧失和残障等级的补偿标准,例如因意外事故丧失一只手臂的补偿标准为80%,此时受害人最多可以获得4000新西兰元(5000*80%)的补偿金;丧失大拇指的补偿标准为14%,此时受害人最多可以获得700新西兰元(5000*14%)的补偿金。对于附录二中没有明文列举的永久性丧失或残障等级,补偿委员会有权依据医学或其他证据,合理地确定补偿比例。

除了永久性丧失或身体残障以外,受害人还可以就人身伤害导致的痛苦与创伤、生活乐趣丧失或毁容等情况,申请获得一次性的补偿金(最多不超过7500新西兰元,1974年《意外事故补偿法》修正案将之提升至10000新西兰元)。此时,补偿委员会应对受害人所遭受人身伤害的本质、强度、持续期及其他相关因素进行自由裁量。一般来讲,当受害人的身体健朗条件已经稳定且足以进行损失评估时或在意外事故发生两年后,应向受害人支付补偿金。在某些特殊条件下,精神损害补偿金可以被提高,但是一次性补偿金总额不得超过12500新西兰元(1974年《意外事故补偿法》修正案将之提升至17000新西兰元)。在评估受害人的精神损害时,"委员会应考虑受害人的知识背景和对自己损失的认知程度"。当受害人死亡时,委员会不再支付精神损害补偿金。

(3)费用补偿金

受害人可以就医疗诊治、医疗鉴定、药物和医疗器具等费用请求补偿。但是,因为新西兰1964年《社会保障法》已经对大部分的医疗和住院费用进行了补偿,所以受害人请求补偿的费用必须是《社会保障法》中没有涉及的。具体而言,费用补偿金包括:其一,受害人前往医院(或医生)就诊的往返交通费用。如果雇员在雇佣工作过程中受到伤害,雇主有义务将雇员运送至医院,但是雇主的交通费用可以从补偿委员会获得补偿。补偿委员会还必须补偿受害人继续治疗中的交通费用(超过自己住所5英里时)。其二,牙齿、义肢的修复或更换费用也可以纳入补偿范围,甚至受害人的财产损失(如衣服或眼镜的损坏)也可以得到补偿。

在某些例外情况下,例如"财产损失、丧失交易机会、因丧失商业合同履行能力导致的损失"等,补偿委员会有权对"(人身伤害或死亡直接导致的)实际、合理的费用和得到证实的损失"决定补偿。在费用补偿方面,《意外事故补偿法》也充分考虑了受害人家庭之需要。因此,如果受害人需要"不间断的个人照顾",委员会有权决定对受害人的护理费用进行补偿。如果受害人(包括已死亡的受害人)的家庭成员因为受害人遭受了"服务的量化损失",委员会可以决定对此家庭成员进行补偿。与之相似的是,任何给予受害人帮助的人——无论是否是受害人的家庭成员——均可以请求"实际和合理的损失"之补偿。

(4)对被抚养人的补偿

如果受害人属于1972年《意外事故补偿法》中规定的"谋生者",并且受害人因意外人身伤害死亡时,受害人的配偶、未成年子女或其他被抚养人有权获得(受害人的)收入损失补偿金。如果受害人的配偶完全依靠受害人抚养,补偿金应参照受害人永久性完全丧失劳动能力时的补偿金确定(一般是50%)。如果是部分依靠受害人抚养,则按照配偶的独立程度确定相应的补偿金。如果受害人的未成年子女完全依靠受害人抚养,补偿金标准为受害人永久性完全丧失劳动能力时的补偿金的1/6。当父母均死亡时,比例则可提高至1/3。如果不是完全依靠受害人抚养,补偿金则相应减少。依据未成年子女的教育需求或者其他特殊情况,委员会可运用自由裁量权决定是否延长受害人未成年子女的补偿金支付期限。

3. 补偿方案的运行

意外事故补偿委员会(Accident Compensation Commission)负责整个补偿方案的运行。它由三人组成,其中一人必须是具有7年以上职业经验的律师或检察官。意外事故补偿委员会具有很大程度的独立性,免于受到政府的不当控制或规制,它的成员和工作人员并不属于政府公务员之范畴。委员会成员任期为3年,但可以连任。委员会的职责在于"运用职能和权力,执行政府政策,并经常与劳工部建立必要的联系和沟通"。这种沟通必须采取书面的形式,以利于社会公众的监督。

在《伍德豪斯报告》问世以后,谁来负责整个补偿方案的运行这一问题,引起了激烈的讨论。整齐统一的国家补偿方案显然要比四分五裂的私人保险方案更为高效经济,但是这种国家主导的补偿方案并不一定要由政府部门亲自来负责运行。实际上,私人保险公司运行此补偿方案的总成本可能要远远高于独立专业机构(由政府主导)的运行成本。因此,1972年《意外事故补偿法》专门设立了意外事故补偿委员会来负责补偿方案的运行,但是,该法还规定委员会可以授权保险公司(或其他企业)作为其代理人从事相应的工作——例如,保险费的收取和人身伤害补偿金的支付,等等。这样一来,私人保险公司的市场运营经验、丰富的人力资源以及遍布各地的营业网点,就为补偿方案的运行提供了较好的实践条件。同时,私人保险公司可以通过参与补偿方案的运行,获得更多与潜在消费者的"接触"机会,有利于私人保险市场的发展与繁荣。

意外事故补偿委员会具体负责受害人的补偿申请、补偿金额的确定、康复计划的批准等事项,它还可以在某些特殊案件或特殊情形中享有自由裁量权。除此以外,该法还规定了针对意外事故补偿委员会的任何决定的复议和上诉机制。针对此问题,学术界曾对《伍德豪斯报告》中的设计提出了许多批评。而1972年《意外事故补偿法》几乎完全采纳了《伍德豪斯报告》的设计:(1)受害人的补偿请求一般应在意外事故或死亡发生后的1年内提出;(2)不服委员会(包括它的成员或代理人)决定的受害人应该在决定作出后的1个月内向委员会提出复议申请。委员会可以组成听证会和专门的医疗委员会处理受害人的复议申请。(3)若受害人对复议仍不服的,可上诉至上诉法庭(Appeal Authority)。上诉法庭也可以任命评估专家,这些专家可以重新审查受害人提交的证据(但不必适用证据法规则)。

1972年《意外事故补偿法》的立法意旨还在于意外事故的预防和受害人的康复,此目的要想实现,采用统一的国家公共管理手段显然要比私人保险公司更为经济高效。因此,该法规定,意外事故补偿委员会有义务采取积极的行动来促进事故风险领域的安全,并对那些因意外事故伤害丧失劳动能力的受害人提供"更为协调和更富有活力的医疗、职业康复计划"。为此,意外事故补偿委员会还专门设立了医疗局和安全局。

4. 补偿基金的来源与管理

1972年《意外事故补偿法》把整个意外人身伤害补偿基金分为若干个独立的子基金:谋生者基金、机动车事故基金和补充基金。这样做的原因在于每个基金的资金来源是不一样的,并且各个基金的财务也是相互独立的——任何一种基金的补偿金支出的增长或减少,完全受制于这种基金的资金来源的增长或减少,与其他基金的状况或国家税收的多少没有任何直接关系。

谋生者基金主要用于补偿新西兰65岁以下谋生者遭受的意外人身伤害,也可以用于补偿在新西兰境外的某些谋生者(如新西兰的水手或飞行员等)遭受的意外人身伤害。只要是所谓的"谋生者",无论意外事故的类型、地点或时间等,其遭受的人身伤害均可以通过此基金获得补偿。"谋生者"既包括一般"雇员",也包括"自由职业者",这两个概念在1972年《意外事故补偿法》中被详细界定。谋生者有权获得补偿和康复救助;如果谋生者因意外人身伤害死亡,他的被抚养人有权获得补偿。谋生者基金的资金来源是雇主(对其雇员收入)和自由职业者缴纳的保险费。保险费率由政府枢密令根据不同行业、职业类型加以确定。意外事故补偿委员会可以对那些"意外事故发生记录明显糟糕"的企业雇主或自由职业者追加惩罚性保险费(不得超过原来正常保险费的1倍)或者酌情减少"意外事故发生率明显低于平均水平"的企业雇主或自由职业者的保险费(不得少于原来正常保险费的50%)。什么是"意外事故发生记录",什么是"意外事故发生率",《意外事故补偿法》并没有予以明确规定,但可以确定的是,这两个概念均涉及意外事故发生的频率和成本。保险费有法定的范围:按照谋生者的税后收入,每100新西兰元最低0.25新西兰元,最高5新西兰元;在总量上,每个谋生者的保险费最多不超过10400新西兰元。这种总量的最高上限,与1972年《意外事故补偿法》规定的收入相关补偿金的最高上限相呼应。在实践中,谋生者往往向税务局缴纳保险费,这样做的好处在于使税务局能够把握保险费缴纳和税收的整体情况。当然,意外事故补偿委员会也可以委托私人保险公司进行保险费的收缴工作。

机动车事故基金主要负责对机动车道路交通事故中的受害人的人身伤害进行补偿。道路交通事故中的机动车可以是经过注册登记的车辆、未登记注册的车辆、新西兰观光客的车辆,等等。该基金的资金来源主要有二:一是每辆机动车进行年度登记注册时缴纳的保险费:根据1972年《意外事故补偿法》附录一的规定,机动车保险费率根据车辆的型号、重量和功能类型加以确定;二是机动车保有人进行年度注册时缴纳的保险费,这种保险费一般为每人2新西兰元,除非枢密令另有规定。

补充基金主要负责前两个基金以外的所有意外人身伤害的补偿,也就是说,非谋生者(或者其被抚养人)、老年人、家庭妇女、儿童在遭受除机动车道路交通事故以外的人身伤害时,均由补充基金负责补偿。补充基金与前两个基金的另一个重要不同之处在于,它的资金来源并非是保险费,而是国家的税收收入。补充基金意在对所有的意外人身伤害进行补偿——无论意外事故发生的时间、地点、原因或是否存在过错,这无疑是一场革命。

三、20世纪80年代:统一与挑战

(一)1982年《意外事故补偿法》

整个20世纪70年代是社会公众和《意外事故补偿法》的"蜜月期",人们逐渐熟悉、接受甚至习惯了它。在1980年,也就是1972年《意外事故补偿法》于1974年正式付诸实施的6年后,政府内阁成立委员会①对它进行了首次的回顾评论。该报告在回顾《意外事故补偿法》的实际运行后,提出两项重要建议:(1)将三人制的补偿委员会改造为意外事故补偿公司,实行现代公司化的运行机制;(2)将补偿基金支出的运行模式改为"现付现收"。1982年《意外事故补偿法》(Accident Compensation Act,1982)所作的修订即建立在该报告的基础之上。

1982年《意外事故补偿法》基本上没有对意外人身伤害的补偿适用范围进行改动,意外人身伤害的补偿程序、类型和规则也没有发生重大变化,仅在一些具体问题上有所作为——例如,将意外人身伤害的非经济损失补偿金提高到17000新西兰元②等。但是,1982年《意外事故补偿法》完全采纳了《奎格利委员会报告》所提出的上述两项建议。

首先,意外人身伤害补偿方案的主管运行机构发生了变化。原有的意外事故补偿委员会被撤销,创建了具有现代公司治理结构的意外事故补偿公司(Accident Compensation Corporation,以下简称"ACC")。其次,意外人身伤害补偿基金运行模式改为"现付现收"制。所谓"现付现收"制,是指当年的保险费收入专用于该年度的补偿请求,未来的补偿金支出金额不纳入当年的保险费收取范围,而在之前的"完全筹资"模式下,当年的保险费收入必须要满足所有补偿请求——未来的补偿金支出金额纳入当年的保险费收取范围。举例而言,如果某一青年人遭受意外人身伤害并永久性丧失谋生能力时,在完全筹资模式下,补偿金总额(分期支付)一次性计算在当年的基金支出成本中;而在现付现收模式下,收入相关补偿金采用分期支付方式,所以当年的基金支出成本仅包括当年应支付的补偿金。换句话说,就保险费缴纳义务人而言,现付现收模式将大大降低其应缴纳的保险费金额。

在1972年《意外事故补偿法》实施的头几年中,由于意外人身伤害的补偿请求较少并且没有历史遗留的补偿金支出问题,因此补偿基金账户积累了相当的资金,账户收支处于盈余状态。在这种情况下,企业雇主、自由职业者等保险费缴纳义务人强烈要求降低保险费缴纳金额,减少意外人身伤

---

① 该委员会的主席由德雷克·奎格利(Derek Quigley)担任,所以又称"奎格利委员会",奎格利委员会提交的报告亦被称为《奎格利委员会报告》(the Quigley Report)。

② Accident Compensation Act 1982,§ 78(1).

害的支出成本。正是在这种政治压力下,立法者才在 1982 年《意外事故补偿法》中废除了"完全筹资"模式,正式确立"现付现收"模式。但是,这种转变似乎矫枉过正了——保险费缴纳金额的降低致使补偿基金迅速萎缩,补偿基金账户支出逐渐超过收入,财政危机的苗头忽隐忽现。由于补偿基金积累资金的迅速减少、宏观经济通货膨胀和保险费收缴程序的高额成本支出,政府不得不回头一再提高保险费的征缴金额,甚至一度将保险费率提高了 3 倍。①

(二) 1988 年法律委员会报告

"蜜月期"过后就是逐渐增多的磕磕绊绊。20 世纪 80 年代,新西兰国内舆论风气突然一转,时常挂在社会公众嘴边的溢美之词消失得无影无踪,批评和质疑的声音越来越多地指向了《意外事故补偿法》,来自方方面面的压力困扰着这个刚度过婴儿期的"制度孤儿"。在众多的批评声音中,"伤害—疾病"二分法和补偿体系的成本维护这两个问题最为引人关注——为什么意外人身伤害的受害人要比身患疾病的人更"值得"保护?如何控制整个意外人身伤害补偿方案的支出规模?

在庞大压力下,政府要求刚刚宣告成立的国家法律委员会(Law Commission)②重新评估意外人身伤害补偿方案的运行,并提出相应的解决方案。法律委员会的最终报告③认为"伤害—疾病"二分法是荒谬的,应尽快予以抛弃,并强烈建议将疾病和先天性生理缺陷纳入补偿保护范围——首先,将 1964 年《社会保障法》中关于先天性生理缺陷的补贴保护移植到意外人身伤害补偿方案中;然后依次将严重疾病和一般疾病纳入补偿保护范围。同时,法律委员会认为一次性补偿金有悖于意外人身伤害补偿方案的"真实

---

① Geoffrey Palmer, "New Zealand's Accident Compensation Scheme: Twenty Years On", 44 *The University of Toronto Law Journal* 223, 231 (1994).

② 新西兰 1985 年出台《法律委员会组织法》(Law Commission Act 1985)。依据该法,新西兰国家法律委员会于 1986 年正式成立,其目的在于"促进新西兰法律体系的改革和发展",其职能主要是"对现行法律制度进行回顾评论,为司法部、政府部门或其他公共服务组织提供法律改革的建议"。See Geoffrey Palmer, "Systematic Development of Law: The Functions of Law Commission", 1986 *New Zealand Law Journal* 104 (1986); Owen Woodhouse, "The New Law Commission", 1986 *New Zealand Law Journal* 107 (1986).

③ Law Commission, *Personal Injury: Prevention and Recovery—Report on the Accident Compensation Scheme*, 1988(在以下引注中简称"Law Commission 1988 Report")。

补偿"原则,不符合填补受害人收入损失的立法意旨,所以一次性补偿金也应予以废除。

对补偿基金的运营问题,法律委员会认为补偿基金的资金来源可以是多元的:可以是企业雇主和自由职业者缴纳的保险费收入,可以是补偿基金的投资收益,甚至还可以进一步扩大政府公共财政资金的注入。法律委员会自信满满地宣称目前的补偿基金并不存在财政危机:目前资金支出的明显增加,主要用于支付旧案件中的分期支付型补偿金;而用于每年新案件的资金支出并没有出现较大的增长。[①] 另外,法律委员会承认补偿请求权人的补偿金期限有所延长,长期来看这无疑会增加整个补偿方案的运行成本。但补偿金支付期限为什么会有逐渐延长的趋势,委员会没有给出明确答案。"补偿金限制条件的松绑、一次性补偿金逐步走高的趋势、对积压案件的集中处理以及医疗事故补偿规则的变化等可能是造成这一局面的原因"[②]。要想节省支出并增加补偿基金的积累资金,关键在于"限制职业群体的保险费率、废除一次性补偿金和防止保险欺诈、滥用等道德风险"[③]。

(三) 20 世纪 80 年代末的政治风云

1988 年的法律委员会报告得到了工党政府当局的肯定。政府参照法律委员会的报告,随即在 1990 年草拟了一部法律草案,目的在于为所有遭受身体残疾和丧失谋生能力的人们提供收入维持和身体康复的"无过错"补偿方案。但遗憾的是,在随后不久的政府大选中,工党下台。刚上台执政的国家党在选举前也公开支持补偿方案的扩张计划,并承诺会对此问题专门发布政府白皮书,然而它上台后立即就改变了原来的论调——认为目前的补偿方案成本太高,其适用保护范围不宜扩张。这样一来,事情的发展态势急转直下,从而为 20 世纪 90 年代意外人身伤害补偿方案的"私有化"浪潮奠定了基础。

总体来说,新西兰的意外人身伤害补偿方案在 20 世纪 80 年代处于相对稳定的状态。与 1972 年《意外事故补偿法》刚实施时(1974 年)相比,补偿方案的适用保护范围没有发生大的变动;受害人获得的补偿金水平有了

---

① 详见 Law Commission 1988 Report, ¶ 83-102。
② Stephen Todd, "Privatization of Accident Compensation: Policy and Politics in New Zealand", 39 *Washburn Law Journal* 404, 413 (2000).
③ Ibid., p. 415.

不同程度的提高;意外事故补偿公司作为补偿方案新"管家",采用现代化的公司治理结构,运营效率明显改善;"现付现收"的基金运作模式缓解了资金支出压力,企业雇主、自由职业者等缴费义务人的财政负担有所减轻;随着补偿方案的不断深入贯彻,废除"伤害—疾病"二分法的呼声越来越高,扩大适用范围并最终实现"伤害与疾病"在补偿方案中的统一似乎已经指日可待。

四、20世纪90年代:巨变

(一) 1992年《意外事故康复与补偿保险法》

1. 背景

20世纪90年代初,国家党在新西兰政府大选中一举击败工党,开始上台执政。国家党政府上台后成立了一个政府工作小组,对意外人身伤害补偿方案进行回顾评估并就扩大适用保护范围提出建议。由于时间仓促,工作小组仅就现有的补偿方案进行了评论和反思,没有分析疾病纳入补偿方案的可行性问题。工作小组建议将现有的、政府主导的补偿方案改为以强制保险为基础的补偿体系,私人保险公司介入补偿体系的运行并与ACC展开竞争。[①] 政府对此建议持否定态度,并要求工作小组在ACC继续主管的前提下,探讨目前补偿方案的成本问题。工作小组遵照此指示递交了补充报告,对补偿方案的成本问题进行了回应。最后,政府采纳了工作小组补充报告中的观点,肯定了无过错补偿方案的价值并决定继续维持其运行。

政府同时认为,目前的补偿方案存在一些尚待解决的重大问题——尤其是补偿方案的公正性和财政问题。补偿方案的公正性问题主要体现在企业雇主的保险费方面:企业雇主缴纳的保险费占整个基金资金收入来源——谋生者基金、机动车事故基金和补充基金的总和——的70%,而工伤事故的补偿金支出仅占整体资金支出的40%。相比之下,谋生者(主要指雇员)对非工伤事故的补偿金来源毫无贡献。这样一来,企业雇主往往认为自己为非工伤事故的损害后果"埋单",做了"冤大头"。补偿方案的财政问题主要体现在意外人身伤害的补偿金支出平均每年涨幅为25%(1985—

---

① See Ministerial Working Party on the ACC and Incapacity, *Report of the Ministerial Working Party on the ACC and Incapacity*, 1991.

1990年)并且没有任何好转的迹象。补偿金支出的攀升主要出现在收入损失补偿金、一次性补偿金(特别是非经济损失补偿金)和医疗事故领域。同时,"意外人身伤害"的概念在实践中也被一步步地扩大解释,补偿方案的门槛降低,致使更多的补偿案件出现。在这种背景下,如果保险费率——作为补偿基金最主要的收入来源——没有进行结构性调整或增加,那么现有的基金不可能满足新的补偿请求。但同时,继续增长保险费率是缴纳义务人万万不能接受的。因此政府认为,改革的重点应放在拓宽和重新配置基金的收入来源、减少补偿方案运行成本和限制其适用保护范围等方面。

2. 主要内容

1992年的《意外事故康复与补偿保险法》(Accident Rehabilitation and Compensation Insurance Act 1992,下文简称"ARCIA 1992")就是在这样的背景下出台的。这部法律最值得人们关注的,与其说是意外事故补偿制度的具体内容改革,倒不如说是哲学基础的变化。从1967年的《伍德豪斯报告》、1972年的《意外事故补偿法》到整个20世纪80年代,新西兰的意外事故补偿制度一直被认为是建立在社会责任和国家福利思想的基础上。伍德豪斯本人也非常严肃地强调,新西兰的意外事故补偿制度反映的是社会保险之观念,而不带有任何私人商业保险制度的色彩。相比之下,ARCIA 1992则被政府定位成一种意外伤害保险制度体系——即被保险人支付保险费;在发生意外人身伤害时,依照保险合同的约定获得一定的补偿金。[①]这一切都毫无保留地表现在了法律官方名称和术语上——"意外事故补偿法"(ACC)变成了"意外事故康复与补偿保险法","意外事故补偿公司"变成了"意外事故康复与补偿保险公司"(Accident Rehabilitation and Compensation Insurance Corporation,ARCIC)。

(1) 适用范围

ARCIA 1992建立了一种以保险制度为哲学基础的法律框架,取消了1972年《意外事故补偿法》中"意外人身伤害"这一具有广泛适用范围的上位性概念,并由具体的人身伤害类型取而代之,其目的在于"消除(意外事故补偿制度)适用范围的盲目扩张"。这些具体的人身伤害类型中就包括"医

---

① 关于新西兰政府对ARCIA 1992的评价与定位,see W. F. Birch, *Accident Compensation: A Fairer Scheme*, New Zealand Government, 1991。

疗不幸"(medical misadventure),而"医疗错误"(medical error)和"医疗灾难后果"(medical mishap)也被立法者采纳,正式成为"医疗不幸"的内容。医疗错误相当于侵权法中的医疗过失侵权(medical negligence),是指"合法注册医疗从业人员未能尽到相应的、合理的注意义务或职业技巧"[①]。"医疗灾难后果"的定义则强调的是医疗治疗后果的罕见性与严重性。"罕见性",意指"医学治疗的负面结果发生的可能性在进行该医学治疗的案例中的比例小于1%"。"严重性"的标准也有所提高,是指"医学治疗的负面效果为死亡、住院时间的延期或持久性和严重性的残障"[②]。

另需注意的是,ARCIA 1992 明显缩小了精神损害的补偿范围。ARCIA 1992 第4条第1款明文规定:"本法所称的人身伤害,是指受害人死亡、身体伤害或由于身体伤害而导致的精神损害",这就意味着与身体伤害无直接联系的精神损害(如精神震骇等)被排除在外,此时受害人可以通过侵权损害赔偿诉讼来寻求法律救济。

(2) 补偿金
——"独立补贴"

ARCIA 1992 不但限制了精神损害的适用范围,而且废除了精神损害(也就是英美侵权法中的"非经济损失")的一次性补偿金制度。由于先前的《意外事故补偿法》承认精神损害补偿金,这一改革措施引起了潜在受害人一方(如雇员和工会组织)的强烈抗议。[③]"无论废除非经济损失补偿金的理由是什么,有一点无法否认的是,这种做法无疑背离了补偿方案的最初目的——取代侵权法在人身伤害领域的作用。"[④]精神损害补偿金规则被废除,取而代之的是一种新的"独立补贴"(Independence Allowance)制度。"独立补贴"完全依赖于受害人身体机能丧失程度或残障等级,完全残障的受害人每周的补贴金为40新西兰元。身体机能丧失程度或残障等级越低,其获得的补贴金就越少。如果身体机能丧失程度或残障等级小于10%时,受害人

---

① ARCIA 1992 § 5 (10).
② ARCIA 1992 § 5 (1)(2)(3)(4).
③ 需要指出的是,ARCIA 1992 中关于收入损失补偿金的规定几乎没有任何改变,唯一变化的是每周补偿金的最高限额被提高到650新西兰元。但收入损失补偿金的最高限额每年均需要进行相应的调整,从而适应"每周平均收入水平的变化"。ARCIA 1992,§§ 48, 70.
④ Richard S. Miller, "An Analysis and Critique of the 1992 Changes to New Zealand's Accident Compensation Scheme", 52 *Maryland Law Review* 1070, 1075 (1993).

就丧失了获得"独立补贴"的权利。需注意的是,受害人获得"独立补贴"权利应满足一定的时间期限条件。受害人只有在意外人身伤害发生 13 周以后才可以向补偿主管机构申请"独立补贴";另外,有权获得"独立补贴"的受害人每隔 5 年至少需要进行一次身体机能丧失或残障等级的鉴定评估。"独立补贴"制度的目的在于解决"受害人在余下的生命中因永久性残障导致的额外负担",补贴金额水平较低的原因在于它只是"解决与残障相关的各种费用的负担问题"。①

——失业状态下收入损失补偿金的废除

在先前的《意外事故补偿法》中,已经达到康复标准且重获劳动能力的受害人如果通过正常的程序无法获得"适当的"工作机会时,受害人在这种失业状态下仍可获得收入损失补偿金。ARCIA 1992 果断地废除了这一措施,因为在政府眼中实施这一规则的代价过于高昂。② 依据 ARCIA 1992,在劳动能力丧失状态发生的 1 年后,如果受害人已经恢复 85% 以上的劳动能力时,不管其是否已经重返工作岗位或获得具体的工作机会,均不得再享有任何收入损失补偿之权利。③

ARCIA 1992 在补偿金规则方面的另一变化在于,废除了先前的"受害人收入损失补偿金的水平永远不得降低"的原则。这一做法显然是为了防止受害人怠于防止人身伤害扩大等道德风险,并促进受害人的康复进程。为了更好地掌握受害人的人身伤害康复状况,确定合理的收入损失补偿金,ARCIA 1992 第 51 条规定,除非补偿主管机构认为确实无此必要,每隔 3 年至少要对受害人的劳动能力丧失状况进行一次鉴定评估。

——医疗费用补偿金的改革

新西兰的公共医疗社会保障制度赋予公民在公立医院或医疗机构享受免费医疗服务的权利。由此同时,先前的《意外事故补偿法》也允许受害人到私立医院或医疗机构治疗自己的人身伤害,由此产生的医疗费用由 ACC 负责补偿。为了到服务条件和医疗设施更好的私立医院看病、治疗,受害人

---

① W. F. Birch, *Accident Compensation: A Fairer Scheme*, New Zealand Government, 1991, p. 47.

② 政府统计表明,对失业状态的受害人支付的收入损失补偿金每年高达 4000 万新西兰元。Ibid., p. 43.

③ ARCIA 1992, § 50.

和医疗从业者往往达成默契,制成意外人身伤害的医疗鉴定书,从而提高了费用补偿金的支出成本。在实践中,由于医疗费用完全由 ACC 埋单,所以受害人在接受医学治疗服务时往往没有节约克制的经济意识。为了解决上述问题,新西兰政府决定在 ARCIA 1992 中实行"部分收费"的措施,让意外事故受害人就"外科、医疗检查和某些公共医疗服务项目"缴纳一定比例的费用,减少受害人滥用公共医疗服务的现象。就私立医院或医疗机构"入诊率"居高不下的问题,ARCIA 1992 相应降低了对受害人医疗费用补偿金的支付比例。

(3) 补偿基金的来源与运行

在补偿基金的来源方面,雇主仅向雇主补偿基金账户缴纳保险费,主要用于工伤事故和职业疾病的补偿。谋生者开始承担缴费义务后,其保险费纳入谋生者账户,主要用于谋生者的非工伤事故伤害的补偿。非谋生者的意外人身伤害补偿金来源没有任何变化,仍由政府公共税收收入予以解决。机动车所有人的保险费添加了"燃油费"项目,征税标准为每公升汽油缴纳 2 美分,其目的在于"警示所有的机动车使用人重视意外事故的成本代价,尤其是公共卫生成本"。在先前的《意外事故补偿法》中,医疗从业者被认为是属于自由职业者,他们的缴费额度和缴费标准取决于所在行业的风险等级。换句话说,医疗从业者缴纳的保险费率不是取决于他曾经在工作中导致了多少意外人身伤害,而是他本人曾经遭遇过的意外人身伤害。这样一来,医疗从业者的保险费很低。为此,ARCIA 1992 新建立了一个医疗事故补偿基金,目的在于对该法规定的"医疗失当行为"所导致的人身伤害进行补偿。

3. 评论

(1) 哲学基础

在以伍德豪斯为首的社会改革家眼中,20 世纪 70 年代以来的《意外事故补偿法》只是通往完美"福利世界"道路上的一个临时停靠站而已。意外事故补偿制度最终将突破原有的意外事故界限,把适用保护范围扩大至自然疾病领域。然而,90 年代初国家党的上台执政,很快扭转了这一趋势。ARCIA 1992 充分反映了国家党保守主义的政治立场,它经不再是一个社会保险体系,而变成了一个带有传统色彩的意外人身伤害保险制度。

但是 ARCIA 1992 作为一种意外人身伤害保险制度,整体上又是凌乱复杂的:第一,非谋生者的意外人身伤害,由国家公共财政收入提供补偿资金,明显具有社会保障的性质,不属于人身伤害保险范畴。① 第二,雇主补偿基金账户主要用于雇员的工伤事故补偿,具体的制度规则与原来的工伤补偿制度几乎一模一样。第三,谋生者的非工伤事故补偿基金由谋生者自己提供资金,性质上属于一种强制性的第一方意外人身伤害保险;但是,它又与意外人身伤害商业保险具有很大的不同。② 第四,机动车道路交通账户,用于道路交通事故受害人的补偿,资金来源于机动车使用人缴纳的保险费,其本质是一种无过错的责任保险制度。第五,医疗事故补偿基金的性质更为怪异。它的补偿基金主要来源于医疗从业者缴纳的保险费,主要用途在于对遭受"医疗错误"或"医疗灾难后果"的受害人进行补偿。其中,"医疗灾难后果"属于医疗从业者的无过错责任保险,而"医疗错误"带有明显的过错色彩,具有一定的侵权责任性质。③ 所以,社会福利救助、社会保险、商业保险和侵权责任共同融汇于 ARCIA 1992 之中,各个意外事故领域的补偿制度性质迥然不同,从而使整个意外事故补偿法律体系显得毫无章法,丧失了统一明确的指导思想和哲学基础。但是可以肯定的是,这种杂乱无章的局面是有意为之的结果,它反映了立法者对先前社会责任理念的怀疑与敌视情绪。

---

① 当然 ARCIA 1992 仍然运用国家财政收入对非谋生者的意外人身伤害提供了适用保护,这似乎超出了传统意外人身伤害保险的领域。但是需要注意的是,它对非谋生者的补偿是极为有限的。非谋生者的补偿成本在整个制度中微乎其微,不值一提。See McGregor Vennell, "Accident Compensation", 1992 *New Zealand Recent Law Review* 1, 5 (1992). 在 ARCIA 1992 中,非谋生者只能获得非常可怜的补偿金,同时又被剥夺了提起侵权损害赔偿诉讼的权利。从这个角度讲,ARCIA 1992 整体上对非谋生者是极为不公平的。Richard S. Miller, "An Analysis and Critique of the 1992 Changes to New Zealand's Accident Compensation Scheme", 52 *Maryland Law Review* 1070, 1088 (1993).

② ARCIA 1992 中谋生者非工伤事故补偿制度与意外人身伤害商业险的区别主要在于:(1) 它具有法律强制性,每个谋生者都负有缴费义务;(2) 保险范围较为广泛,包括了收入损失、医疗费用和其他补偿项目;(3) 国家主导的保险机构(ACC)取代了商业保险公司的地位,成为保险产品的提供者。两者之间的具体比较,See McGregor Vennell, "Accident Compensation", 1992 *New Zealand Recent Law Review* 1, 9-11 (1992).

③ 对 ARCIA 1992 中医疗事故补偿制度的详细介绍和评析,see Walter Gellhorn, "Medical Malpractice Litigation (U. S.) v. Medical Mishap Compensation (N. Z.)", 78 *Cornell Law Review* 170, 188-202 (1993).

（2）补偿效果

在受害人收入损失补偿方面，ARCIA 1992没有出现重大变化。即使废除了非经济损失的一次性补偿金，大部分的谋生者仍可通过收入损失补偿金获得及时、有效的救济。但是，ARCIA 1992对非谋生者而言无疑是吝啬而又苛刻的。就医疗事故而言，"医疗错误"和"医疗灾难后果"等概念的运用，也使得受害人的待遇大大下降。所以，与先前的《意外事故补偿法》相比，ARCIA 1992总体上缩小了补偿保护范围，某些受害人的人身伤害补偿权利也受到了限制。

（3）事故预防

ARCIA 1992向保险制度的回归，除了征税政策和运行成本的考虑外，最重要的目的是想通过保险制度内化事故成本，从而起到预防事故、震慑风险行为的作用。ARCIA 1992采取"经验评级"（experience rating）之措施，即根据缴费义务人的行业风险等级、既往从业状况或安全记录等标准确定保险费率。"经验法则"主要适用于雇主、机动车所有人和医疗从业者。立法者对"经验法则"抱有很高的期望，希望它能够实现补偿基金来源的公平，并起到预防事故发生、震慑受害人的目的。[①] 例如，燃油费缴纳标准对所有使用公共道路的机动车驾驶员起到了主要作用，尤其是那些缺乏驾驶经验的年轻人——"这些年轻人具有较高的事故发生率，对公共医疗费用产生了极大的影响。另外，他们驾驶的汽车往往不属于自己（而是其父母的）。所以，当他们准备驾车上路狂飙时，燃油费政策无疑会起到一定的阻却作用。"[②]

（4）公平正义

ARCIA 1992继续对非谋生者（家庭主妇等）持一种歧视性的态度。非谋生者无权获得收入损失补偿金，非经济损失的一次性补偿金也被吝啬苛刻的"独立补贴"制度所取代。这些变化对于那些在家专职养育子女或从事

[①] 当然也有学者认为"经验评级"并不能起到事故预防和行为震慑之效果；相反，它破坏了整个意外事故补偿制度统一的内在哲学基础。See Evans Lewis & Quigley Neil, "Accident Compensation: The Role of Incentives, Consumer Choice and Competition", 34 *Victoria University of Wellington Law Review* 423, 426 (2003).

[②] W. F. Birch, *Accident Compensation: A Fairer Scheme*, New Zealand Government, 1991, p. 26.

低收入工作的妇女尤为不利。① 另外,"医疗不幸"补偿制度的公平性也受到了质疑,因为遭受"医疗错误"的受害人在获得补偿金之前,不得不面临一些新的制度障碍,这些障碍往往会拖延、限制甚至否认受害人的补偿权利。与先前的《意外事故补偿法》相比,受害人获得补偿金的概率大大减少。② 最后,雇主缴费义务的变化,引起了巨大的争议。在普通法的损害赔偿制度中,雇主不仅要对雇员在工作过程中的人身伤害承担赔偿责任,还要对雇员的职务行为对第三人的伤害承担替代责任(vicarious liability);在某些情况下,雇主还有可能成为直接的侵权加害人,对消费者或社会公众造成人身伤害。例如,企业的产品责任和环境污染责任等。然而,ARCIA 1992 规定,雇主缴纳的保险费专用于补偿雇员的工伤。雇主不再为雇员工伤以外的任何人身伤害承担补偿义务;同时,雇员也不再享有非经济损失的一次性补偿金。这就意味着,企业雇主不但可以免于承担几乎所有的侵权责任,而且所需要承担的法定补偿义务也大大减轻。换句话说,企业雇主保险费缴纳义务的减轻,其实建立在受害人补偿权利恶化的基础上。ARCIA 1992 的这一做法,很显然是迫于"保费保障"和"成本危机"的政治压力而对企业雇主采取的减压政策,但其内在的公平性确实值得怀疑。③

(二) 1998 年《意外事故保险法》

随着 ARCIA 1992 的颁布执行,执掌政权的国家党愈发对意外事故补偿制度的"公有化"基础不满。他们愿意向意外事故补偿制度的躯体输入更多的"私有化"血液,把全面的无过错补偿方案逐渐转变为一种强制性的商业保险体系。于是,1998 年出台的《意外事故保险法》(Accident Insurance

---

① 女权主义者认为,ARCIA 1992 中补偿金规则的改变,依旧没有摆脱性别歧视的传统恶习,忽视并低估了家庭妇女对社会福祉的贡献。很多妇女可能因此被迫投身职场,从而将抚养、教育未成年人的成本转嫁到整个社会头上。这显然违背了意外事故补偿制度的立法意旨,也不利于社会整体福祉的提高。See Louise Delany, "Accident Rehabilitation and Compensation Bill: A Feminist Assessment", 22 *Victoria University of Wellington Law Review* 79 (1992).

② Grant Duncan, "Moral Hazard and Medical Assessment", 34 *Victoria University of Wellington Law Review* 433, 435-436 (2003).

③ 对 ARCIA 1992 雇主保险费缴纳政策的批评,see Richard S. Miller, "An Analysis and Critique of the 1992 Changes to New Zealand's Accident Compensation Scheme", 52 *Maryland Law Review* 1070, 1088-1089 (1993).

Act 1998,以下简称"AIA 1998")就很好地体现了这一意图。它在 ARCIA 1992 的基础上,添加了更多的私有化和商业保险因素,是"右派"国家党力图回归保守主义传统的第一步棋子。总的来讲,AIA 1998 改变的不仅仅是法典的名称,它还对 ARCIA 1992 的许多制度或规则作了进一步的修改,其中最为重要的就是允许私人保险公司参与工伤补偿制度的运营。作为国有化机构的 ACC 一统天下的局面被部分改变。

1. 主要内容

(1) 适用范围

与 ARCIA 1992 相比,AIA 1998 在适用范围方面几乎没有发生任何变化。但是,法律术语、概念的表述却悄悄发生了改变。例如,"被保险人"的概念取代了旧法中"请求权人"的概念。AIA 1998 首先宣称"本法适用于任何被保险人",然后被保险人的类型进行了详细的列举,范围几乎囊括了所有新西兰境内的自然人。① 另外,AIA 1998 遵循 ARCIA 1992 的立法体例,对人身伤害的类型也进行了颇为细致和繁琐的类型化界定。这样做的目的不再仅仅是为了保持"伤害—疾病"的二元划分结构,更为重要的是它能够体现补偿基金的不同用途,从而使被保险人能够"按图索骥",按照自己遭受的人身伤害类型寻求相应的补偿救济。在具体权利方面,依照 AIA 1998 之规定,被保险人可以就自己遭受的人身伤害向保险人提出适用请求,并获得相应的法定权利待遇。这些权利待遇包括医学治疗、每周补偿金、康复服务、独立补贴金和死亡补偿金。

(2) 商业保险制度的引入

AIA 1998 最大的改革举措就是将商业保险公司纳入现有的意外事故补偿体系之中,为此它专门设立了"意外人身伤害保险合同"等条文。需要指出的是,工党在 1999 年岁末的政府大选中胜出,立即宣布将 AIA 1998 中的商业保险公司踢出意外事故补偿体系,把一切都恢复到原来的公共管理的轨道上来。于是,在工党的推动下,2000 年出台的《意外事故保险法(临时试行)》废除了 AIA 1998 的"意外伤害保险合同"制度。所以,商业保险制

---

① "被保险人"是指:(1) 雇员;(2) 自由职业者;(3) 家政服务者(private domestic worker);(4) 依照旧法(ACA 1972、ACA 1982 和 ARCIA 1992)享有补偿权利的自然人。See AIA 1998, § 22(1).在自然人死亡情况下,"被保险人"不仅指自然人本人,还指他的配偶、未成年子女和其他被抚养人。AIA 1998, § 22 (2)-(3).

度在新西兰的意外事故补偿体系的发展历史中只是昙花一现,几乎没有发挥过实际的作用。但是,这不意味着它就此将被永远打入"冷宫"。随着新西兰政坛的动荡变化,也许在未来商业保险公司会带着"私有化"的浪潮重新在意外事故补偿体系中获得一席之地。

——意外人身伤害保险合同

依据 AIA 1998,自 1999 年 6 月 1 日起,新西兰的所有企业雇主必须与商业保险公司订立意外伤害保险合同(accident insurance contract)。[①] 与一般的商业保险合同相比,AIA 1998 规定的这一合同有以下几个明显的特征:第一,合同必须具备一定的强制性条款。针对这些强制性条款,合同双方当事人不得约定排除之。这些强制性条款主要包括:① 合同的效力及于参保雇主的所有雇员;② 合同适用于工伤事故的补偿;③ 合同对受害雇员的补偿请求的处理程序和补偿方式必须符合该法规定;④ 受害雇员依据合同享有的权利不得少于该法的法定权利;⑤ 受害雇员或其他权利人有权向合同任何一方当事人(雇主或保险公司)主张权利;⑥ 合同约定的纠纷解决方式必须符合该法的规定;⑦ 在必要情形,监管机构有权将保险公司的合同权利义务转移给其他保险公司等。[②] 第二,该合同属于第三方保险合同,具有强烈的责任保险色彩。为此,雇主必须及时将合同内容告知自己的雇员。雇主作为投保人,必须承担全部的保险费给付义务。雇主不得以降低工资等手段变相地将保险费转嫁给雇员。[③] 第三,自由职业者、家政服务者等特殊群体也被强制参保,但是他们可以就保险人的类型——商业保险公司或 ACC——进行选择。[④] 第四,企业雇主(包括自由职业者或家政服务者)可以与保险公司订立风险分担协议(risk sharing agreement)。通过此协议,企业雇主可以自己承担部分保险事故(雇员遭受工伤事故)之风险,从而降低自己的保险费。[⑤]

由以上可以看出,AIA 1998 中的意外人身伤害保险合同制度,将商业

[①] 此规定有例外,即家政服务者的雇主(往往也是自然人)无须与商业保险公司订立此保险合同。See AIA 1998,§ 169 (3).

[②] AIA 1998,§ 170.

[③] AIA 1998,§§ 171-173.

[④] AIA 1998,§§ 176, 178, 180, 181.

[⑤] AIA 1998,§ 185.

保险公司作为合同一方主体,从而将市场竞争机制前所未有地引入了意外事故补偿体系之中。合同成立并生效后,合同当事人(企业雇主或保险公司)或受益人(受害雇员)的权利义务不因受益人工作性质、类型或内容的变化而发生改变。更为重要的是,该合同必须要为受害雇员提供法定的权利待遇,这很大程度上确保了受害雇员获得补偿的可能性。

——保险监管

为了确保受害人的法定权利不会因为商业保险公司的介入而受到削弱,并合理处理该保险市场的金融风险,AIA 1998 就意外人身伤害保险市场的运行建立了一套较为完备的监管制度。这些监管制度主要包括:① 保险市场的合规机制。AIA 1998 在政府劳工部设立合规员(regulator)职位。合规员的职责在于"确保企业雇主、自由职业者、家政服务者以及保险公司合理履行各自的义务或职责,当保险人出现资本不足或企业雇主未能及时订立合同或违反合同约定时,确保受害人的法定权利不受侵害并促其实现"[①]。同时,合规员还要监督保险公司在保险金赔付程序、纠纷解决中的行为,监督企业雇主、自由职业者或家政服务者在订立和履行合同中的行为,等等。② 保险公司的登记注册。从事意外人身伤害保险业务的保险公司必须符合《公司法》(Companies Act 1993)之规定,并且依法进行登记注册和信息披露。③ 保险公司的首席监事(prudential supervisor)制度。每个从事意外人身伤害保险业务的保险公司必须聘请或雇佣与本公司无关联关系的机构作为自己的首席监事。首席监事的职责在于履行监事的勤勉和注意义务,确保保险人具有持续性的清偿能力。④ 破产风险基金。AIA 1998 建立了保险公司的破产风险基金制度,规定保险公司必须依法将一定比例(1%)的保费收入纳入破产风险基金。当保险公司资不抵债或无法清偿到期债务时,受害人可以通过破产风险基金获得相应的保险补偿金。

——ACC 的功能

在 AIA 1998 中,尽管商业保险公司在工伤事故补偿领域取代了 ACC 的作用,但是 ACC 在整个意外事故补偿体系中的基础地位并没有受到动摇。除了工伤事故领域外,ACC 统辖管理其他所有事故领域的人身伤害补偿问题,并且还担负促进社会安全、减少意外人身伤害发生等重要职责。但

[①] AIA 1998,§ 198.

是,在实际运行中,ACC 被拆分为三个分公司:Catalyst 公司、Prism 公司和 Healthwise 公司。其中,Catalyst 公司主要负责受害人的权利申请;Prism 公司主要负责安全教育、风险管理和事故预防等事务;Healthwise 公司则主要提供医疗服务等业务。需要注意的是,这三个公司可以将这些业务以承包合同(outsourcing)的形式交由第三人处理。这样一来,ACC 本身成为最终保险人,具体业务范围也大大缩小。

(3) 补偿基金

由于商业保险公司的引入,AIA 1998 中补偿基金账户的类型与用途发生了变化。原来用于工伤补偿的雇主账户不复存在,而被商业化的保险市场所取代。但除此以外,ACC 仍旧对以下六个补偿基金账户进行完全的、垄断性的管理:谋生者账户(用于谋生者的非工伤补偿)、非谋生者账户(用于非谋生者的意外人身伤害补偿)、机动车账户(用于道路交通事故人身伤害补偿)、医疗事故账户(用于遭受"医疗错误"或"医疗灾难后果"的受害人补偿)、自由职业者工伤账户(用于那些没有参加商业保险的自由职业者或家政服务者的工伤补偿)以及遗留案件账户(用于旧法中"雇主账户"的遗留案件的补偿)。

从 1982 年《意外事故补偿法》以来,新西兰意外事故补偿制度中补偿基金的运行模式一直采用"现付现收"制度。"现付现收"制度建立在 ACC(国有机构)的垄断性地位和国家财政的强大支持之基础上。但是,商业保险公司的资金运用必须建立在"完全筹资"的基础上。所以,当商业保险公司被引入意外事故补偿体系时,为了确保补偿基金运行模式的统一,AIA 1998 废除了原有的"现付现收"模式,而采用"完全筹资"模式。这就意味着,某一特定年度的保险费收入必须要满足所有补偿请求——未来的补偿金支出金额也纳入当年的保险费收取范围。

2. 评论

AIA 1998 旨在减少意外事故补偿制度的公有化色彩,并试图由私人保险公司逐渐取代国有补偿主管机构(ACC)的地位,从而彰显当事人意思自治,提高市场竞争意识。在过去,ACC——作为国有化的垄断机构——统揽意外事故补偿制度的全局,政府对 ACC 的监督管理形式单一、效果不明显。特定社会集团(如普通法律师、保险公司等)出于行业利益的考虑,也强烈要求在意外事故补偿制度中"分得一杯羹"。① 于是,新西兰政府在 ARCIA 1992 的基础上,进一步扩大了意外事故补偿制度的私有化范围,通过私人保险公司引入市场竞争机制。特别是,AIA 1998 中的工伤事故补偿制度完全向私人保险公司敞开大门,其制度设计和运作模式几乎与其他英美法系国家的工伤补偿制度相同。因此,它被认为是传统"劳工补偿法"在新西兰的复活,是社会保障思想向企业责任理论的回归。②

与先前的法律规定相比,AIA 1998 另外一个重大的政策改变在于更注重事故预防、受害人康复以及补偿制度的运行效率等问题。尽管《伍德豪斯报告》认为事故预防、受害人康复要比损失补偿更为重要,然而 1972 年《意外事故补偿法》出台以来,受害人的损失补偿问题一直在意外事故补偿制度中占据着绝对优势地位,事故预防和受害人康复问题只是一种可怜的政治"宣传口号"罢了。③ AIA 1998 意识到了这一问题,它继承和发扬了 ARCIA 1992 的保险理念,"现付现收"的基金运作模式以及"经验法则"的征税标准都体现了立法者意欲通过市场竞争和商业保险费率政策来促进意外事故预防的良苦用心。很遗憾的是,AIA 1998 的政策效果在现实中尚未露出端倪——刚刚施行一年多——就被新上台的工党所废止。所以,AIA 1998 私有化的政策倾向是好是坏难以断定。④

---

① John Miller, "Trends in Personal Injury Litigation: The 1990s", 34 *Victoria University of Wellington Law Review* 407, 420-421 (2003).

② A. Stritch, "Competition and Compensation: The Privatization of ACC", 11 *Social Policy Journal of New Zealand* 67 (1998).

③ Peter Roberts, "Policy to Protection: The Role of Human Nature and System Nature in Preventing Patient Injury", 35 *Victoria University of Wellington Law Review* 829, 831 (2004).

④ 当然,很多学者从补偿的公平性、制度运行效率和意外事故预防等角度对 AIA 1998 进行了综合评价。例如,M. Miller 重点关注了"社会福利模式"的运行效率问题。"社会福利模式"的运行成本确实要比市场机制更为低廉,但是它对受害人的补偿却存在诸多问题。所以,他认为私有化和竞争机制的介入可能会导致意外事故补偿制度某些成本——补偿案件的处理程序、意外事故预防、商业保险营销和物流等方面——的增加,但是商业保险巨大的风险分散效果能够提高补偿金水平,促进商业保险公司的管理效率。与原有的、垄断性的 ACC 相比,市场竞争这只"看不见的手"将会促使雇主、保险公司就意外事故预防和受害人康复等问题改进资源配置和利用,最终降低意外事故的社会成本。See M. Miller, "The Case for ACC Reform", 11 *Social Policy Journal of New Zealand* 83 (1998). 而 A. Stritch 则持相反的观点,他认为 ACC 的国有化垄断模式更为高效,并且没有任何比较性的实证数据表明私人保险公司要比 ACC 更具有合理性。See Stritch, ibid. , pp. 68-69.

(三)对20世纪90年代改革的总结

对于新西兰的意外事故补偿制度而言,如果说20世纪70年代是制度"蜜月期",80年代是问题"潜伏期",那么90年代则似乎成了一段极具动荡的"巨变期"。动荡产生的导火线是日益增长的制度运行成本和渐入困境的资金筹措机制,其根本原因在于两种意识形态——社会责任(国家主导)与个人责任(市场主导)——的相互争夺。在这一时期,无论是左派政党还是右派政党,均通过严格的(甚至有些苛刻的)类型化界定等立法手段控制意外事故补偿制度的适用范围,从而防止补偿体系漫无目的或毫无节制地扩大。但是,在巨大资金缺口和成本压力面前,政治决策者们发生了严重的分歧:左派政党(工党)依然固守《伍德豪斯报告》的社会责任理念,维护国有化色彩,强调ACC在整个意外事故补偿方案中全面的、垄断性的地位;相反,右派政党(国家党)则更相信保险市场和自由竞争的力量,将ACC的"官僚体制"(the mechanism of bureaucracy)视为万恶之源。[①] 所以,他们希望通过商业保险公司这一载体将"私有化"的新鲜而富有活力的血液注入原有的系统之中,从而逐渐解决制度成本、运行效率以及事故预防等重大难题。随着ARCIA 1992和AIA 1998的相继出台,意外事故补偿制度确实按照右派政党的意愿发生了"巨变":适用范围被进一步压缩,精神损害补偿金被完全废除,医疗事故补偿制度("医疗错误"与"医疗灾难"后果)首次被详细规定,补偿基金账户开始进一步细化并分别独立运行,商业保险公司完全占领了工伤事故补偿领域,"完全筹资"的资金运行模式正式取代1982年以来的"现付现收"模式,等等。从这个角度说,右派政党出色地完成了既定政策目标,整个90年代属于它们。

但需要指出的是,20世纪90年代的"巨变"并没有触及意外事故补偿制度的根基:社会责任理念仍被奉为圭臬,无过错补偿原则未发生动摇[②];尽管精神损害补偿金被"独立补贴"所取代,但是收入损失补偿金的规则没有

[①] See A. Stritch, "Competition and Compensation: The Privatization of ACC", 11 *Social Policy Journal of New Zealand* 67, 74 (1998).

[②] 实际上,AIA 1998明确重申了无过错补偿原则的基础地位,"(本法)为一种无过错的意外事故补偿方案,并为以下自然人提供法定的权利:(a)遭受人身伤害(属于本法适用范围)的受害人;或者(b)前项受害人的配偶、未成年子女或其他被抚养人"。See AIA 1998, § 7(1).

发生重大变化;除工伤事故外,ACC 仍管理和控制着其他事故领域;等等。所以,右派政党只是成功地迈出了私有化、市场化的第一步,要把整个意外事故补偿制度改造成彻头彻尾的商业保险体系似乎也不是一件那么容易的事情。那么,人们不禁会问这种私有化的浪潮还会继续发展下去吗?答案是否定的!左派工党很快在 20 世纪末(1999 年)的政府大选中胜出,并在 2001 年出台《人身伤害预防、康复与补偿法》,从而将 20 世纪 90 年代的"私有化"局面彻底扭转。

五、2001 年《人身伤害预防、康复与补偿法》

(一)立法目的

2001 年《人身伤害预防、康复与补偿法》(Injury Prevention, Rehabilitation and Compensation Act 2001, 以下简称"IPRCA 2001")力图恢复意外事故补偿制度的公共属性,排斥私有保险公司的介入,维持国家(政府)在意外事故补偿制度中的独占垄断地位。IPRCA 2001 第 3 条明确规定了立法目的:

> 本法旨在提高公共福祉和增强社会契约关系,通过一套公平、可行的管理制度体系对意外人身伤害进行补偿,并尽可能减少意外人身伤害的产生及其对社会的消极影响(包括经济、社会和受害人个人的成本等):

(a) ACC 必须提高管理手段,并将降低人身伤害的发生和严重程度作为自己的主要职责功能;

(b) 建构人身伤害相关信息的收集、协调和分析的制度框架;

(c) 当意外人身伤害出现时,确保 ACC 将其主要精力放在受害人康复方面,赋予补偿请求权人广泛的权利,最大限度地恢复补偿请求权人的健康、独立与社会参与度,从而实现其应有的生活品质;

(d) 在补偿请求权人的康复过程中,确保补偿请求权人能够就意外人身伤害所导致的损失获得公平的补偿,包括每周的补偿金和必要情况下就永久性身体损害的一次性补偿金;

(e) 通过 ACC—请求权人权利法典的运作与发展,确保补偿请求权人与 ACC 之间的良性互动;

(f) 确保本法实施之前的人身伤害受害人继续享有合理的权利。

很明显的是,IPRCA 2001 转变了 20 世纪 90 年代以来意外人身伤害补偿方案的私有化趋势,重新回归到《伍德豪斯报告》的哲学理念。强调"提高社会福祉",意味着社会责任理念的复兴,意外人身伤害补偿方案并不意在追究私法主体的侵权责任或实现当事人之间的矫正正义,而是强调由社会对其成员的意外人身伤害承担相应的义务和责任,至于意外人身伤害是否基于他人的过错则在所不问;"增强社会契约关系"是国家对意外人身伤害补偿方案进行独占性垄断性管理的哲学基础。"社会契约关系"在 IPRCA 2001 中被明确规定为立法目的,显然是受到 20 世纪 70 年代以来的罗尔斯政治哲学的影响——原初状态下的社会成员在"无知之幕"的背景下,为社会存续和个人发展,共同自觉地让渡出部分自然权利,从而形成社会契约之公共选择。IPRCA 2001 的立法者认为,社会成员放弃侵权法上损害补偿之诉权,并将获得意外人身伤害补偿、康复等权利交由整个社会统一置办,是一种理性的选择,更是社会契约观念的体现。国家(政府)在现代民族国家阶段,是最为称职、最有能力的社会契约中的另一方当事人。所以,维持意外人身伤害补偿方案的公法属性,将国家(政府)领导下的 ACC 作为补偿方案的运行主管机构是社会契约关系的逻辑必然结论。也正因如此,ACC 作为补偿方案的运行主管机构在整个补偿方案中起着核心作用,其职权与责任甚重。

前文已述,20 世纪 90 年代新西兰意外人身伤害补偿方案改革的主要原因之一就在于意外人身伤害补偿方案的预防震慑功能之欠缺,ARCIA 1992 和 AIA 1998 进行的"私有化"与"市场竞争化",亦是为了提高补偿方案在事故预防震慑方面的能力。为此,IPRCA 2001 在将补偿方案回归"国有化""公有化"的同时,明确将意外人身伤害事故的预防震慑作为立法目的之一——"ACC 必须提高管理手段,并将降低人身伤害的发生与严重程度作为自己的主要职责功能","建构人身伤害相关信息的收集、协调和处理的制度框架",并以此"提高政府与私人机构的政策导向",实现"政府对意外人身伤害进行管理(包括预防)的总括性目标"。尽管意外人身伤害补偿方案的主要内容在于"补偿",但其立法目的并不仅限于此,受害人的康复才是它的终极目的,对受害人的损失进行补偿只是此目的的手段。《伍德豪斯报告》中曾明确指出,意外人身伤害补偿方案的功能、目标有别:第一目标是意外人身伤害的预防;第二目标是受害人的康复;第三目标才是对受害人损失的补偿。IPRCA 2001 的立法者认识到,尽管受害人的康复比损失补偿更具有优先性,但以往的立法在此方面力度不足,甚至在很大程度上只是一种政治口号宣传,没有足够具体合理的制度规则。因此,IPRCA 2001 明确规定,"当意外人身伤害出现时,确保 ACC 将其主要精力放在受害人康复方面,赋予补偿请求权人广泛的权利,最大限度地恢复请求权人的健康、独立性与社会参与度,从而实现其应有的生活品质"。当补偿请求权人提出意外人身伤害补偿之申请后,ACC 会为请求权人专门制订具体的个人康复计划,其内容往往包括个人社会康复与职业康复,以尽可能地实现请求人在自然生活与社会生活两个维度空间内的康复。

IPRCA 2001 规定,"在补偿请求权人的康复过程中,确保补偿请求权人能够就意外人身伤害导致的损失获得公平的补偿,包括每周的补偿金和必要情况下就永久性身体损害的一次性补偿金",这体现了《伍德豪斯报告》中的"真实补偿原则"原则。需要注意的是,IPRCA 2001 对真实补偿原则其实作出了一种较为谨慎(甚至有些保守)的态度。它肯定只有在康复过程中,补偿请求权人才可能就自己遭受的损失请求补偿。反过来说,若当事人已经完全康复,那么他将不得再获得任何补偿。这种变化其实正好反映了立法者的政策倾向——将更多的社会资源用于意外人身伤害的预防与受害人的康复工作。

IPRCA 2001 重新回归国有化、公有化的运行模式,ACC 作为独占垄断性的主管机构全面负责补偿方案的运行,私人保险公司基本上退出了补偿方案的视野。这一点也正是《伍德豪斯报告》所认同的。为了提高运行效率,要"建构人身伤害相关信息的收集、协调和处理的制度框架",为 ACC 的管理、运行提供智识支援与信息保障;为了保护补偿请求权人的权利,建立良好的沟通平台,要"通过 ACC—请求权人权利法典的运作与发展,确保请求权人与 ACC 之间的良性互动"。

与 AIA 1998 相比,IPRCA 2001 的最大特点在于将补偿方案的运行模式由"私有化""市场竞争化"回归到"国有化""公有化",这一模式的回归导致了一系列相关制度或具体规划的变化。但是,就 IPRCA 2001 所彰显的立法目的而言,可以看出立法者对《伍德豪斯报告》五大原则的高度认同与追随。《伍德豪斯报告》的社会责任理念,坚持了意外人身伤害补偿方案的社会福利性质,坚持了将侵权法废除在人身伤害领域的做法。更为重要的是,IPRCA 2001 还明显注重了意外人身伤害预防与受害人康复,并将这两个立法目的尽可能地转化为具体的制度规则,不再是简单的"纸上谈兵"。无论 IPRCA 2001 的立法目的在实践中是否得到完全贯彻,也不管是否达到其应有的效果,立法者的弩志殊值肯定。

(二)立法技术

自 1972 年《意外事故补偿法》首次出台以来,新西兰意外人身伤害补偿方案一直采用制定法的形式,法典名称也经历了数次变更:1992 年《意外事故康复与补偿保险法》,1998 年《意外事故保险法》,2001 年《人身伤害预防、康复与补偿法》及至现今的 2001 年《意外事故补偿法》[见下文(四)部分]。在过去的 50 年里,新西兰意外人身伤害补偿方案的适用范围、补偿金规则、体系运行模式等内容随着执政党政策目标和现实社会经济状况的变化而进行着较为频繁的改革,但它的制定法(并非判例法)的基本特质从未发生过动摇。尽管补偿方案的主管机构(ACC)和上诉法院在实践中作出了一些具有深远影响的决定或司法判例,这些决定或司法判例也不同程度地修改或背离了制定法的基本规范,但总体而言,它们只是对制定法规范的进一步细化、具体化解释,其目的仍在于贯彻和实现制定法的立法意旨和政策目标。所以,与英美侵权法之普通法(判例法)特质相比,新西兰意外人身伤害补偿方案采用的制定法形式,更多地依赖于法律规范和归纳演绎之逻辑,而不是司法("法官")为中心的"遵循先例"和类比推理原则。

意外人身伤害补偿方案的制定法(或称法典化)形式,意味着意外人身伤害的受害人的"权利义务法定化",即补偿请求权人获得损失补偿和寻求康复帮助的一切权利义务均由法律明确规定,补偿方案主管机构(ACC)和补偿请求权人不得私自创设、变更或违反法律规定的权利。补偿方案主管机构(ACC)及相关组织(如信息管理机构、上诉法院等)的职权亦由法律明文规定。换言之,受害人所遭受的人身伤害一旦属于意外人身伤害补偿方案的适用保护范围,那么在此之后的损失补偿、受害人康复等一切后果均应按照制度法的规定来执行。

意外人身伤害补偿方案之所以采取制定法的形式,原因主要有四:首先是改革侵权法的需要。众所周知,英美侵权法的产生源于英格兰的令状制度，后经令状诉讼的发展逐渐产生了不同的侵权令状类型，然后又进一步发展成不同的侵权诉由，最后形成了以判例法为核心的侵权法域。但同时，制定法也是侵权法制度改革的有效工具之一，如20世纪初针对工伤事故领域受害工人补偿不足、保护不力而推出的《工人补偿法》亦属一例。在英国，制定法也逐渐成为侵权法的法源之一。目前美国方兴未艾的"侵权法改革运动"亦主要采取了制定法的战略，所以，《伍德豪斯报告》在列数了侵权普通法的诸条"罪状"以后，主张全面废除侵权法在人身伤害领域的适用。若要将这种"天翻地覆慷而慨"的革命性思想诉诸实施，要摆脱普通法长久以来的制度惯性，由国家出台制定法并强制推行之，就成为改革者的不二选择。

其次，建构"无过错补偿方案"的需要。意外人身伤害补偿方案的哲学基础在于社会责任理念，它与传统私法中的"个人责任"形成了极端的对比。在这种社会主义意识形态的责任理念中，国家（政府）往往成为统一配置社会有效资源用于意外人身伤害补偿、预防和康复的中心。自由市场（或称"私法自治"）并不能有效地对这种统一的、涵盖几乎所有意外人身伤害领域的补偿方案进行任何帮助。商业私人保险似乎过于幼稚。这样一来，意外人身伤害补偿方案从产生的那一刻起就不可避免地带有强烈公法色彩。所以，无论是特定领域（如工伤事故领域、机动车道路交通事故领域等）的无过错补偿方案，还是新西兰这种统一的、涵盖几乎所有意外人身伤害领域的补偿方案，几乎都采用了制定法的形式。

再次，保护受害人的需要。意外人身伤害补偿方案的推行，剥夺了受害人的侵权损害补偿请求权，换来的是制定法上的"纸面"权利。这些"纸面"权利能否实现意外人身伤害补偿方案的立法目的，能否真正满足受害人寻求损失补偿、身体完全康复之需要，成为补偿方案成败的关键。因此，补充方案的适用保护范围、补偿请求权人的权利内容与权利实现方法以及权利纠纷的解决救济应尽可能地明确化、公共化。

最后，行政管制的需要。意外人身伤害补偿主管机构和上诉机构的组织结构和职权范围需要以制定法的形式予以明确；企业雇主、医疗服务机构和康复机构在补偿方案中的地位和职权亦应明确规定。更为重要的是，补偿公共基金的运行（包括资金的收入来源与支出）更是需要以制定法的形式予以明确。这些组织法或管制法规范对整个补偿方案的运行至关重要。

制定法形式是意外人身伤害补偿方案最合身的"外衣"，它剥掉了侵权法这件几乎已经千疮百孔的判例法"长袍",将意外人身伤害领域的主要法律问题以一种全新的形象展示于世人面前。这对于那些"只识判例,不认法条"的英美法系保守主义学者来说,无疑是一种新鲜而又值得怀疑的感觉和体验。但万万不能忽视的是,英美法上悠久的判例法传统并没有在这种制定法的氛围中彻底消失,在补偿方案的适用保护范围的边界性问题(如精神损害、人类疾病和先天性缺陷的损失补偿等)和损失补偿金问题(如惩罚性补偿、一次性补偿金和定期补偿金的适用)上,主管机构的决定或上诉法院的判例仍具有极为重要的作用和实践价值。

(三)法典结构与主要内容

IPRCA 2001 共分 11 编,共计 401 个条文;在法典正文之后,另有 8 个附录,主要对正文中的某些制度、规则提供指导性、实用性的标准和具体解释,具有"实施细则"的作用。正文与附录总计四百余页,大约二十余万字。

第一编为导言,主要规定了该法的立法目的和基本概念;第二编规定了该法的适用范围;第三编主要规定了 ACC 的职责、ACC—请求权人权利法典以及请求权人申请权利的程序;第四编规定了补偿请求权人享有的各项权利(附录 1 对这些权利进行了进一步的解释);第五编规定了补偿程序中的纠纷解决机制(包括复议与上诉);第六编主要规定了补偿方案的运行监督以及补偿基金的收入来源;第七编则进一步对 ACC 的其他职责、功能进行了规定,并规定了它的监督机制;第八编规定了意外人身伤害相关信息的管理机制;第九编规定了其他的事宜,如对相关机构的奖惩和罚则以及行政管制手段等;第十编主要处理 AIA 1998 的工伤意外保险制度的旧法衔接问题;第十一编则处理先前旧法遗留的其他问题。

总体来看,IPRCA 2001 篇幅较长,法条设计复杂冗长,不易于理解掌握。学界对此甚为不满。之所以形成这种纷繁复杂、扑朔迷离的条文"迷宫",主要是由以下两个原因造成的:一是英美法系国家素以判例法见长,法官擅于类比推理与比较分析,而缺乏抽象规范的归纳逻辑,客观上讲,又没有大陆法系国家一贯的法典化传统,更没有德国潘德克顿法学形成的一套成熟的法律概念体系,所以制定法典对于英美法系国家而言似乎一直以来都是强人所难,效果不甚理想;二是保护权利人之需要,前文已述,为了防止社会成员实质权利的减少,实现意外人身伤害补偿方案的立法意旨,立法者欲"毕其功于一役",力图将所有相关事宜一网打尽,同时又努力尝试将意外人身伤害补偿方案与侵权法、社会保障法及保险法等相关法域划清界限,所以很多的法律条文往往被不厌其烦地进行重复或引用;三是新西兰意外人身伤害补偿方案自 1972 年首次出台以来,在近三十年的时间里历经多次的变革与修订,很多法律规则已经面目全非,新旧法之间的衔接问题成为 IPRCA2001 中最为复杂的问题。最终,长期积累的修正性规定、复杂曲折的条文援引以及新旧法的过渡性规定使整个法典显得混乱不堪,毫无美感,甚至成为一种"大杂烩"(mishmash)。

(四) 2010 年以来的屡次修订

2008 年新西兰国家党重新执政,又启动了对新西兰意外事故补偿法的新一轮修订。2010 年 2 月 23 日,新西兰议会通过了 2009 年《人身伤害预防、康复与补偿修正法案》,该法案于 2010 年 3 月 2 日获得总督的御准,正式成为法律(2010 年《意外事故补偿修正法》,Accident Compensation Amendment Act 2010)。通过这次修订,2001 年《人身伤害预防、康复与补偿法》被更名为 2001 年《意外事故补偿法》(Accident Compensation Act 2001,即"ACA 2001"),又返回到其最初的而且是最为合适的名称上。①

ACC 的时任主席(Minister)Hon Dr Nick Smith 宣布,本次修订的主要目是改善项目的灵活性,帮助控制增长的费用以为货币服务提供价值,并鼓励政府机构和 ACC 之间的更密切的合作关系。

此次修订涉及多个重要方面,其中有关剩余索赔责任的筹资(residual claims liabilities)、名称修订、授权 ACC 提供与 ACC 无关的政府服务、授权与国内税收(Inland Revenue)进行信息共享、要求 ACC 准备财政状况报告以及授权征收摩托车安全税(motorcycle safety levy)等规定于御准后即时生效,其他条款自 2010 年 7 月 1 日起生效。② 2011 年 2 月 28 日,根据该法的规定,新西兰总督颁布了《意外事故补偿(经验费率)规章》[Accident Compensation (Experience Rating) Regulations 2011]。

---

① Stephen Todd, "Forty Years of Accident Compensation in New Zealand", 28 *Thomas M. Cooley Law Review* 189, 197 (2011).

② http://www.acc.co.nz/about-acc/overview-of-acc/introduction-to-acc/ABA00004 (last visited on Sept. 16, 2012).

2010 年修订的主要内容①

修订项目	具体内容	生效时间
法律名称	• 名称由 2001 年《人身伤害预防、康复与补偿法》变更为 2001 年《意外事故补偿法》	• 立即生效
延展的全额筹资最后日期及合并剩余账户和主账户	• 将偿清预计的剩余责任的全额筹资的日期确定为 2019 年 3 月 31 日 • 将剩余请求账户合并入工作账户,剩余责任并入机动车账户和谋生者账户	• 立即生效
允许从汽油税中征收摩托车剩余税 (the Motor Vehicle Residual Levy)	• 允许将许可费和汽油税用于机动车账户剩余税筹资的来源	• 立即生效
针对改善机动脚踏两用车和摩托车骑乘人的安全而筹资的项目,授权单独征税	• 对机动脚踏两用车和摩托车骑乘人单独征收"摩托车安全税"(the Motorcycle Safety levy)	• 立即生效
针对工作和机动车账户促进减少伤害的动机	• 授权通过规章在工作账户中建立经验费率和风险分担制度(如无索赔的奖励、更高或更低的课征税款以及请求门槛) • 授权通过规章对机动车和机动车所有人建立风险费率(如针对机动车所有人的无索赔的奖励,或者允许给予具有高安全等级的机动车以折扣)	• 授权立法立即生效 • 规章将在之后制定
废止先前与对工作相关的渐进过程、疾病和感染 (WRGPDI) 的补偿相关的修正案	• 重申在 2008 年修正案之前适用的对与工作相关的渐进过程、疾病和感染的三重检验(the three-part test for WRGPDI)	• 自 2010 年 7 月 1 日起生效 • 不影响在 2010 年 7 月 1 日之前提起的对与工作相关的渐进过程、疾病和感染的请求,只要 ACC 对请求尚未作出决定

---

① New ACC Amendment Act passed by Parliament, 12 March 2010, http://www.acc.co.nz/news/PRD_CTRB136200 (last visited on Sept. 16, 2012).

(续表)

修订项目	具体内容	生效时间
废止先前与每周补偿相关的修正案	• 重申在2008年修正案之前对非永久工人适用的长期每周补偿的计算方法（former long-term weekly compensation calculation for non-permanent workers） • 将每周补偿增加至丧失能力第五周之后而非第一周之后的最低周薪 • 重申如果客户获得每周补偿的同时还在雇佣终止时获得了与带薪休假相当期间的假日薪酬，则要求ACC废止每周补偿的规定	• 自2010年7月1日起生效 • 在2010年7月1日之后仅适用于丧失能力的期间
废止先前与可能收入损失［Loss of Potential Earnings (LoPE)］相关的修正案	• 将可能收入损失的补偿率从成年人的每周最低收入的100%降至80%	• 自2010年7月1日起生效 • 仅适用于：在2010年7月1日之前丧失能力，但在该日期之前无权立即获得可能收入补偿的客户；以及在2010年7月1日或之后丧失能力的客户 • 既有的遭受可能收入损失的客户将保持现有的比率直至通过对最低周薪的变更达到新比率（如法案所建议的）
废止之前与职业独立（vocational independence）相关的修正案	• 将职业独立的门槛从每周工作35小时的能力降至每周30小时 • 允许职业评估人在最初的或工作的职业评估中（during an initial or vocational occupational assessment）选择考虑客户在其无能力前的收入	• 自2010年7月1日起生效 • 不适用于在2010年7月1日之前开始但尚未决定的对客户的职业独立进行的评估
重新引入对自伤或自杀的客户的除权规定	• 重申了2001年之前就自伤剥夺客户补偿权利的规定 • 本条适用于：除了治疗外，剥夺恶意自伤或自杀的客户的权利；对遭受属于ACC补偿范围的精神损害［因身体伤害、特定犯罪行为而遭受的敏感请求（sensitive claims），或与工作相关的精神损害］的客户排除除权规定的适用	• 自2010年7月1日起生效 • 适用于所有2010年7月1日之后自己恶意造成的伤害和自杀（既存权利不受影响）

（续表）

修订项目	具体内容	生效时间
强化剥夺因实施犯罪而受伤并因此而受监禁者的权利	• 如果请求符合特定标准（如因实施犯罪而受伤并因此而受监禁者，以及所实施的犯罪的获刑最少为两年或两年以上的有期徒刑，该请求属于ACC的补偿范围），自动除权 • 符合标准的客户仅有权获得治疗，其接受手术的权利限于恢复允许其返回工作的功能所必需的范围 • 规定ACC主席必须在例外情形行使其裁量权	• 自2010年7月1日起生效 • 适用于所有在该日期之后发生的人身伤害（既存权利不受影响）
对听力损害的赔偿设定门槛	• 要求与伤害相关的听力损害必须在他们被考虑给予ACC的补偿之前达到6%的门槛	• 自2010年7月1日起生效 • 不影响在2010年7月1日前提起的对听力损害的请求，只要ACC对请求尚未作出决定
对细节问题的修订以及一些技术上的变化	• 对不能表明作为股东雇员的应税收入者，改善其获得CoverPlus Extra的权利 • 促进IRD和ACC之间的持续信息共享，以确保良好的顾客服务 • 授权ACC向其客户提供与其不相关的政府服务，而无须由其子公司基于商业来提供（如代表司法部对凶杀案的受害人支付丧葬补助金的额外补助） • 要求ACC准备财务状况报告，该报告必须列入议会的议事日程	• 授权ACC提供与之无关的政府服务、有关与IRD的信息共享以及要求准备财政状况报告的规定立即生效 • 有关CoverPlus Extra的规定自2010年7月1日起生效

国家党执政后的新西兰政府又致力于将更多的市场规律引入事故补偿计划中。现有的ACC授信雇主方案（Accredited Employers Programme, AEP）作为对大雇主承担其雇员工伤请求责任的回报，就其税负给予了很高的折扣。扩展这一方案的建议包括通过提供更大范围的风险分担安排减少参与的障碍，通过提供更多的灵活性来满足财务参加资格以减少雇主面对的合规成本（compliance costs），以及向其他AEP范围外的小雇主提供其他

的风险分担安排。① ACC 的工作场所安全管理实践项目(Workplace Safety Management Practices Programme)以及工作场所安全折扣计划(Workplace Safety Discount Programme)也向展示了健全的卫生和安全实践的企业提供了税负折扣。不过,新西兰直到近期仍没有类似于保险上的无索赔折扣那样的一般的税负折扣来激励展示了良好的安全记录的企业。历史上,工作税(work levy)的确定是基于跨行业类型的伤害率,而未根据特定企业的安全记录加以区分。但 2011 年 4 月,经由 2011 年《事故补偿(经验费率)规章》[Accident Compensation (Experience Rating) Regulations 2011],新西兰事故补偿公司引入了一套经验费率制度,根据这一制度,企业的工作税可以基于其索赔历史而加以调整。② 经验费率试图酬报那些具有更安全工作场所的企业并鼓励关注改善工作场所的安全。另一项建议的改革则是重新引入私人保险安排以承担意外事故的补偿责任。私营保险人将与 ACC 竞争提供事故保险赔偿,并受到谨慎的监管。这一建议的目标是改善工作场所的安全、康复和效率。③

2013 年,新西兰又对 2001 年《意外事故补偿法》进行了两次小规模的修订,分别是 2013 年《意外事故补偿法修正案》(Accident Compensation Amendment Act 2013,2013 No 44,15 July 2013)和 2013 年《意外事故补偿法修正案(第二号)》[Accident Compensation Amendment Act (No 2) 2013,2013 No 105,4 December 2013]。前者主要在第 123 条第 2 款中增加了一项(k),后者则主要修改了第 34 条、第 216 条、第 325 条、第 360 条,除了第 216 条作了所引法律名称的修订外,其他三条都增加了一款。

2015 年、2016 年、2019 年、2022 年和 2023 年,新西兰 2001 年《意外事故补偿法》又陆续作了七次小规模的修正。其中 2015 年的第一次修正[Accident Compensation (Cover for Mental Injury—Indecency Offences) Amendment Act 2015 (2015 No 45)]修订了 Schedule 3;第二次修正[Accident Compensation Amendment Act 2015 (2015 No 71)]新增第 5A 条、第 174A-174F 条(Workplace incentive programmes)、第 264A 条(Workplace

---

① *Increasing Choice in Workplace Accident Compensation* (2011).
② *Experience Rating—Making ACC Work Levies Fairer for Individual Businesses* (2011).
③ 上述的改革建议,see Stephen Todd, "Forty Years of Accident Compensation in New Zealand", 28 *Thomas M. Cooley Law Review* 189,197-198 (2011)。

injury prevention action plan)、第 264B 条(Injury prevention measures)以及 Schedule 1AA,修订第 6 条、第 167 条、第 169 条、第 175 条、第 176 条、第 190 条、第 263 条、第 280 条、第 286 条;第三次修正[Accident Compensation (Financial Responsibility and Transparency) Amendment Act 2015 (2015 No 85)]涉及两部分内容,一部分涉及财务责任原则和筹资政策声明(Principles of financial responsibility and funding policy statement),包括修订了第 6 条(废止对 fully funded 的定义)、第 331 条,新增第 166A 条(Principles of financial responsibility in relation to Accounts)、第 166B 条(Funding policy statement)、第 166C 条(Consultation, publication, and amendment of funding policy statement),另一部分涉及遗留税款(residual levies),修订了第 169AA 条、第 215 条、第 220A 条,新增第 336A-336C 条(Repeal of and amendments to provisions relating to residual levies)。2016 年的修正案[Accident Compensation Amendment Act 2016 (2016 No 73)]修订了 Schedule 1。2019 年的修正案[Accident Compensation Amendment Act 2019 (2019 No 10)]新增第 402 条(Disestablishment of Accident Compensation Appeal Authority),修订第 17 条(Ordinarily resident in New Zealand)、第 329 条、第 391 条以及 Schedule 1 和 1AA(Transitional, savings, and related provisions),替换了第 324A 条(Biennial review of certain amounts)。2022 年的修正案[Accident Compensation (Maternal Birth Injury and Other Matters) Amendment Act 2022(2022 No 51)]新增第 25A 条(Review of operation of Schedule 3A)和 Schedule 3A(Maternal birth injuries),修订了第 6 条、第 17 条、第 25 条、第 26 条、第 30 条、第 91 条、第 119 条、第 173 条、第 250 条、第 267 条、第 329 条以及 Schedule 1AA 和 Schedule 1。2023 年的修正案[Accident Compensation (Access Reporting and Other Matters) Amendment Act 2023(2023 No 26)]新增第 278B 条(Corporation to report in each financial year on access to accident compensation scheme by Māori and identified population groups),修订了第 3 条、第 6 条、第 262 条以及 Schedule 1AA 和 Schedule 1。①

新西兰事故补偿机制的市场化发展仍有待于进一步观察。

---

① 截至 2023 年 7 月 19 日,对新西兰 2001 年《意外事故补偿法》的历次修正可以参见 https://www.legislation.govt.nz/act/public/2001/0049/latest/versions.aspx?av=True (last visited on Jul. 22, 2023)。

第三节　现行意外事故补偿法的适用范围

一、意外人身伤害

ACA 2001 第 20 条、第 21 条是该法适用范围的一般原则。依据第 20 条,当人身伤害发生在 2002 年 4 月 1 日之后,并且人身伤害的发生原因和具体内容均符合该法的规定时,人身伤害的被害人将受到该法的保护。而第 21 条则特别规定了因某些犯罪行为导致的精神损害的适用范围问题。和以往立法相同的是,ACA 2001 仍没有对"人身伤害"的概念进行直接规定,继续采取分类列举的立法技术来对适用范围进行严格限定。因此,从人身伤害这一概念入手,分析它的发生原因和具体内容,并结合相关的实践判例,才可以准确地理解与把握 ACA 2001 的适用范围。依照 ACA 2001 之规定,受害人遭受的不幸只有属于"人身伤害"时,受害人才能获取该法的适用,才能获得补偿和康复等一系列救济。[①] 如果受害人的人身伤害不属于 ACA 2001 关于"人身伤害"之适用范围,他只能诉诸侵权法或申请社会保障救济。因此,"人身伤害"不仅是受害人依照 ACA 2001 获得补偿保护的基本前提,还是意外人身伤害补偿法与相关法域(侵权法、商业保险法或社会保障法)划分各自疆界的主要标准。

然而遗憾的是,ACA 2001 对"人身伤害"具体内容的规定也不甚令人满意。立法者为了明确意外人身伤害补偿方案的适用范围,没有采取大陆法系法典的编纂技术,甚至刻意避免采用概括性、抽象性的概念,以防止这些概念在补偿方案具体实施时被 ACC 或上诉法院进行潜移默化的扩大解释。所以,ACA 2001 中充斥着大量具体的或细节性的法律规范,最终使整个法典显得杂乱无章且复杂冗长。同时,随着意外人身伤害补偿方案近四十年的实施,人身补偿案件的类型花样翻新,新型案件或疑难案件层出不穷,在实践中成为颇为棘手的难题。这样一来,纸面立法与现实状况的纠结

---

① ACA 2001,§§ 20-24.

交错,更是加深了对人身伤害的理解难度。

(一) 人身伤害的类型:以发生原因为划分标准

1. 一般的意外人身伤害(Personal Injury Caused by an Accident)

以发生原因为划分标准,人身伤害可分为一般意外人身伤害和特殊意外人身伤害。意外人身伤害,就是因意外事故导致的人身伤害。那么何为意外事故? ACA 2001 并没有给出一个抽象概括的定义,仍是采用类型列举的方法规定意外事故的内容。意外事故主要包括以下几种类型:

(1) 突然事件(events)

所谓突然事件,主要涉及对人身施加的、外部性的物理力(包括地球重力等)或者为躲避外部性的物理力而发生的身体突然移动或扭曲等动作反应。[①] 这种突然事件的产生是出乎意料的,并且它主要表现为外在物理力对人的身体造成了影响,从而使人的身体作出了某些反应。很明显的是,ACA 2001 这一规定取材于英美侵权法中的外伤损害(traumatic injury),它主要是指外部力量导致的身体的生理性损害。这种情况与现实生活较为贴近,与日常意义上所讲的意外事故相仿。需要注意的是,突然事件意在强调人身伤害发生的突然性和不可预料性,并且必须有外部力量或因素的直接作用。如果人身伤害是"渐进性的过程"导致的结果,则不属于意外事故。例如,长期减肥节食过程所导致的肩部损伤[②]、长时间徒步旅行造成的足部疾病[③],等等。

(2) 有害物质的摄入

人体吸入或食入任何有害气体、液体、固体或其他有害物质,均属于意外事故。因此,受害人因人为环境污染而吸入或食入有害物质,应属于意外事故,由此导致的疾病应属于 IPRCA 的适用范围。但是吸入或食入病毒、细菌、寄生物或真菌等,一般不属于意外事故,除非摄入是由于他人的犯罪行为所造成的。[④] 之所以将摄入病毒、细菌、寄生物或真菌排除在外,是因为

---

① ACA 2001,§ 25 (1)(a).
② Owen v. Accident Compensation Corp.,[1991] N. Z. A. R. 122.
③ Re Rivers,(1982) 3 N. Z. A. R. 204.
④ ACA 2001,§ 25 (1) (b),(ba).

这往往是人类自然疾病的诱因。① 人体皮肤吸收有害化学制品,也属于意外事故,但其吸收的过程不应超过 1 个月。② 这就意味着,长期暴露于阳光照射下(如日光浴)导致的皮肤癌不属于意外人身伤害。③ 这两项规定充分说明 ACA 2001 仍然坚持了"伤害—疾病"的二分法,尽量将人类纯粹疾病排除在意外人身伤害补偿方案的适用保护范围之外。

(3) 极端天气、自然环境

如果人体长期(但不超过 1 个月)处于恶劣的天气或极端的温度环境中,并导致人体丧失或部分丧失了正常的行为能力或者导致死亡时,属于意外事故。④ 例如,长期处于极度寒冷条件下所导致的肺部疾病或在极度高温潮湿环境导致的发烧等疾病,属于意外事故导致的人身伤害。与上述"皮肤吸收有害化学制品"的规定极为相似,人体处于恶劣天气或极端温度环境中,也有 1 个月的法定时间限制。立法者也许认为,超过 1 个月处于恶劣天气或极端温度环境中,人体已经具有对此特殊环境的适应性,不再具有意外事故的"突然性"特征,由此引发的疾病不能属于意外人身伤害的范畴。

(4) 分娩伤害

ACA 的 2022 年修正案新增"分娩伤害"作为意外事故情形之一。⑤ 如果从分娩开始到分娩完成的任何时间,分娩者由于身体内部之力的施加或反抗导致 ACA"附表 3A"中所述的伤害,即构成分娩伤害,系属意外人身伤害的范畴。

(5) 除外情形

首先,在医学诊疗过程中发生的任何意外事件均不属于意外事故,而是属于诊疗伤害(特殊意外人身伤害之一种)。⑥ 将诊疗过程中发生的意外伤害排除在意外人身伤害这一概念之外,是 ACA 2001 的一大创新,是新西兰

---

① 在这种情况下,疾病与意外人身伤害之间的区别显得极为模糊。在实践中,艾滋病毒或其他传染病毒携带者故意或过失(但不构成犯罪的情况下)将病毒传染给他人,似乎不属于 ACA 2001 的适用范围,此时受害人只能通过侵权法来主张损害赔偿。
② ACA 2001,§ 25 (1)(d).
③ ACA 2001,§ 25 (1)(c).
④ ACA 2001,§ 25 (1)(e).
⑤ ACA 2001,§ 25 (1)(f).
⑥ ACA 2001,§§ 32-33.

医疗事故补偿改革的成果。① 其次,外部寄生物在人体的滋生繁殖(例如疥疮)不属于意外事故,除非这种情况是受害人的工作所引起的。最后,病原体节肢生物对人体的接触与传染(如蚊蝇导致的疟疾)不属于意外事故,除非这种情况是受害人的工作所引起的。②

前文已述,在新西兰意外人身伤害补偿方案的早期,"意外人身伤害"没有被明确定义而交由法院来进行具体解释。上诉法院曾参考外国(主要是英国和澳大利亚)的判例,将"意外事故"解释为"不可预期的不幸灾难或事件"。③ 自 ARCIA 1992 开始,这一概念在司法领域的解释被废除,取而代之的是一种列举类型的立法技术。ACA 2001 仍采用了这种具体列举类型的技术,将规范重点放在了那些"非意外人身伤害"的类型上。因此,作为上位概念的"意外事故"相比之下就显得不那么重要了。

2. 特殊意外人身伤害

所谓"特殊意外人身伤害",并不是说人身伤害不是意外事故造成的,而是立法者采用具体列举之立法技术的故意之举,其目的是限缩"意外人身伤害"的内容,同时将一些典型的人身伤害进行具体、细致的界定,从而实现补偿方案的适用保护范围明确化之目的。也就是说,这些"特殊意外人身伤害"的类型,本来均属于意外人身伤害的范畴,但为了明确补偿方案的适用范围,特意将它们从意外人身伤害的范畴中独立出来。特殊意外人身伤害的类型主要包括:工伤(work-related injury)、诊疗伤害(treatment injury)、机动车交通事故伤害(motor vehicle injury)。

(二) 人身伤害的类型:以具体内容为划分标准

以具体内容为划分标准,人身伤害可以分为:死亡、身体伤害(physical injury)、精神损害(mental injury)和对义肢、假牙的损害。人的自然衰老不属于人身伤害。④ 纯粹的生理疾病也不算人身伤害⑤,但是某些特定情况下的人类疾病被划入人身伤害的范围,下文将会详细讨论。

---

① 诊疗伤害的详细论述,参见本节三的内容。
② ACA 2001, § 25 (2).
③ E. g., Green v. Matheson, [1989] 3 N. Z. A. R. 564 (C. A.); Willis v. Attorney-General, [1989] 3 N. Z. A. R. 574 (C. A.).
④ "人身伤害不包括完全的或实质性的衰老过程",see ACA 2001, § 26 (4)(a).
⑤ "人身伤害不包括完全的或实质性的渐进性病变、疾病或感染",see ACA 2001, § 26 (3).

1. 身体伤害

"身体伤害"这一概念源于侵权法,意指自然人身体遭受的伤害。① 身体伤害最典型的表现是外伤损害(traumatic harm)——它可以是皮肤、肌肉或骨骼组织的外伤创口,可以是肌肉或组织的拉伤或扭伤②,甚至可以是身体器官的物理承力性损伤,例如脏器出血、破裂等。当然,侵权法中的身体伤害也可以表现为疾病,例如环境污染责任案件中,侵权受害人的人身伤害大多不是突发性或临时性的外伤,而是环境污染(如有毒物质的侵入等)造成的疾病。③

在 ARCIA 1992 时期,上诉法院就曾认为"身体伤害包括疾病"。④ 尽管 ACA 2001 没有对身体伤害进行进一步的界定,"疾病也可以被认为是一种身体伤害,因为它有可能是某个特定时期内由人体外部力量或外在因素造成的,这种疾病往往是由于他人的行为所导致的"⑤。从这个角度讲,前述意外人身伤害的发生原因——特别是"有害物质的摄入""极端天气环境"两种类型——在很大程度上为人类疾病开辟架设了进入意外人身伤害补偿方案适用范围的"通道"。例如,受害人因环境污染而误食有毒物质并导致严重疾病。此时,受害人的疾病当然属于"有毒物质的摄入"和"身体伤害"。

2. 精神损害

新西兰意外人身伤害补偿方案从一开始就将精神损害纳入其使用保护范围。尽管 1972 年的《意外事故补偿法》对精神损害问题只字未提,但是 1973 年的修正案和 1982 年的《意外事故补偿法》均规定意外人身伤害包括"人身伤害或意外事故导致的身体或精神上的不利后果"。在这个时期,

---

① Stephen Todd,"Privatization of Accident Compensation Policy and Politics in New Zealand", 39 *Washburn Law Journal* 404, 428 (2000).

② ACA 2001 特别强调了"拉伤或扭伤属于身体伤害",see ACA 2001, § 26 (1).

③ 侵权法上的身体伤害,既可以叫作 physical harm,也可以称作 bodily harm。从理论层面而言,侵权法并不对身体伤害中的外伤和疾病进行严格区分。但是在实践中,遭受外伤的侵权受害人要比患病的受害人更容易获得侵权损害赔偿金。See Jane Stapleton,"Compensating the Victims of Diseases", 5 *Oxford Journal of Legal Studies* 248, 249-253 (1985).

④ E.g., Brownlie v. Good Health Wanganui Ltd., CA 64/197 (C. A. Wellington, 1998); Childs v. Hillock, [1993] N. Z. A. R. 249.

⑤ Maria Hook,"New Zealand's Accident Compensation Scheme and Man-made Disease", 39 *Victoria University of Wellington Law Review* 289, 292 (2008).

ACC 和上诉法院对精神损害持一种较为宽容开明的态度,它们力图在意外人身伤害补偿方案中为精神损害开辟一块开放而广泛的领地,以完全取代侵权法的精神损害赔偿制度。后来在著名的 Accident Compensation Corporation v. E 一案中,雇员受其雇主指派,参加了一个高度紧张的管理培训课程。雇员由此倍感压力,并导致精神崩溃(breakdown)。上诉法院认为,尽管该雇员没有遭受任何身体伤害,但她的精神崩溃状况仍属于意外人身伤害补偿方案的适用范围。[①] 这就意味着,纯粹的精神痛苦——没有身体、财产等有形损害,而只有精神上的无形损害——被纳入补偿方案的适用范围。该判例于 1992 年作出,当时的新西兰政府对此判决持否定性意见,认为法院对 1982 年《意外人身伤害补偿法》中"精神损害"的解释过于宽泛,扩大了意外人身伤害补偿方案的适用范围,导致精神损害案件的补偿申请极具膨胀,并成为当时补偿方案整体的支出成本飞速增长的原因之一。[②] 因此,在 ARCIA 1992 和 AIA 1998 中,精神损害被严格限定,内容大幅"缩水"。这种严格限制精神损害适用范围的政策思路一直沿袭至 ACA 2001。

ACA 2001 明确规定了精神损害的定义,即"人类行为、认知或心理的临床性机能障碍"。[③] 也就是说,精神损害必须是精神医学能够确诊和决断的病症。如果受害人仅称自己遭受精神损害,但无法出具合格的医学鉴定结论或无法通过 ACC 的评估时,其补偿申请往往不会得到批准。[④] 精神损害的发生原因有严格限制,主要有以下三种类型:一是受害人自己身体伤害导致的精神损害[⑤];二是某些特定的性侵犯犯罪行为导致的精神损害[⑥];三是在特定情形下与工作相关的精神损害[⑦]。

英美侵权法将精神损害大体分为两种类型:一是遭受有形损害(主要包括身体伤害或财产损害等)导致的精神折磨。例如,与身体伤害(主要是外伤)相伴而生的精神痛苦,被称为"痛苦与创伤"(pain and suffering);与其他

---

① ACC v. E [1992] 2 N. Z. L. R. 426 (C. A.).
② Stephen Todd, "Privatization of Accident Compensation Policy and Politics in New Zealand", 39 *Washburn Law Journal* 404, 430-431 (2000).
③ ACA 2001, § 27.
④ See ACA 2001, § § 84, 89.
⑤ ACA 2001, § 26 (1)(c).
⑥ ACA 2001, § 26 (1)(d).
⑦ ACA 2001, § 26(1)(da).

有形损害相伴而生的精神痛苦,被称为"焦虑与不安"(anxiety and inconvenience)[①];因身体伤害而造成残疾或残障的精神痛苦,被称为"乐趣丧失"(loss of amenity)或者"生活乐趣丧失"(loss of enjoying life)。二是纯粹的精神损害,又称不以有形损害的存在为前提的精神损害。这种精神损害的受害人往往并没有遭受什么实际的有形损害,但是他人的行为直接导致其出现了极度恐惧、焦虑、抑郁等精神症状。其典型的表现就是"精神震骇"(nervous shock)。第一种类型的精神损害(特别是"痛苦与创伤"或"乐趣丧失")并不要求必须是"医学可认知的精神疾病"(medical recognized mental illness MRMI),它们可能只是人类对身体伤害必然的和正常的心理反应。相反,纯粹的精神损害("精神震骇")则必须达到精神医学疾病的程度,才有可能获得侵权损害赔偿金。"纯粹的精神损害,只有达到精神疾病的严重程度,侵权法才有可能予以救济;与人身伤害相伴而生的精神损害,侵权法一般都会予以保护,尽管它根本上只是一般人正常的精神反映。"[②]

与侵权法相比,ACA 2001 所规定的精神损害范围要小得多。第一,它原则上仅包括因身体伤害所导致的精神损害。即便如此,ACA 2001 仍将"痛苦与创伤"排除在精神损害范围之外,仅在受害人出现残障或残疾(ACA 2001 将其称为"永久性残障")的时候进行一次性的精神损害补偿。[③] 这就意味着,受害人即使遭遇到极为严重的身体伤害,但未达到残障或残疾的程度时,其"痛苦与创伤"也无法获得补偿。第二,就纯粹精神损害而言,其发生的原因受到严格限制:只有他人从事的某些性犯罪行为导致的精神损害和与工作相关的精神损害。除此以外的纯粹精神损害,受害人只能通过侵权法才可能获得赔偿救济。

(1)性犯罪导致的精神损害

因他人性犯罪导致的精神损害,成立要件如下:首先,受害人遭受他人的性犯罪行为之事实发生在 2002 年 1 月 1 日之后。在此日期之前,因遭受

---

① 但是这两种精神损害在实践中往往难以区分,普通法法官也并不刻意地对其进行区分,并经常混为一谈。See Markesinis & Deakin, *Tort Law*, 5th ed., Clarendon Press, 2003, pp. 827-831; Peter Cane, *The Anatomy of Tort Law*, Hart Publishing, 1997, pp. 68-70.

② Cane, ibid., p. 69.

③ See ACA 2001, § 116.

他人性犯罪导致的精神损害适用 1992 APCIA 的相关规定。① 其次,"性犯罪"主要指强奸、性侵犯或乱伦等行为。② 再次,犯罪嫌疑人是否被抓获、供述或起诉,不影响精神损害的成立。也就是说,只要存在性犯罪行为之事实,精神损害就可成立;犯罪嫌疑人是否承担刑事责任,则属于刑法报偿正义(retributive justice)之范畴,与受害人精神损害之补偿和康复无关。最后,受害人遭受精神损害的时间自受害人首次接受精神疾病治疗时开始。③

其他犯罪行为——如谋杀、故意伤害、绑架或纵火等——导致的精神损害,受害人可以通过侵权法获得补偿救济。需注意的是,只有性犯罪的直接受害人可以申请精神损害之补偿,受害人的近亲属(如父母或子女等)即使目睹了受害人被犯罪行为侵犯的过程,也不得成立精神损害。④ 此时,受害人的近亲属可以提起侵权诉讼,主张"精神震骇"的损害赔偿。

(2) 工作相关的精神损害

工作相关的精神损害,是在 2008 年作出的重大修改。⑤ 它主要解决雇员在工作过程中遭遇到的纯粹精神损害(如性骚扰、精神震骇等)的补偿与康复问题,其构成要件如下:第一,精神损害发生在 2008 年 10 月 1 日之后。在此之前,雇员在工作过程中遭遇到精神损害,只能通过侵权法加以解决。第二,精神损害之事实,须发生在工作地点、上下班途中或治疗其他工伤的途中。具体的认定,应参照一般工伤的发生标准。⑥ 第三,精神损害是因雇员亲身经历或耳闻目睹了特定事件所引起的。所谓"亲身经历或耳闻目睹"是指受害雇员本人卷入或参与到特定事件中来,并且在特定事件发生时受害雇员就在事发当场或附近。雇员通过第二手渠道——例如通过电视、图像、新闻报道、电话、广播或他人的转述等——经历或耳闻目睹特定事件,则不能获得精神损害补偿。⑦ 第四,该特定事件足以导致一般人产生精神损

---

① See ACA 2001, § 21A.
② 具体罪名参见 ACA 2001,Schedule 3.
③ ACA 2001, § 36 (1), (3).
④ CLM v. Accident Compensation Corporation, [2006] 3 N. Z. L. R. 127.
⑤ Injury Prevention, Rehabilitation and Compensation Amendment Act (2008), § 21B.
⑥ 即适用 ACA 2001, § 28(1)。关于此条的具体释义,后文将有详述。
⑦ ACA 2001, § 21B (5), (6).

害。也就是说,某特定事件与精神损害之间的因果关系,完全借鉴了侵权法中过失侵权中的"一般理性人"客观标准。

3. 对义肢、假牙的损害

ACA 2001 将对身体义肢或假牙的损害视为人身伤害的一种类型。① 之所以将其视为一种人身伤害,是因为身上的义肢或口中的假牙其实已经成为人体的组成部分,义肢或假牙因意外事故被损坏,视为人体组成部分的损害。但需要注意的是,所谓的"义肢"不包括助听器、眼镜或隐形眼镜等。② 另外,义肢、假牙必须是因为遭受了意外事故——即受到突然的外部力量或外部因素的影响——而损坏,自然使用或磨损不是"损坏",不属于人身伤害的范畴。③

4. 人类疾病

自《伍德豪斯报告》开始,人类疾病就一直被排除在意外人身伤害补偿方案的适用范围之外——从 1972 年的《意外事故补偿法》,到 1982 年的《意外事故补偿法》,再到 20 世纪 90 年代的 ARCIA(1992)和 AIA(1998),直至目前的 ACC(2001),疾病始终无法摆脱被意外人身伤害补偿方案立法者所遗忘的命运。ACA 2001 沿袭了自《伍德豪斯报告》以来"伤害—疾病"的二分法,将人类的纯粹性疾病抛弃在意外人身伤害补偿方案的大门之外。④

但在以下情形中,"渐进性病变、疾病或感染"属于人身伤害:一是作为身体伤害的疾病。其具体含义在"身体伤害"部分已经有所交代,兹不赘述。二是职业病,即"与工作相关的渐进性病变、疾病或感染"⑤。三是因诊疗伤害所引起的疾病⑥,例如对骨质增生的物理按摩治疗所引起的背部神经性痉挛症等。四是意外人身伤害本身或经治疗时导致的继发性(consequential)疾病。⑦ 所谓继发性疾病,是指人身伤害出现后导致的后果性疾病或感

---

① ACA 2001,§ 26 (1)(e).
② ACA 2001,§ 26 (5).
③ ACA 2001,§ 26 (4)(b).
④ "人身伤害不包括完全的或实质性的渐进性病变、疾病或感染",see ACA 2001 § 26 (2).
⑤ ACA 2001,§ 20 (2)(e).
⑥ ACA 2001,§ 20 (2)(f).
⑦ See ACA 2001,§ 20 (2)(g),(h).

染。例如,因烧伤或手术后引发的伤口感染或高烧等。这些疾病之所以被认为属于人身伤害,而不是"完全的或实质性的渐进性病变、疾病或感染",是因为:第一,它们往往是意外人身伤害(特别是身体伤害)所导致的,这些疾病与人身伤害在实践中通常很难进行区分;第二,它们往往也体现了保护特定人群的政策目标。例如,从20世纪初的《劳工补偿法》开始,职业疾病被认为是工伤的一种类型,其目的在于保护工人的生产安全与人身权利。

除此以外,受害人的疾病只能通过侵权损害赔偿诉讼、私人疾病商业保险或依据《社会保障法》来获取相应的补偿救济或医疗保障;如果这几种途径也失败的话,受害人只能自己承受疾病导致的一切后果。

二、工伤

(一) 工伤适用范围

为了加强对受害工人的赔偿保护,提高工业生产的安全性,新西兰在1900年制定了《劳工事故补偿法》(1908年改名为《劳工补偿法》),采取国家介入的强制性保险措施,使雇主在无过错的情况下仍对受害工人的人身伤害进行赔偿。但是,《劳工补偿法》的实际效果也不能令人满意。因此,1972年《意外事故补偿法》将工伤补偿作为一项重要内容,并在《劳工补偿法》的基础上,进行了一系列的改革。自此以后,工伤补偿作为一项重要的制度,在新西兰意外人身伤害补偿方案中被固定并一路传承下来。在此后的50多年里,新西兰意外事故补偿方案历经1982年、1992年和2001年等数次重大改革,工伤补偿的基金来源与运作模式也因此发生了较大的改变,但是工伤补偿制度的适用范围却没有成为改革的焦点,其具体内容始终相对稳定。《劳工补偿法》长期实践积累下来的成熟经验以及20世纪70年代以来相对稳定的劳资关系,也许是工伤补偿制度改革不太引人关注的主要原因。

ACA 2001没有对"雇佣活动"(in the course of employment)——这一流行于世界各国劳工补偿立法和侵权法雇主替代责任(vicarious liability)中的概念——进行任何的定义,仍是采取其惯用的类型列举的立法手段对工伤进行详细的列举和规定。这样做的目的是尽量明确工伤的适用范围,限制意外人身伤害补偿方案主管机构和上诉法院的自由裁量权,防止工伤补偿适用范围在实践中的扩张。

1. 工作场所遭遇的人身伤害

雇员为工作之目的,在工作场所遭遇到的人身伤害,自然属于工伤。① 并非为了工作之目的,但在工作场所休息、娱乐或用餐时,遭受的人身伤害,仍属于工伤。② 所谓的"工作场所",是指:(1) 为工作之目的而占有的房屋或其他不动产。因此,雇员出差或执行外勤任务时的工作地点也属于"工作场所"。另外,只要是为了工作目的,雇员所处的地点往往被界定为"工作场所"。例如,在工作任务完毕之后的现场撤离或清场(work-related retreats)仍属于"工作目的",在此期间遭受的人身伤害仍属于工伤。(2) 雇员因工作之需要而被允许出入的场所、地点。(3) 为目前的工作而参加相关教育、培训的地点。但是,如果雇员为了提高自身职业能力或个人素质,自行参加的教育或培训——例如,未经雇主同意、指派或者雇主在其参加教育、培训期间不发放工资等——不属于该条规定的范围,雇员由此在教育、培训地点受到的人身伤害不属于工伤。③

2. 上下班途中的人身伤害

雇员乘坐交通工具上下班途中遭受的人身伤害属于工伤,但是具有严格的限制要件:(1) 该交通工具由雇主提供。雇员自驾车或乘坐公共交通工具在上下班途中遭受的人身伤害,有可能属于机动车交通事故伤害,而不被认为是工伤。④ (2) 雇主提供交通工具的目的在于接送雇员上下班。⑤ 雇员因私人事务临时借用或租用雇主的交通工具,不符合此特定目的,由此导致的人身伤害不属于工伤。(3) 雇主亲自驾驶该交通工具或者指示其他雇员驾驶。⑥ 此条规定主要涉及雇员上下班途中乘坐交通工具的意外人身伤害,往往是机动车交通事故所造成,但也不排除其他类型的人身伤害发生的可能性。

3. 赶赴工伤治疗地点途中的人身伤害

如果雇员遭受了工伤,那么他在赶赴工伤治疗地点的途中遭遇的人身

---

① ACA 2001, § 28 (1)(a).
② ACA 2001, § 28 (1)(b).
③ ACA 2001, § 6 (1).
④ ACA 2001, § 28 (1)(c)(i).
⑤ ACA 2001, § 28 (1)(c)(ii).
⑥ ACA 2001, § 28 (1)(c)(iii).

伤害,也属于工伤。其具体要件如下:(1)雇员已经遭受了工伤,并且需要进行相应的医学治疗。治疗的具体类型和方式应符合 ACA 2001 附录1 中的相关规定。[①] (2)雇员是在从工作场所到治疗场所的途中遭受了意外人身伤害。如果雇员不是从工作场所出发——例如,从自己家中直接赶赴治疗场所——那么途中遭受的意外人身伤害不属于工伤。(3)雇员赶赴治疗场所,必须选择的是"最为直接可行的路线"。"最为直接可行的路线"应依照雇员所处的具体环境,以社会一般的"经济理性"客观标准判断之,但是很明确的是,不应该包括"任何非以工作或工伤治疗为目的而对路线进行的、不合理的偏离或中断"。[②]

4. 职业疾病

ACA 2001 明确肯定了职业疾病是工伤的一种类型[③],但是对于职业疾病的具体界定却相当复杂。这是因为,一方面,职业疾病在现代化工业社会中已经成为一种最主要的工伤类型,任何国家的工伤补偿制度均无法回避这一问题;另一方面,由于职业疾病的表现方式多种多样,疾病的发作往往有潜伏期和隐秘性,使得职业疾病在实践中经常难以识别或判断。这样一来,尽管 ACA 2001 明确将职业疾病纳入补偿保护范围,但是如何具体而合理地界定职业疾病的范围确实成为一个颇为棘手的问题。

职业疾病,具体而言,就是"与工作相关的渐进性病变、疾病或感染"。它是由特定的环境或条件引起的:(1)受害人从事特定的工作任务或在特定的环境中工作。(2)受害人从事特定的工作任务或所处工作环境的特性或本质,导致了(或者促成了)疾病的产生。(3)受害人所处工作环境的特性或本质,仅发生在工作领域。受害人的日常生活环境或其他非工作环境,不具有这种特性或本质。(4)从事该特定工作任务的人遭受意外人身伤害的风险要远远高于其他雇员;处于该特定工作环境的人遭受意外人身伤害的风险要远远高于其他人。这就表明,该条规定主要着眼于受害人的工作任务或工作环境与其人身伤害之间的因果关系。因果关系成立则工伤成立,反之亦然。

---

① ACA 2001, § 28 (1)(d).
② ACA 2001, § 28 (2).
③ ACA 2001, § 28 (4).

受害人在其工作中因长期暴露于有害物质、灰尘、化学物、放射性射线等危险环境下所导致的疾病，由 ACA 2001 的附录 2 详细规定。受害人在遭受这些疾病时，无须证明工作环境与职业疾病之间的因果关系。

5. 与工作相关的精神损害

与工作相关的精神损害，是 IPRCA 2001 在 2008 年作出的重大修改。① 它主要解决雇员在工作过程中遭遇到的纯粹精神损害（如性骚扰、精神震骇等）的补偿与康复问题，其构成要件如下：首先，精神损害发生在 2008 年 10 月 1 日之后。在此之前，雇员在工作过程中遭遇精神损害，只能通过侵权法加以解决。其次，精神损害之事实，须发生在工作地点、上下班途中或治疗其他工伤的途中。具体的认定，应参照一般工伤的发生标准。② 再次，精神损害是因雇员亲身经历或耳闻目睹了特定事件所引起。所谓"亲身经历或耳闻目睹"是指受害雇员本人卷入或参与到特定事件中来，并且在特定事件发生时受害雇员就在事发当场或附近（physical proximity）。但是，雇员通过第二手渠道经历了或耳闻目睹了特定事件的除外，例如通过电视、图像、新闻报道、电话、广播或他人的转述等。③ 最后，该特定事件足以导致一般人产生精神损害。也就是说，某特定事件与精神损害之间的因果关系，完全借鉴了侵权法中过失侵权中的"一般理性人"的客观标准。

6. 与工作相关的心脑血管疾病

心脑血管疾病——在此特指心脏的突然发作或急性的中风——要成为工伤，必须满足以下条件：(1) 发生在工作过程中；(2) 外在的强力或压力导致了疾病的突然发作；(3) 这种外在强力或压力，对受害人而言，是过分的或不正常的。例如，劳动强度或工作压力的骤然增加，往往是心血管疾病发作的直接诱因。如果劳动强度或工作压力的骤然增加对于特定雇员而言是"过分的"或"不正常的"，那么由此引发的心血管疾病就属于工伤的范围。

7. 工伤的治疗后续性伤害

受害人遭受一般的工伤、职业疾病或与工作相关的心血管疾病而进行医学治疗时，所引发的一切后续性人身伤害，均属于工伤。如果工伤治疗过

---

① Injury Prevention, Rehabilitation and Compensation Amendment Act (2008), § 21B.
② 即适用 ACA 2001, § 28 (1). 关于此条的具体释义，后文将有详述。
③ ACA 2001, § 21B (5), (6).

程中产生了医疗过失或医疗事故,仍作为工伤,而不能认定为诊疗伤害。

（二）雇佣关系的认定

工伤之成立的前提条件之一,就是雇佣关系的存在。ACA 2001 并没有对雇佣关系作出定义,也没有采取类型列举的方式来进行具体的界定,但是它对"雇主""雇员"和"就业"这三个概念进行了详细规定,通过对这三个概念的交叉参考可以总结分析出新西兰意外人身伤害补偿方案对雇佣关系的认定原则及标准。

所谓"就业",是指为获得金钱收入或利润而从事或进行某项具体的工作;对于雇员而言,带薪休假仍属于就业状态。所谓"雇员",是指接受或有权接受从就业中获得的报酬、薪金、酬劳或者其他收入的自然人。所谓"雇主",是指支付或者有义务支付他人一定工作酬劳的人。尽管这三个概念很大程度上存在"同义反复"之逻辑问题,但是可以从中反映出一个共同的政策目标:雇佣关系必须建立在有偿劳动的基础上,志愿者或无偿劳动者被排除在雇佣关系之外。

更为重要的是,ACA 2001 进一步规定了雇佣关系的其他认定标准,即受害人遭受工伤时,下列因素的存在不影响工伤的认定:(1)雇员违反了相关的法律法规、公司章程或企业内部规定;(2)受害人与雇主之间签订的雇佣合同违法;(3)受害人存在过失或具有不良的嗜好;等等。

（三）职业疾病咨询专家组

为了更好地处理和掌握职业疾病案件的补偿和康复问题,ACA 2001 专门授权 ACC 的主席组建一个职业疾病的咨询专家组。该专家组的职责主要是"向 ACC 主席提供一切与职业疾病相关的、独立的专家建议"。具体而言,专家组应实时监控国家职业疾病领域的发展态势,并可以向 ACC 主席建议:(1)是否修改 IPRCA 附录 2 中的职业疾病类型;(2)ACC 应如何决定具体案件中职业疾病的适用范围;(3)如何就职业疾病作出更为合理和科学的定义;等等。

三、诊疗伤害

（一）新西兰医疗事故补偿制度的历史沿革

综观世界各国现代的法制史,在 20 世纪 60 年代之前,医疗事故的民事纠纷或刑事案件并不是法律界的热点问题。但是,这种状况在 20 世纪 70

年代发生了巨大改变,医疗事故纠纷大幅度上升,很多法学家将其称为"医疗危机"。调查表明,美国在 1975 年至 1978 年间,每 100 名医疗从业人员中就会遭受到 3.83 个民事案件的起诉,而其中一半左右的案件是判决医疗从业人员败诉并承担赔偿责任。[1] 在 20 世纪 80 年代中期,因医疗事故责任保险费的普遍上涨,美国的医疗事故领域又再次面临严重危机。一项调查研究认为,在 20 世纪 90 年代,美国医疗事故侵权诉讼的原告的胜诉率是其他侵权案件受害人胜诉率的 2 倍;医疗事故责任赔偿金的数额是其他侵权案件损害赔偿金的 16 倍。[2] 在英国,医疗事故责任案件也大量增多。单单 1983 年至 1987 年的四年间,医疗事故侵权诉讼案件就翻了一番,其赔偿金的数额也大幅度提高。[3]

与英美国家相似,新西兰在 20 世纪 50、60 年代并没有出现大量的医疗纠纷案件,《伍德豪斯报告》中也没有对医疗过失责任案件进行过多的论述。因此,可以这样说,医疗事故根本不能构成新西兰废除侵权法而采行"无过错"的意外人身伤害补偿方案的一个原因。[4] 1972 年的《意外事故补偿法》没有对医疗伤害的补偿问题作出任何规定。在 1974 年的修正案中,则明确规定了"意外人身伤害"包括"医学治疗、外科手术、牙科或急救中的不幸事件"。但是,由于所谓的"医疗不幸"在此时还没有成为《意外事故补偿法》中的成文概念,所以 ACC 和上诉法院运用自由裁量权,并参考侵权法中的判例,在实践中逐步对此概念进行了解释:"医疗不幸"被区分为"医疗错误"和"医疗灾难后果"两种类型。[5]

为了解决意外人身伤害补偿方案的成本危机,ARCIA 1992 年建立了一种以保险制度为哲学基础的法律框架——取消了 1974 年《意外事故补偿法》中规定的"意外人身伤害"具有一般适用范围的上位性概念,并由具体的人身伤害类型取而代之,其目的在于"消除(意外事故补偿方案)适用范围的盲目扩张"。而这些具体的人身伤害类型中就包括"医疗不幸",而"医疗错

---

[1] Paul Weir, *Medical Malpractice on Trial*, Harvard University Press, 1991, p.2.
[2] Michael Jones, *Medical Negligence*, Sweet & Maxwell Ltd., 1991, pp.29-32.
[3] Ibid., p.45.
[4] Petra Butler, "A Brief Introduction to Medical Misadventure", 35 *Victoria University of Wellington Law Review* 811, 812 (2004).
[5] 例如,ACC v. Auckland Hospital Board [1980] 3 N.Z.L.R.748。

误"和"医疗灾难后果"也被立法者采纳,正式成为"医疗不幸"的内容。[1] 依照 ARCIA 1992 的规定,医疗错误相当于侵权法中的医疗过失侵权,是"合法注册医疗从业人员未能尽到相应的合理的注意义务或职业技巧"[2],它既可以是医疗从业人员的作为("医疗失当行为"),也可以是医疗从业人员的不作为(如由于过失而未能作出诊断或治疗)。为了填补法律漏洞,"医疗错误"甚至可以指医疗专业机构的过错,尽管此时的注册医疗从业人员并没有什么过错。[3] 另外,当 ACC 在补偿程序中,发现医疗从业人员存在过失时,它有义务将此事实通报给相应的医疗自治团体,并由自治团体对该医疗从业人员作出职业惩戒。[4] "医疗灾难后果"的定义则强调的是医疗治疗后果的罕见性与严重性。[5] "罕见性",意指"医学治疗的负面结果发生的可能性在同类的医学治疗案例小于 1‰"。[6] 这种量化的标准一方面是为了便于实践操作,另一方面也是更为重要的作用在于严格限制"罕见性"标准,扭转"以前上诉法院逐渐放宽医疗灾难罕见性标准的趋势"。[7] "严重性"的标准也有所提高,是指"医学治疗的负面效果为死亡、住院时间的延期或持久性和严重性的残障"。[8]

AIA 1998 和 ACA 2001 基本沿袭了 ARCIA 1992 的制度框架,医疗错误与医疗灾难后果两个概念的具体内容没有出现大的变化。[9] 2002 年,ACC 主席开始对医疗事故问题进行反思,其关注点主要有以下几个方面:首先,医疗灾难后果的标准"令人困惑且缺乏确定性"。罕见性与严重性的标准在实践中难以把握,并且致使很多受害人无法获得意外人身伤害补偿

---

[1] ARCIA 1992,§ 5(1).
[2] ARCIA 1992,§ 5(1).
[3] Ken Oliphant,"Beyond Misadventure: Compensation for Medical Injuries in New Zealand",15 *Medical Law Review* 357,363 (2007).
[4] ARCIA 1992,§ 5(10).
[5] ARCIA 1992,§ 5(2).
[6] ARCIA 1992,§ 5(3).
[7] ACC Officials,*Background Paper to Labour Select Committee: Medical Misadventure*,1992,pp.4-5.
[8] ARCIA 1992,§ 5(4).
[9] 关于 AIA 1998"医疗不幸"的规定及对其的评论,see Stephen Todd,"Privatization of Accident Compensation: Policy and Politics in New Zealand",39 *Washburn Law Journal* 404 (2000).

方案的适用保护。其次,医疗错误是整个意外人身伤害方案中唯一以过错为要件的制度,这种类似侵权法中医疗过失(或医疗失当)的制度有可能在实践中出现一系列的负面作用与影响。例如,对于医疗执业者而言,医疗错误反映了一种"罪恶文化",强调对违反医疗职业道德行为的谴责,而缺乏积极正面的激励机制促进错误的改进或"经验的汲取"。因此,医疗执业者害怕遭到 ACC 的检举而往往不愿积极地参与到受害人的补偿程序当中。就受害人而言,将过错因素纳入医疗错误,侵权法的老毛病会再次作祟,使受害人的补偿与康复变得更加困难。更为重要的是,将过错因素纳入医疗错误,使 ACC 的职责范围发生了变化,并在一定程度上导致了 ACC 功能的紊乱,因为此时 ACC 实际上负有了法院的司法功能,并对医疗职业者的行为的可责性作出了判断;另外,判断医疗错误案件中的过错要件是否成立,往往需要大量的时间、金钱和人力成本,这也一定程度上加大了 ACC 的成本支出与工作压力。①

ACC 带着上述问题对医疗事故制度进行了回顾与分析,并提出了三种不同的改革方案。第一种方案是保持现有的医疗事故制度框架,同时对医疗错误与医疗灾难后果的概念进行适度修正,以改变"过错"为基础的医疗事故制度之弊端,并为医疗事故领域创造"惩前毖后,治病救人"(learning from mistakes)的文化氛围;第二种方案主张采用"可预防性"的人身伤害,来取代原来的医疗事故制度;第三种方案,则主张采用"治疗过程中的意外伤害"来取代原来的医疗事故制度。2003 年,政府内阁对 ACC 的三种改革方案进行了审议并开展了公众参与的听证程序。2004 年,社会各界对医疗事故问题达成基本共识。当年 2 月,ACC 主席罗斯·代森女士向政府内阁的社会发展委员会提出报告,主张用"诊疗伤害"作为医疗事故领域改革的方向。政府采纳了她的建议,并将 IPRCA 的修改草案在 2004 年 8 月提交议会表决。2005 年 5 月,议会表决通过该法案——IPRCA 2005 修正案。在这部修正案中,诊疗伤害取代原来的"医疗不幸",成为医疗事故领域的总

---

① ACC 对原有"医疗不幸"补偿制度的反思与批评,主要体现在以下官方文件中:ACC & Department of Labour, *ACC Medical Misadventure and Its Wibider Context*: *A Report Prepared for Review of Medical Misadventure Steering*, 2002; *Review of ACC Medical Misadventure*: *Consultation Document*(2003); R. Dyson, *Medical Misadventure*: *Progress of Review*, 2002。

领性概念。

(二) 诊疗伤害的构成

IPRCA 2005 修正案第 31 条①规定,

(1) 诊断伤害是指这样一种人身伤害:
  (a) 受害人:
    (ⅰ) 从 1 个或 1 个以上的注册医疗职业者处寻求医学治疗;或
    (ⅱ) 从 1 个或 1 个以上的注册医疗职业者处或在 1 个或 1 个以上的注册医疗职业者的指导下获得诊疗;或
    (ⅲ) 在本条(7)的情形下;并且
  (b) 人身伤害由医疗诊疗所引起的;并且
  (c) 该人身伤害并不是医疗诊疗的必要部分或正常结果,此时,应考虑医学诊疗的所有环境因素,包括:
    (ⅰ) 受害人在接受诊疗时内在的身体健康状况;和
    (ⅱ) 在接受诊疗时的医学临床知识水平。

(2) 诊疗伤害不包括以下情况:
  (a) 完全的或实质性的人身伤害(因受害人内在的身体健康状况导致的);或
  (b) 纯粹的资源配置决定导致的人身伤害;
  (c) 受害人不合理地拒绝或推迟诊疗之同意所导致的人身伤害。

(3) 医学诊疗未达到所期望的治疗效果,并不属于治疗伤害。

(4) 诊疗伤害包括临床医学实验所导致的人身伤害,具体要件见本条(5)(6)。

(5) 受害人本身不同意(以书面形式)参加此实验的,适用本条(4)。

(6) 当出现以下情形时,应适用本条(4)之规定:
  (a) 道德委员会

---

① ACA 2001,§ 32.

(ⅰ) 批准该医学实验;并且

(ⅱ) 认为该医学实验并非主要为了医药生产企业或分销商的商业盈利目的;并且

(b) 新西兰政府批准了道德委员会的请求。

(7) 如果某人(A)因诊疗伤害导致了感染,那么人身伤害的适用扩大至:

(a) A的配偶或生活伴侣(在A直接传染的情况下);

(b) A的子女(A直接传染)或

(c) 任何第三人(A直接传染)或

(d) A的子女或任何第三人,如果

(ⅰ) A直接传染给其配偶或生活伴侣;并且

(ⅱ) A的配偶或生活伴侣然后又直接传染给该子女或第三人。

另依 IPRCA 2005 修正案第 33 条①的规定,

(1) 在决定诊疗伤害是否发生或何时发生时,医学诊疗包括:

(a) 医学治疗的进行;

(b) 对患者的医学诊断;

(c) 是否进行医学诊疗的决定;

(d) 未能为患者提供诊疗,或者未能及时为患者提供诊疗;

(e) 获得(或未获得)患者的诊疗同意,包括任何向患者(或在其缺乏法律能力时有权代替其作出同意者)提供的使其能在知情的情况下就是否接受治疗作出决定的信息;

(f) 提供预防疗法(Prophylaxis)时;

(g) 未能提供相应的器具、设施或工具(用于诊疗过程)……

上述两个条文分别规定了诊疗伤害的构成要件和诊疗的具体含义。要把握 IPRCA 2005 修正案中诊疗伤害的适用范围,必须将这两个条文综合分析。首先,医学诊疗过程导致的"必然部分或正常结果",不是诊疗伤害。

---

① ACA 2001,§33.

所谓"必要部分",例如为治疗骨折而进行的肌肉外科手术;所谓"正常结果",包括医学诊疗正常的副作用,例如医学麻醉诊疗后的头痛、意识模糊等症状。是否属于医学诊疗的"必然部分或正常结果",要考虑受害人在接受诊疗时内在的身体状况与当时的临床医学知识水平。另外,"因受害人内在的身体健康状况所导致的完全的或实质性的人身伤害"不属于诊疗伤害,该项规定意在表明诊疗伤害是由于医学诊疗所引起的,而非患者自身的身体素质。但是,"完全性的"或"实质性的"的意义却十分模糊,在实践中有适用的困难。另外,"完全性的"或"实质性的",一定程度上隐含了过错之因素。例如,受害人本身的身体状况和疾病表征难以进行医学诊断,同时注册医疗职业者也没有作出正确的医学诊断,那么由此引起的人身伤害(如身体状况继续恶化)是由受害人的身体状况所引起的,不属于诊疗伤害。但如果此时,注册医疗职业者自身的行为存在着过失(尽管实际上他也不可能作出正确的医学诊断),那么它就属于诊疗伤害。

其次,"因资源配置决定"导致的人身伤害,不属于诊疗伤害。所谓的"医疗资源配置",是指受害人在进行诊疗时,诊疗机构或注册医疗职业者就其医疗环境资源作出的安排或决定。例如,病人(受害人)在医院排队接受诊疗,有可能会耽误或加重病情,但这种情况是由于医院医疗资源的稀缺性所致,不属于诊疗伤害。"纯粹"一词具有极为重要的作用,这就意味着,医疗资源配置过程中如果出现了不必要的失误或过错,那么就应当成立诊疗伤害。例如,受害人由于注册医疗职业者的诊断失误而被错误地分配至一般病区或提升至紧急看护,等等。

最后,受害人不合理地拒绝或推迟同意医学治疗之意思表示,由此引起的人身伤害不属于诊疗伤害。此项规定中的"不合理"一词,意味着受害人自身具有过错,而不是注册医疗职业者的过错。也就是说,在注册医疗职业者或医疗机构已将医学诊疗的所有相关信息告知受害人后,受害人若过错地(故意和过失)地拒绝或推迟其对医学治疗方案的同意,那么由此引起的病情恶化的结果由当事人自己承担。将受害人过错作为补偿适用范围的一项要件,在新西兰意外人身伤害补偿方案中诚属罕见,这与"无过错"补偿方案的本质特性完全相悖。因此有学者一针见血地指出,这项规定"与补偿方案的'无过错'之哲学基础相矛盾"。①

(三) 诊疗伤害的实际运行

"诊疗伤害"纳入新西兰意外人身伤害补偿方案的一年后,ACC宣称其效果是"显而易见的",从补偿申请到ACC作出批准的时间由平均的5个月缩短为36天。② 但同时,医疗事故补偿申请案件也像料想中那样迅速增多起来——由2004—2005年度的893件上升至2445件。ACC对医疗事故补偿申请的驳回率也由上年度的71.3%下降至36.5%(几乎下降了一半)。在2005—2006年度ACC批准的申请案件中,719件涉及补偿金或受害人康复帮助(上年度则为529件),其成本为1074.6万新西兰元(上年度为842.3万新西兰元)。由此推知,新增的案件大部分仅涉及医学治疗问题(不涉及补偿金或受害人康复的问题),占2005—2006年度全部医疗事故案件的71%,而2004—2005年度仅占41%。③ 以上数字表明,IPRCA 2005修正案将医疗不幸中"严重性"的要件废除这一举措,使诊疗伤害适用门槛降低,导致医疗事故案件的申请骤然增加;但是,这些案件大部分仅涉及医学治疗之本身,请求补偿金给付或受害人康复的诊疗伤害案件并没有突然增多,因此诊疗伤害基金账户的支出成本并没有像人们所担心的那样出现"井喷"的现象。

诊疗伤害基金账户的总体支出成本由2004—2005年度的4863.3万新西兰元上升至5653.2万新西兰元,增幅为16.2%,要低于2003—2004年度(24.1%)与2002—2003年度(25.1%)的成本增长率。④ 这是很多人之前始料未及的,但是诊疗伤害基金账户的总体支出成本要高于整个补偿方案的支出成本(9.9%),并且诊疗伤害基金的支出占整个补偿方案的支出的比例有所上升,从2004—2005年度的2.1%上升至2.3%。评论家们认为,诊疗伤害基金支出成本的增长,是2005年医疗事故改革转型期导致的"阵痛"——特别是体现在新制度的运行管理和诊疗伤害预防等方面。但是,

---

① Ken Oliphant, "Beyond Misadventure: Compensation for Medical Injuries in New Zealand", 15 *Medical Law Review* 357, 381 (2007).
② ACC, "A Newsletter for Health Care Professions", *Issue* 93 (August 2006).
③ ACC Annual Report 2006, pp. 95-97.
④ Ibid., p. 97.

"这些数据并没有表明,新的诊疗伤害制度将会使整个补偿方案的支出成本达到无法控制的程度"[1]。

与补偿方案的总体案件平均成本相比,诊疗伤害案件的平均成本较高:2006年度,平均每个诊疗伤害案件成本为19864新西兰元,是补偿方案总体案件平均成本的13倍。但这一数字要低于改革前(2005年度)的统计数字——在2005年度,医疗事故案件的平均成本大约是补偿方案的案件平均成本的40倍。这些数据其实暗示着,由医疗事故向诊疗伤害的改革,诊疗伤害基金处理案件的能力大大提高。

(四)评论与反思

通过对诊疗伤害适用范围以及相关实证数据的分析,可以得出以下结论:诊疗伤害这一新的制度,更多地考虑了受害人的利益,它将更多的医疗事故案件纳入意外人身伤害补偿方案的适用保护范围,并缩短了受害人提出申请到ACC作出决定这一过程,在原有的医疗事故制度中,大部分的案件被ACC拒绝或驳回,而在诊疗伤害中大部分的案件被ACC确认或批准。医疗机构也对此改革持欢迎态度,新西兰医学会(N.Z.M.A)对"医疗错误"的废除拍手称快,并增加了对ACC的赞助力度。同时,诊疗伤害制度的总体成本也是可以令人接受的。种种迹象表明,诊疗伤害制度的成本不会将补偿方案的整体成本带入"无法控制"之境地。诊疗伤害制度最为引人注目的效果在于,它加强了ACC对人身伤害预防的功能,这一点要比它的适用范围问题更为重要。诊疗伤害制度将"过错"从医疗错误中剔除,其实反映了立法者对人身伤害预防范式的转变,加强了ACC在整个补偿方案中的地位,也间接地表明IPRCA所蕴含的"社会责任"理念。

ARCIA 1992就意外人身伤害的预防采取了保险模式——ACC通过保险费政策来区分并调整不同意外伤害领域内当事人的经济激励因素——并将意外人身伤害视为社会责任与个人责任共同作用的产物。相比而言,诊疗伤害制度的改革则对意外人身伤害的预防采取了一种全新的、系统化的模式,更多地强调了医疗事故案件的信息公开和安全教育学习,充分反映了

---

[1] Ken Oliphant, "Beyond Misadventure: Compensation for Medical Injuries in New Zealand", 15 *Medical Law Review* 357, 385 (2007).

社会责任(集体责任)的立法概念。

ARCIA 1992 全称为《意外事故康复与补偿保险法》,从其法典名称就可以看出立法者的态度——"补偿保险",而并非"补偿"。因此,ARCIA 1992 采取了一系列的保险制度来应对"道德风险问题"。例如:(1)风险类型化。废除"意外人身伤害"这一总括性概念,设立不同的人身伤害类型,并创立相应的补偿基金专门负责各自领域的补偿问题。(2)风险与保险费挂钩,确保被保险人交纳的保险费能够"专款专用"。补偿基金不得对其他补偿基金进行资金的援助或流通;在必要的情况下,还可以开设新的保险费种。(3)针对工伤,创立保险费的"经验法则"机制。(4)另外,创建互助保险制度,就受害人的医疗费用采用"使用者部分付费"的措施等。ARCIA 1992 的上述保险手段无疑是建立在私人商业保险的基础上,是个人责任的表现。它的预防激励机制主要着眼于个人的道德风险。例如,医疗错误制度主要关注注册医疗职业者的行为,并冀此提高医疗安全。等等。

然而,2001 年《人身伤害预防、康复与补偿法》(IPRCA 2001)的出台,预示着 ARCIA 1992"保险预防机制"的终结。依这部法典的名称,人身伤害的预防与康复显然优先于补偿。ACC 主席曾公开表示,ACC 首先关注的是伤害的预防,而不是补偿。虽然,人身伤害的补偿仍占了补偿方案的"大头",人身伤害预防仍显得那样的软弱幼稚(仅占全体支出成本的 1.7%),但是可以肯定的是,ACA 2001 对意外人身伤害的预防采取了不同于以前的范式——以一种系统化、整体化的视角(而不是像 ARCIA 1992 中的个人式的视角)来对待人身伤害的预防。在这种新范式中,ACC 的作用发生了变化并起到关键性的作用。首先,ACC 对诊疗伤害的报告不再以注册医疗职业者个人是否具有过错为重点,因为它宣扬了"罪恶"文化,不利于"汲取经验教训"。因此,ACC 提供的报告或数据主要用于教育目的,为意外人身伤害预防提供整体性的指导规范(而不是作为保险费交纳的计算标准)。其次,ACC 本身也被赋予了(强化了)预防人身伤害的职能,它要协调其他机构或部门,促进人身伤害预防知识的普及。

第四节 意外事故补偿制度与侵权法和社会保障法的关系

一、意外事故补偿制度与侵权法的界限:"禁止侵权诉讼"条款

意外事故补偿制度与侵权法之间的适用关系有着极为清楚的理论界限:只要意外事故补偿制度所管辖之范围,均不得提起侵权损害赔偿诉讼。ACA 2001明文规定的"禁止侵权诉讼"条款再次重申了这一原则。ACA 2001第317条规定:

(1) 任何人不得独立于本法之外,在新西兰的任何法院,根据任何法律规则,就下列事项直接或间接造成的损害提起诉讼:
  (a) 本法所适用的意外人身伤害;或
  (b) 旧法所适用的意外人身伤害。
(2) 本条(1)并不禁止提起以下的民事诉讼——
  (a) 财产损害;或
  (b) 合同或协议的条款或执行(AIA 1998中的意外事故保险合同除外)或
  (c) 由于服务合同(或雇佣合同)导致的个人精神损害或开除、辞退等。
(3) 但是,任何法院或政府部门不得就当事人依据本条(2)提起的诉讼中所涉及的本条(1)的内容作出任何补偿救济。
……
(7) 本条规定之法律效力不受以下因素所影响:
  (a) 申请人依据本法就本条(1)之内容提出补偿申请,其申请被驳回的;
  (b) 申请人放弃或否认本法赋予的法定权利的;
  (c) 遭受(本法适用的)意外人身伤害,但无法享有法定权利的。

很明显的是,"禁止侵权诉讼"条款意在维护意外事故补偿制度对人身

伤害的唯一合法性地位,体现了立法者的社会责任之立场和对侵权法的改革决心。Thomas法官认为,侵权损害赔偿诉讼权利被废止,而由国家主导的意外事故补偿制度取而代之,这种制度转换体现了"社会契约"的政治理想。① 但是,反过来说,意外事故补偿制度尚未涉及或覆盖之处,则有侵权诉讼的生存空间。例如,英美侵权法中的"恶意检控"(malicious prosecution)和"不当监禁"(false imprisonment)等诉由仍为合法有效,受害人可以提起侵权赔偿诉讼,因为在这两种情形下受害人往往旨在寻求个人尊严、自由或财产损失(而不是人身伤害)的赔偿救济。② 当然,因侵权行为——侵害、侵扰、动产侵占或侵害隐私权等——导致的财产损失也可以提起侵权损害赔偿诉讼。

需要承认的是,意外事故补偿制度与侵权法的清晰界限更多是理论上的、想象中的,在现实中二者的关系要复杂得多——特别是在某些特殊"边缘性"问题之场合,意外事故补偿制度与侵权法往往展开"拉锯战",争夺地盘。例如,在"精神震骇"、疾病、惩罚性赔偿、性病之传染、二手烟致害甚至在医疗事故等特殊情形,意外事故补偿制度与侵权法在实务中呈现出复杂而又"神秘"的交错关系。

二、惩罚性赔偿

惩罚性赔偿制度在英美侵权法中的作用颇具有争议。支持者认为,惩罚性赔偿旨在震慑加害人的不当行为;它对加害人个人进行惩罚,不具有社会性和公法属性。反对者认为,惩罚性赔偿与刑事责任往往形成"双重打压",对加害人过于苛刻;同时,受害人获得天价的惩罚性赔偿金,已构成"不义之财";更为重要的是,私法上的惩罚性赔偿制度缺乏刑法上严谨的证据和程序规则,缺乏客观的实践标准,往往会损害实体公正。惩罚性赔偿制度尽管在现代英美侵权法中受到严格限制,但总体上仍被大多数人所接受。③

---

① Queenstown Lakes District Council v. Palmer,[1999]1 N. Z. L. R 549 (Court of Appeal).
② Stephen Todd,"Negligence Liability for Personal Injury: A Perspective from New Zealand",25 *University of New South Wales Law Journal* 895, 899 (2002).
③ 惩罚性赔偿在英美侵权法中的运用和制度沿革,参见王晓明:《美国侵权法惩罚性赔偿制度改革述评》,载梁慧星主编:《民商法论丛》(第42卷),法律出版社2009年版,第420页。

新西兰也是如此。从 1873 年以来,惩罚性赔偿通过普通法判例逐渐运用于合同法、侵权法等民事法领域。① 然而,20 世纪 70 年代开始建立的意外事故补偿制度对惩罚性赔偿制度产生了重大影响。例如,在意外事故补偿制度中,"禁止侵权诉讼"原则是否适用于惩罚性赔偿?如果允许惩罚性赔偿制度的存在,那么它的成立要件是什么?适用范围何在?惩罚性赔偿与刑事责任的关系应如何处理?在雇主替代责任之情形,能否提起惩罚性赔偿之诉?

(一)ACA 2001 第 319 条

ACA 2001 原则上承认惩罚性赔偿诉讼的独立存在,这就意味着"禁止侵权诉讼"条款(第 317 条)禁止的只是一般的填补性损害赔偿诉讼,而不对惩罚性赔偿诉讼进行限制。第 319 条规定:

(1)本法或其他法律均不禁止任何人就以下事项在新西兰法院对被告的行为提起惩罚性赔偿诉讼:

(a)本法所适用的意外人身伤害;或

(b)旧法所适用的意外人身伤害。

(2)法院在以下情形下仍可就本条(1)所指涉的诉讼判决惩罚性赔偿金——

(a)被告被指控存在涉及惩罚性赔偿索赔的犯罪行为,被宣告无罪或被定罪;或

……

(e)被告的犯罪行为已经超过了刑事责任的诉讼时效。

(3)在决定是否判决惩罚性赔偿金或确定惩罚性赔偿金的数额时,法院必须考虑以下因素:

(a)被告是否已经承担了一定的刑事或其他法律制裁措施;

(b)被告承担刑事或其他法律制裁措施的本质和程度。

20 世纪 80 年代,在著名的 Donselaar v. Donselaar 一案中,争论焦点在于原告能否就被告的殴打和威吓行为提起惩罚性赔偿诉讼。上诉法院支持

---

① Stephen Todd,"A New Zealand Perspective on Exemplary Damages",33 *Common Law World Review* 255,256(2004).

了原告的惩罚性赔偿请求,理由在于:"侵权损害赔偿制度具有满足社会需要的目的,在本案中允许惩罚性赔偿并不会破坏意外事故补偿制度的立法政策目标,因为该法仅禁止填补性损害赔偿诉讼,而不禁止惩罚性赔偿诉讼。"[1]这种观点成为当时司法实践的主流。Richard 法官对此进行了进一步解释,认为惩罚性赔偿诉讼"并不属于基于(受害人)人身伤害所产生的赔偿诉讼,因为它只是对被告的极端行为进行的惩罚,与受害人的损失无直接联系"。但是这种观点在确定惩罚性赔偿金的数额时则产生了严重问题。按照英美普通法规则,只有填补性损害赔偿金不足以达到对加害人的震慑和惩罚效果时,才可以适用惩罚性赔偿金。因此,填补性损害赔偿金往往是惩罚性赔偿金的前提基础。然而,意外事故补偿制度中的"禁止侵权诉讼"条款否认了填补性损害赔偿金,那么惩罚性赔偿金也就丧失了存在的基础。Cooke 法官认为,如果一般填补性损害赔偿金不存在,纯粹性的惩罚性赔偿金则显得极为诡异。但是,惩罚性赔偿作为一种有用的"法律武器"不应由于上述的理由而遭到冷遇。所以,"问题的解决之道在于允许纯粹惩罚性赔偿诉讼的存在,并承认它会在一定程度上取代填补性赔偿金的作用"[2]。正是在这样的政策目标下,ACA 2001 并没有将惩罚性赔偿诉讼予以简单否定。

(二)惩罚性赔偿诉讼的前提条件

惩罚性赔偿金之成立,往往要求被告的侵害行为具有"极端性"和"恶意"之因素[3];对被告行为性质的考量往往以社会一般的道德标准为依据。在实践中,惩罚性赔偿诉讼大多发生在被告故意且性质恶劣或造成严重损害后果的场合。那么在新西兰意外事故补偿制度建立后,惩罚性赔偿诉讼金仅适用于故意侵权行为的场合吗?换句话说,被告的过失侵权行为是否有可能招致惩罚性赔偿诉讼?

在 Bottrill v. A 一案[4]中,被告(一名病理学家)由于疏忽弄错了原告的病理检查结果,从而延误了原告的癌症诊断和及时治疗。在提起惩罚性赔

---

[1] Donselaar v. Donselaar, [1982] 1 N. Z. L. R. 97.
[2] Mclaren Transport Ltd. v. Somerville, [1996] 3 N. Z. L. R. 424.
[3] Taylor v. Beere, [1982] 1 N. Z. L. R 81; J. Smillie, "Exemplary Damages for Personal Injury", 1997 *New Zealand Law Review* 140 (1997).
[4] Bottrill v. A, [2001] 3 N. Z. L. R 622 (CA).

偿诉讼时,原告已经通过意外事故补偿制度中的"医疗不幸"获得了相应的补偿金和医疗服务。原告的惩罚性赔偿请求被初审法院所驳回,因为被告的行为不属于"严重的失职"。后来的上诉法院在综合考虑被告一贯糟糕的业绩表现和较高的事故发生率后,推翻了初审法院的判决,支持了原告的诉讼请求。被告对上诉法院的判决不服,并将案件上诉至终审法院。终审法院最终否认了原告惩罚性赔偿金的诉讼请求。终审法院的大多数法官认为,惩罚性赔偿诉讼的适用范围并不是漫无边际的,应限于"被告主观上能够知晓自己行为的风险并且故意或放纵自己的行为"之情形。在本案中,被告糟糕的业绩表现和事故发生率并不能说明被告本身完全知晓自己行为的风险后果。

(三)惩罚性赔偿与刑事责任

惩罚性赔偿诉讼与刑事责任的关系更为复杂。由于加害人的行为有可能同时满足刑事责任和惩罚性赔偿的要求,所以当加害人的行为已经被提起刑事公诉时或加害人已经承担相应的刑事责任时,受害人能否继续提起惩罚性赔偿诉讼?在此情形下,新西兰上诉法院认为刑事责任具有排斥惩罚性赔偿诉讼的效力,不允许受害人在加害人被提起刑事公诉或承担刑事责任的情况下提起惩罚性赔偿诉讼。① 然而,终审法院对此问题却没有形成共识,只是认为刑事公诉或刑事责任的承担对惩罚性赔偿诉讼的影响——禁止或者允许受害人提起惩罚性赔偿诉讼——需结合公共利益进行平衡,没有较为清晰或统一的判断标准或原则。② 就此问题,霍夫曼勋爵(Lord Hoffman)首先比较了刑事公诉和惩罚性赔偿诉讼的区别,认为两者在法律程序和证据规则方面存在着巨大差异:刑事公诉主要针对加害人的"反社会"行为,由国家公权力予以提起和控制,而惩罚性赔偿诉讼由受害人本人提起,往往不直接涉及公权力。允许惩罚性赔偿诉讼,对刑事责任具有一定有益的"治疗作用";但是,从加害人的角度看,这会造成"双重惩罚"。另外,惩罚性赔偿诉讼与刑事公诉的关系在新西兰的意外事故补偿制度下又产生了新的问题。霍夫曼勋爵认为,在新西兰意外事故补偿制度的背景下,受害

---

① Daniels v. Thompson, [1998] 3 N. Z. L. R 22.

② J. Manning, "Exemplary Damages and Criminal Punishment in the Privy Council", 7 *Tort Law Journal* 129, 132 (1999).

人更倾向于提起惩罚性赔偿诉讼，因为受害人认为意外事故补偿制度提供的补偿金是"不充分的"。① 正是在这种政策考虑下，新西兰法院对惩罚性赔偿诉讼与刑事公诉之间的关系采取了一种较为保守的态度——在加害人构成刑事犯罪的情况下，往往驳回受害人的惩罚性赔偿诉讼请求。这就形成了一种极为不合理的状况：私闯民宅并对公民进行言语威胁或恐吓之情形下，受害人可以提起惩罚性赔偿诉讼；而在加害人私闯民宅并用枪支进行威胁或恐吓——构成刑事犯罪的情况下，受害人则不能提起惩罚性赔偿诉讼。

新西兰法院的保守态度遭遇到了严重质疑，很多人认为这对于受害人而言是不公正的。例如，在性犯罪的情况下，受害人通过意外事故补偿制度只能获得可怜的补偿金；若不承认惩罚性赔偿诉讼，显然对受害人不利。所以，立法者在 AIA 1998 中增设了新条款，以改变新西兰法院的保守态度。② ACA 2001 完全继承了 AIA 1998 这一改革措施，第 319 条第 2 款规定，在被告被指控存在涉及惩罚性赔偿的犯罪行为，被宣告无罪或被定罪或被告的犯罪行为已经超过了刑事责任的诉讼时效的情况下，受害人仍可提起惩罚性赔偿诉讼。为了防止惩罚性赔偿诉讼对加害人造成不当的"双重惩罚"，ACA 2001 强调"在决定是否判决惩罚性赔偿金或确定惩罚性赔偿金的数额时，法院必须考虑以下因素：被告是否已经承担了一定的刑事或其他法律制裁措施以及被告承担刑事或其他法律制裁措施的本质和程度等"。这就意味着，惩罚性赔偿诉讼的正当性必须结合加害人的刑事责任而进行综合考量。所以有学者认为，这种"混合"作用很可能是以牺牲公共利益为代价来换取加害人的权利保护，刑事责任的惩罚性和行为震慑作用被进一步消减。③

（四）惩罚性赔偿与雇主替代责任

雇员在执行职务过程中对第三人造成侵害的，雇主需对雇员造成的损害后果承担替代责任。④ 如果雇员加害行为的性质满足惩罚性赔偿的"极端

---

① 霍夫曼勋爵的具体论述，see Stephen Todd, "Exemplary Damages", 18 *New Zealand University Law Review* 145, 169-174 (1998).

② AIA 1998, §396.

③ Stephen Todd, "A New Zealand Perspective on Exemplary Damages", 33 *Common Law World Review* 255, 269 (2004).

④ 英美侵权法中雇主替代责任的理论基础，参见王晓明：《使用人责任的理论问题》，载《河南省政法管理干部学院学报》2010 年第 1 期。

性"要件时,受害人能否对雇主提起惩罚性诉讼?换句话说,雇主此时是否应对雇员的加害行为承担惩罚性赔偿金责任?在英国的一项典型判例中,赫顿勋爵(Lord Hutton)认为公共服务机构应对自己的雇员的恶劣行为以及造成的严重损害后果承担惩罚性赔偿责任,因为这符合现代法治的精神——"任何法院都不会容忍警察、公务员、士兵或其他公众服务机构工作人员从事这种恶劣的行为;同时,雇主承担惩罚性赔偿责任,有助于雇主加强纪律管制,预防恶劣事件的再次发生"。斯科特勋爵(Lord Scott)则持相反的观点,他认为雇主承担惩罚性赔偿责任会引发更多的诉讼危机,增加社会公众财政支出成本,因为"雇主并不是真正从事恶劣行为的加害人……除非它(雇主)真的从事了值得惩罚的行为,否则雇主不应承担任何惩罚性赔偿金责任;在雇主替代责任的情形下,不存在惩罚性赔偿诉讼的可能"。[①]

新西兰也遇到了类似的情形。在 S v. Attorney-General 一案中[②],养父对养女进行了性侵犯。法院判决社会保障部门——作为收养家庭的监管机构——对本案中养父的侵害行为承担替代责任。但是,受害人能否对社会保障机构提起惩罚性赔偿诉讼却存在严重分歧。布兰查德(Blanchard)法官赞同斯科特勋爵的立场,认为惩罚性赔偿的目的在于对加害人行为的惩罚与震慑,不能遵循"深口袋"(deep pocket)之赔偿理念。社会保障机构不能因为具有较多的责任财产和经济实力,而承担不应有的赔偿责任。当然,布兰查德法官也承认,雇主承担替代性的惩罚性赔偿责任会在一定程度上提高雇主对自己雇员的纪律管制水平,但是这种激励作用超越了雇主本身合理的注意义务,有过于苛刻之嫌。因此,雇主原则上不应对自己雇员的行为承担替代性的惩罚性赔偿责任。新西兰法院对雇主承担惩罚性赔偿责任的态度得到了学者的支持。[③]

(五)小结

尽管 ACA 2001 第 319 条明确了惩罚性赔偿诉讼在人身伤害领域的适

---

① Kuddus v. Chief Constable of Leicestershire Constabulary [2002] 2 AC 122.
② S v. Attorney-General, [2003] 3 N. Z. L. R 450;类似的案件还有 W v. Attorney-General, [2003] CA 227/03.
③ Stephen Todd 认为,在雇员构成惩罚性赔偿责任的情形下,不存在雇主替代责任的问题。See Stephen Todd, "A New Zealand Perspective on Exemplary Damages", 33 *Common Law World Review* 255, 272 (2004).

用,但是新西兰法院在实践中对惩罚性赔偿诉讼进行了严格的限制。在其他英美法系国家,侵权法中的惩罚性赔偿制度饱受争议,并且一直遵循"从严从紧"的限制适用原则。① 新西兰采取意外事故补偿制度后,侵权法中的填补性人身损害赔偿制度几乎被完全废止,而只剩惩罚性赔偿诉讼独立支撑。在加害人的行为构成刑事犯罪的情形,由于"禁止侵权诉讼"条款的限制,惩罚性赔偿制度缺乏私法基础,无法与刑事责任抗衡;在加害人的行为不构成刑事犯罪的情形,惩罚性赔偿制度往往与意外事故补偿制度的立法意旨相互抵牾,法院往往驳回当事人惩罚性赔偿之诉讼请求。总体而言,惩罚性赔偿制度在新西兰法律体系中前途堪忧,有彻底消失之危险。

三、"精神震骇"

在意外事故补偿制度出台之前,新西兰法院大多并不支持受害人的"精神震骇"赔偿请求,这体现了英美法系对精神损害赔偿的一贯保守态度。在新西兰意外事故补偿制度的早期阶段——特别是 1982 年《意外事故补偿法》出台后,新西兰法院一般认为《意外事故补偿法》中的"意外人身伤害"本身就包括了精神损害,因此受害人的精神损害——包括"精神震骇"——不得提起损害赔偿诉讼,只能通过意外事故补偿制度予以补偿救济。但是,ARCIA 1992 的出台改变了原有的较为平静的状态,随着"意外人身伤害"这一具有广泛适用范围的上位性概念被取消,而由具体的人身伤害类型取而代之,意外事故补偿制度的适用范围产生了一定的混乱。②

在著名的 Queenstown Lakes District Council v. Palmer 一案中,Palmer 与自己的妻子参加航道竹筏漂流探险旅行。在漂流过程中,由于旅游公司的疏忽大意导致 Palmer 夫人溺水身亡,Palmer 先生经历并目睹了这一悲剧。在此之后,Palmer 先生依据 ARCIA 1992 的规定获得了死亡补偿金。但是,ARCIA 1992 并没有将精神损害赔偿纳入适用范围。所以,Palmer 先生又以精神损害("精神震骇")为诉由提起侵权损害赔偿诉讼。Palmer 先生的诉讼请求显然与英国侵权法中著名的"精神震骇"判例极为

---

① 美国现代侵权法一直在严格限制惩罚性赔偿制度的运用。参见王晓明:《美国侵权法惩罚性赔偿制度改革述评》,载梁慧星主编:《民商法论丛》(第42卷),法律出版社2009年版,第420页。

② 对 ARCIA 1992 的介绍与评论,参见本章第二节四的相关内容。

相似。① Palmer 先生认为自己完全符合"精神震骇"损害赔偿的三个基本条件：一是本人与已死亡受害人具有极为亲密的关系（配偶关系）；二是本人亲身经历并目睹了已死亡受害人发生意外事故的过程；三是本人因此遭受了严重的"精神震骇"，精神健康遭到损害。② 针对此案，新西兰上诉法院认为不受到"禁止侵权诉讼"条款的限制，Palmer 先生有权提出精神损害赔偿诉讼。Thomas 法官认为，该诉由并不是"直接或间接"起因于 Palmer 夫人的死亡，不受"禁止侵权诉讼"条款的限制，因为在本案中 Palmer 先生并不是就其夫人的死亡这一事实请求损害赔偿，而是就被告的过失行为导致的精神损害请求赔偿。Palmer 夫人的死亡，只是 Palmer 先生提出精神损害赔偿的客观事实基础。③ 意外事故补偿制度（ARCIA 1992）的"禁止侵权诉讼"条款只是为了防止受害人获得法定补偿金和侵权损害赔偿金的"双重补偿"，而不是说禁止一切侵权诉讼。Palmer 一案为"精神震骇"诉讼放开了口子。"侵权诉讼立于制定法未达之处"（actions starts where the statute ends），一时成为司法界和学界的共识。④

ACA 2001 将精神损害纳入适用范围，但是对精神损害的发生原因有严格限制，主要有以下三种类型：受害人自己身体伤害导致的精神损害、某些特定的性侵犯犯罪行为导致的精神损害以及特定情形下与工作相关的精神损害。并且更为重要的是，这三种精神损害类型必须属于"临床性人类行为、认知或心理的机能障碍"。⑤ 也就是说，精神损害必须是精神医学能够确诊和决断的病症。如果受害人仅称自己遭受精神损害，但无法出具合格的医学鉴定结论或无法通过 ACC 的评估时，其补偿申请往往不会得到批准。所以，新西兰现行的意外事故补偿制度并没有将"精神震骇"（包括其他与身体伤害无直接联系的精神损害）纳入适用范围，受害人在此情形下可以提起侵权损害赔偿诉讼。但需注意的是，IPRCA 2008 年的修正案就工作过程中的"精神震骇"、性骚扰等进行了规定，允许受害人根据意外事故补偿制度获

---

① McLoughlin v. O'Brian，[1983] 1 AC 410.
② Queenstown Lakes District Council v. Palmer，[1999] 1 N.Z.L.R.549.
③ Queenstown Lakes District Council v. Palmer，[1999] 1 N.Z.L.R.556.
④ 但是，新西兰上诉法院在随后不久的案件中推翻了这一共识。See Brownlie v. Good Health Wangunui Ltd.，[1998] CA 64/97.
⑤ ACA 2001，§ 27.

得相应的补偿金。① 这一新规定在实践中的效果与影响尚待继续观察和研究。

四、不当妊娠与错误出生

在新西兰意外事故制度的早期阶段，由于医疗执业者的过失导致的怀孕，被认为不属于"意外人身伤害"，受害人可以基于普通法中的"不当妊娠"诉由提起侵权损害赔偿诉讼。② 在 ARCIA 1992 和 AIA 1998 时期，普通法上的"不当妊娠"和"错误出生"等诉由仍没有纳入意外事故补偿制度的适用范围，受害人具有相应的侵权损害赔偿诉权。例如在 DK v. ARCIC 一案中，尽管法院承认原告意外怀孕与医生事前的错误诊断具有事实上的因果关系，但是原告的意外怀孕不属于"意外人身伤害"，因此原告不能通过意外事故补偿制度获得补偿。③ 在另外一个案件中，ACC 认为婴儿的出生并非由于突然的外在强力所引起，而是产妇的自然分娩，因此婴儿的出生不属于"意外事件"，也不属于"医疗不幸"，原告无权依据意外事故补偿制度请求补偿金。④

新西兰现行的意外事故补偿制度（ACA 2001）中没有任何关于不当妊娠与错误出生的规定，在决定不当妊娠或错误出生案件的法律适用时，需结合"意外人身伤害"概念综合判断之。若受害人遭受的损害属于"意外人身伤害"，则根据意外事故补偿制度对受害人进行补偿；若不属于"意外人身伤害"，受害人则可以提起侵权损害赔偿诉讼。因此，法院（或 ACC）对"意外人身伤害"概念的认定成为解决法律适用问题的关键。从司法实务看，法院大多倾向认为不当妊娠或错误出生不属于"意外人身伤害"。这就意味着，不当妊娠和错误出生案件往往不能通过意外事故补偿制度得到解决。另外，英美侵权法对不当妊娠或错误出生案件也大多采取较为保守或限制的态度，因此受害人即使以不当妊娠或错误出生为诉由提起侵权损害赔偿诉讼，往往也得不到胜诉之结果。这样一来最终形成的结果是，意外事故补偿

---

① 参见本章第三节二（一）5 的相关内容。
② ACC v. Auckland Hospital Board, [1980] 2 N. Z. L. R 748; L. v. M., [1979] 2 N. Z. L. R. 519; Re Mrs. McR., (1978) 1 N. Z. L. R. 567.
③ DK v. ARCIC, [1995] N. Z. A. R. 529.
④ Bell v. ARCIC [1999] DN 98/99.

制度或侵权损害赔偿诉讼均不能为受害人提供任何的补偿救济。所以,有学者建议将不当出生等情形纳入意外事故补偿制度的适用范围,从而实现"社会责任"之立法目的。[1]

五、意外事故补偿与社会保障救济金的关系

人身伤害的受害人可以依据 ACA 2001 的规定请求 ACC 支付人身伤害的补偿金或康复服务费用。但同时,受害人也可能满足社会保障法的救济适用条件并获得社会保障救济金。社会保障机构对遭受人身伤害的受害人进行个人收入状况调查(income test)后认为受害人的个人收入低于法定标准时,可以依据 2018 年《社会保障法》(Social Security Act 2018)的规定向受害人支付一定的社会保障救济金或提供其他的社会救济措施。个人收入调查的目的在于确定受害人的个人收入状况,是受害人能否受到社会保障制度保护的前提标准。[2] 当受害人同时获得 ACC 支付的补偿金和社会保障机构支付的社会保障救济金时,无疑是等于受害人因人身伤害而获取了超额利益,因为 ACC 支付的补偿金已经对受害人进行了"真实补偿"。新西兰意外人身伤害补偿方案的社会责任理念要求社会对受害人的人身伤害承担补偿责任,但这种补偿责任应以受害人遭受到的实际损失为限。若允许受害人同时获得 ACC 支付的补偿金和社会保障机构的救济金,显然有悖于社会责任理念的内在本质。正是基于这样的考虑,ACA 2001 禁止受害人同时获得 ACC 和社会保障机构的双重补偿救济。

受害人获得社会保障救济金[3]之后又向 ACC 提出权利申请时,ACC 应对受害人获得的社会保障救济金进行审查。如果社会保障救济金的总额大于受害人应获得的补偿金和康复服务费用时,ACC 应将社会保障救济金的超出部分返还给社会保障机构。如果社会保障救济金的总额小于受害人所

---

[1] Rosemary Tobin, "Common Law Actions on the Margin", 2008 *New Zealand Law Review* 37, 53 (2008).

[2] 2018《社会保障法》规定了四种个人收入调查,该法 Schedule 2 Dictionary 对之进行了定义。对个人收入调查数额的最新调整可参见 The Social Security (Definitions of Income Test 1, Income Test 2, Income Test 3, and Income Test 4) Order 2021。

[3] 主要是针对 2018 年《社会保障法》第 198 条第 3 款规定的特别补助金(特定补助金),包括该法规定的主要补助金、孤儿补助金、无人抚养子女补助金和根据 2014 年《退伍军人支持法》第 171 条受到减免的退伍军人养老金。

应获得的补偿金和康复服务费用时，ACC 应按照 ACA 2001 的规定对受害人继续提供补偿和康复服务。① 受害人获得 ACC 的补偿金（或康复服务费用）之后又向社会保障机构提出个人收入状况调查申请时，如果 ACC 后来发现受害人无权获得补偿金的，那么社会保障机构应把受害人已获得的补偿金视为社会保障救济金。此时，受害人实际获得的补偿金额大于其应获得的社会保障救济金的，社会保障机构应将超出部分返还给 ACC。② 需注意的是，在向对方返还相应的金额后，ACC 或社会保障机构对受害人享有了追偿权。ACC 此时可以将此追偿权纳入补偿基金的债权管理。

第五节　意外事故受害人的权利

一、受害人权利概述

（一）权利之取得

意外事故补偿法提供"实际"的而非"全额"的补偿。③ 受害人在遭受意外人身伤害后，应首先向意外事故补偿制度的主管机构（ACC）提出适用保护申请。ACC 一旦受理受害人的申请之后，受害人就成了申请人（claimants）。如果申请人遭受的人身伤害符合 ACA 2001 关于适用范围之规定，并且申请人具有相应的资格时，那么 ACC 就依据 ACA 2001 的规定赋予申请人相应的权利。④ 所以，受害人向 ACC 提出的适用保护申请，是受害人取得补偿、医疗或康复权利的唯一前提。

在性质上，申请人依照 ACA 2001 所享有的权利并不是传统意义上的私权，而是社会契约理念的体现，是社会成员放弃普通法上的损害赔偿诉权而换来的一种全新的、通过国家立法机关强制实施的制定法权利。申请人获得的权利并不是传统私法中的民事权利或救济手段——例如损害赔偿

---

① ACA 2001, § 252.
② ACA 2001, § 253.
③ 这一点也备受批评。See Sonia Macleod, Christopher Hodges, *Redress Schemes for Personal Injuries*, Hart Publishing, 2017, pp.39, 46.
④ ACA 2001, § 67.

金、禁令或特定履行,因为它的实现几乎完全摆脱了以法院为中心的司法体制;它也不是商业保险——例如意外人身保险(第一方保险)和责任保险(第三方保险)——的保险金给付请求权,因为它对受害人提供的救济保护范围是一切商业保险所不能企及的。更为重要的是,某些申请人根本无须交纳保险费就可以享受到意外事故补偿制度所赋予的权利,例如非谋生者(如家庭主妇、未成年人等)所享有的补偿金请求权或医疗康复服务等。最后,它也不是社会保障制度所提供的补贴或救助,因为它的补偿标准与受害人康复帮助服务要远远高于社会保障制度的一般水准。

与侵权损害赔偿、商业保险制度和社会保障制度相比,尽管申请人获得的制定法权利有着与众不同的特性,但不可否认的是,它身上也融汇了前三者的某些内容或特质:首先,它吸收并采纳了侵权法中相当多的概念与制度框架,尤其在补偿金的计算标准、精神损害的一次性补偿以及纠纷解决机制等方面均可寻觅到侵权法的影迹[①];它也具有商业保险的某些特质,风险分散的社会责任理念、补偿基金的运营模式以及补偿金的申请程序,与一般商业保险观念几乎没有差别;更为重要的是,它大体上更像是一种社会保障制度——准确来说,它本质上是一种社会保险制度。简而言之,ACA 2001 赋予申请人的权利,是混合了侵权法、商业保险与社会保障制度各自某些特性而形成的一种复合性的权利。了解并掌握申请人所享有的权利,是真正理解新西兰意外事故补偿制度的关键所在。

(二) 权利类型

ACA 2001 其实赋予了申请人两种基本权利——身体康复与损失补偿。身体康复权利,是指"一种积极的改善与支持过程,从而达到恢复申请人的身体健康、个人独立与社会参与之目的";它主要包括受害人的医学治疗、社会康复和职业康复三部分内容。[②] 申请人依据自身人身伤害之具体状况,可以分别或同时享有以上三种康复权利。损失补偿权利,是指受害人依据 ACA 2001 之规定就人身伤害而获得一定补偿金的权利,它主要通过申请人获得的补偿金而得以实现,具体包括:首周补偿金、每周补偿金、一次性

---

① 新西兰意外事故补偿制度中受害人权利与侵权损害赔偿请求权、损害赔偿金之间的联系,see Richard Gaskins, "Tort Reform in Welfare State: The New Zealand Accident Compensation Act", 18 *Osgoode Hall Law Journal* 238 (1980).

② ACA 2001, § 69 (1)(a).

补偿金、费用补偿金、死亡补偿金等类型。①

申请人所享有的身体康复或损失补偿权利具有人身专属性。因此,申请人不得通过买卖、处分、让与、担保、破产等方式手段将这些权利让渡给他人。② 但是,ACC可依照ACA 2001的相关规定在适当的条件下对申请人的权利进行限制或扣减。③ 就未成年人而言,未满16周岁的申请人请求ACC支付补偿金(每周补偿金除外)时,ACC必须将补偿金给付给申请人的监护人。如果ACC认为申请人的监护人不利于申请人的康复或不足以实现补偿金之目的时,可以将补偿金支付给其他第三人(或者成立信托关系的受托人),该第三人必须履行善良管理人的审慎义务,并基于申请人的扶养、教育、个人进步或经济利益之目的运用这笔补偿金。当然,申请人的监护人或受领补偿金的第三人如何运用这笔补偿金(个人投资还是用于申请人消费支出等),ACC无权干涉。④

(三) 权利的实现

申请人所享有的身体康复和损失补偿之权利,应依据ACA 2001之规定通过一定的法律程序向ACC主张,ACC负有提供康复服务与补偿金给付的法定义务。ACC履行法定义务,必须依照ACA 2001的规定进行,否则视为对申请人权利的侵犯。申请人可以提出复议或上诉,以纠正ACC的违法行为,维护自身权益。但是,ACA 2001在意外人身伤害发生在新西兰境外时和申请康复服务费用等特殊情形下也赋予了ACC一定的自由裁量权。⑤ 在ACC履行康复服务或补偿金给付义务过程中,为了完全实现申请人的权利内容,申请人也负有一定的义务。在ACC提出合理的要求时,申请人必须依照ACC的指示,提供相应的信息,允许ACC查询并获得相关的纪录,接受ACC(或ACC指派的、适格的注册医疗职业者)进行评估或实验,协助ACC共同制订个人康复计划,等等。⑥

---

① ACA 2001, § 69 (1)(a)-(e).
② ACA 2001, § 123 (1).
③ ACA 2001, § 123 (2)(a).
④ ACA 2001, § 125.
⑤ ACA 2001, § 68 (3).
⑥ ACA 2001, § 72.

需强调的是,ACC 原则上只对申请人本人进行康复服务或补偿金的给付。① 另外,ACC 在向申请人给付补偿金时(身体机能永久性损害的一次性补偿金除外),如果申请人死亡或受害人未提出申请的,ACC 可以向申请人或受害人的继承人进行补偿金给付。但是,继承人必须在申请人死亡后的 3 年内提出给付补偿金的申请。②

(四) 申请人权利的丧失(Disentitlement)

1. ACC 的权力

当足够相关信息表明,申请人已经不再具备 ACA 2001 所规定的权利之实质要件时,ACC 可以中止或撤销申请人享有权利之资格。此时,ACC 必须在中止或撤销生效之前的合理期限内书面通知申请人。③ 如果申请人不合理地拒绝或未能遵守 ACA 2001 的申请程序、人身伤害的医学治疗或者个人康复计划的,ACC 可以拒绝向申请人提供相应的康复服务或补偿金给付。但是,当上述事由消失时,ACC 应继续为申请人提供相应的权利。④ 在申请人权利被拒绝期间,ACC 不再对申请人进行任何赔付。但是,如果 ACC 认为申请人情况特殊且会导致极度"不公正"现象出现的话,ACC 仍可以在申请人权利被拒绝期间向申请人进行赔付。⑤ 这显然属于 ACC 的一项自由裁量权。当 ACC 发现拒绝赔付的决定存在错误、被重新审理或被上诉程序推翻时,ACC 应立即恢复申请人的权利,并且申请人的权利状态应回溯至 ACC 作出拒绝决定的那一刻。⑥

2. 申请人丧失权利的具体情形

(1) 职业疾病的特殊问题

如果申请人在 1974 年 1 月 1 日之前遭受了职业疾病,在下列任一情况下,申请人均不得再享有 ACA 2001 的权利,ACC 不得对其提供康复服务或补偿金:(1) 申请人在 1993 年 1 月 1 日前就自己的职业疾病向法院提出

---

① ACA 2001, § 124 (1).
② ACA 2001, §§ 126, 131 (1), 251 (1).
③ ACA 2001, § 117 (2).
④ ACA 2001, § 117 (3A).
⑤ ACA 2001, § 117 (3B).
⑥ ACA 2001, § 117 (3C).

诉讼,并且通过该诉讼获得了相应的金钱赔偿①;(2)申请人通过诉讼以外的渠道,已经获得了一定数量(不管具体数目)的赔偿金、补偿金、和解金等;(3)申请人在1993年1月1日前就自己的职业疾病向法院提出诉讼,截至目前该诉讼程序尚未完结的。

(2) 自残自杀

申请人故意的自残行为(及其导致的死亡)或自杀行为,不属于ACA 2001的适用保护范围,ACC不得对故意的自残、自杀行为导致的人身伤害提供身体康复服务或损失补偿金之给付,但是受害人仍可获得ACA 2001提供的基本医疗服务。② 如果申请人遭受了ACA 2001中所规定的精神损害,并且申请人因精神损害而进行了自残或自杀行为,或申请人的死亡是根据2019年《生命终结选择法》(the End of Life Choice Act 2019)协助死亡的结果,并不会导致申请人权利的丧失,此时ACC仍必须向申请人提供康复服务或补偿金之给付。③

(3) 因谋杀他人而丧失权利

申请人就受害人因意外人身伤害所导致的死亡之事实对ACC享有请求给付死亡补偿金之权利。但申请人谋杀受害人的,将因此丧失请求死亡补偿金的权利。在申请人被提起谋杀罪名之控诉时,ACC应立即中止其享有的死亡补偿金的请求权。当刑事诉讼程序完结(如刑满释放或获得假释等)、申请人被宣告无罪或罪名被撤销时,申请人的死亡补偿金请求权得到恢复。④

(4) 申请人入狱

受害人因从事刑事犯罪行为而导致的意外人身伤害仍获得ACA 2001一定程度的适用保护。这就意味着,尽管受害人从事了反社会或危害社会安全的刑事犯罪行为,但并不能因此被剥夺其制定法权利。这体现了新西兰意外事故补偿制度的社会责任理念,但是这无疑又与一般的社会正义观念相抵牾。因此,这已经成为ACA 2001一个"颇为奇怪且令人无法理解的

---

① 提起诉讼的理由可以是普通法上的侵权损害赔偿,也可以是制定法(如《劳工补偿法》)上的特殊规定。
② ACA 2001,§ 119 (1)(2).
③ ACA 2001,§ 119 (3)(4).
④ ACA 2001,§ 120.

规定"。[①] 但是，ACA 2001 对刑事犯罪行为人的意外人身伤害补偿是极为有限的：申请人入狱服刑期间丧失请求支付收入损失补偿金（即"每周补偿金"）的权利。并且，在申请人入狱服刑期间，ACC 无须就申请人的身体永久性损害进行评估或给付一次性补偿金。这样一来，刑事犯罪行为人仅享有身体康复之权利，基本不涉及损失补偿问题。从这个角度来说，社会一般正义观念并没有遭到扭曲。

二、受害人的程序权利：申请、复议与上诉

（一）申请程序

受害人遭受意外人身伤害后，应在 ACA 2001 规定的时间期限内向意外人身伤害补偿方案的主管机构——意外事故补偿公司（ACC）——提出适用保护申请。ACC 首先对受害人遭受的人身损害是否属于 ACA 2001 的适用保护范围进行判断。如果不属于 ACA 2001 适用范围的，ACC 则作出拒绝的决定，受害人不服此拒绝决定的，可提出复议或上诉。若复议或上诉的最终结果仍维持 ACC 的拒绝决定，受害人只能通过侵权法或社会保障制度寻求救济。反之，如果 ACC 认为受害人的人身伤害属于 ACA 2001 适用范围的，则作出接受的决定。受害人此时获得相应的权利（获取医疗救治、补偿金及康复服务等），ACC 和相关机构或人员（如受害人雇主等）成为义务人，负责为受害人提供相应的服务，以实现其权利。

这就是现行的新西兰意外人身伤害补偿方案对受害人提供康复服务和损害补偿的大致流程。很明显的是，这种流程与社会保险制度的补偿程序极为相似，但是它要比社会保险救济的内容更为丰富多样。虽然这种补偿程序也存在着上诉环节，但它整体上已经彻底颠覆了人身伤害赔偿的传统司法模式，法官和律师在其中已经不再具有核心的地位，"对抗式"的法庭程序也几乎消失无踪。因此，"普通法诉讼所具有的弊端和陋习，被这种简捷明快的补偿系统完全取代"。那么受害人的申请程序究竟如何？在申请中，具有哪些具体的权利义务？

[①] 刑事犯罪人的意外人身伤害补偿问题，一定程度上反映了社会责任理念与一般正义观念的冲突。See Richard Gaskins，"Tort Reform in Welfare State: The New Zealand Accident Compensation Act"，18 *Osgoode Hall Law Journal* 238，259（1980）.

1. 申请的基本条件

(1) 申请人

申请人一般就是遭受人身伤害的受害人。① 在受害人死亡时,受害人的配偶、生活伴侣(同性恋家庭)、子女或被抚养人可以提出申请。当然,受害人也可以委托他人进行申请,例如,受害人可以委托医疗提供者向 ACC 提出申请,但医疗提供者应尽快向 ACC 提出申请。②

(2) 申请事项

申请人向 ACC 提出的申请,主要有以下三种类型:第一,"适用申请",即申请人主张自己遭受的人身伤害属于 ACA 2001 的适用保护范围;第二,申请人提出"适用申请",同时就自己遭受的人身伤害提出特定的权利请求;第三,在 ACC 已接受申请人的"适用申请"的情况下,单独就自己遭受的人身伤害提出特定的权利请求。③

(3) 申请的形式

申请人必须按照 ACC 指定的方式提出申请(如书面表格等),但 ACC 确定的申请形式必须具有合理性,以便于申请人的实际操作。④ 受害人的申请采"到达主义",即 ACC 收到申请人的申请的时间,视为受害人申请的完成时间。⑤

(4) 申请的时间限制

——适用申请

在申请适用 ACA 2001 的保护范围时,必须在遭受人身伤害后的 1 年(12 月)内提出。此时关键的问题在于如何确定受害人遭受人身伤害的时间。一般的身体伤害——特别是意外事故造成的身体伤害——的发生时间极易判定,但有些特殊的人身伤害发生时间不易判断,为此 ACA 2001 就某些特殊的人身伤害的发生时间进行了特别的规定:在精神损害之情景,因他人性犯罪行为或工伤导致的精神损害的发生时间,以受害人首次接受精神

---

① 由于向 ACC 提出申请的人一般就是遭受人身伤害的受害人,因此笔者视上下文或语境需要而有选择地使用"申请人"或"受害人"。

② ACA 2001, § 49.

③ ACA 2001, § 48.

④ ACA 2001, § 52.

⑤ ACA 2001, § 51.

损害治疗的时间为准①;因身体伤害导致的精神损害之发生时间,自身体伤害发生时起算。② 在职业疾病之情景,人身伤害的发生时间,自首次接受医学治疗或者首次出现身体残障或丧失劳动能力时起算。③ 在诊疗伤害情景,人身伤害的发生时间,自首次寻求或接受医学诊疗时起算。④

——权利申请

当受害人申请某项权利时,必须在权利之需要产生的 1 年内(12 月)内提出。⑤ 受害人的申请主要涉及诊疗伤害的,申请的时间限制则更为复杂:如果受害人申请的是适用 ACA 2001 保护范围时,申请必须在人身伤害被认定为诊疗伤害的 1 年内提出或者在诊疗伤害发生之日的 1 年内提出。在申请某项具体权利时,必须在权利之需要产生的 12 个月提出;如果在人身伤害被认定为诊疗伤害之前,受害人确实需要某项权利并就该权利已提出申请的,必须自 ACC 同意此申请的 12 个月内再重新提出申请。⑥

——逾期申请的法律后果

受害人向 ACC 提出申请,必须符合相应的时间限制规定。尽管 ACA 2001 对受害人提出申请的时间进行了明确的限制,但是这并不意味着受害人超过该时间时限,其遭受的人身伤害就无法得到 ACA 2001 的适用和保护。相反,ACA 2001 规定,"ACC 不得以受害人申请已超过法定期限为由拒绝受理该申请,除非受害人超过法定期限提出的申请已经对 ACC 作出决定的能力造成了不利的影响"。⑦ 这项规定意味着,超过法定期限的申请,ACC 仍应正常受理,并进行审查和作出相应的决定。受害人超过法定期限的申请,已经形成证据丢失、事实无法查明等局面,从而使 ACC 无法正确作出决定时,ACC 才有权拒绝受害人之申请。

(5) 申请人的义务

申请人提出申请后,若 ACC 对申请人提出某些合理要求的,申请人有

---

① ACA 2001,§ 36 (1).
② ACA 2001,§ 36 (2).
③ ACA 2001,§ 37 (1).
④ ACA 2001,§ 38.
⑤ ACA 2001,§ 53 (3).
⑥ ACA 2001,§ 53 (4).
⑦ ACA 2001,§ 53 (2).

义务完成或协助 ACC 完成。例如,向 ACC 提供注册健康卫生专家[①]所作出的相关鉴定和信息;向 ACC 如实告知自己人身伤害的相关信息;授权 ACC 查询或获取与自己人身伤害相关的信息;接受由 ACC 指定的注册健康卫生专家为自己进行医学评估;等等。[②]

2. ACC 的审查

(1) ACC 受理案件

当 ACC 收到受害人的申请后,必须就申请人的人身伤害作出是否属于 ACA 2001 适用范围的决定。如果认为属于 ACA 2001 的适用范围,ACC 应通知受害人并告知 ACA 2001 所赋予他的所有权利的类型内容等相关信息。如果受害人提出诊疗伤害的适用申请时,公司必须向受害人提供《健康与残障服务消费者权利法案》(Health & Disability Services Consumer's Right)中健康与残障委员会的作用等相关信息。申请由 ACC 的计算机程序进行筛选,该程序自动处理大多数申请,并过滤出复杂的申请进行人工评估。[③]

ACC 受 ACC 申请人权利准则(Code of ACC Claimants' Rights)的约束,该准则的目的是"满足申请人对 ACC 应如何处理其申请的合理期望(包括最高可行的服务和公平标准)"。[④]

(2) ACC 对适用 ACA 2001 之申请的审查决定期限

当受害人就自己遭受的人身伤害提出适用 ACA 2001 的申请后,ACC 必须在 21 日内完成以下工作步骤:审查受害人的申请,然后作出相应的决定并将决定的内容告知相关当事人。如果 ACC 审查受害人的申请后发现,缺少相应的信息而不能作出决定的,应延长审查期限,并就延长的时限告知申请人。[⑤] ACC 在审查延长期内,可以要求申请人或其他相关机构、人员提供补充信息,待补充信息完毕后,ACC 再作出相应的决定并将决定的内容

---

① 所谓的"注册健康卫生专家",是指脊椎按摩师、牙医、医学实验室技术人员、执业医师、医疗放射技术人员、助产士、护士、职业理疗师、验光师、药剂师、足病治疗医师等,具体定义参见 ACA 2001, § 6 (1)。

② ACA 2001, § 55 (1)。

③ Sonia Macleod, Christopher Hodges, *Redress Schemes for Personal Injuries*, Hart Publishing, 2017, p. 40.

④ ACA 2001, § 40。

⑤ ACA 2001, § 56 (1)(2)。

告知相关当事人。但是，ACC对受害人申请的审查与决定的整个过程，不得超过4个月。①

受害人如果提出"复杂的申请"时，ACC对申请的审查与决定过程一般为2个月。所谓的"复杂申请"主要是指因他人的性犯罪行为或工伤所导致的精神损害、职业疾病、诊疗伤害和受害人超过申请受理期限提出的申请。如果ACC认为受害人的申请缺乏相应的信息而不能及时作出决定的，应延长审查期限，此延长期不得超过2个月。如果在延长期内，ACC可以与申请人达成协议，将审查期限再度延期，但是ACC对受害人申请的审查与决定的整个过程，不得超过9个月。②

由以上可知，无论受害人提出的是一般申请还是"复杂申请"，ACC必须在特定的期限内对其进行审查并作出相应的决定，这一期限对ACC具有法律强制意义。如果ACC超过该期限仍未作出决定的，"视为公司已经作出受害人的人身伤害属于ACA 2001的适用范围之决定"③。此时，ACC必须向受害人告知以下事项：(1) ACC的审查决定期限已届满；(2) 受害人的申请被ACC承认；(3) ACC作出承认之决定时间，就是审查决定期限届满之日。④

3. ACC的决定

ACC在决定受害人的申请是否属于ACA 2001的适用范围时，应严格遵循ACA 2001的规定，其他因素（如受害人是否向ACC交纳了保险费等）均不能作为考量之依据。⑤ 因此，ACC就受害人的人身伤害是否属于ACA 2001的适用范围这一问题，基本已经不存在自由裁量之余地。这是因为，一方面，ACA 2001的立法者主观上并不希望ACC具有决定案件适用的自由裁量权；另一方面，ACA 2001在适用范围这一问题上所采取的具体列举与类型化的立法技术，客观上也使ACC根本无法施展"解释立法"之技能。

ACC必须就自己作出的决定及时告知申请人。此告知必须采取书面形式，具体说明作出决定的具体程序。另外，告知书中必须提醒申请人（及

---

① ACA 2001，§ 56 (5).
② ACA 2001，§ 57.
③ ACA 2001，§ 58 (1).
④ ACA 2001，§ 58 (2).
⑤ ACA 2001，§ 59.

相关利害关系人)有申请复议的权利,并阐明提出复议的时间期限以及逾期的法律后果。如果 ACC 认为其作出的决定存在错误,无论错误发生的原因何在,ACC 均可随时对其决定进行修改(Revise)。对决定的修改,可以是对原决定的补充或内容修改,也可以是撤销原决定并依法重新作出新的决定。需注意的是,在原决定基础上进行的补充或修改,亦属于新规定。

在必要的条件下,ACC 为了审查受害人的申请,可以采取医学实验、现场勘查、医疗鉴定等手段。针对受害人提出的因工作环境噪音所导致的听力伤害之申请,ACC 必须通过纯粹声波实验或其他合理适当的手段对受害人的听力损害进行评估。但是,ACC 所进行的一切实验均应由具有合法资格的医疗提供者来负责完成,并应符合 ACA 2001 相关的管制规定。① 针对受害人提出的诊疗伤害申请,ACC 可以寻求相应的医学临床治疗建议。②

(二) 复议程序

1. 复议申请人与复议范围

受害人(申请人)就 ACC 对自己提出的申请("适用申请"或"权利申请")所作出的决定不服的,有权提出复议,请求 ACC 依照 ACA 2001 规定对先前作出的决定进行复议。具体而言,复议申请人及复议申请的范围如下:

(1) 申请人

申请人有权就以下事项向 ACC 提出复议申请:(1) ACC 对申请人之申请所作出的任何决定;(2) ACC 在处理申请人"权利申请"时,任何不合理的拖延行为;(3) ACC 对申请人投诉所作出的决定。③ 从以上可以看出,申请人一旦认为 ACC 对自己的申请所作出的决定不合法,甚至是不合理时,就享有提出复议的权利。

当然,ACC 在意外人身伤害补偿方案中也具有一定的自由裁量权,例如处理新西兰涉外人身补偿案件以及受害人社会康复服务等情况下。④ 在

---

① ACA 2001, § 61.
② ACA 2001, § 62.
③ ACA 2001, § 134 (1).
④ 例如,在涉及医疗康复器具、未成年人护理、家庭护理、住所改造或交通救助情况下,ACC 就是否对受害人提供此服务以及该服务的具体内容等问题享有一定的自由裁量权。ACC 在这些方面的自由裁量权,参见本章第五节第三部分的相关内容。

这些情况下,ACC运用自由裁量权所作出的决定不得提出复议申请。①

(2) 雇主

雇主有权就ACC作出的工伤决定申请复议。② 依照ACA 2001之规定,受害雇员的人身伤害若被ACC认定为工伤的,雇主就具有了相应的法定义务。例如,雇员因工伤而丧失劳动能力时,雇主应就雇员的首周收入损失承担赔偿责任,即雇主的"首周补偿金"责任。因此,ACC对受害雇员作出工伤决定时,雇主属于法律上具有直接利害关系的第三人,有权向决定作出之机关(ACC)提交复议申请。

需注意的是,雇主只能针对受害雇员所提出的"适用申请"提出复议申请。也就是说,如果雇主对受害雇员的人身伤害属于工伤无异议但对受害雇员因遭受工伤所享有的权利(如首周补偿金)有异议的,不得提出复议申请。③ 这是因为,一旦受害雇员构成工伤,雇主就必须依照ACA 2001的规定对受害雇员承担法定的义务,雇主不能对法定义务提出复议。

(3) 补偿基金的缴费义务人

意外人身伤害补偿方案的运作基金主要来源于缴费义务人缴纳的保险费。保险费的缴纳标准(费率)由ACA 2001按照不同账户具体规定。但在有些领域,ACC对指定缴费义务人的保险费缴纳金额具有一定的自由裁量权。当缴费义务人对ACC所作出的缴费决定不服时,可在收到ACC决定之日的3个月内提出复议申请。④

2. 复议申请提出与受理

受害人提出复议申请,必须采取书面形式;如果ACC有其他特殊形式要求的,应按照其要求提出复议申请。受害人的书面复议申请必须列明需要进行复议的ACC决定(复议内容),陈述复议申请提出的理由,如果有必要的话,受害人还可以陈述自己所想要实现的复议结果或可行的救济措施。⑤

一般而言,受害人应在收到ACC决定的3个月内提出复议申请。如涉

---

① ACA 2001,§134 (1A).
② ACA 2001,§134 (2).
③ ACA 2001,§134 (3).
④ ACA 2001,§236 (1).
⑤ ACA 2001,§135 (2).

及受害人权利申请的,则在权利申请提出的 21 天后方可提出复议申请。①但如果 ACC 认为存在阻却事由而致使受害人无法依照正常期限提出复议申请的,ACC 也可以受理超过法定复议申请期限的复议申请。所谓的"阻却事由"主要指受害人因人身伤害客观上无法行使复议申请之权利,受理人的委托代理人未能及时提出复议申请或者 ACC 未能及时告知,等等。②

如果受害人所遭受的人身伤害还同时涉及其他纠纷解决程序时(如诉讼或仲裁),受害人仍可就先前 ACC 的决定提出复议而不必等待其他纠纷解决程序的终结或最终结果。但此时,受害人向 ACC 提出的复议申请仍需遵循上述的时间限制。③ ACC 收到受害人的复议申请后,视为 ACC 已受理此复议申请。此时,复议申请改称为复议案件。ACC 在受理案件后,就必须将受理事实及复议决定的法律效果等告知受害人。④

3. 复议人员

ACC 受理复议申请后,应尽可能迅速地安排复议人员负责案件的复议审理工作。复议案件采取一人一案制,即一项复议案件由一名复议人员负责审理。复议人员在审理复议案件时具有独立性,不受 ACC 或其他组织机构的任何干涉,完全依照法定职权对复议案件进行审理。因此,ACC 不得将自己的雇员、工作人员或其他有可能影响案件公平审理的人员任命为复议员。⑤ 在 ACC 与复议员签订的服务合同或劳务合同中,ACC 不得以任何直接或间接的方式对复议员施加不正常的影响。复议员在接受 ACC 的任命时,必须如实告知自己作为受害人向 ACC 提起的任何申请。在进行案件审理时,复议员必须严格遵守 ACA 2001 及相关法律、法规的规定,秉持自然正义之原则,恪守勤勉义务,并采取一种调查研究式的态度尽快、合理地从事案件的审理工作。⑥

4. 听证程序

复议员审理复议案件,原则上采取听证会的审理方法。如果受害人撤

---

① ACA 2001,§ 135 (2)(g)。
② ACA 2001,§ 135 (3)。
③ ACA 2001,§ 135A。
④ ACA 2001,§ 136。
⑤ ACA 2001,§ 139 (1)。
⑥ ACA 2001,§ 140。

回复议申请或听证会各方当事人(申请人、ACC 以及其他与会人员)均同意不召开听证会的,复议员可以不召开听证会。① 听证会召开的时间与地点由复议员与听证会各方当事人协商确定;若协商无法确定或无法达成一致意见的,由复议员决定听证会的召开时间及地点。② 在确定听证会的召开时间及地点后,复议员最迟在听证会召开的 7 日前将听证会有关事项通知听证会各方当事人及其他与会人员。③

参加听证会的当事人主要是复议申请人与 ACC 的授权代理人。如果是工伤适用申请案件,雇主也可以作为当事人参加到听证会中来。在听证会进行过程中,复议员可以审查和承认听证会各方当事人提供的证据。尽管这些证据有可能不符合普通法上的证据规则。④ 对听证会中的证据应予以详细、真实的记录,并且该记录至少保存 2 年以上。⑤

5. 复议决定

(1) 复议决定的作出

复议员必须在听证程序完毕后的 28 天内作出复议决定。如果没有举行听证程序的,复议员应在复议各方当事人共同确定的日期或复议员指定的日期内作出复议决定。复议决定必须以书面形式作出,并说明作出决定的具体理由,同时告知并提醒复议各方当事人可以就复议决定提出上诉。复议决定应及时送达复议各方当事人(复议申请人、ACC 及其他复议程序当事人)。社会公众可以申请查阅任何复议决定,但涉及个人信息或隐私的则除外。ACC 在向社会公众提供复议决定查阅服务时可以收取一定的费用。⑥ 复议员在进行案件复议时,必须重新审视所有的案件信息,不得顾忌或考虑 ACC 已作出的决定;必须"以事实为根据,以法律为准绳",不得受 ACC 的政策或业务流程的影响。⑦

---

① ACA 2001,§ 141 (1).
② ACA 2001,§ 141 (2).
③ ACA 2001,§ 141 (3).
④ ACA 2001,§ 141 (4).
⑤ ACA 2001,§ 143.
⑥ ACA 2001,§ 144.
⑦ ACA 2001,§ 145 (1).

(2) 复议决定的内容

复议员所作出的复议决定按照其内容,具体可分为以下类型:第一,驳回申请人的复议申请。第二,对 ACC 的决定进行修改。第三,撤销 ACC 的原决定。此时,复议员可以作出新的决定或要求 ACC 按照自己的指示重新作出决定。① 第四,如果复议申请主要涉及 ACC 拖延行为的,复议员可以要求 ACC 在指定期限内作出决定或者径直作出决定。② 如果复议申请已被 ACC 受理,但复议听证程序在其后 3 个月内仍未进行的,视为复议员已作出有利于复议申请人的决定③。另外,复议员也可在当事人缺席听证会的情况下作出有效决定,除非在复议决定作出前,当事人说明了自己缺席听证会的正当理由或者复议员认为复议决定必须在当事人到场的情况下作出。④

(3) 复议决定的效力

复议决定对于复议申请人、ACC 以及复议决定中涉及的其他当事人具有拘束力。⑤ 如果复议各方当事人未能在收到复议决定的 28 天内提出上诉的,复议决定产生终局的法律效力。⑥ 此时,复议各方当事人应严格按照复议决定享受相应的权利或承担相应的义务。

(4) 复议费用

复议员在复议过程中的所有费用或成本均由 ACC 承担。在复议员作出(全部或一部分)有利于复议申请人的决定时,复议员必须支付申请人所花费的申请费用。即使复议申请不被认可但申请人的复议申请行为合理得当时,复议员也可以支付申请人所花费的申请费用。如果在听证会召开前,ACC 承认自己的决定存在错误并作出有利于申请人的修改时,无论复议员是否被任命或听证会日期是否被确定,ACC 都应承担申请人全部的申请费用。⑦

---

① ACA 2001, § 145 (4).
② ACA 2001, § 145 (3).
③ ACA 2001, § 146.
④ ACA 2001, § 145 (5).
⑤ ACA 2001, § 147 (1).
⑥ ACA 2001, § 151.
⑦ ACA 2001, § 148.

（三）诉讼程序

复议各方当事人对复议决定不满的，可以在法律规定的期限内向地方法院提出上诉。若上诉人认为地方法院的判决存在法律错误时，还可以继续上诉到高等法院。认为高等法院也存在错误的，还可上诉至新西兰上诉法院，新西兰上诉法院所作的判决为终审判决。由此可知，意外人身伤害受害人的上诉制度以"复议前置"为前提，即案件不经复议程序不得提起司法诉讼。受害人就复议结果提出司法诉讼，性质上为三审终审制。第一审对案件进行全面审理，案件事实与法律适用齐头并进；第二审和第三审均为法律审，只审理案件的法律性质方面的问题，不再涉及案件的事实。

1. 初审程序：地方法院的审理

（1）上诉人与上诉理由

受害人或 ACC 对复议决定（包括复议费用的决定）不服的，可以上诉至地方法院。但是，受害人基于《ACC 与申请人权利守则》对 ACC 提出的服务申诉，不能提起上诉。在工伤案件中，雇主或其他利害关系人可以对复议决定提出上诉。另外，认为复议员作出的复议费用负担之决定影响到自己合法权益的人，也有权提出上诉。[①]

（2）审理程序

——开庭前的工作

当登记处受理上诉后，登记官应及时通知 ACC，并要求 ACC 提供复议程序中各方当事人的姓名、联系方式等基本信息。在收到登记官通知后的 7 日内，ACC 必须如实提供以上信息。除此之外，ACC 还应向法院提供案件的复议决定、复议听证记录以及复议程序中与案件有直接联系的任何文件、笔录等材料。

登记官负责确定上诉庭审的具体时间和地点。在确定庭审地点时，登记官应遵循方便当事人和有效管理的原则。庭审的时间和地点一旦被确定，登记官应立即将开庭信息通知给上诉各方当事人。

——开庭审理

地方法院对案件的开庭审理，其实也是以听证会的形式实施。上诉双

---

① ACA 2001，§ 149.

方当事人和复议程序中有权参加听证会的人员均有权参加到上诉的开庭审理中。法院认为有必要时,可以命令特定人员必须参加开庭审理(如目击证人等)。

在对案件事实审理时,法院可以基于自然正义理念接纳各方当事人提供的证据,尽管这些证据可能并不完全符合普通法的证据规则。当庭审法官认为案件涉及重大专业性、技术性问题而无法查明案件事实时,法官可以任命专家或专业技术人员作为案件的助理人员。在任命案件助理人员时,法官应征得上诉双方当事人的同意。①

——判决

上诉法院作出的判决主要有三种:一是驳回上诉;二是对复议决定依法改判;三是撤销复议决定。在作出撤销复议决定的判决时,法院必须说明撤销的法律意义及具体效果。比如认可ACC的原决定,要求ACC作出特定的行为(支付赔偿金或提供康复服务等)或者要求ACC重新启动复议程序,等等。②

2. 法律审程序

初审各方当事人认为地方法院的判决存在法律上的错误并经地方法院的许可,可以将案件上诉至高等法院。如果地方法院不许可当事人继续上诉的,高等法院可以直接作出特殊许可受理上诉案件。高等法院在法律审程序中应遵循《地方法院组织法》第24条至第78条的规定。③ 上诉各方当事人认为高等法院的判决存在法律上的错误并经高等法院许可的,可以将案件再上诉到上诉法院。如果高等法院不许可当事人继续上诉的,上诉法院可以直接作出特殊许可受理上诉案件。上诉法院对案件的审理程序应严格遵循其法定程序。上诉法院对案件的判决为终审判决,当事人不得再提起上诉。④

三、受害人的康复权利

当受害人的意外人身伤害属于ACA 2001的适用范围时,受害人有权

---

① ACA 2001, §§ 156, 157.
② ACA 2001, § 161 (2).
③ ACA 2001, § 162.
④ ACA 2001, § 163.

要求 ACC 为其提供相应的康复服务。康复服务的目的,在于"尽可能最大化地帮助申请人恢复身体健康、个人独立和社会参与度"。康复服务的主要内容包括受害人人身伤害的医学治疗、社会康复与职业康复三大方面。①ACC 作为受害人康复服务的主要提供者②,在受害人康复过程中负有重要的职责。当然,为了防止受害人的道德风险,提高受害人的康复积极性,受害人对于自己遭受的人身伤害也负有一定的、不可推卸的积极康复之义务。

(一)个人康复计划

1. 起草

在同意了受害人的适用保护申请后,ACC 必须考虑在意外人身伤害发生后的特定期间(13 周)之后,是否还具有对受害人提供社会康复或职业康复服务之必要。如果受害人在意外人身伤害发生后的 13 周内通过医学治疗已达到足够合理的康复水平,ACC 就无须考虑启动对受害人的身体康复计划。如果 ACC 认为受害人仍有接受康复服务之必要,那么它就应该主动与受害人协商,并草拟一份受害人的个人康复计划。③

当起草受害人的个人康复计划时,ACC 必须基于社会康复和职业康复的目标④,对受害人接受身体康复服务的必要性进行评估。但如果受害人只存在继续就业(职业康复)的需要时,可以不进行评估。此时,ACC 必须就以下事项告知受害人:(1)受害人有权享受的康复服务;(2)个人康复计划的进程规划;(3)受害人在个人康复计划制订过程中有权指定自己的代理人;(4)在职业康复服务履行完毕时,ACC 有权要求受害人进行职业独立性的评估,以及该评估的法律后果;(5)受害人对 ACC 制订的个人康复计划表示同意所引起的法律后果。⑤ ACC 也可以指定适当的个人或组织,帮助自己对受害人进行评估或起草受害人个人康复计划。ACC 应确保受害人本人、为受害人提供医学治疗的医疗从业者以及受害人的雇主均有机会参与到受害人个人康复计划的起草工作中。另外,起草个人康复计划的费

---

① ACA 2001,§ 69 (1)(a)。
② 在受害人职业康复中,受害人的雇主有可能也要承担部分的康复服务,see ACA 2001,§ 71。
③ ACA 2001,§ 75。
④ 社会康复的目标,see ACA 2001,§ 79;职业康复的目标,see ACA 2001,§ 80。
⑤ Schedule 1,cl. 7 (1)。

用——包括对受害人的评估费用——均由 ACC 负责承担。①

2. 个人康复计划的生效:受害人的同意

当个人康复计划起草工作完毕后,ACC 应将该康复计划交与受害人审阅并征求其意见。如果受害人同意或者该计划草案被上诉机构所批准,那么个人康复计划将产生法律效力,ACC 必须将该计划付诸实施。个人康复计划生效后,受害人与 ACC 可以随时修改计划的内容。并且,ACC 应随时更新个人康复计划的实施进程。一项个人康复计划必须包括以下内容:(1) 受害人接受康复服务的必要性;(2) 对受害人康复状况的评估结果;(3) 受害人所应接受康复服务的种类(不管 ACC 是否有义务全部提供这些服务);(4) ACC 对受害人提供的康复服务项目(包括直接提供、支付服务费用或部分参与等);(5) 对受害人人身伤害的医学治疗。

3. 临时康复服务

在受害人同意 ACC 起草的个人康复计划之前,受害人仍可享有相应的康复服务。此时,ACC 有义务向受害人提供适当的社会康复服务或职业康复服务。具体而言,在对受害人康复服务必要性评估完成之前或者在 ACC 就受害人是否应接受职业康复作出决定之前,受害人均可以依据自己人身伤害的状况并结合康复服务之法定目的,请求 ACC 提供相应的康复服务。

(二) 社会康复

社会康复的目的,在于"最大化可行地恢复受害人的社会独立性"。社会独立性究竟何指,ACA 2001 并未给出明确的定义,但综合考察 ACC 所提供的社会康复项目后可以得知,社会独立性应指受害人的人身伤害得到最大限度的康复,能够无须他人的帮助即可独立地从事社会生活之行为(如生活起居、参与社会活动、享受家庭或社会的温暖等)。社会康复是受害人康复权利的最为基础的组成部分,也是受害人重返正常社会生活的前提条件。因此,在 ACC 对受害人制订的个人康复计划中,社会康复占有极为重要的地位。由于受害人重返工作岗位,重新就业或恢复一定的劳动就业能力往往需要其身体和心理保持健康状态,所以从这个角度来说,社会康复在很多时候是受害人职业康复的前提基础,社会康复的程度往往影响或制约着受害人的职业康复。

---

① Schedule 1, cl. 7 (2)(3).

ACC 并不对受害人提供所有的社会康复服务,这是因为受害人本人对自己的康复亦负有一定的责任。另外,社会康复是一种系统化的社会工程,涉及多方的康复服务提供者,并且社会康复服务项目纷繁复杂且日新月异,而受害人内在的社会康复需求又千差万别;对于 ACC 来说,承担所有的社会康复服务项目,毕其功于一役,显然是一种不符合实际的天真想法。因此,ACA 2001 才详细规定了个人康复计划,为每个适用 ACA 2001 的受害人量身定做一套经济、可行的康复方案,从而使人身伤害领域的社会稀缺资源实现效益最大化。

ACC 对受害人提供社会康复的主要方面。只有在特殊情况下,才对受害人提供其他的康复服务。[①] 就社会康复服务的提供方式而言,ACC 可以直接向受害人提供某些服务,也可以是其他康复服务者直接向受害人提供,然后由 ACC 负责支付该康复服务的费用,也可以是 ACC、其他负有法定义务的康复服务提供者和受害人共同分担康复服务之费用。ACC 提供社会康复服务的具体形式,须依据受害人社会康复必要性程度、个人康复计划以及人身伤害的具体表现等环境因素综合衡量而具体确定之。

1. 前提条件

(1) 受害人社会康复服务必要性评估

社会康复服务必要性评估,意在评价受害人对社会康复服务的内在需求程度,并依此确定社会康复的具体内容。ACC 可以自行对受害人进行评估,也可以由临时任命的评估专家或机构来完成此项工作任务。[②] 对受害人社会康复必要性的评估并不是一次性的,而是应该根据受害人的意外人身伤害情况进行"适时"评估。为了尽可能客观、准确地掌握受害人社会康复的进展状况,ACA 2001 规定"在受害人的身体条件或生存环境发生变化时,ACC 必须就社会康复进行再评估"[③]。

在进行评估时,ACC 或评估专家必须要考虑到以下事项或问题:① 意外人身伤害发生前受害人的独立程度;② 意外人身伤害发生后受害人的独立程度;③ 受害人因意外人身伤害导致的缺陷或限制;④ 为消除这些限制

[①] ACA 2001,§ 82.

[②] ACC 雇用适格、合法的评估专家,这些评估专家以 ACC 工作人员的身份对受害人进行评估。See ACA 2001,§ 84 (2)(a).

[③] ACA 2001,§ 84 (3)(b).

所应采取的、适当的社会康复服务类型;⑤ 提供特定社会康复服务所能达到的预期效果;⑥ 在最为经济有效的前提下,获得相似社会康复成果的其他可能性选择;⑦ 对于具有职业康复权利的受害人,应该提供哪些社会康复服务;⑧ 受害人的居住环境等。①

(2) 受害人取得社会康复权利的时间

如果受害人已经向 ACC 申请社会康复服务的,ACC 必须向受害人提供相应的社会康复服务。ACC 也具有一定的自由裁量权,即 ACC 有合理的理由认为受害人之前提出的申请是不恰当时,它可以推迟提供社会康复服务的时间。ACC 社会康复的必要性评估,是 ACC 提供社会康复服务的基准依据。社会康复服务的类型、内容、强度或持续时间,都应与受害人的社会康复必要性相挂钩。ACC 认为对受害人提供社会康复的主要方面,是受害人所遭受的人身伤害之必然直接结果所要求的;它符合社会康复的法定目的,并且在内容上具有合理性与必要性。当然,在存在个人康复计划时,ACC 提供的社会康复应得到受害人的同意。

2. 社会康复服务的内容

(1) 康复辅助器具

康复辅助器具,是指任何用于帮助受害人恢复个人独立性的辅助性医疗康复设施、设备或器具。② ACC 在决定是否对受害人提供康复辅助器具时,需着重考虑审查以下两个重要因素:第一,康复辅助器具对受害人的预期康复效果;第二,执业医师(必须是 ACC 认可的)对受害人佩戴使用该辅助器具的专业建议或处方。在综合这两个因素后,ACC 可以直接向受害人提供该康复器具,也可以由受害人直接购买该康复器具,然后 ACC 再向受害人进行赔付。③ 另外,ACC 也可以允许受害人临时租用康复辅助器具,但是这种临时租用与购买康复器具相比必须更为经济有效。④

在以下情形,ACC 一般不得为受害人提供康复辅助器具⑤:第一,为防

---

① ACA 2001, § 84 (4).
② Schedule 1, cl. 12.
③ 此时,ACC 按照自己正常的购买渠道的价格标准对受害人赔付。受害人超过该价格标准的价款,ACC 无须赔付。See Schedule 1, cl. 13 (7).
④ Schedule 1, cl. 13 (6).
⑤ Schedule 1, cl. 13 (2)-(5).

止受害人一方的道德风险,如果受害人滥用、恶意毁损或重大过失地造成康复器具之损坏,ACC 并不承担该康复器具的修理、维护、更换等费用;第二,ACC 一般不为身体植入式的康复器具(如人造心脏起搏器等)提供人工援助;第三,在 ACC 作出社会康复服务的决定前,受害人已经拥有(包括所有权和合法占有)该康复器具的,ACC 就无须再向受害人提供;第四,如果受害人在人身伤害发生之后,主动放弃康复辅助器具的,ACC 无须再为受害人提供该康复辅助器具。

(2) 医疗康复陪护

医疗康复陪护,主要包括以下内容:个人陪护,对受害人日常生活、认知能力(如受害人的出行、方向辨认、计划统筹等)的照顾、防止受害人遭受进一步人身伤害的保护,等等。在 ACC 允许时,医疗康复陪护可以扩展至陪护人员的专业培训等。

在决定是否对受害人进行医疗康复陪护时,ACC 必须考虑以下因素而综合衡量判断之[①]:第一,医疗康复陪护对受害人可能达到的康复效果;第二,受害人遭受的人身伤害的性质与程度,以及人身伤害对其生活基本能力的影响;第三,医疗康复陪护对受害人就业能力(包括维持就业、重新就业、参加职业培训或接受正规教育)的必要性;第四,在受害人遭受人身伤害后,其家庭成员对受害人医疗康复陪护的合理期望目标。具体而言,要考虑到医疗康复陪护能够多大程度上将受害人的其他家庭成员从对受害人的照顾看护中解脱出来,能够多大程度上使其家庭成员避免因照顾受害人而影响或毁掉自己正常的学习工作。

(3) 未成年人的看护

未成年人一般是指 14 周岁以下的儿童,也包括因自身生理或心理缺陷无法独立生活需要他人照顾监护的成年子女。由于人身伤害造成了个人独立能力不同程度的下降或丧失,所以受害人可能对自己的子女无法正常履行监护职责。因此,对子女的监护照顾被视为受害人的一项重要的个人独立能力之指标纳入了 ACA 2001 的社会康复权利之中。ACC 在决定是否为受害人提供未成年人的看护服务时,须综合考虑以下因素而衡量判断之:第一,提供该服务对受害人可能达到的康复效果;第二,受害人子女的数量

[①] Schedule 1, cl. 14.

以及各个子女的基本情况;第三,受害人遭受人身伤害之前,其照顾监护子女的方法途径等;第四,受害人家庭的其他成员(如作为家庭主妇的妻子)对未成年人看护服务的合理期望程度;第五,该服务能够多大程度上避免受害人的其他家庭成员因照顾看护未成年子女而影响或毁掉自己正常的学习与工作。

在以下情形中,ACC一般不得为受害人提供未成年人看护服务:第一,在受害人死亡时,ACC已经按照死亡补偿金的相关规定[①]对未成年子女的看护服务费用进行补偿的,ACC就无须再为受害人的未成年子女提供任何看护服务[②];第二,当受害人为未成年人,并且ACC已经对其提供了医疗康复陪护、教育支持或个人独立能力培训等社会康复服务时,ACC就无须再向该未成年人提供看护服务[③];第三,如果第三人的行为导致了受害人的人身伤害,而该第三人一直居住在受害人家中并在受害人遭受人身伤害之前一直为受害人的未成年子女提供看护服务的,那么由第三人继续对受害人的未成年子女进行看护教育,ACC此时无须为未成年子女提供任何看护服务。[④]

(4) 教育支持

教育支持,是指为受害人提供帮助或支持,使其能够具有接受社会教育的独立能力。具体而言,教育支持包括任何用于实现前述目的的社会资源配置手段措施。[⑤] 接受社会教育的独立能力被称为"教育参与",主要是指受害人的入学(学校教育和幼儿学前教育)和接受教育的基本能力。

在决定是否对受害人提供教育支持时,ACC必须综合考虑以下因素:第一,提供该服务对受害人可能达到的康复效果;第二,受害人遭受人身伤害的性质与程度,以及人身伤害对其教育参与的影响;第三,在人身伤害发生前,受害人教育参与的状况以及教育机构对受害人提供教育支持的程度;第四,受害人已享有的教育支持和通过教育获得的知识与技能会在多大程度上减少受害人寻求进一步康复的愿望;第五,教育支持的其他可行性替代

---

① 尤其是 Schedule 1, cl. 76 的规定。
② Schedule 1, cl. 15 (2)。
③ Schedule 1, cl. 15 (3)。
④ Schedule 1, cl. 15 (4)。
⑤ Schedule 1, cl. 12。

方案;第六,受害人遭受人身伤害后,受害人原所在教育机构(学校或幼儿园)所可能提供的教育支持。① 在决定受害人教育支持的具体范围时,ACC 必须联合教育部与相关的学校、教育机构三者共同协作,确保受害人的教育支持服务由国家公立教育机构提供。在决定是否应由专人为受害人提供教育支持服务时,ACC 必须确保该专业人员具有的资质、工作经验能够满足受害人之需要。教育支持所需的费用由 ACC 负责承担②。

(5) 家庭援助

家庭援助,其实是指家务劳动,包括受害人家庭的环境清洁、衣物洗涤、饮食烹饪以及相关的购物消费等行为。在决定是否对受害人提供家庭援助时,ACC 必须综合考虑以下因素:第一,提供该服务对受害人可能达到的康复效果;第二,遭受人身伤害前后受害人从事家务劳动的能力变化幅度之对比;第三,家庭成员的人数及总体的家务劳动量;第四,在受害人遭受人身伤害前,其他家庭成员完成家务劳动的总量以及对 ACC 提供家庭援助服务的期望值。③

(6) 住房改造

住房改造,是指基于受害人社会康复之目的和人身伤害的特质,对受害人的家庭住房存在的建筑结构障碍或不合理附属设施进行拆除或修缮。住房改造具体包括拆除费用、不动产修缮的费用以及与此相关的法律费用。当 ACC 认为重新安置新房的成本要比对现有住房改造更为经济有效时,ACC 也可以为受害人提供新的家庭住房并负担由此产生的所有相关费用。④ ACC 必须就受害人的住房改造问题进行初始评估,考察对受害人的住房进行改造是否符合社会康复的目的,并确立由此产生的费用成本。而受害人为达到住房改造的目的,必须取得房屋所有人(受害人是承租人时)、房屋承租人(受害人是房屋所有人时)或担保权人(受害人将房屋抵押时)允许住房改造的书面同意;在 ACC 决定向受害人提供住房改造服务后,ACC 的主要义务在于为受害人住房改造的费用"买单",而住房改造的施工、监理

---

① Schedule 1, cl. 16 (1).
② Schedule 1, cl. 16 (4)(5).
③ Schedule 1, cl. 17 (1).
④ Schedule 1, cl. 12.

或出现的法律纠纷等具体事务均由受害人自己完成。① 具体来说,第一,ACC 不是住房改造工程合同的当事人,住房改造工程合同是受害人与施工方之间签订的,ACC 无权也没有必要予以干涉。如果受害人违约,施工人只能追究受害人的违约责任。第二,ACC 对住房改造工程本身或住房改造工程完成后的住房的商业保险费用不承担任何赔付责任。第三,当受害人已经康复时,ACC 无须承担住房改造工程予以拆除的义务。第四,由于住房改造导致的房屋价值贬损,ACC 不承担赔付责任。第五,ACC 只对住房改造工程的费用承担赔付责任,受害人住房其他的维修、装饰费用由受害人本人承担。② 但是需注意的是,一旦住房改造工程完成,ACC 必须就其费用对受害人或相关当事人进行赔付,即使住房改造工程后来被破坏、受害人已经不再需要该改造工程或者受害人不再是房屋的合法占有人时,ACC 也不得再向受害人或相关当事人请求返还住房改造的费用。③

在决定是否为受害人提供住房改造服务时,ACC 应综合考虑以下因素:第一,该服务对受害人社会康复的预期效果;第二,目前受害人住房结构障碍对受害人造成的具体困难,例如出入不方便、住房建筑结构限制了受害人的合理活动区域或者影响了受害人独立生活的能力等;第三,受害人住房改造所需的费用;第四,如果受害人的住房不属于受害人所有,那么房屋的所有人是否允许对房屋进行改造;第五,其他可以替代房屋改造的措施。④

(7) 个人独立能力的恢复性训练

个人独立能力的恢复性训练,又称"独立性训练",具体包括以下两个方面的内容:一是通过专业系统的训练或教导,帮助受害人掌握个人独立生活的基本技能;二是培训医疗康复器具的使用、维护知识,使受害人能够独立掌握医疗康复器具的使用技巧,并将其熟练运用到自己的日常生活中。⑤

(8) 交通出行服务

交通出行服务,是指对受害人参与社会生活的必要交通出行提供相应

---

① 当然受害人此时应委托律师、职业建筑工程师、监理师负责住房改造工程,由此产生的必要费用最后由 ACC 赔付。
② Schedule 1, cl. 19 (3).
③ Schedule 1, cl. 19 (4).
④ Schedule 1, cl. 18.
⑤ Schedule 1, cl. 12.

的帮助服务,主要包括汽车出行护送、汽车维修或购置、驾驶执照的培训、公共交通工具出行、出租车服务等费用的承担。在决定是否对受害人提供交通出行服务时,ACC须综合考量以下因素:第一,提供该服务对受害人社会康复的预期效果;第二,受害人在遭受人身伤害以后,在交通出行方面存在的实际困难;第三,提供交通出行服务的预期成本;第四,提供交通出行服务对受害人职业康复的影响;第五,受害人目前所拥有的汽车对受害人交通出行造成的影响;等等。①

(三) 职业康复

职业康复的目的,在于帮助受害人维持就业、获得就业或恢复职业独立性,并且受害人的职业康复是一种实质性的康复,即康复程度要与受害人的人身伤害状况、职业技能和经验水平相适合。② ACC有义务对以下三种类型遭受人身伤害且符合ACA 2001适用范围的受害人提供职业康复服务:第一,受害人有每周补偿金的请求权,这种类型的受害人主要是指谋生者和自由职业者;第二,如果不接受职业康复,那么就会享有每周补偿金请求权的受害人;第三,在带薪育儿假期内遭遇意外人身伤害的受害人。③

1. ACC对受害人提供职业康复的决定

在决定是否对受害人提供职业康复服务时,ACC必须考虑以下因素:第一,依照受害人的个人康复计划,职业康复能否达到其目的;第二,职业康复服务是否经济有效,具体而言,为受害人提供职业康复能否降低受害人权利之成本;第三,职业康复是否与受害人的事实背景相适应。④ 这就说明,ACC在决定是否对受害人提供职业康复服务时,具有一定的自由裁量权。但是,在受害人遭受人身伤害后,ACC必须为受害人提供最起码的必要的职业康复服务,并且职业康复服务总计不超过3年。⑤

如果ACC决定对受害人提供职业康复服务,那么接下来它需要对受害人具体的职业康复服务项目作出决定,此时,ACC应综合考虑以下因素:第一,当受害人丧失劳动能力时,ACC必须考虑职业康复服务能否有可能使

---

① Schedule 1, cl. 21.
② ACA 2001,§ 80.
③ ACA 2001,§ 85.
④ ACA 2001,§ 87 (1).
⑤ ACA 2001,§ 87 (2).

受害人重返人身伤害之前的工作岗位。第二,如果不能使受害人重返原来的工作岗位,那么 ACC 就应考虑以下因素:职业康复服务是否有可能使受害人胜任原工作单位(原雇主)的其他工作岗位;或者使受害人在其他工作单位(其他雇主)胜任与原工作岗位相同的工作;或者使受害人在其工作经验、教育程度或职业技能相适应的前提下,找到其他类型的工作;或者是否有可能帮助受害人使用遭受人身伤害之前自身所具有的其他工作技能获得新的就业机会。①

2. 受害人职业康复必要性评估

与社会康复相同,受害人对自身职业康复的内在需求也应予以评估。必要性评估,是个人康复计划的前提条件,更是 ACC 提供康复服务的客观标准依据(康复服务与评估结果相适应)。但与社会康复服务必要性评估不同的是,职业康复必要性评估分为两大部分:第一,是初始职业评估,它主要是评估并确定受害人所适合从事的工作类型;第二是初始医学评估,其目的在于评估受害人的身体(生理和心理)健康状况能否胜任初始职业评估所确定的工作。②

(1) 初始职业评估

初始职业评估专家必须由 ACC 指定,并具有相应的工作资质与专业水准。在从事初始职业评估时,评估专家必须将 ACC 和受害人所提供的所有相关信息纳入评估范围,在适当的条件下,可以与受害人展开交流讨论,告知受害人新西兰的就业形势,并为受害人提供相应的就业建议;更为重要的是,评估专家应充分重视受害人的就业意愿,对受害人的就业想法及具体评论予以认真回应或解答。初始职业评估完成后,评估专家必须向 ACC 报告评估结果。在报告中,必须确定受害人适合从事的工作类型,并提交评估过程的详细流程及评估记录。ACC 在收到报告后,应将报告的副本送交给受害人和医学评估专家。

(2) 初始医学评估

初始医学评估必须由符合法律规定条件的执业医师来负责实施。ACA 2001 详细规定了从事初始医学评估的执业医师之条件。在从事初始医学

---

① ACA 2001, § 86 (2).
② ACA 2001, § 89.

评估时,评估专家(符合条件的执业医师)必须将 ACC 提供的相关信息纳入评估范围(包括初始职业评估、相关医学诊断证明或鉴定、临床医学处方等)。同时,评估专家还要考虑受害人的个人背景。当初始医学评估完成后,评估专家必须向 ACC 报告评估结果。在报告中,必须对受害人的身体健康状况能否胜任初始职业评估所确定的工作这一问题作出回答,并提出其他的建议。ACC 在收到报告后,应将报告的副本送交给受害人。[①]

3. 职业康复服务的内容

ACA 2001 并没有对 ACC 提供的职业康复服务的内容作出详细规定。正如上述,它明确规定了 ACC 对职业康复服务的决策过程与标准,主要解决"是否对受害人提供职业康复服务"这一问题。但是,ACC 一旦作出提供职业康复服务的决定后,如何提供职业康复服务、职业康复服务具体有哪些类型、这些职业康复服务应如何实施等一系列重大问题似乎在整个 ACA 2001 中找不到任何答案。

当 ACC 认为,受害人通过职业康复可以重返原工作岗位继续从事原来的工作时,它可以向受害人的原雇主发出书面通知,雇主收到 ACC 的书面通知后,应采取一切可行手段来帮助受害人进行职业康复,使受害人尽快重返原来的工作岗位。另外,当外界环境发生变化从而影响到受害人接受职业康复服务的必要性时,ACC 可以与受害人协商并修改原有的个人康复计划。

(四)医学治疗

受害人遭受人身伤害后,可以由专业的医疗提供者为其提供医疗服务,由此产生的医学治疗费用由 ACC 负担偿还。医学治疗是 ACA 2001 赋予受害人的法定权利之一,也是受害人个人康复的基础,在整个新西兰意外人身伤害补偿方案中具有极为重要的意义与作用。在社会生活实践中,大多数意外人身伤害属于轻微伤害,受害人往往是遭受了轻微外伤或简单疾病,并没有丧失社会独立性和职业独立性,也不存在收入损失问题。此时对于受害人来说,尽快医治好自己的人身伤害是其最大的愿望。因此,ACA 2001 对受害人医学治疗问题持一种开放宽容的态度,要求 ACC 承担受害人的医学治疗费用;同时,为了防止疾病侵入意外人身伤害补偿方案的适用

[①] ACA 2001,§ 96.

范围,又对受害人的医学治疗权利进行了明确的限定。

1. 受害人医学治疗的适用

当受害人因遭受人身伤害而进行相应的医学治疗时,该医学治疗必须符合"最大程度恢复受害人健康"之目的,这就要求它对于受害人的人身伤害具有必要性和适当性,并符合相应的时间、地点之特定要求;医疗提供者必须具有合法资质,且满足 ACC 的一般要求。对于 ACC 来说,此时必须要考虑人身伤害的特性与严重程度、人身伤害的可行性医疗方案以及成本—效益分析。① 换句话说,只有 ACC 同意受害人进行医学治疗时,由此产生的医学治疗费用才由 ACC 承担。从原则上讲,受害人遭受人身伤害后没有及时通知 ACC 或者在未经 ACC 承认(同意)的情况下擅自进行医学治疗的,ACC 可以拒绝支付相应的医学治疗费用。② 因此,受害人在遭受人身伤害后,应及时将以下信息通知 ACC:(1) 遭受人身伤害的类型与内容;(2) 受害人意欲或正在接受的医学治疗;(3) 意欲或开始进行医学治疗的日期;(4) 医学治疗的主要内容;(5) 医疗提供者的身份资质;(6) 医学治疗的地点;等等。如果受害人不提供以上信息的,ACC 可以拒绝支付相应的医学治疗费用。③

2. ACC 的费用承担义务

当 ACC 同意受害人的医学治疗后,它就应承担相应的医学治疗费用,具体包括门诊费用、治疗费用、医药费用、手术费用及医疗化验费用等。需要指出的是,某些医学治疗辅助费用应纳入 ACC 的支付范围,例如住宿(住院)费、相关交通费、制药配药费、医学实验费等。④

3. 紧急医疗

ACC 同意受害人的医学治疗原则上是 ACC 承担医学治疗费用的前提。但是在某些情况下,受害人无须 ACC 同意,即可要求 ACC 偿还其医学治疗费用。这些特殊情况具体包括:(1) 紧急治疗;(2) 公共卫生紧急服务;(3) 法律的特别规定;(4) ACC 与医疗提供者的特别约定。所谓紧急医疗主要指两种情况:一是遭受人身伤害的受害人首次向医疗提供者寻求医学

---

① Schedule 1, cl. 2.
② See Schedule 1, cl. 2 (1)(f), cl. 4 (1).
③ Schedule 1, cl. 5.
④ Schedule 1, cl. 6.

治疗;二是在其后的医学治疗中,任何被认为具有紧急性的医学治疗。医学治疗是否具有紧急性,应由医疗提供者通过合理的临床医疗经验而判断。紧急性的标准在于,医学治疗的延误或推后会对人身伤害造成负面影响。① 当然,只有合法适格的医疗提供者才能作出紧急医疗的决定。② 在紧急医疗的情况下,医疗提供者可以依照它与 ACC 之间的约定来确定紧急医疗费用的结算方法。如果不存在这种约定,紧急医疗费用由 ACC 承担,医疗提供者可径直请求履行。

四、损失补偿金的确定

(一)首周补偿金

雇员因遭受特定人身伤害而丧失劳动能力时,雇主应就其丧失劳动能力状态开始后的第一周的收入损失承担补偿责任。雇主违反 ACA 2001 规定拒绝或未能向受害雇员支付首周补偿金的,视为一种刑事犯罪,雇主应承担相应的刑事责任。③

1. 适用条件

首先,只有雇员("在劳动能力丧失前")才有权请求首周补偿金。自由职业者、非谋生者(如家庭主妇、未成年人等)不具有此项权利。其次,雇员因人身伤害而丧失劳动能力。首周补偿金作为一种收入维持型的补偿金,目的在于补偿受害人因人身伤害导致的收入损失。但一般的人身伤害并不会导致受害人的收入损失,因为受害人可以通过医学治疗、社会康复等使身体健得以恢复,并没有达到劳动能力损失的地步。而只有在劳动能力受损,受害人无法正常工作的情况下,才会产生收入损失问题。最后,雇员遭受了特定的人身伤害。这里特定的人身伤害,仅限于工伤④和与工作相关的机动车交通事故伤害。换句话说,受害雇员享有的首周补偿金的权利,源于其与工伤相关的人身伤害。如果雇员遭受的人身伤害与其工作无关——不构成工伤或与工作相关的机动车交通事故伤害——即使他已经丧失劳动能力,也不能享有首周补偿金的权利。

---

① ACA 2001, § 7.
② ACA 2001, § 74 (1).
③ ACA 2001, § 98 (3).
④ 工伤的具体类型及内容,参见本章第三节第二部分的相关内容。

2. 补偿金额

首周补偿金的金额有统一标准,即劳动能力丧失开始后第一周(七日内)受害雇员因丧失工作能力而损失的收入的 80%。① 如果受害人对此标准有异议并提出相反证据的,该标准可以被推翻并依受害人提供的证据重新确定首周补偿金的具体金额。② 在支付首周补偿金之前,雇主可以要求受害雇员提供相应的证据来证明自己符合首周补偿金的适用条件,如提供人身伤害的医疗诊断证明或鉴定等。③ 需要注意的是,雇主支付的首周补偿金与 ACC 支付的补偿金的法律性质不同,首周补偿金仍属于受害雇员的收入(工资或酬劳、薪金),因此要符合《劳动关系法》(Employment Relations Act 2000)、《所得税法》(Income Tax Act)、《税收管理法》(Tax Administration Act 2004)以及破产法、公司法等相关法律之规定④。

(二) 每周补偿金

1. 适用要件

(1) 权利人

每周补偿金的立法目的在于补偿受害人因劳动能力丧失而遭受的收入损失,因此只有谋生者——通过自己的劳动工作为社会有所奉献的人——才有权提起每周补偿金之申请。ACA 2001 按照收入来源的不同将谋生者分为四种类型:雇员、自由职业者、持股雇员和潜在谋生者。以上四种类型的谋生者在遭受人身伤害并产生劳动能力丧失(或失去职业独立性)时均可享受每周补偿金。由于不同类型的谋生者具有不同的劳动能力,其收入水平因工作性质、个人职业能力也有所不同,所以他们对社会的贡献大小也有所差异。另外,不同类型的谋生者可能时常会发生身份转变(如雇员转变为自由职业者或持股雇员等)或者某人可能同时具有多重谋生者身份(如持股雇员同时也可能是自由职业者)。所以,ACA 2001 对不同类型的谋生者设置了不同的适用要件与补偿标准,并就谋生者的多重身份或身份转变规定

---

① ACA 2001, § 97 (2).
② ACA 2001, § 97 (3)(4).
③ ACA 2001, § 98 (2).
④ ACA 2001, § 99.只有 ACC 才有权处理首周补偿金的纠纷处理问题。一旦 ACC 认为受害雇员具有首周补偿金的权利,那么受害雇员的雇主必须履行支付首周补偿金的义务: McFarland v. Zhao (Employment Relations Authority, Auckland, AA/22/02, ACA/06/02, 30. April, 2002).

了相应的补偿规则。

——雇员

雇员只是一种社会身份角色。某一自然人履行这一社会身份角色——以雇员的身份从事劳动工作——并由此获得的收入,才可以称作雇员的收入。按照 ACA 2001 的规定,雇员的收入是某一社会成员(自然人)以雇员的身份从事劳动工作在某一税收年度中经由收入来源征税扣减之后的全部收入。① 在具体判断雇员的收入时,须注意的是自然人的投资收益(证券投资等)、退休金、因继承所获得的财产等与雇员的社会身份无关,显然不属于雇员的收入。②

雇员作为最主要的社会谋生者,在遭受人身伤害并因此丧失劳动能力时,自然有权向 ACC 申请每周补偿金。处于非带薪育儿假期③的雇员尽管在劳动能力丧失时并没有从事实际工作,但仍有权提起每周补偿金之申请。在特殊情况下,在劳动能力丧失之前某些刚刚处于失业状态的人也有可能享受到每周补偿金。

——自由职业者和持股雇员

自由职业者所取得的收入,是自然人以自由职业者的身份通过个人努力所取得的税后收入。持股雇员,是特指封闭性公司的持股雇员,开放性公司(主要指股份有限公司)的持股雇员只能作为一般雇员,其持有的股份所取得的收入属于个人投资收益,不纳入雇员的收入。④ 作为持股雇员所取得的收入,是持股雇员的稳定收入。在具体判断持股雇员的收入性质时,ACC 具有一定的自由裁量权。⑤

——潜在谋生者

所谓潜在谋生者,是指虽然没有实际地通过劳动工作获得收入或对社会作出贡献,但已经具有了潜在的谋生能力的人。依据 ACA 2001 的规定,潜在谋生者是指年满 18 周岁之前遭受人身伤害的自然人或者在年满 18 周

---

① ACA 2001,§ 9.
② ACA 2001,§ 11.
③ 育儿假期(parental leave),see Parental Leave and Employment Protection Act (1987),§ 2.
④ ACA 2001,§ 6(1).
⑤ ACA 2001,§ 15.

岁之前从事全职学习或培训时遭受人身伤害并且此人身伤害的状态一直不间断地持久到18周岁以后的自然人。潜在谋生者由于年龄、教育程度等原因还没有真正参加到社会劳动中,因此并没有实际的劳动工作收入。然而,潜在谋生者是未来社会劳动工作的生力军,代表着未来的社会贡献。因此,有必要对潜在谋生者的劳动能力丧失进行合理的补偿。

（2）能力丧失

能力丧失,其实是指劳动能力之丧失。对于一般的谋生者（雇员、自由职业者和持股雇员）而言,是指"受害人由于遭受人身伤害无法从事其工作"①;对于潜在谋生者或特殊情形下的谋生者而言,是指"受害人由于遭受人身伤害无法从事与其工作经验、受教育程度、专业技能等相适应的工作"。② 能力丧失是受害人享有每周补偿金权利的法定前提条件。它体现了每周补偿金制度的立法意旨,是《伍德豪斯报告》中社会责任原则和真实补偿原则的最典型表现。受害人遭受人身伤害并因此丧失劳动能力,意味着受害人无法参与社会劳动和获得经济收入。基于社会责任理念,社会应为受害人在丧失劳动能力期间的收入损失承担补偿责任,以体现社会福利思想,为受害人已作出的社会贡献进行反哺回馈。

受害人是否因人身伤害而丧失劳动能力,由 ACC 依照法律规定判断之。首先,ACC 确认受害人的身份。一般谋生者（雇员、自由职业者与持股雇员）和处于非带薪育儿假期的雇员属于一大类,此时 ACC 应决定"受害人是否由于遭受人身伤害无法从事目前的工作";潜在谋生者——依照 ACA 2001 第 223 条规定已购买每周补偿金保险的人和在劳动能力丧失开始之前刚刚处于失业状态的人——则属于另一大类,此时 ACC 应决定"受害人是否由于遭受人身伤害无法从事与其工作经验、受教育程度、专业技能等相适应的工作"。然后,ACC 对受害人的劳动能力进行评估。在进行劳动能力评估时,必须由合法适格的执业医师亲自进行;在相应的情况下,ACC 也可以向专家咨询以获得有关受害人劳动能力的专业或技术建议。

通过对受害人劳动能力的评估,如果 ACC 认为受害人并没有丧失劳动

---

① ACA 2001, § 103 (2).
② ACA 2001, § 105 (2).

能力,那么会产生以下法律效果:受害人立即丧失获得每周补偿金的权利①;如果在劳动能力评估之前受害人已经开始享受每周补偿金的,自 ACC 作出这一决定时起,受害人不得再享有获得每周补偿金的权利,同时,受害人不再适用 ACA 2001 第 107 条关于职业独立性的规定。② 反过来说,如果劳动能力的评估结果显示受害人已构成能力丧失的,此时受害人就享有获得每周补偿金的权利,ACC 应依照 ACA 2001 的法律规定对受害人在丧失劳动能力期间的收入损失进行每周补偿。

(3) 职业独立

——含义

职业独立,必须同时满足以下两个条件:一是质的标准,即"劳动能力与受害人的工作经验、受教育程度或专业技能等相适应";二是量的标准,即"每周能工作 35 个小时以上"。③ 职业独立是受害人职业康复的终极目标。同时,在补偿金领域,职业独立是受害人享有每周补偿金的道德正当性基础:受害人在丧失劳动能力期间所遭受的收入损失,应由社会予以补偿,这是社会责任理念的内在诉求。但是,如果受害人已恢复了劳动能力(即获得了职业独立),那么意味着受害人可以通过自己的劳动能力获得经济收入并对社会继续作出自己的贡献,此时社会就没有必要继续对他进行收入损失的补偿。更为重要的是,在 ACA 2001 中,职业独立已成为受害人享有每周补偿金的法律判断标准:如果受害人已获得职业独立但仍拒绝积极地参与社会劳动——例如已恢复职业独立的受害人故意失业或拒绝继续参与社会劳动,从而在家坐享每周补偿金等,会造成实质上的不公平现象。因此,为了防止受害人的道德风险并把失业排除在意外人身伤害补偿方案的适用范围之外,职业独立成为受害人是否有权享有每周补偿金的法律判断标准。具体而言,已获得或已恢复职业独立的受害人不得再享有每周补偿金之权利,即使此时他有可能还处于失业(无收入)的状态。

——职业独立的评估

由于职业独立在每周补偿金制度中具有至关重要的作用,ACA 2001

---

① ACA 2001,§§ 104 (b), 106 (b)。
② ACA 2001,§§ 104 (a), 106 (a)。
③ ACA 2001,§ 6 (1)。

明确要求ACC应随时对那些"可能享有每周补偿金权利的受害人"或"正在享受每周补偿金权利的受害人"的职业独立进行考察与评估。对受害人职业独立的评估,与受害人职业康复必要性评估极为相似,也分为职业评估与医学评估。其中,职业评估的目的有二:一是根据受害人的个人康复计划之具体实施情况,确定受害人职业康复的进度与结果;二是确定个人康复计划中为受害人提供的工作类型是否与目前受害人的职业康复状况相适应。医学评估的目的则在于确定受害人的身体健康状况实际上是否能够胜任职业评估(或个人康复计划)中为受害人提供的工作。

一般而言,ACC可以根据实际情况,自行决定是否就受害人的职业独立进行跟踪式的考察与评估。但是,如果ACC对受害人已作出职业独立的认定后发现,受害人的职业独立或劳动能力由于先前的人身伤害又再度恶化时,ACC必须重新对受害人的职业独立进行评估与确定。当然,受害人也可以主动向ACC提供职业独立或劳动能力恶化的证据或信息,请求ACC重新作出评估。在进行职业独立性评估时,ACC必须书面通知受害人参加该评估并在书面通知中列明相关信息和注意事项。在受害人可能获得职业独立或者受害人已按照个人康复计划完成其职业康复时,受害人本人不必参加职业独立评估,而由ACC单独负责完成。

——职业独立的法律效果

通过职业独立评估,ACC认为受害人已达成或已恢复职业独立的,受害人就不再被认为属于"劳动能力丧失"[1]。但是,与前述劳动能力丧失之评估不同,已达成或已恢复职业独立的受害人并不会立即丧失每周补偿金的权利。相反,已达成或已恢复职业独立的受害人"自收到ACC决定之日的3个月后丧失每周补偿金的权利"[2]。这就意味着,在这3个月内,受害人仍可继续享受每周补偿金,其目的显然是为受害人重新就业找工作预留一定的缓冲时间。

2. 补偿标准:受害人收入损失之确定

每周补偿金自受害人开始丧失劳动能力的一周后[3]开始生效,终止于受

---

[1] ACA 2001, § 111.
[2] ACA 2001, § 112.
[3] 劳动能力损失开始后的第一周(即"首周"),受害人的收入损失由受害人雇主负责补偿,称为"首周补偿金"。具体内容,参见本节前述相关内容。

害人达成或恢复职业独立①之后的 3 个月期满之时。在受害人永久性丧失劳动能力②之情形,每周补偿金的权利可延续至受害人 65 周岁届满之时。③

每周补偿金一直沿袭了《伍德豪斯报告》中"80％收入损失"的补偿标准——受害人每周收入(损失)金额的 80％。④ 也就是说,每周补偿金以受害人的实际收入损失为基础。这显然与侵权法损害赔偿金的计算标准极为相似,反映了一种个人主义式的思路。这种做法与社会保障法中集体主义式的统一标准形成鲜明对比。尽管它在运作中会增加意外人身伤害补偿方案的运行成本,有可能会导致补偿效率的下降(如因对受害人实际收入损失的调查与计算,导致受害人不能及时获得补偿金等),但是这种个人主义式的补偿标准更能符合真实补偿原则之要求,体现了意外人身伤害补偿方案的立法目的与制度价值。另外,之所以只补偿 80％的收入损失,是基于防范道德风险和激励受害人康复的需要。如果对受害人的收入损失进行完全补偿(像侵权法那样),受害人可能会故意滥用权利或消极地对待自己的身体康复。因此,立法者故意留存了 20％的收入损失差额。

由此可知,受害人每周补偿金具体数额的确定,完全取决于受害人实际的收入损失。那么如何确定受害人的实际收入损失呢？在侵权法上,受害人应对自己遭受的损失承担举证责任。法官(或陪审团)依据受害人提供的证据来确定受害人的收入损失赔偿金。而在新西兰意外人身伤害补偿方案中,侵权诉讼制度被废弃,原有的"对抗式"诉讼模式和普通法上的证据规则也基本退出历史舞台。所以,受害人的收入损失尽管在宏观上借鉴了侵权法上"个人主义式"的思路,但具体标准却只能另辟蹊径,重新来过。为达此目的,ACA 2001 设置了一系列详细而又复杂的条文。尽管这些条文大多只是技术性的并且有时相互之间存在着矛盾或悖于逻辑之处,但它们却又是极为重要的——只有理解了这些条文,才能全面了解新西兰意外人身伤害补偿方案的制度特性。

---

① 即受害人收到 ACC"受害人已达成或恢复职业独立"决定时。
② 永久性丧失劳动能力,又称终生丧失劳动能力,是指因遭受严重人身伤害而终生永久性丧失劳动能力。在这种情况下,受害人已经不具有恢复劳动能力的任何可能。
③ 此时受害人丧失每周补偿金之权利,而改享有退休金。关于每周补偿金与退休金之间的关系,后文另有详述。
④ Schedule 1, cl. 32 (3).

(1) 雇员

——长期雇员

长期雇员,是指"若没有遭受人身伤害,本来可以(在劳动能力丧失之后)继续为雇主的利益从事工作 12 个月以上的雇员"①。在劳动能力丧失时,受害人属于长期雇员的,那么具体的每周收入计算标准如下:在劳动能力丧失开始后的第二周至第五周,长期雇员每周收入等于劳动能力丧失之前的四周受害人作为长期雇员所取得的收入除以受害人实际工作的星期数。② 其数学公式可以表述为:

$$i = \frac{a}{b}$$

i:长期雇员的每周收入(适用于劳动能力丧失开始后的第二周至第五周)

a:劳动能力丧失开始之前的四周,受害人作为长期雇员取得的收入总数

b:在劳动能力丧失开始之前的四周内,受害人实际工作并获得收入的星期数

举例而言,若 A 与 B 公司于 2017 年 1 月 1 日签订雇佣合同,合同期限为 5 年。A 因遭受意外人身伤害于 2018 年 4 月 1 日丧失劳动能力。A 随后向 ACC 申请每周补偿金。后查知,B 在 2018 年 3 月 1 日至 3 月 31 日四周内共向 A 支付工资总计 4000 新西兰元。那么,2018 年 4 月 1 日至 4 月 7 日,受害人可以请求 B 公司支付首周补偿金。2018 年 4 月 8 日(第二周)至 5 月 6 日(第五周),A 可以请求 ACC 支付每周补偿金。此时受害人的每周收入为 1000 新西兰元(4000÷4),ACC 需支付的每周补偿金为 800 新西兰元(4000÷4×80%)。

在劳动能力丧失的第五周以后,长期雇员每周收入的计算标准出现变化。此时,长期雇员的每周收入等于劳动能力丧失之前的 52 周内受害人作为长期雇员所取得的收入除以受害人实际工作的星期数。③ 其数学公式可以表述为:

---

① Schedule 1, cl. 33 (3).
② Schedule 1, cl. 34 (1).
③ Schedule 1, cl. 34 (2).

$$i = \frac{a}{b}$$

i：长期雇员的每周收入（适用于劳动能力丧失的第五周以后）

a：劳动能力丧失开始之前的 52 周内，受害人作为长期雇员取得的收入总额

b：在这 52 周内，受害人实际工作并获得收入的星期数

另外需注意的是，如果受害人属于某雇主的长期雇员并且在长期雇佣关系成立之前，受害人已经为该雇主所雇佣的（每周工作时间少于 30 小时），此时受害人每周收入的计算标准可以适当放宽，不必完全遵循上述的计算公式。[1]

——临时雇员

临时雇员，其实应称为"非长期雇员"，是指"若没有遭受人身伤害，不会（在劳动能力丧失之后）继续为雇主的利益从事工作 12 个月以上的雇员"[2]。临时雇员每周收入的计算标准与上述长期雇员的计算标准基本相同——首先区分劳动能力丧失时间区间（即第二周至第五周和第五周之后），然后在不同时间区间适用不同的参照系数。

但需注意的是，在计算临时雇员的每周收入时，以下因素不纳入计算范围：第一，受害人享受每周补偿金权利的时间段；第二，受害人的非带薪病假；第三，受害人根据 2016 年《活体器官捐献者补偿法》(Live Organ Donors Act 2016)享受补偿金的时间段；第四，受害人非以雇员身份取得收入的时间段；第五，受害人以自由职业者或持股雇员身份取得相应收入的时间段；等等。[3] 在衡量临时雇员的每周收入时，ACC 具有一定的自由裁量权，可以"公平和合理地"确定相应的时间段和收入总额。[4]

——雇佣关系刚刚结束的雇员

如果在丧失劳动能力之前，受害人与其雇主之间的雇主关系已经结束的，可以通过适当延长雇佣期的办法使受害人享有每周补偿金的权利。为达此目标，可以将已经结束雇佣关系的受害人拟制为雇员，其雇佣关系在法

---

[1] Schedule 1, cl. 33 (4)(5).
[2] Schedule 1, cl. 35 (2).
[3] Schedule 1, cl. 36 (3).
[4] Schedule 1, cl. 36 (5).

律拟制的时间段内得以继续存在。因此,"如果在劳动能力丧失之后,继续在特定的时间段①内成为雇员的,受害人的雇员身份可以在雇佣关系终止后再向后延长 28 天"②。另外,如果受害人在雇佣关系终止时对雇主仍有工资(或债权)请求权或者受害人仍可以向 ACC 交纳保险费的,在此期间内,受害人原有的雇佣关系仍得以继续存在。③

这样一来,在丧失劳动能力之前已与雇主终止雇佣关系的受害人可以依照上述法律规定将雇佣关系予以延长,然后再以相应的计算标准(即临时雇员的计算标准)来确定自己的收入损失。

——非带薪育儿假期

在劳动能力开始丧失时,受害雇员恰好处于非带薪育儿假期的,不影响受害雇员向 ACC 申请每周补偿金的权利。此时的主要问题在于如何确定处于非带薪育儿假期的受害雇员的每周收入计算标准。为解决此问题,首先应将受害雇员的育儿假期开始之日作为其劳动能力丧失之日。④ 但是,在判断受害雇员何时开始享有每周补偿金权利时,则应将原来打算结束育儿假期并返回工作岗位之日作为劳动能力丧失之日。⑤ 也就是说,在确定受害雇员的每周收入时,排除非带薪育儿假期(即缩小计算公式的分子 b);在确定受害雇员的每周补偿金开始时间时,亦排除非带薪育儿假期(即减少每周补偿金支出成本)。这两项规定既考虑了受害雇员的实际收入损失,又照顾到了意外人身伤害补偿方案的支出成本,设计合理精巧,颇值肯定。

(2)自由职业者

当受害人丧失劳动能力时属于自由职业者时,其每周收入的计算标准如下:

---

① 该特定时间段可以区分为两种情况:第一,如果雇员已与雇主签订雇佣合同或者对签订雇佣合同已作出相应安排的(在劳动能力丧失之前),该时间段为 3 个月;第二,在季节性行业(农林牧畜渔业)中,如果受害人在劳动能力丧失前的 2 年里已经与同一雇主成立了雇佣劳动关系并且该雇主认为受害人本来期望在劳动能力丧失之后仍和他订立雇佣劳动关系时,该时间段为 12 个月。See Schedule 1, cl. 43(3).
② Schedule 1, cl. 43 (2)(a).
③ Schedule 1, cl. 43 (2)(b).
④ Schedule 1, cl. 44 (2).
⑤ Schedule 1, cl. 44 (3).

——首次以自由职业者身份获取收入时

受害人在劳动能力丧失之前从来没有以自由职业者的身份获得收入的,其每周收入等于劳动能力丧失之前的 52 个星期内受害人(作为雇员)所取得的收入总额除以受害人获得这些收入所耗费的工作星期数。[①] 其数学公式可以表述为:

$$i=\frac{a}{b}$$

i:首次以自由职业者身份获取收入时,受害人的每周收入

a:受害人劳动能力丧失之前的 52 个星期内(作为雇员)的收入总额

b:受害人获得这些收入所耗费的实际工作时间($\leqslant 52$ 周)

受害人之前从来没有以自由职业者的身份获得收入,其实意味着受害人在劳动能力开始丧失的当年才开始从事自由职业,而在此以前受害人(作为谋生者)只能以雇员或持股雇员的身份获得收入。所以,上述的数学公式与雇员的每周收入计算公式有些类似。

——已有一年自由职业经历时

受害人在劳动能力开始丧失的前一年度[②]开始以自由职业者的身份获得收入的,其每周收入等于劳动能力丧失之前的 52 周内受害人(以雇员的身份)所取得的收入与受害人在"相关年度"作为自由职业者所获得的收入之和,再除以受害人(以雇员和自由职业者的双重身份)取得上述收入所耗费的实际工作时间。[③] 其数学公式可以表述为:

$$i=\frac{a+b}{c}$$

i:在劳动能力开始丧失的当年,已有一年自由职业经历的受害人的每周收入

a:受害人劳动能力丧失之前的 52 个周内(以雇员身份)的收入总额

b:受害人在相关年度作为自由职业者的收入总额

[①] Schedule 1, cl. 38(2)(a).

[②] 劳动能力开始丧失的前一个年度,即劳动能力开始丧失所处年份的前一个税收年度。ACA 2001 将其定义为"相关年度"。例如,劳动能力丧失开始出现的时间为 2021 年 12 月 5 日,那么"相关年度"就是指 2020 年度。See Schedule 1, cl. 30.

[③] Schedule 1, cl. 38(2)(b).

c：受害人获得 a、b 两项收入所耗费的实际工作时间(≤52 周)

ACC 对受害人在"相关年度"以自由职业者身份实际耗费的工作时间具有一定的自由裁量权，它可以采取"公平合理"的方式来确定受害人的实际工作时间。由于受害人已有一定的自由职业经历，因此在考虑受害人的每周收入时须将其雇员收入与自由职业者收入综合考量。

——已有一年以上自由职业经历时

受害人在劳动能力开始丧失当年已有一年以上自由职业经历时[1]，其每周收入的计算公式可以表述为：

$$i = \frac{a}{c} + \frac{b}{d}$$

i：在劳动能力开始丧失的当年，已有一年以上的自由职业经历的受害人的每周收入

a：受害人劳动能力丧失之前的 52 个周内(以雇员身份)的收入总额

b：受害人在相关年度作为自由职业者的收入总额

c：52(周)或根据 Schedule 1，cl. 38（3A）应予调整时，少于 52(周)

d：相关年度的周数或根据 Schedule 1，cl. 38（3A）应予调整时，少于该周数

如果受害人处于 2016 年《活体器官捐献者补偿法》(Compensation for Live Organ Donors Act 2016)规定的支付期，上述 c 项和 d 项提到的数字必须进行调整，减去该支付期。

——在相关年度为持股雇员时

受害人在劳动能力丧失时已有自由职业等收入，并且在相关年度以持股雇员身份获得收入(但同时没有自由职业收入)，如果受害人此时仍具有持股雇员之身份时，受害人的每周收入计算标准应适用受害人已有一年自由职业经历时的计算标准。[2]

小结：受害人自由职业所取得的收入计算标准显然要比雇员收入复杂。ACA 2001 立法者似乎也意识到了这一点。因此，他们承认受害人可以选择是否将自己的雇员收入纳入自由职业收入的计算范围，以简化受害人每

---

[1] Schedule 1, cl. 38（2）(c).
[2] Schedule 1, cl. 38A.

周收入的计算标准。另需注意的是,受害人自由职业收入的每周补偿金不再划分时间区间,一直采用上述的标准。①

(3) 持股雇员

持股雇员具有双重身份,一方面是封闭公司(多指有限责任公司)的股东,另一方面又是公司的工作人员。在计算受害人作为持股雇员的每周收入时,首先应明确的是持股雇员的每周收入理论上要大于同一公司的一般雇员(长期雇员和临时雇员)的每周收入。② 在具体计算标准上,受害人作为持股雇员的收入基本与自由职业者的收入完全相同,亦区分首次以持股雇员身份取得收入时、已有一年持股雇员身份时、已有一年以上持股雇员身份时和相关年度为自由职业者时四种情况。③

3. 补偿金的调整

(1) 每周补偿金的最低标准

如果受害人属于全职雇员或自由职业者,其劳动能力丧失状态已经持续5周以上的,受害人的每周补偿金可以不采用前述的法定计算标准,而适用每周补偿金的最低标准。④ 但是,每周补偿金的最低标准应从受害人劳动能力丧失的第5周之后开始执行,之前的4周仍采用法定的计算标准来确定其每周补偿金的具体数额。

受害人每周收入的最低标准,可以是1983年《最低工资法》(Minimum Wage Act 1983)第4条所规定的每周工资最低额或者是2018年《社会保障法》(Social Security Act 2018)所规定的无受抚养子女的单身人士的补助生活救济金的125%中的较高者。⑤

(2) 每周补偿金的最高标准

每周补偿金一般是受害人每周收入金额的80%。但是,ACA 2001对每周补偿金设置了最高限额——每周1341.31新西兰元。也就是说,无论受害人实际的每周收入损失是多少,无论每周收入采取了什么样的计算标

---

① Schedule 1, cl. 38 (1).
② Schedule 1, cl. 39 (1)(a).
③ Schedule 1, cl. 39 (2), (3), cl. 40.
④ Schedule 1, cl. 42 (1).
⑤ Schedule 1, cl. 42 (3).

准，最终受害人的每周补偿金数额不得超过该刚性上限。[①]

（3）潜在谋生者的每周补偿金

潜在谋生者，主要指以下两种人：一是18周岁之前遭受人身伤害的自然人；二是在18周岁之前从事全日制学习或培训时遭受人身伤害，并且在18周岁之后仍一直不间断地从事全日制学习或培训的自然人。[②] 潜在谋生者由于年龄、智力发育状况或接受教育等原因，还没有真正参与社会劳动，但同时他已经具备了一定的潜在谋生能力，一旦时机成熟，就成为名副其实的"谋生者"。因此，潜在谋生能力因意外人身伤害而丧失时，应对其潜在谋生能力进行补偿。

只有在以下条件下，ACC才对潜在谋生能力的损失承担每周补偿金的支付义务：首先，受害人遭受的人身伤害导致其潜在谋生能力丧失；其次，受害人现已满18周岁；再次，受害人目前没有从事全日制学习或培训；最后，受害人的收入未超过上述的每周最低收入额。[③]

潜在谋生者每周补偿金的金额也是每周收入的80%。[④] 其每周收入的计算标准直接采用上述每周补偿金的最低标准。[⑤] 需注意的是，受害人只能在潜在谋生能力丧失6个月后才可获得每周补偿金。[⑥]

（4）ACC调整每周补偿金数额

在社会平均收入水平发生变化并且影响到受害人的收入损失时，ACC应主动调整受害人的每周补偿金数额。ACC应将每周补偿金的调整变动政策或标准进行信息披露，公告于受害人与社会大众。[⑦] 但如果社会平均收入变化较小或根本影响不到受害人的每周收入时，ACC无须对每周补偿金进行调整。[⑧]

（5）每周补偿金的扣减

受害人在丧失劳动能力期间仍从原雇主处获得收入，并且该收入与其

---

① Schedule 1, cl. 46.
② ACA 2001, § 6 (1).
③ Schedule 1, cl. 47 (1).
④ Schedule 1, cl. 47 (2).
⑤ Schedule 1, cl. 47 (4).
⑥ Schedule 1, cl. 47 (3).
⑦ ACA 2001, § 115 (1), (2).
⑧ ACA 2001, § 115 (3).

享有的每周补偿金相加超过其原来每周收入时,ACC 应对受害人的每周补偿金进行相应的扣减。如果受害人一方面在丧失劳动能力期间从原雇主处获得收入,另一方面又从 ACC 处获得每周补偿金,那么最终受害人可能因意外人身伤害而得到利益之增加。无论是侵权法上的损害填平原则或是《伍德豪斯报告》中的真实补偿原则,都不允许受害人因意外人身伤害而获得额外的利益。由于每周补偿金的补偿标准是每周收入的 80%,所以受害人在劳动能力丧失期间自雇主处获得的收入超过每周收入的 20% 时,就意味着他获得了超额的利益。

针对受害人在劳动能力丧失期间获得的超额利益,ACC 应对每周补偿金予以扣减,以确保受害人在劳动能力丧失后获得的每周补偿金与收入之和不超过根据前文的方法所计算出来的每周收入。① 该收入可以根据 ACA 2001 第 115 条规定的方式进行调整。②

(6) 对自由职业者或持股雇员的每周收入之调整

受害人在劳动能力丧失时属于自由职业者或持股雇员的,如果 ACC 认为无法通过前述的法定计算标准公式确定其实际每周收入,可以在受害人相关年度的个人所得税申报表备妥时或者在劳动能力丧失 3 个月后二者中较早的时间之前,采用合理的评估手段来确定受害人的每周收入。③ ACC 在评估受害人的收入时,应综合考量以下因素:有关受害人个人收入的证据;受害人在劳动能力丧失前实际从事的工作以及受害人在劳动能力丧失期间从事的任何工作。④

在受害人丧失劳动能力的 3 个月后仍无法查知受害人个人所得税申报情况的,ACC 可以依照 ACA 2001 第 131 条的规定对受害人进行先行支付。如果 ACC 已经向受害人支付了每周补偿金,之后通过受害人个人所得税申报又查知受害人的实际收入的,ACC 对两者之间的差额对受害人具有追偿权。⑤

---

① Schedule 1, cl. 51 (2).
② Schedule 1, cl. 51 (4).
③ Schedule 1, cl. 45 (3).
④ Schedule 1, cl. 45 (5).
⑤ Schedule 1, cl. 45 (4), (6).

4. 补偿金的特殊问题

（1）迟延利息

当 ACC 收集到所有有关受害人个人收入的相关信息后，应及时计算受害人每周补偿金的具体数额，并在其后的一个月内将每周补偿金支付给受害人。如果超过了此期限，则构成迟延支付。此时，ACC 应就每周补偿金在迟延支付期间内的利息承担赔偿责任。① 每周补偿金的迟延利息应从 ACC 应予支付之日的一个月届满时起算，并支付至实际偿付补偿金时（责任期间）。② 利率的计算则包括基础利率和溢价两部分。该利率为按年计算的单利率。③

（2）每周补偿金与退休金的关系

如果受害人在 65 周岁（获得国家退休金资格的法定年龄）④之前已经享有每周补偿金权利并且享有每周补偿金权利的时间已有两年或两年以上，那么受害人一旦达到 65 周岁就会丧失每周补偿金权利。此时，受害人不得再向 ACC 请求每周补偿金的支付，只能根据 2001 年《退休金和退休收入法》享有退休金之权利。⑤

如果受害人在达到国家退休金法定年龄前的 24 个月内或者在达到国家退休金法定年龄之后才取得每周补偿金权利的，其可以自获得该权利时起享有 24 个月的每周补偿金的权利。⑥

（三）死亡补偿金

当受害人因意外人身伤害而死亡时，受害人的配偶（或生活伴侣）、子女或其他被扶养人有权依据 ACA 2001 的规定请求 ACC 支付一定的补偿金。ACA 2001 所规定的死亡补偿金基本沿袭了《劳工补偿法》的立法理念，它的目的是在承担养家糊口重担的家庭成员因意外人身伤害死亡时，对无收入来源或遭受家庭经济窘迫状况的其他家庭成员进行经济救济，使他们能够继续正常地参与社会生活。所以，ACA 2001 中的死亡补偿金以家庭作

---

① ACA 2001, § 114 (1).
② ACA 2001, § 114 (2).
③ ACA 2001, § 114 (4), (5).
④ New Zealand Superannuation and Retirement Income Act 2001, § 7.
⑤ Schedule 1, cl. 52 (1), (2).
⑥ Schedule 1, cl. 52 (3) (4).

为救济对象,对所有可能因受害人死亡而遭受经济窘迫的家庭成员(配偶、未成年子女或其他被扶养人)进行不同程度的必要经济补偿。死亡补偿金只是一种学理上的概念,意指受害人的配偶(或生活伴侣)、子女或其他被扶养人因受害人死亡之事实而得向 ACC 请求一定补偿金的权利。因此,ACA 2001 将其称为"因死亡而产生的权利"。那么这就意味着,死亡补偿金存在着不同的类型,不同类型的死亡补偿金可能具有不同的适用前提或计算标准。

1. 适用主体

(1) 配偶或生活伴侣

受害人的配偶是与受害人成立法律婚姻关系的异性自然人。在受害人死亡时,其配偶实际上已经与受害人分居并且受害人在经济上也没有对其配偶予以任何支持的(即配偶与受害人经济上完全相互独立),此时受害人的配偶被认为丧失配偶的法律身份,不再享有死亡补偿金的权利。① 但是夫妻双方分居是由于身体健康状况、入狱服刑或工作职责等原因造成的,则不影响既有的婚姻关系和死亡补偿金的成立。②

新西兰法律认可同性婚姻,并将同性婚姻称为"民事结合"或"事实关系"。同性婚姻双方当事人称为"生活伴侣"。生活伴侣在法律上的地位与配偶是平等的。因此,生活伴侣在 ACA 2001 中与配偶具有相同的地位,享有同样的权利。

(2) 子女

受害人的子女,主要是指自己的亲生子女。当然,受害人领养的子女、继子女亦包括在内。③ 受害人的成年子女通常不属于家庭成员,因此无权就受害人的死亡享有补偿金的权利。但成年子女可能由于身体或心理的疾病或残障,成为受害人的其他被抚养人。受害人的未成年子女按照其年龄、就业状况等划分标准也享有不同的补偿金权利。另需注意的是,胎儿亦对受害人(父亲)的死亡享有一定的补偿金权利。

---

① ACA 2001,§ 18 (5).
② ACA 2001,§ 18 (6).
③ ACA 2001,§ 6 (1).

(3) 其他被扶养人

其他被扶养人必须具备以下条件：(1) 由于自身的生理或精神缺陷，在经济财力上依赖于受害人；(2) 其每周平均收入低于法定标准；(3) 受害人的配偶（或生活伴侣）和未满 18 周岁的子女不属于其他被扶养人。其他被扶养人，在实践中大多是（包含）受害人的父母或成年子女。

2. 死亡补偿金的类型

(1) 丧葬费用补偿金

ACC 有义务向受害人的继承人、遗嘱执行人或其他实际支付受害人丧葬费用的人支付相应的丧葬费用补偿金。丧葬费用补偿金的具体金额应根据实际花费而定，但是总额不得超过 4500 新西兰元。①

(2) 生存者的补助金

受害人的配偶、未满 18 周岁的子女或其他被扶养人还可以向 ACC 请求支付一定的生存者补助金。生存者的补助金性质上属于一次性补偿金，并且其具体数额有统一的标准：受害人的配偶或生活伴侣获得的生存者补助金的金额为 4702.79 新西兰元；每位未满 18 周岁的子女和其他被扶养人的生存者补助金的金额为 2351.40 新西兰元。补助金的标准可以根据社会通货膨胀状况进行适当调整。生存者的补助金以实际人数进行支付，每位权利人均有权获得相同数额的生存者补助金。②

(3) 每周补偿金

受害人死亡时，受害人（必须是 ACA 2001 所规定的"谋生者"）的配偶或生活伴侣、未成年子女和其他被扶养人有权向 ACC 请求每周补偿金。这样做的目的显然是为了防止受害人的家庭成员或被扶养人因受害人的死亡而陷入经济困难之境地。受害人的配偶或生活伴侣、未成年子女和其他被扶养人获得的每周补偿金以受害人生前的每周收入为基准。

——配偶或生活伴侣

自受害人死亡之日起，受害人的配偶或生活伴侣可以获得每周补偿金。如果受害人生前为谋生者的，受害人配偶或生活伴侣所获得的每周补偿金的数额是受害人（如果不死亡的话）本应在劳动能力损失 5 周以后获得的每

---

① Schedule 1, cl. 64.
② Schedule 1, cl. 65.

周补偿金的60%。例如,普通雇员A于2008年5月1日遭受车祸严重受伤入院治疗,5月6日死亡。已知在2007年5月1日至2008年4月30日间,A共工作了40周,税后总收入为36000新西兰元。那么A的配偶B则有权从2008年5月1日起请求每周补偿金,每周补偿金的数额应为900×80%×60%=432(新西兰元)。如果受害人生前为潜在谋生者的,受害人配偶或生活伴侣所获得每周补偿金的数额为受害人(如果不死亡的话)作为潜在谋生者在劳动能力丧失6个月以后获得的每周补偿金的60%。

受害人配偶或生活伴侣享有的每周补偿金权利在下列任一情形出现时归于消失:第一,权利人享受此权利已满5年时;第二,配偶或生活伴侣拒绝照顾监护受害人的未满18周岁的子女时;第三,配偶或生活伴侣负责照顾监护的受害人未成年子女均已年满18周岁时;第四,配偶或生活伴侣拒绝照顾监护受害人的其他被扶养人时。① 但是,ACC不得因为受害人配偶或生活伴侣再婚或受害人死亡时的年龄等原因而拒绝或终止受害人配偶或生活伴侣的每周补偿金权利。②

受害人配偶或生活伴侣可以将分期支付的每周补偿金转化为一次性的补偿金。此时,受害人配偶或生活伴侣应向ACC提出此转化申请。ACC在收到申请后,应就补偿金支付方式转化提供具体的方案并由权利人自行选择。权利人一旦选择一次性补偿的支付方式后,ACC必须履行相应的补偿金给付义务。③

——子女

自受害人死亡之日起,受害人的子女有权获得每周补偿金。子女获得每周补偿金的计算方法与受害人配偶或生活伴侣的每周补偿金基本相同,均是以受害人的特定时期的每周平均收入为基准,但受害人的子女获得的每周补偿金是受害人配偶或生活伴侣的1/3。但该子女在以下日期(以较迟者为准)丧失获得每周补偿金的权利:(a)子女年满18周岁的公历年年末;或(b)如该子女在教育机构接受全日制教育,则在其"学业停止""学业完成"或"年满21周岁"之时(以最早发生者为准)。④

---

① Schedule 1, cl. 66 (5).
② Schedule 1, cl. 66 (4).
③ Schedule 1, cl. 67.
④ Schedule 1, cl. 70 (5).

——其他被扶养人

其他被扶养人因受害人的死亡也可获得每周补偿金,其具体计算标准和数额与受害人的未成年子女的每周补偿金完全相同。[1] 如果其他被扶养人的每周平均收入(以一年为单位)高于法定最低每周收入标准时,其他被扶养人丧失每周补偿金权利。[2]

其他被扶养人(尤其是受害人的父母)也有可能面临每周补偿金和法定退休金的关系问题:如果在达到法定退休金年龄之前,其他被扶养人已经获得每周补偿金权利两年以上的,在达到法定退休年龄时,其他被扶养人立即丧失获得每周补偿金的权利。[3] 如果在达到法定退休年龄之前24个月内或在达到法定退休年龄之后获得每周补偿金权利的,其他被扶养人的每周补偿金权利可以延长至第24个月。[4]

受害人配偶或生活伴侣、未成年子女和其他被扶养人均有权获得每周补偿金,但他们获得每周补偿金的总和不得超过受害人生前所应获得的每周补偿金。[5] 其中,受害人配偶或生活伴侣分得60%,未成年子女和其他被扶养人各分得20%。需要指出的是,每周补偿金是以人数平均分配的,受害人可能有数个未成年子女或其他被扶养人,但他们的每周补偿金总额不得超过受害人生前所应得的每周补偿金的20%。这样一来,受害人配偶或生活伴侣独占受害人生前所应得的每周补偿金的60%似乎显得有些过多。

(4) 未成年子女的护理费用

受害人的未成年子女或其代理人可以向ACC提出书面申请,请求ACC支付受害人的未成年子女的护理费用。当未成年子女为一人时,每周护理费用补偿金为100新西兰元;当未成年子女为两人时,每周护理费用补偿金为120新西兰元;未成年子女为3人或3人以上的,每周护理费用补偿金为140新西兰元。受害人未成年子女的护理费用自受害人死亡之日起开始计算,最长不超过5年。当未成年子女达到14周岁后,护理费用补偿金

---

[1] Schedule 1, cl. 71 (1), (2)
[2] Schedule 1, cl. 71 (5).
[3] Schedule 1, cl. 72 (1), (2).
[4] Schedule 1, cl. 72 (3), (4).
[5] Schedule 1, cl. 74.

也归于消灭。①

3. 死亡补偿金的调整与限制

丧葬费用补偿金、生存者补助金或未成年子女护理费用补偿金，性质上大多属于一次性支付的补偿金。为了适应社会经济环境的变化，尤其是弥补通货膨胀对补偿金的影响，ACC 应及时按照消费者价格指数的变化对补偿金进行相应的调整。当调整补偿金的数额标准时，ACC 应进行信息披露和公示，以确保权利人与社会公众的知情权。②

第六节　现行意外事故补偿基金的运行

一、概述

（一）ACC 的法律性质与职责

ACC（Accident Compensation Corporation）全称为"意外事故补偿公司"。ACC 属于国有法人，受到新西兰《皇家实体法》（Crown Entitles Act）之调整，由新西兰政府（劳工部）进行监管；在组织形式上，ACC 采用现代公司制，实行现代化的公司治理结构。在法律职责上，ACC 是新西兰意外事故补偿制度的主管机构，对意外事故补偿制度负有全面、唯一的垄断性管理与运行职责。

根据 ACA 2001 第 262 条第 1 款的规定，ACC 具有以下主要职责：

（1）履行第 165 条提及的义务；

（2）根据第 263 条采取措施减少人身伤害的发生率和严重程度；

（3）监测关于毛利人和特定人口群体获得意外事故赔偿计划的运行情况，以确定如何根据该法改善针对因意外事故而受害的毛利人和特定人口群体中的受害人员而提供的服务；

（4）管理与账户相关的资产、责任和风险，包括通过再保险或其他途径进行风险管理；

---

① Schedule 1, cl. 77 (2).
② ACA 2001, § 116 (1), (2).

(5) 履行本法赋予的其他职责或辅助上述职责以及与之一致的其他职责。

依据 ACA 2001 第六部分第 165 条第 1 款的规定,就计划的管理,ACC 负有以下的主要义务:

(a) 决定申请人是否属于本法之适用保护范围;
(b) 依据本法为适格的申请人提供相应的法定权利;
(c) 依据本法第七部分对第六部分中的基金账户进行维护和运行;
(d) 依据本法征收基金所需费用;
(e) 负责争议解决;
(f) 履行第十部分规定的或与之相关的职能和义务。

从上述规定可以看出,ACC 面对的不仅仅是广大的意外事故受害人,而且要依照 ACA 2001 的规定履行政府赋予它的其他重要职责。这些职责主要涉及意外事故补偿制度的基金管理和运行等方面。因此,总体而言,ACC 作为新西兰意外事故补偿制度的主管机构,一方面要为意外事故受害人提供相应的身体康复或损失补偿等服务,同时负责处理在补偿过程中受害人的申请、申诉、复议或上诉等一系列程序性事项,从而对外实现意外事故补偿制度的基本立法目的;另一方面,则要依据政府的授权履行一定的社会公共管理职能,对意外事故补偿制度进行运营管理,依法落实基金筹措来源,合理安排资金的流向支出。从这两个角度而言,ACC 在新西兰意外事故补偿制度中扮演着"大脑"和"管家"的双重身份。尽管在新西兰意外事故补偿制度的历史沿革过程中,ACC 的职责和地位曾有过沉浮起落,但是从目前来看,其在整个制度中的重要性不言而喻。由于 ACC 在法律适用、受害人服务提供和纠纷解决机制方面的职责在前文中已有详细讨论,此处不再赘述。本节将讨论的重点放在 ACC 的社会公共管理的职能方面,其中补偿基金的运营管理和意外事故的预防这两大问题成为重中之重。

(二) ACC 的组织机构

ACC 采用现代化的公司治理机构。由于 ACC 属于国有企业,因此没有股东会。新西兰政府在 ACC 设主席一职,履行政府投资人的职责。ACC 主席大多由政府劳工部官员或国家议员担任。依据 ACA 2001 的规定,ACC 主席每年需与 ACC 签订一份服务协议,该协议主要涉及应由 ACC 购买或提供的服务的质量和数量(包括通过公司的皇家实体子公司提供的服务),该协议须由主席向众议院提交一份复件。

第一章　新西兰意外事故人身伤害的综合救济机制

ACC 的主席代表出资人(政府),可以在董事会中任命不超过 9 位的非执行董事(即独立董事)。① 董事每届任期为三年,可以连任一次。② 董事会有权行使 ACC 的法定职责与权力并履行其职能,但也只能为履行 ACC 的法定职能而行事。有关 ACC 运营的所有决策都由董事会或根据其授权来作出。③ 目前,董事会下设五个委员会:审计与风险委员会、投资委员会、薪酬委员会、卫生部门战略咨询委员会和社会失业保险委员会。④

董事会在咨询主席后可以任命首席执行官,后者可以不是董事会成员。⑤ ACC 的日常运营由首席执行官领导的高级管理人团队管理,集体负责。⑥ 首席执行官目前下设有 8 个执行管理小组。来自这些 ACC 经营团队的高级管理人组成公司的经理,他们负责组织的领导和管理并有责任确保 ACC 达致其目标。他们每个月开会并向董事会定期汇报,并与主席保持联络,包括准备简报和参加会议。⑦

在 1999 年——AIA 1998 出台不久——受私有化风潮之影响,ACC 被拆分为三个子公司:Catalyst 公司、Prism 公司和 Healthwise 公司。其中,Catalyst 公司主要负责受害人的权利申请;Prism 公司主要负责安全教育、风险管理和事故预防等事务;Healthwise 公司则主要提供医疗服务等业务。这三个公司可以将这些业务以承包合同的形式交由第三人处理。而 IPRCA 2001 出台之后,ACC 的子公司则缩减为两个:纠纷解决服务公司和 Catalyst 风险管理公司。这两个子公司独立运营,具有独立的董事会和公司治理结构。其中,纠纷解决公司主要为那些对 ACC 服务不满意或提出申诉的意外事故受害人提供纠纷解决的法律咨询,并提供调解或法律代理等服务。Catalyst 风险管理公司主要侧重财务风险管理业务,为受害人或雇主提供人身健康、生产安全等管理服务。2011 年 ACC 将 Catalyst 风险管

---

① ACA 2001, § 267 (1).
② Key people, https://www.acc.co.nz/about-us/who-we-are/our-minister-board-ce-and-executive/ (last visited on Jul. 22, 2023).
③ ACC Annual Report 2022, p. 80.
④ ACC Annual Report 2022, pp. 80-81.
⑤ Schedule 5, cl. 17 (1), (2).
⑥ ACC Annual Report 2022, p. 88.
⑦ Key people, https://www.acc.co.nz/about-us/who-we-are/our-minister-board-ce-and-executive/ (last visited on Jul. 22, 2023).

理公司出售给了一家澳大利亚公司 Employers Mutual。① 2011 年 6 月 1 日,纠纷解决服务公司也脱离了 ACC,成为独立的皇家所有的公司,2013 年 11 月 1 日,该公司更名为 Fairway Resolution Limited 以反映其经营模式在 2013 年早期发生的全面变化。② 目前,ACC 全资拥有的皇家实体子公司为 Shamrock Superannuation Limited (Shamrock),该公司作为 ACC 养老金计划(the ACC Superannuation Scheme)的公司受托人建立于 1991 年,其职能是作为该计划之资产的独立监督人和监管人为成员的利益而服务。③

二、补偿基金账户的设置

目前,新西兰意外人身伤害的补偿基金分为五个账户(account)④,每个账户中基金的来源与用途各有不同。ACC 作为意外人身伤害补偿方案的主管机构,负责各个账户的基金筹措(主要通过征税)、管理和运行。⑤ 各个补偿基金账户之间相互独立,互不干涉,有利于限制账户间交叉补贴⑥,从而为意外事故补偿制度的财政运行提供一种类似"防火墙"的风险防范作用。

(一)工伤账户(Work Account)

1. 基金的目的与用途

工伤账户主要为雇员、家政服务者和自由职业者的工伤补偿提供资金,具体包括以下方面⑦:(1)雇员、家政服务者和自由职业者的工伤补偿和康复;(2)受害人依 2000 年《意外事故保险法(临时条款)》之规定享有的向 ACC 请求补偿金或康复服务的权利;(3)雇员、家政服务者和自由职业者依

---

① Catalyst Risk Management sold, http://www.acc.co.nz/news/WPC096243 (last visited on Sept. 18, 2014).
② http://www.fairwayresolution.com/about-fairway/our-history (last visited on Sept. 18, 2014).
③ ACC Annual Report 2022, p.86.
④ ACA 2001, § 166 (1).
⑤ ACA 2001, § 165 (1) (c) (d).
⑥ Sonia Macleod, Christopher Hodges, *Redress Schemes for Personal Injuries*, Hart Publishing, 2017, p.35.
⑦ ACA 2001, § 167 (3).

"自由职业工伤账户"或"雇主账户"所享有的权利[①];(4)账户的管理费用与日常支出;(5)对纳税义务人风险评估与审计的费用等。

2. 基金资金的来源

工伤账户的资金主要来源于受害雇员的雇主、家政服务者和自由职业者所缴纳的税款。[②]虽然社会成员向ACC缴纳的是税款,但本质上却仍然属于社会保险费。这是因为:第一,社会成员按照法律的规定或标准交纳一定的费用,在遭受人身伤害时由专门第三方机构负责进行金钱补偿或物质救助,是一种损失分散或损坏社会化的表现。从这个角度讲,新西兰意外人身伤害补偿方案本质上属于社会保险制度的范畴。第二,新西兰意外人身伤害补偿方案在20世纪90年代的"私有化",强调了社会成员(尤其是工伤领域)可以与保险公司订立意外事故保险合同,此时投保人交纳的费用在ARCIA 1992和AIA 1998中均被表述为"保险费"。ACA 2001旨在改变21世纪初90年代的"私有化"倾向,将私人保险公司排除在补偿方案之外,补偿基金统一由ACC负责管理与运行。因此又将社会成员交纳的费用表述为"税款"(levies)。由此可见,"税款"一词意在强调ACC对补偿基金的独占垄断地位,在于维护ACA 2001的公有化色彩。尽管本书为忠于ACA 2001的真实表述仍采用"税款"的说法,但不可否认的是,此"税款"其实是社会保险制度下社会成员为享受社会保险权利而缴纳的保险费。具体而言,雇主要为自己的雇员交纳税款,性质上属于第三方保险(责任保险),即当雇员在遭受工伤或职业疾病时可依法请求ACC支付补偿金或提供康复服务,雇员无须就自身的工伤或职业疾病之风险交纳税款。相反家政服务人员与自由职业者要为自己的工伤或职业疾病交纳税款,性质上则属于第一方保险。但总的来说,雇主、家政服务者和自由职业者均应依照ACA 2001和相关法规的规定交纳相应的税款,其提款汇集于工伤账户,不得汇入其他基金账户,以实现专款专用之规制目的。

---

① 2007年1月1日后,原有的"自由职业工伤账户"和"雇主账户"被取消,由现行的工伤账户取而代之。"自由职业工伤账户"和"雇主账户"的资金全部汇入工伤账户,原有的伤害案件的补偿与康复资金亦由现行的工伤账户负责。See Injury Prevention, Rehabilitation and Compensation Amendment Act 2007 (2007 No. 8).

② 新西兰意外人身伤害补偿基金大多(非谋生者账户除外)来源于社会成员缴纳的税款。

3. 税额

总的来说,雇主、家政服务者或自由职业者在特定时期应纳税金额等于责任收入乘以税率。雇主的责任收入就是指他为自己雇员所支付的工资总额。换句话说,其实是指雇员的收入总额。家政服务者和自由职业者的责任收入就是指纳税义务人作为家政服务者或自由职业者所取得的收入。[①] 税率是指纳税义务人的应缴税款占收入之比例。如何确定纳税义务人的征税税率是一个颇为麻烦的问题。

(1) 风险等级原则

ACC 必须根据雇主或自由职业者所从事的经营活动的具体内容与本质特性,为雇主或自由职业者设置不同的风险等级,并将风险等级与税率进行正向挂钩——风险等级越高,税率越高,税额也越高;风险等级越低,税率越低,税额也越低。[②]

雇主(企业雇主和个人雇主)原则上应有一个统一的风险等级。当雇主从事两种类型以上的经营活动且这些经营活动具有不同的风险等级时,应以风险等级最高的经营活动类型作为雇主的统一风险等级。[③] 但是,在以下情况,ACC 应对不同类型的经营活动的风险等级进行分别计算:第一,雇主提出风险等级分别计算的请求;第二,雇主同时从事两种类型以上的经营活动并且不同类型的经营活动之间相互独立;第三,每种类型的经营活动均对外部的消费者提供相应的产品或服务;第四,雇主的会计报表或财务报告均能体现不同类型经营活动的相互独立性(指管理和运作方面)和雇员收入核算的独立性。[④]

需要指出的是,商业经营活动的类型与风险等级应由具体的管理条例或规章确定。ACA 2001 明确指出,在 2009—2010 税收年度之后,必须出台统一的税率和风险等级标准。在统一标准出台之前或统一标准存在漏洞时,ACC 具有一定的自由裁量权,可以根据雇主或自由职业者的实际风险

---

① ACA 2001, § 169 (1).
② 风险等级与保险费的正向挂钩,是保险制度的重要特征之一。See Jane Stapleston, "Tort, Insurance and Ideology", 58 *Modern Law Review* 820 (1995). ACA 2001 明确规定的风险等级原则,反映了新西兰意外人身伤害补偿方案的社会保险属性。
③ ACA 2001, § 170 (2).
④ ACA 2001, § 170 (3).

等级自行确定征税的税率。另外,ACC 对雇主和自由职业者交纳的税款依照其风险等级再划分为相应的独立账户。每个独立账户的资金只能运用于相应的风险等级范围内的受害人补偿和康复服务。①

(2) 最高限额

当雇员的收入超过法定最高限额时,雇主无须就超出部分交纳税款。如果某人的雇员收入(就某一特定税收年度而言)已经超过法定最高限额但其收入是由两个以上雇主所支付的,那么此时每个雇主应就自己所支付部分交纳税款。② 当自由职业者的收入超过法定最高限额时,自由职业者无须就超出部分交纳税款。③

(3) 税额的调整与变化

如果雇主有正当理由相信,雇员的收入在未来特定时间内会出现 20% 以上的增减幅度时,雇主必须将此信息通知 ACC;如果增减幅度小于 20% 时,雇主可以不用通知 ACC。ACC 一旦收到雇主的信息,公司应尽快重新评估与计算雇主的纳税额度。④

在对特定雇主的安全管理实践进行审计的基础上,ACC 可以依据 ACC 制定的条例对审计结果不达标的雇主的税额予以上调。⑤

如果某企业的工伤事故发生率与严重程度明显高于同一风险等级的其他企业时,ACC 可以决定提高企业雇主的征税税额。此时,ACC 应具体从以下几个方面综合考虑是否上调该企业雇主的税额:第一,同一风险等级企业的工伤事故发生率与严重程度;第二,雇员工伤的总体特征与严重程度;第三,雇员工伤的总体发展趋势;第四,该企业雇主的工伤事故总量与严重程度;第五,该企业雇主以前的安全管理审计结果。⑥ 当 ACC 基于以上因素认为有必要上调企业雇主的税额时,ACC 应及时通知该企业雇主,然后两者应就雇主的安全管理问题进行对话协商。在对话协商中,ACC 必须考虑

---

① ACA 2001,§ 170(6).
② ACA 2001,§ 172.
③ ACA 2001,§ 172A.
④ ACA 2001,§ 174.
⑤ ACA 2001,§ 175(3). 审计工具可以通过援引纳入新西兰标准、任何新西兰组织的要求或推荐做法,或者外国政府或组织的标准、要求、推荐做法、规则、制定法或条例的全部或部分,See ACA 2001,§ 176.
⑥ ACA 2001,§ 178.

企业雇员是否应对自身的安全管理实践进行自我审查并提供相应的帮助。同时,企业雇主也可以在对话协商中对企业的安全生产和员工健康状况进行解释与回应。在对话协商结束后,ACC 必须在现有的信息基础上决定是否对企业雇主进行审计。如果作出审计决定时,应立即通知该企业雇主。①

企业雇主在 ACC 允许的前提下可以进行自我审计,但审计工具和方法必须符合法律规定的要求。如果企业雇主拒绝进行自我审计或者企业雇主不积极参加、配合 ACC 的审计时,ACC 无须再进行审计而可以直接作出上调税额的决定。如果审计结果表明企业雇主的安全管理无法达到法定标准的,ACC 必须决定上调税额。②

4. 受信雇主

工伤账户基金主要用于工伤补偿与康复。为了促进人身意外伤害的预防与事后康复,减少工伤补偿案件的成本和税额,ACA 2001 建立了"受信雇主"制度,即受信雇主与 ACC 在法律规定的条件下订立委托协议,允许受信雇主在特定期间内自行对雇员的工伤进行补偿。在委托协议生效后,ACC 在协议约定的范围内不再对受害雇员的工伤承担补偿和康复服务等义务。

受信雇主与 ACC 之间订立委托协议,必须在法律允许的制度框架(frame work)下进行。③ 委托协议可以包括以下内容:第一,受信雇主有义务对自己雇员的工伤提供全部或部分的补偿金和康复服务;第二,ACC 应在法律框架的基础上相应地降低雇主的税额;第三,受信雇主就自己雇员的工伤所作出的决定,可以视为 ACC 的决定等。④

ACC 与受信雇主订立的委托协议,实际上是把 ACC 的一部分职责委托给受信雇主来完成,因此 ACC 必须要对受信雇主具有充分的信任。这就意味着,雇主必须满足一定的条件才可获得 ACC 的信任,才能与 ACC 订立有效的委托协议:第一,雇主在职工健康和安全生产方面具有积极的、有效

---

① ACA 2001, § 179.
② ACA 2001, § 180.
③ 委托协议的法律制度框架由政府内阁大臣向众议院报告(可能被众议院驳回),POC (Parliamentary Counsel Office)在立法网站对其公布并在政府公报中通告(the Legislation Act 2019)。内阁大臣在适当的情况下可以修改或废止已有的制度框架。但是无论如何,制度框架的内容设计不得与 ACA 2001(特别是第 181 条至第 189 条)的规定相冲突。ACA 2001, § 183.
④ ACA 2001, § 184 (1).

的措施;第二,雇主承诺或公开表示愿意致力于意外伤害事故的预防,能够理解受害人康复的重要意义以及雇主在受害人康复过程中的功能与作用;第三,雇主在工伤预防方面具备适当的制度规则;第四,具有充分的资源、措施和制度来管理工伤索赔和受害人康复服务;第五,能够承担工伤补偿和康复服务的经济成本;第六,雇主已经与自己的雇员和职工代表就前述几个方面进行了商议。① 当然,在委托协议生效后如果 ACC 发现雇主已经不再完全具备以上条件时,ACC 可以单方解除此委托协议。②

ACC 与受信雇主的委托协议生效后,在约定的期间内③,受信雇主应管理受害雇员提出的工伤索赔申请并依委托协议的约定向受害雇员支付补偿金或提供康复服务。如果受信雇主不能依照协议约定履行以上义务的,ACC 应立即接替受信雇主的位置对受害雇员提供补偿金或康复服务,由此产生的费用成本归入 ACC 的对外债权。这就意味着 ACC 在代替受信雇主履行补偿金或康复服务义务后,可以就费用成本向受信雇主进行追偿。在受信雇主破产时,ACC 的债权就受信雇主的破产财产具有法定优先地位。在支付雇员的工资后,受信雇主的破产财产应首先满足 ACC 的债权。④

为了防止受信雇主的违约,ACC 必须建立相应的监督机制(主要通过财务审计)来控制受信雇主的行为。⑤ 在委托协议履行期间,受信雇主必须就协议履行情况向 ACC 进行报告。同时,受信雇主还应将委托协议的内容(主要是受害雇员的工伤索赔申请、管理与补偿等)及时告知自己的雇员。⑥

5. 遗留案件补偿账户的并入

遗留案件补偿账户旨在处理 1992 年《意外事故康复与补偿保险法》(ARCIA)中雇主账户所遗留案件中的补偿和康复服务等问题。这些遗留案件主要包括发生在 1999 年 7 月 1 日之前的工伤案件和发生在 1992 年 7 月 1 日之前的谋生者的非工伤补偿案件。ARCIA 1992 与 AIA 1998 对之

---

① ACA 2001,§ 185 (1).
② ACA 2001,§ 185 (2).
③ 该约定期间被称为"索赔管理期间",是指受害雇员工伤发生后 1 年以上 5 年以下的期间。具体期间由 ACC 与受信雇主协商确定。ACA 2001,§ 181.
④ ACA 2001,§ 187.
⑤ ACA 2001,§ 188.
⑥ ACA 2001,§ 189.

前的补偿基金作了较大的改动①,从而不可避免地留下了新法与旧法之间的适用问题。例如 ARCIA 1992 中的雇主账户在 AIA 1998 中被废除,而 AIA 1998 中规定的自由职业者工伤账户则被 ACA 2001 所废除。但被废除的账户仍可能剩余大量资金,也可能同时面临着许多未解决的索赔请求。因此,新法必须对旧法的补偿基金账户以及那些尚未解决的索赔请求(依照旧法规定提出的)作出妥善处理。其实 ACA 2001 的第十部分(第 340 条至第 349 条)和第十一部分(第 350 条至第 401 条)主要就是为了处理新法与旧法的适用和旧法遗留的补偿索赔请求案件这两大难题,因此这两部分也被称为"过渡条款"(transitional provisions)。由于新西兰意外人身补偿方案历经数次重大立法变革,每次变革都会导致相应的历史遗留问题和大量的"过渡条款",所以这些"过渡条款"十分复杂。②

遗留案件补偿账户,其实就是一种"过渡性"账户,旨在处理旧法中的历史遗留问题。具体而言,该账户的资金支出主要用于以下事项:第一,在 1999 年 7 月 1 日前遭受工伤③的谋生者的补偿和康复服务;例如甲在 1995 年遭受工伤导致劳动能力丧失,获得每周补偿金的权利。那么在 ACA 2001 生效后(即 2002 年 1 月 1 日),每周补偿金应从遗留案件补偿账户中支出。第二,谋生者依照 1972 年和 1982 年的《意外事故补偿法》获得的补偿金和康复服务;该条旨在解决 1972 年和 1982 年《意外事故补偿法》中遗留的补偿案件。也就是说,如果在 IPRCA 2001 生效后(即 2002 年 1 月 1 日),受害人依照 1972 年或 1982 年的《意外事故补偿法》仍享有补偿金或康复权利的,ACC 应从遗留案件补偿账户中支出相应的资金满足受害人的权利要求。第三,依照 1998 年《意外事故保险法》(AIA 1998)第 107 条至第 113 条、第 451 条规定享有的补偿金和康复服务。1998 年《意外事故保险法》在工伤领域采用"私有化"政策,允许雇主(或自由职业者)与私人保险公司签订意外事故保险合同。此时,ACC 不再负责对受害人工伤的补偿与康复服

---

① ARCIA 1992 与 AIA 1998 在补偿基金方面的变化,参见本章第二节的相关论述。
② 为便于理解和掌握新西兰意外人身伤害补偿方案的制度框架与宏观脉络,本章在论述中主要重视现行法(ACA 2001)中的法律制度规则,可能会适当地忽略某些"过渡条款",特此说明。
③ 此"工伤"的含义与适用范围,应适用 ARCIA 1992 的规定。参见原 ACA 2001,§192 (5)(a)(该条已为 2010 年 ACA 修正法废止)。

务。但是在某些条件下（即 AIA 1998 第 107 条至第 113 条、第 451 条），ACC 应对受害人承担补偿金和康复服务之义务。在 IPRCA 生效之后，ACC 应从遗留案件补偿账户中支出资金满足受害人的权利要求。第四，该账户的管理费用与日常开支。

遗留案件补偿账户是一种"过渡性"账户，因此雇主和自由职业者仍需继续交纳相应的税款直至账户基金能够完全满足所有历史遗留案件的支出需要。ACC 应随时关注遗留案件补偿账户的资金充裕度，并在 2014 年 6 月 30 日前实现账户的"完全满足"。也就是说，在 2014 年 6 月 30 日后，遗留案件补偿账户资金能够完全应付所有历史遗留案件的成本，雇主与自由职业者无须再为该账户交纳税款。[①] 遗留案件补偿账户的基金其实主要还是用于历史遗留的工伤案件的补偿与康复服务，所以 ACC 对雇主和自由职业者的征税标准基本与工伤账户的征税标准相同：雇主以其为雇员支付的工资总额作为征税的责任财产，自由职业者依自由职业所取得的收入作为征税的责任财产；雇主和自由职业者的征税税率依照风险等级原则确定；当雇员的收入或自由职业者的收入超过法定最高限额时，雇主或自由职业者无须就超出部分交纳税款；等等。[②]

在 2010 年的修订中，这一账户被并入工作账户，剩余责任则被并入下述的机动车账户和谋生者账户。

（二）谋生者账户

谋生者账户基金主要用于支付谋生者的非工伤伤害的补偿金和康复服务费用。所谓的"非工伤伤害"其实是指一般的意外人身伤害，即工伤、机动车交通伤害、诊疗伤害以外的其他人身伤害。[③] 谋生者账户基金主要来源于谋生者（主要是雇主）所缴纳的税款。

谋生者账户的征税标准是按谋生者的责任收入（工资、薪金、酬劳或其他收入）征收相应的税额。雇员所应交纳的税款采用所得税预扣法[④]预先从

---

① 原 ACA 2001, § 193 (1)（本条已为 2010 年 ACA 修正法废止）。
② 雇主和自由职业者就遗留案件补偿账户的纳税标准和具体规则，参见原 ACA 2001, §§ 193~200（该部分现已为 2010 年 ACA 修正案废止）。
③ ACA 2001, § 218 (1).
④ 所得税预扣法（Pay-As-You-Earn, PAYE），是指雇主先代替雇员向政府交纳所得税，然后从雇员的工资或薪金中扣除所得税后再把余额发给雇员。

其责任收入中扣除。自由职业者和持股雇员(未采用所得税扣除法的)应依据 ACC 的纳税清单向 ACC 交纳相应的税款。① 谋生者账户的征税标准采用统一税率制,不采用风险等级制。②

(三) 非谋生者账户

非谋生者账户基金主要用于支付非谋生者(儿童、未成年学生、退休人员)的人身伤害(机动车交通伤害和诊疗伤害除外)的补偿金和康复服务费用。非谋生者账户基金来源于政府公共财政收入。每年的基金收入来源首先由政府公共预算方案予以确定,最后由议会批准。

(四) 机动车账户

机动车账户的基金旨在为机动车事故伤害的补偿和康复服务提供资金。机动车账户的资金主要来源于以下几个方面:第一,每位机动车所有人所交纳的税款;第二,依《交通(机动车与驾驶员注册登记)法》[Transport (Vehicle and Driver Registration and Licensing) Act 1986]第 34 条第 1 款的规定,持有营业执照的个人交纳的税款;第三,机动车使用人的燃油消费税;第四,法定的机动车账户遗留税款(Motor Vehicle Account Residual Levy);第五,该账户的管理费用与日常开支等。

机动车账户基金主要来源于机动车所有人交纳的车辆年度注册费和机动车使用人购买燃油时交纳的汽油消费税。③ 机动车征税是根据机动车的类别来定的,一是汽油车④,二是柴油车。汽油车税额包括两部分,即车辆年度注册费和购买汽油时,包含在汽油价格内的汽油税。⑤ 对于柴油车,车辆

---

① ACA 2001,§§ 219,221,222.
② 这是因为,若对谋生者的非工伤害采用风险等级的税率制,就必须对每个谋生者的潜在风险进行评估与预测。这样做无论是从成本上还是从法律效果上都是不可行的。See https://www.acc.co.nz/for-business/understanding-levies-if-you-work-or-own-a-business/ (last visited on Jul. 24, 2023).
③ 汽油消费税包含在汽油价格内,当机动车使用人购买汽油时其实就意味着缴纳了汽油消费税。
④ 电动汽车也被归类为汽油车。
⑤ ACC 认为,将汽油税纳为机动车税的一部分是一种更为公平的选择,原因在于,机动车行驶里程越多(耗油越多),发生事故的风险就越大,而支付的税款就越多。See https://www.acc.co.nz/about-us/our-levies/paying-levies-if-you-own-or-drive-a-vehicle/ (last visited on Jul. 24, 2023).

注册费已包含所有需缴纳的机动车税款。① 之前,机动车辆的年度注册费采用"风险等级"原则,即按照车辆的型号和品种用途(即代表不同的风险等级)征收不同的注册费。② 从 2019 年 7 月 1 日起,车辆风险评价(Vehicle Risk Rating,VRR)被取消,原因在于缺乏明确证据表明 VRR 有助于预防伤害或鼓励购买更安全的汽车,且给低收入群体带来了负担(该群体通常买不起安全评级更高的汽车,故往往支付更高的税额)。针对摩托车,征税是根据交通部门的碰撞风险数据而定的。③

(五)诊疗伤害账户

IPRCA 在 2005 年的修正案中废除了先前的"医疗事故伤害",新创了"诊疗伤害"的人身伤害类型。因此,原有的医疗事故账户也被诊疗伤害账户所取代。诊疗伤害账户基金有主要两项用途:一是支付诊疗伤害案件的补偿金和康复服务费用;二是支付 2005 年 7 月 1 日之前(即 IPRCA 2007 年修正案生效之前)的医疗事故案件的补偿金和康复服务费用。诊疗伤害账户的资金来源也较为复杂:第一,卫生医疗注册职业人员或提供诊疗服务组织(如医院、诊所等)依法缴纳的税款;第二,谋生者账户的资金(在受害人为谋生者时);第三,非谋生者账户的资金(在受害人为非谋生者时)。谋生者或非谋生者不具有单独向诊疗伤害账户缴纳税款的义务,但同时诊疗伤害账户的资金却要用于支付谋生者或非谋生者因诊疗伤害所遭受的损失。因此,为了能够使诊疗伤害账户具有独立运营能力,应适当从谋生者账户和非谋生者账户中抽调部分资金用于诊疗伤害账户。医疗执业人员或医疗机构则成为诊疗伤害账户的唯一直接纳税对象。

三、基金的运行与管理

新西兰意外人身伤害补偿方案目前共有五大基金账户,分别用于支付不同领域内人身伤害的补偿和康复服务费用。这五大基金账户的资金主要

---

① See https://www.acc.co.nz/about-us/our-levies/paying-levies-if-you-own-or-drive-a-vehicle/ (last visited on Jul. 24, 2023).

② 例如,用于商业用途(即具有营业执照)的卡车、货车或拖拉机要比小轿车的注册费高,因为它们发生意外事故的风险要远远高于用于日常交通出行的小轿车。

③ https://www.acc.co.nz/newsroom/stories/vehicle-risk-rating-vrr-removed-from-acc-motor-vehicle-levy/ (last visited on Jul. 24, 2023).

来源于纳税义务人(雇主、雇员、自由职业者和机动车牌照持有者)缴纳的税收收入。纳税义务人的范围、征税的标准、税率的确定、征税的程序等问题由 ACA 2001 统一作出规定。为了适应社会环境与宏观经济的发展态势,及时满足整个新西兰意外人身伤害补偿方案运行成本的需要,规章在不违背 ACA 2001 的基本规定的前提下可以对补偿基金的税收政策进行更详细的规定。实际上,ACA 2001 主要规定了补偿基金税收政策的基本原则和宏观制度框架,而具体的税收政策则由规章完成。更确切地说,某个税收年度的征税政策都由新西兰总督签发的枢密令予以确定。

在资金运作方面,各个账户独立核算,互不影响。ACC 必须确保每个基金账户的收入和支出始终处于独立运行的状态。ACC 一般不得将某个基金账户的资金挪用于其他基金账户。当人身伤害案件的补偿金或康复服务费用同时适用于两个以上的基金账户时,ACC 必须就各个基金账户的支出负担比例进行合理划分。另外,ACC 对整个补偿方案的运行管理成本应合理地分配到各个基金账户中。

(一)征税政策

1. 筹资模式的变化——从现收现付到完全筹资

直到 1999 年,ACC 都是根据现收现付的方式来运行,每年仅收集足够的税费来满足当年的补偿金。1999 年,政府决定采用完全筹资的运营模式。这意味着在每个税收年度都要收集足够的税费来满足当年发生的每个求偿的全部终生费用。有些受伤者需要 ACC 的帮助长达 30 年甚至更多,因此需要建立可观的准备金来资助这些将来的费用。这一完全筹资的模式对每个税费缴纳人都是公平的。未来一代的纳税人不会为多年前发生的伤害进行偿付,因为这些求偿的费用已经收集了。①

基于"完全筹资"的运作模式,目前的各个账户基金的征税标准要比"现收现付"运作模式下的征税标准高很多。原 ACA 2001 第 169AA 条(现已废止)曾明确规定,在 2019 年 3 月 31 日前实现各个账户的完全筹资化,能够满足所有历史遗留补偿案件的成本。要想实现这一目标,必须建立合理和科学的征税政策,保证各个账户基金的资本充裕度,从而满足各个账户基

---

① How we're funded:The five ACC accounts,http://www.acc.co.nz/about-acc/overview-of-acc/how-were-funded/index.htm (last visited on Sept. 19, 2014).

金的正常运行之需要;同时,在制定征税政策和具体标准时,要充分考虑社会成员(主要是雇主、雇员、自由职业者等缴费义务人)的经济承受能力和宏观经济态势等外部环境因素。

2. 年度征税标准的确定

ACA 2001 规定了各个账户基金的征税义务人、征税范围和征税规则,然而这些规定是原则性的,它只是为补偿基金提供了宏观的征税制度框架。实践中某个税收年度的具体征税标准则需要政府发布相应的规章予以实施。在每个税收年度征税标准出台的过程中,ACC、缴费义务人和政府都有一定的参与度。

制定征税标准的基本流程如下:第一,ACC 根据政府制定的资金政策声明,考虑诸如医疗保健费用、投资回报等因素计算拟议的税率,并就此准备提案文件,详细说明内容与原因。第二,ACC 将完成的征税建议提交公众咨询(至少 28 天),董事会审议公众的反馈并向主席作出最后的建议。第三,主席向商业创新和发展部、财政部征求独立意见。第四,政府内阁对征税标准作出最后的决定(政府内阁没有义务接受 ACC 的税率建议),并通过颁布规章使之成为法律。①

2021—2025 年各年度征税标准②

收税项目	2021/2022 现行税率	2022/2023 确定税率	2023/2024 确定税率	2024/2025 确定税率
平均工作税	每 100 新西兰元薪酬缴 0.67 新西兰元	0.63 新西兰元	0.63 新西兰元	0.63 新西兰元
谋生者税	每 100 新西兰元工资缴 1.21 新西兰元	1.27 新西兰元	1.33 新西兰元	1.39 新西兰元
平均机动车税	每辆车缴 113.94 新西兰元	113.94 新西兰元	113.94 新西兰元	113.94 新西兰元

3. ACC 的征税管理

年度征税标准一旦以规章的形式被确定,ACC 就有权依照规章确定的

---

① The levy setting process,https://www.acc.co.nz/about-us/our-levies/the-levy-setting-process/ (last visited on Jul. 25, 2023).

② 2021 Levy Consultation Results,https://www.acc.co.nz/about-us/our-levies/levy-results/ (last visited on Jul. 25, 2023).

征税标准对缴费义务人进行相应的征税管理工作。在征税过程中,缴费义务人可以申请分期支付。但是,分期支付的成本纳入缴费义务人的缴费总额。缴费义务人认为 ACC 征税决定违法或不合理的,可以在收到 ACC 缴费通知的 3 个月内提出复议。如果 ACC 认为自己作出的征税决定错误或不合理的,可以在任何时间主动作出撤销或修改。缴费义务人对 ACC 征税决定提出复议或上诉的,在复议或上诉期间不影响 ACC 征税决定的法律效力。在最终裁决出台之前,缴费义务人仍应按照征税决定缴纳相应的费额。① 如果缴费义务人从事的经营行为不属于现有法定的行业等级或风险等级或者无法按照法定的征税标准确定缴费义务人(主要是指雇主和自由职业者)的具体缴费金额时,ACC 可以对缴费义务人的经营行为进行合理的行业等级或风险等级评估,然后参照现行的行业等级或风险等级标准确定相应的征税金额。在必要时,ACC 可以建议主管大臣修改规章,将新兴的经营行为纳入行业等级或风险等级的法定标准。②

为实现征税目的,ACC 可以对缴费义务人的收入性质——是雇员收入还是自由职业者收入——进行判定,或者对缴费义务人的身份——是雇主、雇员还是自由职业者——进行判定。同时,雇主和谋生者应按照法律的规定或 ACC 的要求及时申报自己的收入状况。在必要的情况下,为进一步核实缴费义务人的实际收入状况,ACC 甚至可以要求缴费义务人提供家庭其他成员的收入信息。如果缴费义务人故意或无正当理由拒绝向 ACC 提供个人收入信息或其他相关的收入证明文件的,应承担相应的法律责任。ACC 应根据缴费义务人的收入信息申报确定征税金额。ACC 有足够理由相信缴费义务人的信息有误或不准确时,可以运用自由裁量权适当提高征税金额。③

(二) ACC 的债权管理

ACC 在日常经营活动中会对外产生一些法定的债权。这些债权并不是 ACC 从事对外投资或其他商业经营行为的结果,而是在征税管理(基金收入来源方面)和支付受害人补偿金或康复服务费用(基金支出方面)过程

---

① ACA 2001,§§ 234,236,237,238.
② ACA 2001,§ 239.
③ ACA 2001,§ 243.

中形成的特定债权。对于这些债权,ACC 有权通过特定的法律程序予以追偿或者对受害人的权利在相等数额的范围内予以抵消。

ACC 有权予以追偿的法定债权主要包括:(1) 超出受害人实际权利范围的补偿金或社会康复费用;(2) 缴费义务人拖欠的保险费金额;(3) 缴费义务人应交纳的保险费的延迟利息。① 在缴费期限届满时,缴费义务人仍未按照法律规定或依 ACC 的缴费发票进行缴费的,ACC 有权就保险费收取相应的延迟利息。如果缴费期限届满 6 个月后,缴费义务人仍未缴纳保险费或仍未足额缴纳保险费的,除延迟利息外,ACC 还可就未缴纳部分进行 10% 的罚金处罚。在此之后,以每 6 个月为单位,ACC 可以就缴费义务人未缴纳的保险费处以 10% 的递增罚金,但罚金总额不得超过应缴纳保险费的 3 倍。(4) 对缴费义务人的罚金。② 由于受害人未能及时提供相关信息而造成过度支付的,ACC 有权向受害人就超出部分予以 10% 的罚金处罚。如果受害人故意作出虚假陈述或提供虚假信息骗取补偿金或康复服务费用的,ACC 有权向受害人就超出部分予以 3 倍的罚金处罚。(5) 分期支付保险费时的额外费用成本等。

但是,如果受害人没有过错而仅仅由于医学治疗等客观因素造成的过度支付,ACC 无权就超出部分享有追偿权,受害人可以继续享有过度支付部分之权利。此时,ACC 只能对受害人的实际权利状况进行重新评估,并在此基础上修改原来的补偿决定。③ 需要注意的是,ACC 对受害人或缴费义务人的追偿权有时效限制。如果 ACC 对缴费义务人具有保险费、保险费利息或罚金债权的,应在债权有效成立之后的 10 年内行使。超过 10 年的,ACC 丧失追偿权,不得再向受害人或缴费义务人主张追偿权。④ 反过来说,如果 ACC 的征税数额超过不合理的限度或缴费义务人缴纳的保险费超过了法定标准的,ACC 应就缴费义务人过度缴纳的金额承担返还义务。在这种情况下,ACC 可以将过度缴纳的保险费退还给缴费义务人或者在征得缴费义务人的同意时将此部分的金额充抵缴费义务人下一税收年度的应缴

---

① ACA 2001,§250.
② ACA 2001,§249.
③ ACA 2001,§251.
④ ACA 2001,§254.

费额。①

（三）ACC 的对外投资

1. 意义

运用补偿基金账户的闲散资金对外进行投资,是 ACC 的一项重要职责。ACC 对外投资的最终目的在于把对外投资产生的经济收益纳入补偿基金,从而扩大补偿基金的资本规模,满足意外人身伤害案件的补偿金和康复服务等资金支出成本的要求。ACC 对外投资的成功与否,影响着补偿基金的整体资金规模和资本充裕度,是补偿基金未来生存活力的体现,更是提高或减轻缴费义务人缴费义务的重要指标因素。② 因为 ACC 属于皇家实体机构,其组织与运行应符合《皇家实体法》(Crown Entities Act 2004)的规定。在进行对外投资时,ACC 的投资措施必须符合政府的政策导向。③

2. 投资组合

ACC 进行对外投资的资金,直接来源于各个补偿基金账户中的闲散资金。ACC 对外投资的经济收益,应按照各个补偿基金账户的资金注入比例进行分配。④ ACC 将每个补偿基金账户的投资资金区分为短期的"现金投资组合"和长期的"准备金投资组合"。前者获得的投资收益主要用于弥补整个补偿基金短期内的支出和成本,后者获得的投资收益不得被再次用于对外投资,而是作为准备金为整个补偿基金在未来的支出和成本提供资本储备。⑤

ACC 在进行对外投资时,具有投资基金受托人的法律地位。⑥ 这就意味着,ACC 必须履行投资基金受托人的诚信和勤勉义务。为降低投资风险,ACC 采取了多领域和立体式的投资组合政策,对外投资涵盖了股票市场、私募基金市场、政府债券市场和金融衍生品市场等领域。在投资区域方面,ACC 主要致力于本国市场,但也有部分资金投入了澳大利亚的政府债

---

① ACA 2001,§255.
② ACC,ACC Business Plan Handbook (2008-2009),p.13.
③ ACC 主席在依据《皇家实体法》第 103 条决定 ACC 对外投资的方向前应咨询政府财政部部长。ACA 2001,§275 (3).
④ ACA 2001,§275 (2).
⑤ ACC Annual Report 2022,p.178.
⑥ ACA 2001,§275 (1).

券市场和国际金融市场。ACC 的对外投资主要致力于本国市场的原因在于：第一，新西兰本土市场要比国外市场更能适应 ACC 的投资需求，ACC 的征税标准的变化更多地受到新西兰的政府债券市场的影响。第二，投资新西兰本土市场的管理成本要低于国外市场的投资管理成本。ACC 现在已经成为新西兰金融市场最大的投资基金管理人之一。[①] 在投资决策方面，ACC 的投资委员会（董事会下设的专业委员会之一）负责具体的对外投资决策。ACC 的投资部门负责执行投资委员会的对新西兰国内和澳大利亚的投资决策，而对国外市场的投资决策则由 ACC 委托给国外的信托投资基金公司来完成。

3. 投资绩效

近年来，ACC 的对外投资呈现出良好的发展态势。在短期投资方面，2021—2022 年度 ACC 投资业绩优于市场基准 1.09％（扣除成本），创造了约 5 亿新西兰元的额外价值，这主要是因为大多数投资组合获得了高于基准的回报。[②] 在长期投资方面，在过去 30 年中，有 28 年的投资组合表现优于基准。[③]

第七节　对新西兰意外事故综合救济机制的评价

一、新西兰现行意外事故补偿法的性质和特点

新西兰向来以其进步社会的政策著称，被称为"社会实验室"。1893 年，新西兰在世界上首次赋予了妇女平等的投票权；1898 年，新西兰开始实行养老金制度；1900 年，新西兰参考德国俾斯麦执政时期的立法例，创建了无过错的工伤补偿制度；1938 年，新西兰推行了全民医疗保障方案。[④] 现行的意外事故补偿制度（ACA 2001）亦为其典范。这一制度本质上是一种"社

---

① ACC Annual Report 2013, p. 114; ACC Annual Report 2022, p. 179.
② ACC Annual Report 2022, p. 183.
③ ACC Annual Report 2022, p. 185.
④ Oliphant, Ken, Accident Compensation in New Zealand, http://www.courdecassation.fr/IMG/File/pdf_2006/05-12-2006_assurance/05-12-06_ken_oliphant-en.pdf (last visited on Spt. 18, 2014).

会保险为主,社会保障为辅"的无过错补偿制度:就一般劳动者而言,雇主和谋生者(雇员、自由职业者和持股雇员)依法负有缴纳社会保险费之法定义务;当受害人遭受的人身伤害符合该制度的适用范围时,受害人获得医学治疗、身体康复或损失补偿等一系列法定权利;制度的主管机构(ACC)一方面负有收取社会保险费之公权,另一方面则负责满足受害人相应的权利要求。在非谋生者遭受人身损害之情形,意外事故补偿制度又显现出社会保障之特性。此时,政府运用公共税收资金注入非谋生者基金账户(仍由 ACC 控制管理),对受害人进行补偿救济。在这种制度下,以过错责任为核心的侵权法制度被彻底废弃,受害人一旦符合制度的适用范围,就会自动获得制定法权利,而无须考虑其他因素(如过错、因果关系等)。

现行的意外事故补偿制度有以下特点:第一,政治决定命运。历史表明,社会公共福利思想与个人自由主义这两种意识形态始终把意外事故补偿制度作为角力斗争的舞台。左派政党执政时,适用范围较为宽松,补偿案件较多,缴费义务人经济负担重;右派政党执政时,适用范围收紧,补偿案件较少,缴费义务人经济负担轻。政治力量的博弈,已经造成意外事故补偿制度的不稳定性和流变性,不利于制度的长远发展。第二,与侵权法中的无过错责任(严格责任)的关系。在第三人致害之情形下,意外事故补偿制度与无过错责任相似,均不要求受害人证明加害人的过错即可获得补偿救济;但是,二者存在较为明显的区别:无过错责任是侵权法中的归责原则,仍属私法之范畴;受害人需提起侵权损害赔偿诉讼,加害人(或保险公司)承担损害赔偿之责任,而意外事故补偿制度无须提起侵权诉讼,受害人得直接向 ACC 请求损失补偿。第三,与商业保险的关系。意外事故补偿制度在缴费政策上,仿效商业保险的"风险等级"原则,按照缴费义务人从事的行业风险程度、以往的事故发生率等因素实行差别缴费,旨在起到意外事故之预防与震慑作用;但是,意外事故补偿制度作为一种社会保险方案,具有国家强制性。它在制度目的、补偿范围以及成立要件等方面与商业保险具有明显的区别。

二、对新西兰意外事故补偿法的评价

新西兰意外人身伤害补偿方案获得了本国政府与民众的高度支持,尽管在诞生后的五十年里也经历过时而开放时而保守的坎坷经历,但总体上它还在正常运行并继续发挥着自身应有的强大的补偿救济功能。目前，新西兰事故补偿公司在新西兰社会中扮演着重要的角色，新西兰人每年将近三分之一的索赔都由其来处理。① 从这个角度上讲，它是成功的。

在制度目的方面，它以社会责任理念为基础，旨在使整个社会负担意外事故之成本，体现了社会公共福利思想。它废除受害人的侵权损害赔偿权利，并由制定法明文规定的权利取而代之，这体现了"社会契约"之政治理想。但是，新西兰意外事故补偿制度的社会责任理念并没有完全得到贯彻，它仅承认社会（政府）承担意外事故成本，而没有将自然疾病、老龄化、先天性生理缺陷纳入保护范围。因此本书认为，这种做法已经违背了社会责任理念的初衷。当然，社会责任理念并不是漫无边际的，也不是要承担起所有的人类不幸或灾祸，否则社会将无法维继，无从发展。基于现实之考虑，本书认为意外事故补偿制度应合理扩大适用范围，尤其是要将人为疾病（环境污染、职业疾病或医疗事故中的后续性疾病等）纳入补偿保护范围，从而合理实现社会责任之政治理想。

由于新西兰意外人身伤害补偿方案废除了侵权赔偿责任制度，侵权法所具有的事故预防、行为震慑之功能也随即在意外事故补偿制度中消失，这也成为侵权法捍卫者对新西兰方案进行诟病的问题区域。② 由于无过错补偿无须加害人的主观过错，加害人缺乏行为的外在约束机制，因此容易招致社会危险行为和意外人身伤害事故的增多。③ 侵权法捍卫者对新西兰意外人身伤害补偿方案的讨论和批判，目的在于维护侵权法在人身伤害赔偿领域的地位。尽管他们可能承认侵权法在损害赔偿、运行成本或预防震慑等方面有不足之处，但这绝不意味着要将侵权法彻底废除。相反，侵权法的捍卫者主张通过内部规则的优化和改革——例如，过失标准的客观化、严格责任的扩张或侵权法诉讼程序制度（陪审团制度、律师胜诉收费制度等）等方

---

① See ACC, Financial Condition Report 2022, p. 4.

② E.g., Lewis N. Klar, "New Zealand's Accident Compensation Scheme: A Tort Lawyer's Perspective", 33 *The University of Toronto Law Journal* 80, 81 (1983). 但是也有学者经过实证数据分析后认为，新西兰《意外事故补偿法》在机动车交通事故领域与侵权法具有相似的预防震慑作用，see Craig Brown, "Deterrence in Tort And No-fault: The New Zealand Experience", 73 *California Law Review* 976 (1985)。

③ Karine Fiore, "No-fault Compensation Systems", in Michael Faure (ed.), *Tort Law and Economics*, Edward Elgar Publishing Ltd., 2009, pp. 411-412.

面——来进一步完善侵权法在人身伤害赔偿领域的作用。针对这一点，ACA 2001 强化了 ACC 在意外事故预防方面的职责，ACC 在保险费收取、安全教育、医疗咨询和事故信息统计方面也作出了相当大的资金投入，但是意外事故补偿制度的预防功能表现得并不理想。可以说，意外事故补偿制度本身所具有的"无过错补偿"性质，在相当程度上减轻了潜在加害人的风险防范意识，不利于社会安全。这已经构成意外事故补偿制度的"内伤"，因此只能借助外部制度予以弥补。新西兰的立法者应进一步完善安全生产的行政法律规范，提高行政管制水平，从而弥补意外事故补偿制度在此方面的不足。而事实上，ACC 也一直在尝试通过各种措施来降低事故发生的可能性，比如"年轻司机计划"(2011—2012 年度)、增加老年人群体维生素 D 摄入量以预防摔倒事故、新西兰伤害预防战略(the New Zealand Injury Prevention Strategy)以及跨政府伤害预防工作计划(Cross-Government Injury Prevention Work Plan)等。[1]

补偿基金的筹措机制是衡量意外事故补偿制度成败与否的最为关键的指标，也是维系意外事故补偿制度健康发展的先决条件，对受害人的保护救济具有重大的现实意义。从 20 世纪 80 年代以来，补偿基金的筹措机制一直随着政治环境的变化而作出相应的调整。在资金运作方面，"完全筹资"模式与"现收现付"模式是一对矛盾："完全筹资"模式将更多的经济负担加在了目前的缴费义务人头上，但从长远来看有助于补偿基金的充足盈余；"现收现付"模式缓解了目前缴费义务人的经济负担，但从长远来看增大了补偿基金在未来的财政风险。选择何种模式，几乎完全取决于立法者的公共政策倾向。目前，ACA 2001 采行"完全筹资"模式。在 2013 年度报告中，ACC 表明自己正朝获得长期的财务可持续性的方向良性发展。[2] 而在 2015 年，收税账户的剩余部分的完全筹资已经提前实现。[3] "完全筹资"模式是种较为安全的基金运作模式，能够在相当程度上减少补偿基金的财政风险，更能适应制度长远发展之需要；但是，"完全筹资"模式往往会在现实中遇到政治压力，会遭到社会相关利益集团的抵制。因此，ACC 需要进一步加强资

---

[1] Sonia Macleod, Christopher Hodges, *Redress Schemes for Personal Injuries*, Hart Publishing, 2017, pp.44-45.

[2] ACC 对自己对外投资战略的总结与分析，see ACC, Annual Report 2013, pp.8-9.

[3] See ACC, Financial Condition Report 2015, p.3.

金运作效率,降低制度的整体运行成本,并提高对外投资水平,争取通过"内化"成本而减轻缴费义务人的经济负担。

但由于保健筹资、社会保障和社会价值在背景上的不同,限制了新西兰经验推广到其他国家。① 时至今日,没有其他任何一个国家真正移植或效仿了"新西兰模式":各国的立法者对它倍感兴趣,但总又不约而同地将它放弃。新西兰意外人身伤害补偿方案在比较法上最终成为一个引人好奇但又被敬而远之的"制度孤儿"。

在学术界,新西兰意外人身伤害补偿方案也经历了类似的遭遇:在经历了20世纪70年代至80年代的广泛而又热烈的讨论后,侵权法学界几乎又回归到了往日的宁静。无过错补偿方案或废除侵权法的言论,似乎不再时髦,尽管侵权法的顽疾——损害赔偿的软弱无力、诉讼程序的昂贵成本和制度运行导致的资源浪费等——依然没有好转的迹象,尽管侵权法改革仍然是学者们关注的焦点问题。从这个角度上讲,它又是失败的。

成功带来的是经验,失败带来的是教训。无论怎样看待新西兰意外人身伤害补偿方案的成败得失,有一点是任何人均无法否认的:它改变了人们对意外人身伤害的法律救济的传统观念,使人们开始注重商业保险、社会保障制度等原本被认为不相关的制度,从而为侵权法的未来发展趋势增添了一些重要的制度参考和判断指标,也为意外事故受害人(甚至所有的人身伤害)的综合法律救济体系的构建提供了必要的空间。所以说,新西兰意外人身伤害补偿方案对世界的影响不是在于它的法律规则和立法技术,而是在于它对侵权法(乃至保险法和社会保障法)的巨大智识贡献。

---

① Marie Bismarck and Ron Paterson,"No-Fault Compensation in New Zealand:Harmonizing Injury Compensation,Provider Accountability,and Patient Safety",25 *Health Affairs* 278 (2006).

第二章　澳大利亚的意外事故救济机制

作为曾经的英属殖民地,澳大利亚的法律深受英国法的影响。与英国、美国等主要英美法系国家一样,从20世纪60年代开始,伴随侵权法理论的转向和侵权法危机论的兴起,澳大利亚在改革有关意外事故所致人身伤害的救济机制方面也进行了许多积极探索和实践,其中的许多经验和教训,对我国相关制度的建设是富有启迪意义的。有鉴于此,以下拟就澳大利亚的相关制度探索和实践作一简要梳理和评论。考虑到在澳大利亚的联邦制之下,有关意外事故所致人身伤害和死亡的法律救济主要受各州或领地法的调整,同时考虑到在澳大利亚各州和领地(澳大利亚共有六个州、两个领地)中,新南威尔士州的制度最具代表性且往往都具有风向标的作用,因而在以下讨论中,除涉及联邦层面的立法和举措外,其他部分的讨论原则上都将通过以新南威尔士州的制度为纲、兼及其他各州的方式进行。

第一节　现行意外事故救济体系概览

与世界上其他许多国家一样,在澳大利亚,侵权法向来也是人身伤害的受害人谋求法律救济的主要途径,但在20世纪,为加强受害人保护和顺应社会福利改革的思潮,澳大利亚各州和领地也先后出台了一些有关工矿事故、机动车交通事故和刑事犯罪被害人保护等领域的特别制定法,并在一定范围内引入了无过失的事故补偿制度。此外,包括全民健康保险在内的各种社会保险和救助制度也在联邦和州的层面逐步建立起来,从而在澳大利亚形成了一个主要由侵权法、特定领域的无过失补偿法和社会保障法共同构成的事故救济体系。

一、侵权损害赔偿

澳大利亚的侵权法主要继承和沿袭的是英国法传统,判例法或普通法是其侵权法规则的主要渊源,但在经历了长期的发展以后,这些普通法规则已经为澳大利亚各州和领地制定的众多成文法所修正。就人身伤害领域而言,除相关的调整故意侵权(如殴打等)的规则依然保留了其普通法形态外,源自邻人原则的普通法上的过失侵权在澳大利亚各州基本上都已经实现了成文化。尤其是在2002年的IPP委员会报告①之后,各州和领地基本上都颁布了自己的《民事责任法》(Civil Liabilities Act),用来调整包含医疗责任和公众责任(public liability,即公共场所的所有者或管理者的责任)在内的各种过失侵权责任。

依据这些民事责任法,过失侵权是指行为人违反其对他人所负的法律上的注意义务并给后者造成实质性损害的行为,其构成一般包含四个基本要素:第一,须行为人对受害人负有注意义务,即在受害人遭受损害的当时,行为人与受害人之间存在一项法律上的关系,依据该关系,行为人负有通过采取合理措施以避免给受害人造成损害的法律义务;第二,行为人违反了前述注意义务,即行为人在采取合理措施以避免给受害人造成损害方面存在过失;第三,受害人受侵权法保护的利益遭受了损害;第四,行为人的行为与受害人所受损害间存在因果关系。

侵权行为所产生的主要法律后果是行为人须对受害人所受损害承担赔偿责任。在侵权行为造成人身伤害或死亡的情况下,受害人可在法定的诉讼时效期间内(一般为3年)向法院提起损害赔偿之诉。在此类人身损害赔偿之诉中,受害人得请求赔偿的项目主要包括:(1)因人身伤害导致的经济损失,含已实际发生的损失和未来损失,前者如医疗费用、收入损失等;后者如劳动能力损失、来日的护理与治疗费用等。(2)非经济损失,含痛苦与创伤、生活乐趣损失、预期寿命损失等。但是,不管是经济损失赔偿,还是非经济损失赔偿,都不得超出各州《民事责任法》规定的最高限额,而且,低于最

---

① 关于该报告的详细情况,参见本章第三节。

低门槛的劳动能力损失和非经济损失将不予赔偿。[①] 这些最高赔偿额和最低门槛限制主要源于2002年前后发生的以限制人身损害赔偿责任为目的的侵权法改革,在这次改革中,惩罚性赔偿和加重性赔偿也从过失侵权之诉中被完全废除。

二、工伤补偿

在澳大利亚,工伤补偿主要受各州和领地所制定的特别法的调整,目前各州和领地基本上都已经建立起了自己的无过失的工伤补偿方案[②],其典型代表当数新南威尔士州现行的1987年《劳工补偿法》(Workers Compensation Act 1987,该法最早制定于1910年)、1998年《工伤管理和劳工补偿法》(Workplace Injury Management and Workers Compensation Act 1998)以及2001年《劳工补偿法修正案》(Workers Compensation Legislation Further Amendment Act 2001)。

在这种无过失的工伤补偿方案之下,雇主负有为雇员投保工伤保险的义务,并应负担其全部费用,雇员则无须缴纳任何保费。一旦发生工伤,受伤员工就有权依据该方案请求无过失的补偿金。依据1987年《劳工补偿法》的规定,工伤纠纷由政府专门设立的工伤补偿委员会(Workers Compensation Commission)负责处理。这里所谓的工伤是指雇员在受雇工作期间所受的各种人身伤害,雇员在工作期间罹患的疾病也包括在内,只要其工作或职业是诱发该疾病的一个实质因素,或者是导致疾病进一步加重或恶化的一个因素,患病的工人都有权请求工伤赔偿。但是,积尘病(例如,石棉沉着病、硅肺病)不包括在内,它们受1942年《工伤赔偿法(积尘病)》〔Workers' Compensation (Dust Diseases) Act 1942〕的调整。在工伤补偿中,补偿范围主要包括:死亡补偿、丧失劳动能力期间的收入补偿金(一般按

---

① 例如,依据新南威尔士州2002年《民事责任法》第12条至第17条的规定,在人身伤害或死亡赔偿中,经济损失赔偿的最高计算标准为平均周薪的3倍,即超出平均周薪3倍的收入损失或扶养费损失将不予考虑;非经济损失赔偿的最高限额为35万澳元(该数值可根据CPI予以调整,2004年为40万澳元);劳动能力丧失程度达不到全部丧失的15%的或低于最高赔偿限额15%的非经济损失,都将不予考虑。

② 关于澳大利亚各州和各领地工伤补偿方案的细节描述,可参见Macleod and Hodges, *Redress Schemes for Personal Injuries*, Hart Publishing, 2017, pp. 48-160.

周支付)、医疗和康复费用补偿、非财产损害补偿(包含终身丧失工作能力的补偿金)以及其他一些相关的财产损害补偿[1],但其中一些项目的赔偿须受到 2001 年《劳工补偿法修正案》所规定的最高赔偿额或门槛限制。

除无过失的工伤补偿外,依据 1987 年《劳工补偿法》的规定,受伤员工也有权向雇主提出"缩减了的"普通法上的损害赔偿请求(该请求权曾被废除,后又被重新引入),此类缩减了的普通法上的损害赔偿请求主要适用于因雇主的过失或其他侵权行为导致工人死伤的情形,其诉讼必须在自人身伤害确定之日起 3 年内提起,且须提前 6 个月将受伤情况通知雇主(即在受伤情况通知到达雇主后的 6 个月内不能提起诉讼)。在此类缩减了的普通法上的损害赔偿诉讼中,原告唯一可获得的损害赔偿就是已现实发生的因收入减少而导致的经济损失和将来可能发生的因丧失劳动能力而导致的经济损失。而且,有资格提起此类普通法损害赔偿的受伤员工必须是"要么已死亡、要么其劳动能力丧失程度已经达到了最极端情况下的 15% 以上"。一旦获得了此类损害赔偿,则受伤员工无权再依据 1987 年《劳工补偿法》获得进一步的赔偿。

除了 1987 年《劳工补偿法》,新南威尔士州于 2015 年通过了《州保险与护理管理法案》(the State Insurance and Care Governance Act 2015)。[2] 该法案意在厘清并重构工伤赔偿责任主体。

三、机动车交通事故赔偿

在机动车交通事故赔偿领域,目前,澳大利亚各州和领地大多已经引入了第三方强制责任保险制度,并建立了相关管理机构负责这方面的事务。但是,在各州和领地中,只有塔斯马尼亚州、维多利亚州和北领地在 20 世纪 70 年代建立起了完全的无过错的机动车事故补偿方案。新南威尔士州虽然也曾在 1984 年试图引入这种无过错的机动车事故补偿方案,但最终没有成功。直到 2006 年 10 月,一个以修正案的形式存在的有关机动车事故的无过错补偿方案才得以在新南威尔士州形成,这就是 2006 年 10 月 1 日开

---

[1] See Macleod and Hodges, *Redress Schemes for Personal Injuries*, Hart Publishing, 2017, p. 122.

[2] https://legislation. nsw. gov. au/view/whole/html/inforce/current/act-2015-019 (last visited on Oct. 17, 2023).

始实施的针对机动车事故受害人的《终生照顾和扶助方案》(Lifetime Care and Support Scheme)。起初,该方案只适用于在机动车交通事故中受伤的16周岁以下的孩子,直到2007年10月1日,才被扩展适用于所有在机动车交通事故中受伤的人,而不受年龄限制。在该方案之下,所有在新南威尔士州的交通事故中遭受"严重伤害"(包括脊椎损伤、中度至严重的脑损伤、多处截肢、重度烧伤或失明)的人,都可以依据该方案获得相应的治疗、康复和护理服务,而不管事故中谁有过错。这些服务包括:个人护理服务,如喂食、喂水和维护个人卫生等;家政服务,如做饭、打扫卫生、购物和房屋维修等;看护小孩;护理和短期照顾伤者或其家人;等等。方案的资金则来自第三者强制责任保险。①

除以上无过错的补偿方案外,其他各州和领地基本上实行的都还是以过错责任为基础的、混合了机动车第三方强制责任保险的机动车事故赔偿制度,这当中,也包括新南威尔士州1999年《机动车事故赔偿法》(Motor Accidents Compensation Act 1999)所规定的赔偿制度。依据该制度,受害人只有在机动车驾驶人或所有者对事故的发生有过错时,才有权获得保险赔偿或通过普通法诉讼②请求损害赔偿。在普通法诉讼中,机动车事故受害人得请求赔偿的项目与其他普通法上的人身损害赔偿之诉大致相同,也同样须受到时效规则、最高赔偿限额规则和最低门槛规则等规则的限制。如果受害人对自己所受伤害也有过错,则可适当减少损害赔偿金,但在事故的发生完全是出于受害人的过错或第三方的过错或没有任何人有过错时,受害人无损害赔偿请求权。③

---

① See James Morse, Natasha Patney and Michael Gill, *Twenty Years (or so) of Tort Law Reform in Australia (1990 to 2010)*, Presented by Michael Gill to the Danish Insurance Law Association in Copenhagen, Denmark, on 5 May 2011, https://aida-dk.dk/wp-content/uploads/2012/10/Presentation.pdf (last visited on Oct. 17, 2023).

② 依据新南威尔士州1987年的《道路交通事故赔偿法》(Transport Accidents Compensation Act 1987),在强制责任保险制度之下,第三方是没有普通法权利的;但该法后来为1988年的《机动车事故法》(Motor Accidents Bill 1988)所修正,第三方的普通法权利被重新引入,但加入了时效限制和损害赔偿的门槛及最高限额,现行的1999年《机动车事故赔偿法》则进一步增大了对损害赔偿责任的限制,目的是要降低保险费用。

③ See Talina Drabsch, *No Fault Compensation*, New South Wales Parliamentary Library Research Service Briefing Paper, 2005 no.6, p. 15.

四、刑事被害人补偿

依据普通法,犯罪行为的被害人通常只能向犯罪行为人请求损害赔偿。这种状况直到1967年新南威尔士州颁布了《刑事伤害补偿法》(Criminal Injuries Compensation Act)之后,才得以改变。依据该法,因犯罪行为而遭受人身伤害的被害人可以在罪犯无法确定等少数情况下,向政府请求无过失的补偿。1987年的《刑事被害人补偿法》(Victims Compensation Act 1987)则进一步扩展了可以获得此类补偿的刑事被害人的范围,并要求各地法院须新设一个"被害人补偿法庭",专属管辖刑事被害人补偿事务。该法后来几经修改,为1996年的《刑事被害人扶助和康复法》(Victims Support and Rehabilitation Act 1996)和《刑事被害人权利法》(Victims Rights Act 1996)所取代。[①] 1996年的《刑事被害人扶助和康复法》所构建的救助体系,现在又被2013年出台的《刑事被害人权利与扶助法》(Victims Rights and Support Act 2013)[②]取而代之。

依据《刑事被害人权利与扶助法》的规定,有资格申请此类补偿的被害人主要包括:

(1) 暴力犯罪行为的直接被害人,即因暴力犯罪行为而直接导致其遭受了可赔偿的人身伤害或死亡的被害人。直接被害人的范围也可扩展至试图阻止他人从事犯罪行为的人,在犯罪行为正在发生或已经发生时试图帮助或营救被害人的人,以及在犯罪行为正在发生或已经发生时,试图抓获犯罪行为人的人。只要上述行为人所遭受的可赔偿的人身伤害或死亡是因其从事上述行为而直接导致的即可。[③]

(2) 暴力犯罪行为的间接被害人,即因目睹了导致直接被害人受伤或死亡的暴力犯罪行为而直接导致其自身遭受了可赔偿的人身伤害的人。间接被害人的范围也可扩展至因事后获知前述暴力犯罪行为而直接导致其自身遭受了可赔偿的人身伤害的人,但此类间接被害人受到限制,要求在犯罪

---

① See Talina Drabsch, *No Fault Compensation*, New South Wales Parliamentary Library Research Service Briefing Paper, 2005 no. 5, p. 17.

② https://legislation.nsw.gov.au/view/whole/pdf/inforce/2023-10-27/act-2013-037 (last visited on Oct. 27. 2023).

③ Victims Rights and Support Act 2013 No 37 [NSW], § 20.

行为发生时,间接被害人是尚未年满 18 周岁的直接被害人的父母或监护人,同时该间接被害人不能是该暴力犯罪的实行者。①

(3) 暴力犯罪行为的家庭被害人,即在犯罪行为发生时,与因犯罪行为而致死的直接被害人存在直系亲属关系的人,该家庭被害人是否因该暴力行为或死亡受到伤害在所不问。具体包括被害人的配偶,已经与被害人共同居住 2 年以上的被害人的事实上的伴侣,被害人的父母、监护人和继父母,被害人的子女、继子女或处于其监护之下的孩子,被害人的兄弟姐妹、同父异母或同母异父的兄弟姐妹、继兄弟姐妹。②

通常情况下,被害人应在暴力犯罪行为发生之后 2 年内向被害人补偿法庭提出补偿申请;在申请人为家庭被害人时,其申请也应于直接被害人死亡后的 2 年内提出;若受害者为儿童,应在该儿童已满 18 岁后的 2 年内提出。超出以上期限的申请一般不被接受,除非申请者能证明存在如此做的正当理由——这一般适用于性侵犯、家庭暴力或虐待儿童等暴力犯罪。③ 经法庭书面审议后(被害人和犯罪行为人无须到庭),若符合法律规定的条件,被害人即可就治疗费用或采取紧急措施的费用、经济损失等获得不高于最高限额的补偿。④

五、社会保障

作为一个福利国家,澳大利亚有相对比较健全的社会保障制度。其中,较为重要的主要有养老金制度、残疾人抚恤金制度、失业和疾病救济金制度、残疾儿童津贴制度、健康医疗保险制度等,简介如下。

1. 养老金制度

早在 1908 年,澳大利亚政府就在其颁布的《残疾抚恤金和养老金条例》(Invalid and Old-age Pensions Act 1908)中确立了由政府提供资金的养老金制度,为达到一定年龄(男性年满 65 周岁,女性年满 60 周岁)的澳大利亚居民的晚年生活提供社会保障。经过一百多年的发展,目前,澳大利亚已经形成了一个以政府提供的社会保障养老金、雇主提供的职业年金和个人自

---

① Victims Rights and Support Act 2013 No 37 [NSW], § 21.
② Victims Rights and Support Act 2013 No 37 [NSW], § 22.
③ Victims Rights and Support Act 2013 No 37 [NSW], § 40.
④ Victims Rights and Support Act 2013 No 37 [NSW], § § 26, 93ff.

愿性的养老金储蓄为三大支柱的养老金体系。

2. 残疾人抚恤金制度

该制度于1910年开始实施,根据当时的《残疾抚恤金和养老金条例》,凡年满16周岁,因意外事故或不可抗力导致永久性丧失劳动能力并在澳大利亚连续居住满5年的居民,或者永久失明的人,都可以申请领取残疾人抚恤金。1947年的《社会保障法》还规定了单方面照料不满16周岁的孩子的残疾抚恤金领取人可领取儿童津贴。1991年新的《社会保障法》则进一步规定,凡领取残疾抚恤金者,同时可得到房租、护理等方面的补助。

3. 失业和疾病救济金制度

1944年,澳大利亚制定了《失业和疾病救济金法》(Unemployment and Sickness Benefits Act 1944)。根据该法规定,凡男性在16周岁至65周岁,女性在16周岁至60周岁之间,在澳大利亚居住满一年者,即可申请领取失业和疾病救济金。但已享受养老金、残疾抚恤金或寡妇抚恤金者,不能同时领取失业救济金。同时,失业救济金申请者还必须具备工作能力,愿意并努力去做适合他的工作。疾病救济金主要支付给那些因生病或意外事故暂时失去工作能力的人。申请人必须提供医疗证明。无论是失业救济申请人还是疾病救济申请人都必须接受收入和财产情况调查。

4. 残疾儿童津贴制度

1917年澳大利亚联邦制定并实施了《残疾儿童救济法》。根据该法,凡身体残疾、智力缺陷或精神失常的16岁以下儿童,其父母或监护人可以申请获得此项津贴。申请该津贴无须收入情况调查,但要有居住证明。

5. 健康医疗保险制度

1975年7月1日,澳大利亚开始实施一种叫作"疾病银行"的健康保险方案,它属于全民规划,由政府在财政收入中统一拨款,无须私人掏钱。1976年,"疾病银行"经过实践后,对有关条款作了修改。新的条款规定每个公民应交纳2.5%的所得税,以充实"疾病银行"的经费,但对低收入者及领取退休金的人员可免征所得税。1981年,该保险方案又作了修改,规定凡收入特别低下者、领取失业救济金等有关人员,可享受免费医疗服务。1984年2月,澳大利亚开始实行"国家医疗照顾制"的全民医疗保险方案。根据该方案,所有在澳大利亚居住超过6个月的人(不包括外交官及其亲属)均可依据该方案,就特定医疗项目享受免费的医疗服务。

除上述基本的社会保障制度外,澳大利亚还有寡妇抚恤金、孤儿抚恤金、产妇津贴、家庭津贴(子女抚养津贴)、居丧津贴、退役军人抚恤金、住房方面的社会福利等。总之,目前,澳大利亚已建立起比较完善的社会保障法律制度体系。

第二节　1973年有关建立综合救济机制的探索

众所周知,世界上第一个综合性的针对意外事故所致人身伤害的无过错补偿方案始于新西兰——其运行依据是新西兰于1972年制定的《意外事故补偿法》。依据该方案,只要是人身遭受伤害,不管该伤害是源于他人的侵权还是纯粹的意外事故,受害人原则上都可以向国家设立的事故赔偿机构请求赔偿,而无须向法院提起诉讼,也无须证明他人的过错。在新西兰推出以上无过错的事故补偿方案之后不久,作为其邻国的澳大利亚政府也于1973年成立了一个以伍德豪斯为主席的"人身伤害康复与补偿调查委员会",就建立一个类似于新西兰的综合性的意外事故救济机制展开调查。以下将重点围绕该委员会成立的背景、工作情况及其所提方案的最终命运作一简要介绍和梳理。

一、背景

在历史上,侵权行为法曾经是人身伤害的受害人除慈善之外唯一可从外部获得救济的途径。这同样适用于澳大利亚。但是,从19世纪末开始——准确地说,是从1883年德国颁布世界上第一部《劳工补偿法》开始,侵权法不得不面对各种社会保障和保险制度的竞争。

第二次世界大战以后,作为对当时社会日益增长的权益保护需求的回应,传统的以过错为基础的侵权法开始经历一个不断扩张侵权责任的过程,但作为人身伤害救济手段之一的侵权法在整个人身伤害救济体系中的地位并没有因此得到加强,反而是在与发展更为迅速的社会保障和保险制度的竞争中,日渐落了下风。与此相应,理论界也开始对侵权法作为人身伤害救济手段之一的有效性进行深入的反思和批评,并据此展开了对传统侵权法理论的批评。作为其结果,传统的、建立在个人主义哲学和矫正正义基础之上的侵权法理论开始受到自20世纪60年代开始迅猛发展起来的各种新兴的侵权法理论的挑战。在这些新兴的侵权法理论看来,尤其是在那些功能主义理论看来,侵权法已不再是或不再主要是有关个人责任伦理和矫正正义的,而是更多地被视为一种实现社会政策(如补偿和威慑)目标的工具。①既然只是一种工具,自然并非必不可少或不可取代,尤其是在已经存在一些比侵权法更适合于实现人们所向往的社会目标的机制时,人们更倾向于要求用其他更好的意外事故救济机制来取代侵权法。

在这方面,卡拉布雷西(Calabresi)、伊森(Ison)、阿蒂亚的思想都是非常具有代表性的。卡拉布雷西在其经典著作《(意外)事故的成本》一书中曾说道:"是时候重新思考一下我们想要意外事故法律制度达成的目标是什么了,同时也该好好分析一下不同的意外事故法律制度是如何实现我们的目标的。""意外事故法的首要功能就在于减少意外事故的成本和避免意外事故的成本的总和"②,而过错侵权责任制度在这方面——卡拉布雷西重点分析的是过错责任制度在减少意外事故的数量和严重性方面(预防事故方面)——的作用,显得非常糟糕。与之相类似,伊森也在其著作《法证"彩票":对侵权责任作为人身伤害赔偿制度的批评》中指出,"侵权法的威慑功能是微不足道的",并主张用一种无过失的补偿制度取代侵权法。③ 作为最具影响力的功能论者,阿蒂亚则在其《意外事故、补偿与法律》一书中对侵权法的补偿功能展开了激烈的批评。阿蒂亚认为,与其他社会保障制度相比,侵权责任制度的运行成本极高,而且,侵权法事实上只能为极少数的人身伤害的受害人提供补偿。因为,大多数受害人实际上都达不到侵权法为受害人获得侵权损害赔偿设置的标准,而且,即使有少部分人在理论上可以达到这些标准,他们当中也只有极少一部分的人能最终跨越侵权法为其权利实现设置的重重障碍,并成功获得损害赔偿。④

---

① See Peter Cane, "Reforming Tort Law in Australia: A Personal Perspective", 27 *Melbourne University Law Review* 649, 651 (2003).

② Guido Calabresi, *The Cost of Accidents: A Legal and Economic Analysis*, Yale University Press 1970, p.14.

③ Terence G. Ison, *The Forensic Lottery: A Critique on Tort Liability as a System of Personal Injury Compensation*, Staples Press, 1967.

④ Patrick S. Atiyah, *Accidents, Compensation and the Law*, Cambridge University Press, 1970, pp.591ff.

与以上理论动向相呼应,各种改革包括侵权法在内的意外事故救济机制的设想和方案也开始走上台前,其中,最具冲击力的无疑是1972年的新西兰《意外事故补偿法》所推行的"无过错补偿方案"。受此影响,澳大利亚政府也于1973年启动了建立有关人身伤害的无过错补偿方案的改革尝试。这种尝试虽然很大程度上与上述宏观背景密切相关,但一定意义上似乎也与当时担任澳大利亚总理的惠特拉姆(Edward Gough Whitlam)的"个人兴趣"有关。作为一个法科出身的总理,一直以来,惠特拉姆就对人身伤害补偿制度十分关注,并与当时的许多学者一样,对以过错责任为基础的人身伤害补偿制度的低效和不公平多有批评。起初,他对当时的人身伤害补偿制度的批评主要是集中在机动车交通事故领域,并建议在该领域中用其他制度来取代侵权法。但是,在1970年会见了伍德豪斯法官之后,惠特拉姆更倾向于用一个综合性的意外事故补偿方案来取代现有制度。在1971年的一次澳大利亚工党会议上,作为工党主席的他就曾指出,新西兰所建立的综合性的无过错补偿方案是值得赞赏的,工党的未来施政纲领中也应该包含类似内容。在1972年的竞选演说当中,他更进一步承诺工党将建立一个国家补偿方案,以"减少因社会中某一方面的不平等因素——运气的不平等(笔者注:此处应是暗指侵权法)——而导致的困苦"[①]。

1972年12月,惠特拉姆带领澳大利亚工党在大选中击败了连续主政长达23年的执政联盟,并顺利出任总理(在1974年的改选中,他获得连任)。为了改变执政联盟执政期间所奉行的保守主义政策,同时也为了兑现自己在竞选演说中的承诺,惠特拉姆一上台就开始积极推行各种社会改革措施,这当中自然也包括对人身伤害补偿制度的改革。

二、伍德豪斯委员会的成立及其职责

1. 伍德豪斯委员会的成员

惠特拉姆上任后不久就出访了新西兰,并再次会见了伍德豪斯。回国后,他很快就在1973年3月宣布成立一个由伍德豪斯担任主席的调查委员会,负责就建立一套国家的人身伤害康复和补偿方案展开调查。该委员会

[①] Harold Luntz, "Looking Back at Accident Compensation: An Australian Perspective", 34 *Victoria University of Wellington Law Review* 279, 280-281 (2003); Geoffrey Palmer, "Accident Compensation in New Zealand: Looking Back and Looking Forward", 2008 *New Zealand Law Review* 81, 133 (2008).

共有三名成员,除伍德豪斯外,另外两位成员分别是新南威尔士州最高法院的麦尔斯(C. L. D. Meares)法官和当时恰好任教于澳大利亚国立大学的英国著名学者阿蒂亚——其经典著作《意外事故、补偿与法律》刚于1970年面世发行,引起社会各界的轰动。后来,阿蒂亚教授因个人原因辞职并返回了英国,委员会就只剩下两位成员。

此外,值得一提的是该委员会的首席助理帕尔默教授(Geoffrey Palmer)。作为一名新西兰学者,帕尔默教授在其任教于美国爱荷华大学期间,曾受新西兰政府邀请,参与了1969年的"政府白皮书"(全称为"人身伤害:对皇家委员会关于新西兰人身伤害补偿调查报告的评论",内容主要是对1967年新西兰的《伍德豪斯报告》所提人身伤害补偿方案的分析和评论)①的起草工作,并全面参与了新西兰1972年的《意外事故补偿法》的立法工作。1989—1990年,帕尔默教授曾担任新西兰总理。②

2. 伍德豪斯委员会的职责

在授权成立伍德豪斯委员会时,惠特拉姆政府就已明确宣布,政府原则上已经决定要建立一个旨在为每一个遭受人身伤害的人提供补偿——不管其所受伤害发生在何时何地——的全国性的人身伤害康复与补偿方案。因此,伍德豪斯委员会的主要职责并不是要对建立这样的一个方案的必要性和可行性进行论证,而是要对该方案的适用范围、组建形式、管理方式、补偿标准和资金筹措等具体问题展开调查并最终形成报告。而且,值得注意的是,在惠特拉姆政府拟建立的方案中,人身伤害的康复的重要性要优先于补偿。这在政府拟建立的方案的名称中已经得到了一定程度的反映——"康复"一词位于"补偿"之前。伍德豪斯委员会的最终报告中也对这一思想进行了阐述,委员会认为,解决人身伤害问题,最重要的显然是预防,其次是使伤者和病人康复,最后才是补偿受害人所受损失。"这一顺序需要得到强调,尤其是有必要保证补偿的目的不至于给恢复身体健康这一远比其重要

---

① New Zealand Department of Labour, "Personal Injury: A Commentary on the Report of the Royal Commission of Inquiry into Compensation for Personal Injury in New Zealand", [1969] *IV The Appendices to the Journals of the House of Representatives* H 50.

② See Harold Luntz, "Looking Back at Accident Compensation: An Australian Perspective", 34 *Victoria University of Wellington Law Review* 279, 282 (2003).

得多的需要造成威胁。"①

1973年2月,惠特拉姆政府又进一步扩大了伍德豪斯委员会的职责范围,要求委员会就是否应当以及如何将因疾病或先天缺陷导致的身心障碍以及残障和死亡纳入未来的补偿方案一并展开调查。② 与最初的授权不同的是,惠特拉姆政府在此次追加授权中并没有就是否引入这种扩展的补偿方案作出原则性的承诺。但是,政府的这项举动还是给委员会的工作造成了不小的困扰,因为,此时,许多呈递委员会的建议书已经成形。对此,帕尔默教授就认为,政府的这一举动是"令人遗憾的"③,但委员会在对调查计划进行了调整之后,最终还是于1974年6月27日向惠特拉姆政府递交了名为《澳大利亚的人身伤害补偿与康复:国家调查委员会报告》的调研报告。

三、伍德豪斯委员会报告的主要内容

报告首先对现行的过错责任制度展开了多方位的激烈批评,其内容大多是对新西兰的《伍德豪斯报告》的重复,例如,过错责任制度与其哲学基础相互矛盾,对非过错性的意外事故的无辜受害人毫无帮助,侵权诉讼成本高昂和效率低下,侵权损害赔偿经常导致过度赔偿或赔偿不足等。报告建议,在澳大利亚建立一套针对意外事故所致人身伤害的无过错补偿机制,并将其适用范围扩展至因疾病和先天缺陷而导致的人身伤害。当然,这种扩展也是有一些限制的。例如,因疾病而丧失劳动能力者必须在丧失劳动能力三周后,才能获得补偿金,而意外人身伤害的受害人在丧失劳动能力一周后就可以获得补偿金。④

与新西兰的《伍德豪斯报告》一样,澳大利亚的《伍德豪斯报告》建议的补偿方案也建立在以下五大原则基础之上:社会责任、普遍权利、彻底康复、实际赔偿和运行高效。报告中建议的补偿方案的具体制度设计无不体现了

---

① Australian National Rehabilitation and Compensation Committee of Inquiry, *Compensation and Rehabilitation in Australia: Report of the National Committee of Inquiry*, Australian Government Publishing Service(以下简称"Compensation and Rehabilitation in Australia"), Canberra, 1974, para. 8.

② See *Compensation and Rehabilitation in Australia*, para. 23.

③ Geoffrey Palmer, *Compensation for Incapacity: A Study of Law and Social Change in New Zealand and Australia*, Oxford University Press, 1979, p.135.

④ See *Compensation and Rehabilitation in Australia*, para. 377.

这五大原则。而且,从整体上看,方案所设计的补偿制度的主要目标并不在于防止伤者陷入贫困,而是要维持其生活水准。因为,在该方案之下,补偿不仅十分快捷,而且是与收入挂钩的。① 依据该方案,补偿金将按周支付,金额为申请者所损失平均税前收入的85%。无劳动收入者(non-earners)也可以获得"名义上的收入"补偿金。未成年人的收入则关联其年龄予以评定。报告同时还设想,由政府单独设立一个全民健康计划来负责支付伤者的住院、医疗和康复费用。

不过,与此前新西兰的《伍德豪斯报告》相比,澳大利亚的《伍德豪斯报告》也有许多不同之处:

(1) 新西兰的方案只适用于因意外事故所致人身伤害;澳大利亚的建议案则适用于所有的人身伤害,而不管其原因为何。

(2) 在新西兰,完全丧失工作能力的补贴基准是税后收入的80%且无须纳税;而在澳大利亚,相应的标准是税前收入的85%且须纳税。

(3) 澳大利亚的建议案给无劳动收入者提供了一个相对比较慷慨的名义上的收入比率。

(4) 澳大利亚的建议案改进了永久丧失部分劳动能力的评估方法。它引入了美国医学协会的"永久性损伤的评估指南"(该指南已经在澳大利亚有关机动车交通事故和工伤事故的补偿方案中得到了广泛应用,但也饱受批评),并就面部损伤的一次性补偿作出了规定。

(5) 澳大利亚的建议案就暂时性的部分丧失劳动能力情况下的补偿金支付进行了规定。

(6) 澳大利亚的建议案承认,在某些情形下受伤害者确实需要有专人照顾和居家护理,建议中的补偿方案应该满足这种需要。

(7) 澳大利亚的建议案中按物价指数调整补贴金额规定的时间间隔远比新西兰的要短,且采用了比新西兰更为适当的度量措施。尤其值得一提的是,生产效率修正值也被纳入了需加以考量的因素之列。

(8) 新西兰的方案将因自杀、自伤造成的人身伤害排除在外,澳大利亚则否。

因此,从整体上看,澳大利亚的《伍德豪斯报告》虽然在许多方面与新西

---

① See *Compensation and Rehabilitation in Australia*, para. 343.

兰的《伍德豪斯报告》有共同之处,但在适用范围的广度和补偿的力度上,似乎比后者更进一步。

四、各方对《伍德豪斯报告》的反应

伍德豪斯委员会的报告在公开发表之后,并没有得到公众太多的关注。这一方面可能是因为媒体记者和其他公众并没有真正理解报告所提出的建议以及它们在当时的制度背景下到底有多激进。另一方面也可能与过度的调查和报告有关。按照帕尔默的说法,截至1973年11月,惠特拉姆政府已经就此先后设立了94个相关的调查委员会。这些委员会的调查范围相互交叉,有的甚至已经侵入了伍德豪斯委员会的职权范围,但各委员会之间却很少相互合作。另外,由于《伍德豪斯报告》建议的方案牵扯部门众多,要真正落实该报告的建议,在管理上也存在不少的障碍,以至于将报告内容付诸实施的责任不断地从一个部门转到另一个部门,从这个部长转到那个部长。① 这一切显然都无益于说服那些反对新方案者。

对新方案的反对意见首先来自那些在新方案之下其利益必将受损的利益团体。这当中,首当其冲的是律师团体——他们实际上领导着反对者,他们声称,如果《伍德豪斯报告》建议的方案得以推行,不仅民众依据普通法所享有的一系列权利将因此受到严重侵蚀,而且民众依据普通法上的完全赔偿原则所享有的利益也将受到损害——当然,这同时也意味着律师们的"生意"将大幅减少。代表医生的官方组织也大多对新方案持反对意见,尤其是那些可以通过出具法医报告获得不菲收入的成员。此外,由于在医疗行业,为有赔偿来源的受伤者提供治疗的医生通常可以向患者收取比其他患者更高的费用已成为习惯,所以医生们也担心,政府在垄断了综合补偿方案的管理权之后,会将他们的费用控制在较低的水准,并因此对新方案持抵制态度。保险公司对新方案的反对则更为激烈,因为,在他们看来,新方案将因疾病和先天缺陷导致的残障和死亡也纳入其适用范围的设计,将对其人寿保险业务构成极大的威胁。为此,保险公司甚至不惜鼓动雇员游行,以对抗

---

① See Geoffrey Palmer, *Compensation for Incapacity: A Study of Law and Social Change in New Zealand and Australia*, Oxford University Press, 1979, pp. 140-158.

新方案可能带来的保险从业人员大面积失业的危险。①

工会组织虽然总体上并不属于新方案的反对者之列,但他们还是反对任何削减他们的福利的举措,并坚持新方案不应使其成员在现有制度之下所享有的利益受到损害。在这方面,最能体现工会态度的是其"我们拥有的,我们捍卫之"的口号。而从当时的实际情况来看,新方案的设计显然不能完全满足工会的这种要求。例如,就工伤补偿而言,当时的澳大利亚的每个州和领地都有自己的补偿方案,其中至少就有四个州的工人赢得了100%的收入损失补偿权,而这显然比新方案规定的补偿标准要高,两相比较,这些州的工会组织自然不会完全支持用新方案来取代原有方案。②

此外,新方案也受到一些鼓吹州的宪法权利者的反对。因为,在他们看来,有关意外事故补偿的制度安排向来就属于各州负责的事务,建议中的新方案无异于是将这些事务交由联邦政府接管,这显然侵犯了联邦宪法赋予各州的权利。

五、1974 年《国家补偿法案》的流产

1974 年 10 月,以《伍德豪斯报告》中所提建议为基础起草的《国家补偿法案》(National Compensation Bill)被递交联邦议会审议,在众议院通过了该法案之后,参议院将该法案交给了参议院宪法与法律事务委员会,这一拖就是几个月。在经过长时间的听证和征询各方意见之后,参议院宪法与法律事务委员会(委员会的构成采用等分制度,执政党三席,反对党三席)在许多问题上仍未能达成一致。委员会认为,现行的补偿制度确实存在许多缺陷,委员会也为该法案的许多原则和目的所吸引,但委员会认为,"该法案的规定存在重大缺陷",并"严重质疑该法案在宪法上的有效性",尤其是"质疑澳大利亚联邦议会废除普通法权利的权力"。最后,委员会建议"撤回该法案,并根据委员会成员的一致意见或多数成员的意见重新起草"。③

---

① See Harold Luntz, "Looking Back at Accident Compensation: An Australian Perspective", 34 *Victoria University of Wellington Law Review* 279, 286-287 (2003).
② Ibid., pp. 285-286.
③ Senate Standing Committee on Constitutional and Legal Affairs, *Report on the Clauses of the National Compensation Bill*, Australian Government Publishing Service, Canberra, 1975, para 1.23.

法案被撤回后进行了修改,并根据参议院委员会的建议,将修改后的法案的适用范围限制在了意外事故所致人身伤害领域。修改后的法案原本拟于1975年11月递交参议院,但由于澳大利亚总督在1975年11月11日突然解散了惠特拉姆政府,此事也只能被搁置。此后,惠特拉姆个人虽然曾于1977年2月24日以非内阁成员的普通议员身份提议参议院对修改后的法案进行审议,但当时的弗雷泽(Fraser)政府并没有给该法案进入投票程序的机会。[1]

至此,由惠特拉姆政府推动的旨在建立一套综合性的人身伤害救济机制的改革只能无果而终,虽然在此后的岁月里,它对澳大利亚部分州的相关立法也产生过一些影响,甚至在1983年曾被作为工党政府的竞选纲领之一提出过[2],但随着时间的推移和政治、经济、社会背景的不断变化,综合性的人身伤害救济机制在20世纪末期的澳大利亚已经变得越来越没有市场了,取而代之的是与之方向不同的改革与实践。

六、分析与评论

在澳大利亚,《伍德豪斯报告》之所以没能像它在新西兰那样取得巨大成功,原因是多方面的,但不容忽视的一点是,澳大利亚与新西兰虽然同属英美法系,但两国的政治制度却有很大的不同。新西兰是一个单一制国家,议会只设众议院,权力相对集中;而澳大利亚是一个联邦制国家,联邦议会采用两院制(众议院和参议院),权力相对分散。正是这些差别很大程度上决定了两份《伍德豪斯报告》的不同命运,正如学者所言:"这些因素中的每一个因素都对澳大利亚的伍德豪斯方案未能得以实施起到了重要作用。"[3]

首先,澳大利亚作为一个联邦制国家,除联邦议会外,其他六个州和两

---

[1] See Harold Luntz, "Looking Back at Accident Compensation: An Australian Perspective", 34 *Victoria University of Wellington Law Review* 279, 289 (2003).

[2] 1983年的澳大利亚工党政府的竞选纲领之一就是,建议建立一个确保所有类型的意外事故的受害人都能获得快捷的、合理水准的补偿的全国性补偿方案,工党甚至为此设计了一个分四步走的策略,但受各方面因素的制约,工党的这些建议和设想并未完全得到实现。See NSW Law Reform Commission, *Accident Compensation: A Transport Accidents Scheme for New South Wales*, Report 43, 1984, p.101.

[3] Harold Luntz, "Looking Back at Accident Compensation: An Australian Perspective", 34 *Victoria University of Wellington Law Review* 279, 288 (2003).

个领地也都享有独立的立法权。在1974年的《伍德豪斯报告》和1974年的《国家补偿法案》出台之前,各州和领地都有自己的侵权损害赔偿、工伤补偿、道路交通事故赔偿等相关立法,且规定并不完全一致。在此背景之下,要在联邦层面制定一项统一的、可适用于整个联邦的相关法律本身就很困难。更何况,从宪法层面讲,联邦议会是否有权依据《伍德豪斯报告》制定这样的一项法律本身就是非常有疑问的。因为,第一,就意外事故补偿而言,按照澳大利亚的宪法惯例,相关的立法和司法管辖权向来就属于各州或领地。第二,1974年的《国家补偿法案》包含了许多废除普通法权利的内容,而依据澳大利亚宪法,在联邦议会享有的各项宪法权力中,到底有哪项权力支持其废除普通法权利是有重大疑问的——澳大利亚参议院宪法与法律事务委员会就明确指出了这一点,而这实际上是决定新的补偿方案能否成功得以实施的关键之一。

另一个值得注意的问题是,在惠特拉姆执政时期,工党虽然在联邦议会众议院中占多数席位,但参议院的多数席位依然把持在反对党手上。[①] 1974年的《国家补偿法案》之所以最终胎死腹中,与这种参众两院分属不同阵营的政治格局是密不可分的,或者说,在当时的政治气候和格局之下,要在澳大利亚建立一个类似于新西兰的事故补偿机制是不太现实的。

第三节 20世纪末至21世纪初的侵权法改革

一、概况

澳大利亚建立综合性的意外事故补偿机制的尝试虽然最终没有成功,但其所反映的加强受害人权益保护的价值取向并没有因此被抛弃。20世纪末期的澳大利亚各州和领地的意外事故补偿机制改革,大体上仍然是采纳的这一价值取向,其具体改革方式主要有以下两种:其一是普通法的方式,即沿着前文提及的扩张侵权法上的过错侵权责任的方向,继续发展、"拉

[①] 在1972年的众议院选举中,惠特拉姆带领的工党虽然以5.4%的微弱优势胜出,但澳大利亚参议院仍在由自由党和国家党组成的执政联盟的手中,并且这样参众两院分属不同阵营的现象在1974年大选后仍没有较大变化。

伸"①普通法上的过失侵权,从而使得越来越多的新的过失侵权诉因和新的赔偿项目得到了普通法的承认,使得被告的过失责任越来越易于被认定,原告也越来越容易获得数额更高的损害赔偿。其二是成文法的方式,即循着英国的《死亡事故法》(Fatal Accidents Act)②、《王权诉讼法》(Crown Proceedings Act,改革了"皇家豁免权"③在民事领域的适用)和《法律改革(人身伤害)法》[Law Reform (Personal Injuries) Act,废除了"共同雇佣"④抗辩]开辟的路径,通过议会立法干预来扩张侵权责任。这当中,尤其值得一提的是,在20世纪80年代前后,澳大利亚各州和领地先后都通过立法或修法,建立了无过失的工伤补偿制度和以第三人强制责任保险为基础的机动车交通事故赔偿制度(有关其具体发展历程,见前文)。塔斯马尼亚州、维多利亚州和北领地甚至还引入了无过错的机动车交通事故补偿方案。1984年,新南威尔士州也曾试图引入这样的一个无过错的机动车交通事故补偿方案,但最终没有成功。

在以上两种不同方式的改革的合力推动下,澳大利亚人身伤害赔偿法律制度的整体价值取向已经逐步从行为自由优先转向了权益保护优先,原先"被普遍认为是吝啬的、保守的和过于偏袒被告"⑤的法官,也开始变得对

---

① P. S. Atiyah, *The Damages Lottery*, Hart Publishing, 1997, Chapters 2 and 3.

② 《死亡事故法》最早制定于1846年,并在1864年、1959年和1976年经历了多次修订。就人身伤害赔偿而言,其最主要的制度变革是允许因他人过失而致死者的遗嘱执行人或遗产管理人为死者的妻子、丈夫、父母或子女等亲属的利益而对过失行为者提起诉讼。

③ "皇家豁免权"(immunity of the Crown),又称主权豁免(Sovereign immunity),是一司法惯例,依据该惯例,君主或国家将免于受到民事与刑事起诉。这一惯例在英国也存在。历史上,不仅英王个人,而且王室本身(包括政府各部及其他一切作为王室的代理机构的公共团体)皆享有法律诉讼豁免权,但嗣后逐步认可对王室提起因违反合同而要求损害赔偿金或要求回复财产之诉,其诉讼程式是一种权利请愿书。1947年的《王权诉讼法》以普通诉讼替代了权利请求。其也使王国政府可因下列行为而被诉:因受雇的任何公务员或代理人在受雇期间作出的侵权行为,违反作为雇主及财产占用人应尽的义务,以及违反对王国政府有约束力的法定义务。

④ "共同雇佣"或"工友规则"是普通法上的一项规则,即雇主对工作中雇员因另一个雇员的过失所致伤害不承担责任,除非雇主未能尽职仔细挑选雇员和采取安全措施。由于该规则过于偏袒雇主,1948年的英国《法律改革(人身伤害)法》将之废除。

⑤ *Tort Law Reform in Australia*, Addressed by the Honourable J J Spigelman, AC Chief Justice of New South Wales, to the Anglo-Australian Lawyers Society & the British Insurance Law Association at Lincoln's Inn, London on 16 June 2004 and his presentation to the London Market at Lloyd's on 6 July 2004, https://bila.org.uk/wp-content/uploads/old/4ff4163e6fbf24.66977246.pdf3 (last visited on Oct. 17, 2023).

原告越来越慷慨、越来越偏向了。但是,就在2001年,这一被许多人看来是进步的发展趋势似乎被一场突如其来的以HIH保险公司破产为标志的"保险危机"所终止。为应对保险危机,澳大利亚政府在2002年成立了一个由新南威尔士州高等法院法官的戴维·依普(David Ipp)担任主席的"过失侵权法审查小组",负责对过失侵权法进行审查。两个月后,Ipp小组向政府提交了其最终报告,并就如何限制与人身伤害和死亡有关的赔偿责任提出了61条建议,这些建议大多为澳大利亚各州随后制定的《民事责任法》所采纳。

二、Ipp小组的任命和职责范围

1. Ipp小组的任命及其背景

2001年,澳大利亚爆发了一场以HIH保险公司破产为标志的"保险危机"。[①] 作为澳大利亚第二大非寿险保险公司,HIH保险公司的破产不仅给澳大利亚乃至全球保险市场带来了灾难性的影响,而且给当时的澳大利亚政府带来了巨大的压力。这种压力不仅是财政上的[②],更是政治上的。按照有些澳大利亚社会团体和学者的说法,在澳大利亚这样一个高度依赖保险的国家,HIH公司的破产以及不断被推高的保险费给整个社会生活带来的危害是非常严重的。由于买不起或买不到自己需要的保险——尤其是责任保险(HIH保险公司在澳大利亚公共责任保险市场大约占22%的份额),许多社区活动,如街道游行、节日庆典、社区聚会等,都难以正常开展,户外体育活动和探险旅游活动的组织也面临困难。有的地方当局甚至因为无法获得公共责任保险而关闭了其负责维护的道路。一些乡村医院被完全关闭,包括城市医院在内的许多医院在提供某些重要服务方面也面临困难。医生以及其他一些专业人士开始拒绝在某些被认为是"高风险"的领域从事执

---

① 关于这场保险危机是否真的存在,澳大利亚的国内是有争论的。See James Morse, Natasha Patney and Michael Gill, *Twenty Years (or so) of Tort Law Reform in Australia (1990 to 2010)*, Presented by Michael Gill to the Danish Insurance Law Association in Copenhagen, Denmark, on 5 May 2011, https://aida-dk.dk/wp-content/uploads/2012/10/Presentation.pdf (last visited on Oct. 17, 2023).

② 为了最大限度地弥补保险客户的损失,澳大利亚联邦政府决定紧急提供5亿澳元援助,新南威尔士州和昆士兰州政府也将分别承担6亿和4亿澳元的财政援助,但面对HIH公司破产所造成的约40亿至50亿澳元的损失,这些援助是远远不够的。

业。总之,"整个社会生活的基础结构已经受到了危害,而整个社会正在承受这一切"①。面对如此严重的"危害后果",当时的霍华德政府所承受的政治压力无疑是非常大的,甚至可以说,"在2002年的一段时期内,'保险危机'乃是澳大利亚国内政治中最重要的、被讨论得最多的问题之一"②。

虽然对于到底是什么原因导致了HIH公司的破产这场所谓的保险危机,澳大利亚各界意见分歧很大,但在当时,断言保险费用的增长很大程度上可归咎于侵权责任扩张的观点还是成了各方争议的焦点。在这种观点看来,发生在20世纪90年代的侵权责任的扩张和司法态度的转变已经导致了诉讼爆炸和损害赔偿水准的不断提高,而诉讼爆炸和损害赔偿水准的提高恰恰是推高保险费用的重要原因。③ 当时,虽然并没有任何有力的调查数据证明这种说法的正确性,但澳大利亚政府在2002年5月30日召开了有关公共责任保险的政府联席会议(澳大利亚联邦和各州、领地政府全部参会)之后,还是决定根据特罗布里奇咨询公司(Trowbridge Consulting Ltd)递交给"澳大利亚财政部保险问题工作小组"的一份报告④的建议,成立一个由杰出人物组成的专家小组来对过失侵权法及其与1974年的贸易法案的相互关系进行审查,该小组就是后来的Ipp小组。

2002年7月2日,澳大利亚税务部部长和财政部副部长正式宣布了审查小组的任命及其职责。小组共4名成员,主席由新南威尔士高等法院法官戴维·伊普(David Ipp)担任,其他成员分别为,澳大利亚国立大学法学教授彼得·凯恩(Peter Cane),医生谢尔登(Don Sheldon)和澳大利亚新南威尔士州巴瑟斯特市(Bathurst)市长伊恩·麦金塔(Ian Macintosh)。

2. Ipp小组的职责范围

在给予Ipp小组的授权委任书中,澳大利亚政府对小组的职责范围作

---

① James Morse, Natasha Patney and Michael Gill, *Twenty Years (or so) of Tort Law Reform in Australia (1990 to 2010)*, Presented by Michael Gill to the Danish Insurance Law Association in Copenhagen, Denmark, on 5 May 2011, https://aida-dk.dk/wp-content/uploads/2012/10/Presentation.pdf (last visited on Oct. 17, 2023).

② Peter Cane, "Reforming Tort Law in Australia: A Personal Perspective", 27 *Melbourne University Law Review* 649, 655 (2003).

③ Cane, ibid.

④ Trowbridge Consulting Ltd, *Public Liability Insurance: Practical Proposals for Reform*, 2002.

了详细规定,其原文内容如下:

  法院判处的人身损害赔偿金额——作为因他人过失而遭受伤害之人获得损害赔偿的主要来源——已经变得让人无法承受和不可持续。因而,出于限制人身伤害和死亡赔偿责任及其赔偿额的目标来检验改革普通法的途径是可取的。为此,小组需要①:

  (1) 调查以下用于过失侵权法中的限制人身伤害或死亡所致责任的普通法原则的适用、效果及其运行情况,具体包括:(a) 义务的表述和注意标准;(b) 因果关系;(c) 损害的可预见性;(d) 风险的遥远性;(e) 与有过失;(f) 允许个人自担风险。

  (2) 形成并评估限制责任和损害赔偿判决额的原则性的选项。

  (3) 在执行这些调查时,小组必须:(a) 阐明用于过失侵权法中的限制公共机构责任的原则;(b) 形成并评估推翻相关普通法原则的允许自担风险的建议;(c) 考虑限制某人须对他人的过失侵权行为负防范义务的情形的建议;(d) 依据过失侵权行为(含作为和不作为)发生时同行普遍公认的实践做法的标准,形成并评估用于专家过失侵权情形(包括医疗过失)的注意标准要件的选项;(e) 在与人身伤害和死亡相关的责任领域,形成以比例责任替代连带责任的建议,以便在被告对损害的发生只负有部分责任时,其无须负担全部损失;(f) 为免除或限制符合条件的非营利组织对人身伤害或死亡赔偿请求(故意侵权除外)所负责任形成选项,并对其加以评估。

  (4) 审查 1974 年的《贸易惯例法》[当时已被建议用 2002 年《贸易惯例法修正(对娱乐服务责任进行修正)法案》对其加以修正]与应用于过失侵权法中的普通法原则(尤其是有关弃权和自甘冒险原则)的关系。在执行此项调查时,小组必须:(a) 为修正《贸易惯例法》发展和评估选项,以防止个人为获得人身伤害和死亡赔偿而依据该法提起包括误导之诉和欺诈之诉在内的诉讼,同时对其加以评估;(b) 对法律(含《贸易惯例法》或其他法律)中是否已有适当的消费者保护措施进行评估,如果有必要的话,可形成并评估与

---

① Panel of Eminent Persons, *Review of the Law of Negligence: Final Report*, Can-print Communications Pty Ltd., Canberra, 2002, pp. ix-xi, https://treasury.gov.au/sites/default/files/2019-03/R2002-001_Law_Neg_Final.pdf (last visited on Oct. 17. 2023).

政府提出的《贸易惯例法》建议修正案的意图相符的保护消费者的建议。

（5）为建立适用于所有人的 3 年的诉讼时效制度形成选项，并对其予以评估，同时确保为未成年人和残疾人建立适当的保护。在形成选项时，小组必须考虑：(a) 与其他形式的诉讼（如基于合同或成文法而生的诉讼）的时效的关系；(b) 确立适当的时效起算点。

此外，按照政府的要求，小组必须在 2002 年 8 月 30 日之前，就上述条目中的第 3 项中的(d)项和(f)项、第 4 项和第 5 项——分别涉及专家过失责任、《贸易惯例法》的改革、诉讼时效以及非营利组织（主要包括慈善组织、社区服务组织和体育运动组织）的责任问题——作出报告，并于 2002 年 9 月 30 日之前就剩余问题作出报告。各相关团体可在 2002 年 8 月 2 日之前就条目中的第 3 项中的(d)项、(f)项、第 4 项和第 5 项向委员会递交建议，剩余条目的建议可在 2002 年 9 月 2 日之前递交。委员会由设立在澳大利亚财政部的一个秘书处提供支持。

三、Ipp 报告的主要内容

2002 年 9 月底，Ipp 小组如期完成了其所有工作报告。报告共 269 页，核心内容是小组提出的类似于一个法律草案的 61 条立法建议。① 对于每一条建议，报告都作了详细的说明，并就如何落实其中的一些建议提出了各种可供选择的方案。以下仅就其建议的主要内容作一简要介绍。

1. 总体建议

小组建议，每一个州和领地都制定一部可以称为（人身伤害和死亡）责任法的单行法，统一规定小组在报告中建议的各项规范。建议中的法案的适用范围应被表达为可适用于（在不存在相反规定时）所有因过失而生的人身伤害或死亡赔偿请求，而不管其诉因是侵权、合同、违反制定法还是任何其他的。

2. 专家过失

针对专家过失责任，小组建议，建议中法案应包括以下原则：

（1）执业医师的注意标准：当执业医师被控在为病人提供医疗时存在

---

① See Panel of Eminent Persons, *Review of the Law of Negligence: Final Report*, Canprint Communications Pty Ltd., Canberra, 2002, pp.1-24, https://treasury.gov.au/sites/default/files/2019-03/R2002-001_Law_Neg_Final.pdf (last visited on Oct. 17. 2023).

过失时,对医师是否有过失进行检验的决定性的注意标准应该是:如果所提供的治疗与该领域中众多受尊敬的同行广为持有的看法一致,则该执业医师无过失,除非法院认为以上看法是荒谬的。

(2)专家的一般注意标准:在某人是以自己拥有特定技能的人的身份出现时,若该人被控存在过失,合理的注意标准取决于:(a)对一个自称拥有该技能的人的合理期待是什么;(b)被控的过失行为发生时(而非此后)的相关情形。

(3)专家的告知义务:建议对专家的告知义务的某些方面作出立法规定,但应仅规定与执业医师相关的内容。执业医师的告知义务应该被表达为是一种合理注意义务。在对专家的告知义务作出规定时,相关规定应该包含以下原则:(a)告知义务有两类,一类是主动的告知义务,一类是被动的告知义务;(b)主动的告知义务要求执业医师应尽到合理的注意,为病人提供在当时的情形下一个与病人处于相同地位的理性人在决定是否接受治疗之前都希望得到的信息;(c)哪些信息是(b)项所提及的信息取决于病人作相关决定时(而非此后)的客观情况;(d)如果执业医师仅仅是未向病人告知与一项显而易见(在当时的情形下,对于一个处于病人相同地位的理性人来说显而易见)的风险或事情有关的信息,并不构成违反主动告知义务,除非告知这些信息是制定法的要求;(e)显而易见的风险包括明显的风险或人所共知的事情;即使是低概率的风险也可以是显而易见的;(f)被动的告知义务要求执业医师应尽到合理的注意,为病人提供一些执业医师都知道或应该知道的病人在决定是否接受治疗前都希望得到的信息。

(4)程序上的建议。建议考虑由法庭任命的专家参与案件的审理过程,同时建议考虑引入一项要求原告在诉讼开始之前向被告发出索赔通知的规则。

3. 非营利组织

小组建议,非营利组织不应享有特殊的责任豁免,即非营利组织同样不应被免除过失所致人身伤害或死亡的责任或拥有它们特有的责任限制。

4. 娱乐服务

小组建议,建议中的法案应包含以下原则:娱乐服务提供者对自愿参加娱乐活动者因显而易见的风险的实现而遭受的人身伤害或死亡不负责任,但在该原则所涉情形已经为制定法上的强制责任保险方案涵盖时,不适用该原则。其中,"娱乐服务"是指以下服务:为参与一项娱乐活动提供便利;或者,训练某人参与一项娱乐活动;或者,为某人参与一项娱乐活动提供监管、裁判、指导或其他帮助。"娱乐活动"是指以娱乐、享受乐趣或休闲为目的而从事一项包含程度显著的人身伤害风险的活动。

5. 显而易见的风险的警告和通知

小组建议,建议中的法案应该包含以下原则:如果某人仅仅是未能就一项显而易见的人身伤害或死亡风险作出通知或发出警告,则该人未违反主动告知义务,除非制定法要求他这样做。其中,显而易见的风险是指,在当时的情形下,对于一个处于伤者或死者相同地位的理性人而言是显而易见的风险,包括明显的风险或人所共知的事情。即使是低概率的风险也可以是显而易见的。但是,以上原则不适用于"工作风险",即与一个人为另一个人所做工作相联系的风险。

6. 诉讼时效

小组建议,所有因过失侵权所致的人身伤害或死亡赔偿请求都适用3年的诉讼时效,或者12年的诉讼时效,前者的起算点为"可发现之日",即原告知道或应当知道人身伤害或死亡已经发生且可归因于被告的过失侵权行为,且伤害已严重到值得提起诉讼之日;后者的起算点为自导致该请求权产生的事件发生之日。此外,小组还就诉讼时效的中止(主要涉及当事人为未成年人或欠缺行为能力的情况)以及法官的自由裁量权提出了规则建议。

7. 注意标准

小组建议,在认定过失时所采纳的注意标准应满足以下条件:某人未能采取措施预防一项"可预见的损害风险"(即该人知道或应当知道的损害风险);该风险可以被描述为是一项发生的可能性"并非微不足道的"风险;在当时的情形下,与其处于相同地位的理性人将会采取措施预防该风险。

在判断一个理性人是否会采取措施预防一项损害风险时,应考虑以下因素:如果不采取合理的注意,损害发生的可能性;损害可能的严重程度;采取避免损害发生的措施的负担;创造风险的活动的社会效用。

8. 因果关系

关于因果关系,小组建议,建议中的法案应包含以下原则:

(1)举证责任:原告始终应在"盖然性权衡"的基础上,负担证明与因果关系问题相关的事实的举证责任。

（2）因果关系二要素：损害（人身伤害或死亡）是否是由过失侵权引起的问题包含两个方面的构成要素：一为"事实上的因果关系"，这涉及过失行为是否起到了引发损害的作用的事实问题；一为"责任范围"，这涉及过失行为人对损害所负责任的适当范围——一旦过失行为被证明是损害的事实原因——的规范问题。

责任范围问题包括以下术语所指涉的问题："法律上的原因""真实有效的原因""常识的因果关系""可预见性"和"损害的遥远性"。

（3）事实上的因果关系："事实上的因果关系"的基本检验标准（"若无，则不"检验）是过失行为是否是损害发生的必要条件。在适当的情况下，对过失行为实质上促成了损害或损害风险的证明可以被视为已充分地确立了事实上的因果关系，即使该项证明未能满足"若无，则不"的检验标准。

在判断一项情况是否属于上述"适当的情况"时（该问题虽然与事实上的因果关系相关，但本质上属于规范问题），应考虑以下相关因素：是否（以及为何）应该由过失侵权方对损害负担责任；是否（以及为何）应该让损害停留在其所发生之处。

（4）责任范围

在决定责任的适当范围时，需考虑以下相关因素：是否（以及为何）应该由过失侵权方对损害负担责任；是否（以及为何）应该让损害停留在其所发生之处。

9. 与有过失

小组建议，建议中的法案应包含以下原则：（1）检验原告是否构成与有过失的标准是一个处于原告相同地位的理性人是否会采取风险预防措施，以免自己遭受损害。（2）在判断原告是否构成与有过失时，所采用的理性人标准与判断被告是否有过失时所采用的标准一样。（3）亦即，在决定原告是否构成与有过失时，也应考虑以下因素：如果不采取合理的注意，损害发生的可能性；损害可能的严重程度；采取避免损害发生的措施的成本和负担；行为人本人所从事的创造风险的活动的社会效用。（4）在与有过失情形下，法院有权减少损害赔偿金，只要法院认为公平合理，法院甚至可以百分之百地减少损害赔偿金。

10. 自甘冒险

小组建议，建议中的法案应包含以下原则：（1）在诉争所涉风险是显而易见的情况下,该项抗辩所针对之人(原告)将被推定为事实上已意识到该风险的,除非原告能够在盖然性权衡的基础上,证明他事实上并未意识到该风险。(2)一项显而易见的风险是指,在当时的情形下,该风险对于一个处于原告相同位置的理性人来说是显而易见的。显而易见的风险包括明显的风险或人所共知的事件。低概率的风险同样可以是显而易见的。(3)检验某人是否意识到一项风险的标准是该人是否意识到该风险的类型或种类,而非该风险的明确性质、范围和发生方式。

11. 精神损害

关于精神损害,主要是纯粹精神损害,小组建议如下:(1)应任命一个专家小组(包含精神病专家和心理学专家),为评估某人是否患有公认的精神病制定可用于法律背景下的指南。(2)有关对精神损害的注意义务,小组建议,建议中的法案应包含以下原则:(a)纯粹的精神损害(即非因受害人自身所受人身损害导致的精神损害)不产生责任,除非该损害已构成一项公认的精神疾病。(b)被告对原告不负有不给原告造成纯粹精神损害的注意义务,除非被告应该预见到,在当时的情形下,如果不采取合理的注意,正常心智的人也可能会患上某种公认的精神疾病。(c)在(b)原则中所述的"当时的情形"包括以下诸因素:精神损害是否源于突如其来的精神震惊;原告是否在令人震惊的事件事发现场,或者是否目睹了事发现场或其后果;原告是否是通过其自身感官(而非通过媒体或其他媒介的辅助)直接目睹事发现场或其后果的;事发之前原被告之间是否存在特定关系,以及原告与死者、伤者或处于危险之中的人之间的关系性质。(d)不管提起纯粹精神损害赔偿的诉因(侵权、合同或其他)是什么,有关避免给他人造成纯粹精神损害的注意义务的规则都是一样的。(e)前述与有过失规则同样适用于因被告过失所致人身伤害事件而给原告导致纯粹精神损害的情况。

12. 公共机构的责任

小组建议,在因过失履行或不履行公共职责而引发的人身伤害或死亡赔偿之诉中,不能以被告所作的政策性的决定作为裁定被告有过失的根据,除非该决定是如此不合理,以至于没有哪个处于被告相同地位的理性的公务人员(包括法人团体和自然人)会作出这样的决定。

公务人员可以被要求对自己因过失行使或不行使法定的公共职责的行为所致的人身伤害或死亡承担责任,只要相关法律的规定和精神与此类责任的存在不相矛盾。

13. 违反制定法

只要相关制定法没有作出相反的明文规定,所有采用违反制定法义务之诉形式提起的过失所致人身伤害或死亡赔偿之诉,都需遵守本建议案的规定。

14. 损害赔偿

关于损害赔偿,小组建议,建议中的法案应包含以下原则:

(1) 诉讼费用:(a) 在判决的损害赔偿金额不到3万澳元时,被告不承担原告的诉讼费用。(b) 在判决的损害赔偿金额处于3万—5万澳元之间时,原告可以要求被告支付不超过0.25万澳元的诉讼费用。

(2) 损害赔偿价目表:(a) 在确定普通损害赔偿额时,为了确立此类案件中的适当赔偿金额,法庭可以参考先例。(b) 代理律师也可以提请法庭注意早期同类案件判决的普通损害赔偿金额。(c) 经与各州和领地协商,联邦司法部部长应该任命或提名一个机构就此编制一个指南,并定期修改。

(3) 普通损害赔偿的门槛和最高限额:(a) 建议中的法案应该以最极端的情况下的赔偿额的15%为基础,为普通损害赔偿设置一个门槛。(b) 建议中的法案应该规定普通损害赔偿的最高限额为25万。(c) 如果达不成一致,各州和领地应该通过立法,规定一个可适用于所有人身伤害和死亡之诉的普通损害赔偿最高限额。

(4) 劳动能力损失赔偿最高限额:劳动能力损失赔偿最高限额为"全时工作的成年人通常时间收入"的平均值的两倍。

(5) 医疗保健费用:在确定医疗保健费用的损害赔偿金额时,合理性问题应该参考由使用公立医院设施的费用和(当地适用的)医保制度的规定共同构成的费用标准加以确定。

(6) 免费服务:(a) 不能就(为人身受伤害的原告提供的)免费服务请求损害赔偿,除非此类服务已经或可能要在连续6个月以上的时间内,每周超过6小时地提供。(b) 免费服务的损害赔偿额的计算,应以不超过每周全时工作的成年人通常时间收益的平均值(平均周薪)的1/40为计算周费率或小时费率的最大值。

(7) 丧失照顾他人的能力:不能就丧失为他人提供免费服务的能力请求损害赔偿,除非在丧失这种能力之前,已经在连续6个月以上的时间内,每周超过 6 小时地提供了此类服务。丧失照顾他人能力的损害赔偿额的计算标准同上。

(8) 未来的经济损失：用于未来经济损失判决赔偿额计算的折扣率为 3%，相应的管理机构有权对此加以调整。

(9) 扶养损失赔偿：(a) 在计算扶养损害赔偿金时，死者收入超出每周全时工作的成年人通常时间收益的平均值（平均周薪）两倍的部分将不予考虑。(b) 受扶养者不能获得免费服务（如果死者未死亡，将会为其提供的免费服务）损失的赔偿金，除非在此之前，死者已经在连续 6 个月以上的时间内，每周超过 6 小时地为其提供了此类服务。(c) 在计算此类损害赔偿金时，应以不超过每周全时工作的成年人通常时间收益的平均值（平均周薪）的 1/40 为计算周费率或小时费率的最大值。(d) 死者有过失时，也适用与有过失规则。

(10) 结构性和解：各州和领地的法庭规则都应该作出相应的规定，以保证在以下情况下，在判决作出之前，当事人必须参加以争取结构性和解为目的的调解程序：(a) 在人身伤害情况下，包含未来经济损失（包括养老福利损失、免费服务损失和将来的医疗保健费用）赔偿额在内的判决赔偿额将累计超过 200 万的。(b) 在死亡的情况下，包含未来扶养损失以及其他未来经济损失赔偿额在内的判决赔偿额将累计超过 300 万的。

(11) 损益相抵：在确定损害赔偿额（不管是人身伤害赔偿还是死亡赔偿）时，应该基于同类相抵的原则，扣除原告因受伤或死亡而获得的和将获得的所有附属收益（不含慈善福利和法定的社会保险和医疗保健福利），附属收益与相关损害赔偿项目的抵销应该在适用相关最高赔偿额之前进行。

(12) 废除惩罚性赔偿和加重性赔偿。

(13) 指数化：以上所有条文中所规定的固定金额，都可以根据居民消费价格指数（CPI）进行调整。

四、各州的《民事责任法》立法

在 Ipp 报告出台之后，澳大利亚各州和领地政府随即都展开了其《民事责任法》立法或修法活动，从而使整个澳大利亚的侵权法的面貌为之一新。其中，除新南威尔士州 2002 年《民事责任法》是颁布于 Ipp 报告出台之前外，其他各州和领地的相关立法（首都特区 2002 年《民事不当行为法》、西澳大利亚州 2002 年《民事责任法》、塔斯马尼亚州 2002 年《民事责任法》、昆士兰州 2003 年《民事责任法》、北领地 2003 年《人身伤害（责任与赔偿）法》、维多利亚州和南澳大利亚州的《不当行为法修正案》），都是在 Ipp 报告出台后颁布的。在这些立法中，Ipp 报告所提建议大多被原封不动地或以变化了的形式所采纳。以下将以新南威尔士州 2002 年的《民事责任法》为例，对此作一简要说明。

1. 过失的认定

新法采纳了 Ipp 小组的建议，由此带来的变化主要有二：其一，在风险的可预见性方面，此前的普通法所采用的风险"发生的可能性并非很牵强或不切实际"的检验标准被风险发生的可能性"并非微不足道的"的标准所取代。与前者相比，后者显然要求只有发生的可能性更高的风险才是可预见的。其二，在决定一个理性人是否会采取措施预防损害风险时，新的立法要求考虑"损害发生的可能性""损害可能的严重程度""采取避免损害发生的措施的成本""创造风险的活动的社会效用"等因素。而在此前的法院（尤其是地方法院）的审判中，法官通常并不会对上述因素给予足够的考虑。这就意味着，新的规定要求法官在认定被告是否违反注意义务时，需更多地考虑此前他们通常并不一定会加以考虑的因素。

2. 因果关系举证责任

新法采纳了 Ipp 小组的建议，规定在所有情况下，原告都必须负担证明与因果关系问题相关事实的举证责任。这完全排除了在特定情形下采用举证责任倒置规则——通常适用于医疗过失的证明——的可能。

3. 诉讼时效

新法采纳了 Ipp 小组的建议，为人身伤害赔偿规定了从"可发现之日"起开始计算的 3 年诉讼时效。这比各州广为采用的适用于财产损害赔偿的 6 年的诉讼时效要短得多。

4. 公共机构的责任

新法设置了限制政府等公共机构的责任的规定。依据这些规定，在针对政府或其他公共机构提起的诉讼中，除非该机构的作为或不作为在当时的情形下是如此地不合理，以至于没有任何一个与该机构具有相同职能的机构会认为其作为或作为是对其职能的合理履行，否则该机构的行为并不构成违反制定法或不当地行使其法定权力。在该规定之下，公共机构所受到的保护远远超出了 Ipp 小组当初的建议。

5. 与有过失和自甘冒险

新法不仅采纳了 Ipp 小组建议的与有过失和自甘冒险规则，而且规定，被告对原告不负有警示一项显而易见的风险的义务，对于因原告所从事的危险娱乐活动内含的固有风险或显而易见的风险的实现而导致的伤害，被告不负过失责任。

6. 对纯粹精神损害的赔偿

新法采纳了以下限制纯粹精神损害赔偿的规则：受害人须目睹某人被杀、或被伤害、或被置于危险境地或者是后者的亲密家庭成员。该规则比 Ipp 小组建议给予的限制更加严格。

7. 损害赔偿的最高限额和门槛

新法采纳了 Ipp 小组的建议，规定了在人身伤害或死亡赔偿中，经济损失赔偿的最高赔偿标准为平均周薪的 3 倍，即超出平均周薪 3 倍的收入损失或扶养费损失将不予考虑；非经济损失赔偿的最高限额为 35 万澳元（该数值可根据 CPI 予以调整），低于该最高限额 15% 的非经济损失赔偿，将不予考虑。在部分丧失劳动能力的情况下，只有该丧失达到全部丧失的 15% 以上时，受害人才能就此获得赔偿。

8. 废除了惩罚性赔偿和加重性赔偿。

五、改革的影响及相关评价

对于 2002 年发生的这场以限制人身伤害与死亡赔偿责任为目的的侵权法改革，澳大利亚各界有着众多的评价和争论，但除了保险公司以及其他因此获益的少数团体或组织外，学界、律师界、消费者组织等群体，大多对此持批评态度。有批评者认为，这场改革乃是"对一场所谓的保险危机的仓促的、有欠考虑的反应"[①]。它使得许多遭受严重人身伤害的人根本无法提起赔偿之诉，从而只能更多地依赖家庭、朋友或社会保险。[②] 有数据显示，在

---

① Underwood, "Is Ms Donoghue's Snail in Mortal Peril?", 12 *Torts Law Journal* 39 (2004).

② *Tort Law Reform in Australia*, Addressed by the Honourable J J Spigelman, AC Chief Justice of New South Wales, to the Anglo-Australian Lawyers Society & the British Insurance Law Association at Lincoln's Inn, London on 16 June 2004 and his presentation to the London Market at Lloyd's on 6 July 2004. Retrieved from https://bila.org.uk/wp-content/uploads/old/4ff4163e6fbf24.66977246.pdf (last visited on Oct. 17, 2023).

《民事责任法》改革之后,澳大利亚各地方法院受理的相关案件就呈明显下降趋势,在新南威尔士州,这一数字已经从 2001 年的 2 万件下降到 2002 年的 1.3 万件,2003 年则进一步下降到约 0.8 万件。① 由此带来的自然是人身伤害保险赔付的减少,但可以观察到的是,人身保险费并没有因此出现明显回落。对此,新南威尔士法律协会曾批评道:"很明显,人身伤害赔偿法的改变已经走得太远,过于对被告有利。整个社会也因此深受其害。在个体因他人过失而受伤害时,他们丧失了获得公正赔偿的权利;他们并没有得到改革所承诺的保险费将大幅减少的好处;而且,各种社会组织还在继续报告与保险的可利用性相关的问题。"②

有学者甚至认为,这场主要原因被归咎于诉讼爆炸的所谓的"保险危机"实际上是由保险公司一手操纵的——没有任何调查数据显示存在诉讼爆炸,其目的是要在公众和立法者中制造恐慌,从而使立法者能按他们数十年来所希望的那样去制定法律——通过限制公众寻求法律救济的权利来减少与人身伤害相关的侵权诉讼及相关赔偿额。因此,准确地讲,这场所谓的法律"改革",其实是法律"削减"和"倒退"。③ 澳大利亚保险改革协会甚至呼吁对保险公司的经营及其操纵"保险危机"的行为展开调查。许多包含法官在内的法律人士则认为,法律已经给获得充分赔偿的基本权利带来显著的侵蚀,现在的关键问题是,"需要重新考虑所谓的改革到底是已经被证明是正当的,还是应该被倒回去"。澳大利亚律师联盟、法律委员会以及侵权法改革研究院甚至呼吁重新审查或废除《民事责任法》。

---

① *Tort Law Reform in Australia*, Addressed by the Honourable J J Spigelman, AC Chief Justice of New South Wales, to the Anglo-Australian Lawyers Society & the British Insurance Law Association at Lincoln's Inn, London on 16 June 2004 and his presentation to the London Market at Lloyd's on 6 July 2004. Retrieved from https://bila.org.uk/wp-content/uploads/old/4ff4163e6fbf24.66977246.pdf (last visited on Oct. 17, 2023).

② Law Society of New South Wales, *Inquiry into Personal Injury Compensation Legislation*, 17/18 March 2003, https://www.parliament.nsw.gov.au/lcdocs/transcripts/784/Transcript%2006%20June%202005%20-%20Inquiry%20into%20Personal%20injury%20compensation%20legislation.pdf (last visited on Oct. 17, 2023).

③ Graycar, "Public Liability: A Plea for Facts", 25 *University of New South Wales Law Journal* 810, 816 (2002).

六、一个简要的评论：应急式的改革

对于澳大利亚政府在 2002 年快速推进的这场侵权法改革，笔者的基本看法是，从当时澳大利亚的社会背景来看，这场以限制与人身伤害有关的侵权责任为目的的改革大体上可以被看成是澳大利亚政府为了解决迫在眉睫的社会问题而采取的应急措施，本质上只是一种权宜之计，而非一项审慎的改革计划的一部分，具体分析如下。

1. Ipp 小组的应急性

如前所述，Ipp 小组的成立是以所谓的保险危机的爆发为背景的，在此背景下，小组的成立可以被视为政府对当前情况所作反应的一部分，其目的是为政府解决当前所面临的问题提供帮助，而非对过失侵权法等相关法律作一个一般性的评论。在政府赋予 Ipp 小组的职责范围中，这一考虑体现得非常明显。

第一，Ipp 小组的根本任务是"基于限制人身伤害和死亡赔偿责任及其赔偿额的目标来检验改革普通法的途径"，而政府之所以会将"限制人身伤害和死亡赔偿责任及其赔偿额"作为小组所有工作必须服务的目标，显然是为了解决所谓的保险危机问题——部分人相信当时的情况具有引起大的社会混乱的潜在可能性。这表明，在此背景下成立的 Ipp 小组与政府在某些紧急情况下成立的临时机构——如为救灾而临时成立的"救济委员会"——的地位并无本质区别，都是一种为了解决当前急需解决的问题而临时设立的应急性机构。

第二，政府给 Ipp 小组开具的工作时间表，也表明了 Ipp 小组的应急性。Ipp 小组成立于 2002 年 7 月初，而按照政府的要求，小组必须在 2002 年 8 月底之前完成第一份报告，9 月底之前完成最终报告，前后时间跨度不到 3 个月。这样的有限的时间限制可以被理解为它暗含了政府将这次行动看成是让大众看到政府在面对保险危机时已经采取了行动，同时也表明了政府希望尽快找到解决当前问题的方案的意图。

第三，Ipp 小组的职责范围也充分反映了当时的政府关切及其优先考虑解决的各项具体问题。其一，从小组总的职责范围被限定在对与人身伤害和死亡相关的过失侵权法进行审查这一点可以看出，此时的澳大利亚政府最关心的问题就是如何通过"改革"过失责任法来缓解所谓的"责任保险危

机"。其二,政府在给予小组宽泛的调查范围的同时,也要求其将重点集中在一系列反映了当时的政治关切的具体问题上。例如,"形成并评估用于专家过失侵权情形(包括医疗过失)的注意标准要件的选项"的指令,就反映了政府对有关责任保险费的增长给医疗行业的发展造成的不利影响的担心;"形成和评估免除或限制非营利组织的责任的选项"的指令,就反映了政府对有关责任保险费的增长给社区活动造成的影响的担心;"审查1974年《贸易惯例法》(当时已被建议用2002年《贸易惯例法修正(对娱乐服务责任进行修正)法案》对其加以修正)与应用于过失侵权法中的普通法原则(尤其是有关弃权和自甘冒险原则)的关系"的指令,就反映了政府对探险运动和旅游行业发展前景的担心。事实上,政府要求小组于2002年8月底递交的第一份报告所涉及的事务——专家责任、非营利组织的责任、贸易惯例法案的修正以及诉讼时效,反映的都是当时最具政治敏感性的争议问题。

第四,小组成员的构成也反映了当时的政治气候。典型的法律改革机构的成员一般都是完全由或大部分由法律专家组成的,而从Ipp小组的组成来看,除Ipp法官和凯恩教授是法律专家外,另两名成员都是非法律人,分别来自不同的利益相关团体——一个是地方当局的代表,一个是执业医生的代表。此外,值得注意的是,Ipp小组的任命是财政部宣布的,其办公场所设在财政部。以上事实也从一个侧面反映了,Ipp小组的成立很大程度上是为了解决经济上或财政上的问题,而不是为了解决法律问题。

总之,Ipp小组是政府为了应对保险危机而紧急成立的临时性的机构,其任务和使命是根据政府提出的政策目标——限制人身伤害赔偿责任及其赔偿金额,在极短的时间内尽快提出有助于实现该目标的"技术性的""实践性的"修法建议。这就从根本上决定了,随后所发生的以Ipp报告为基础的《民事责任法》的立法热潮也可以被理解成是一场"应急式"的反应,而非为实施一项经深思熟虑的、须审慎推进的国家性的改革策略而采取的必要步骤。

2.《民事责任法》立法的应急性

2002年和2003年,澳大利亚各州和领地都展开了改变与人身伤害相关的责任制度的立法活动,并在极短的时间内完成了这项全国性的大规模的立法活动。这种立法的高效和快速是非常罕见的,而对此最合理的解释似乎应该是,当时各州的立法机构都有一种强烈的"时不我待"的情景感或压力,而这种强烈的情景感和压力恰恰来自当时突然爆发的保险危机及其带来的各种社会问题和政治问题。

此外,还有两点必须加以注意的是:第一,在这场立法活动中,新南威尔士州是行动最为积极和快速的一个州,甚至在 Ipp 报告出台之前,该州就迫不及待地颁布了其《民事责任法》。从该州如此急切的态度中可以看出,在新南威尔士州政府眼里,这场保险危机已经给他们带来了独一无二的、特别紧急的问题,以至于他们已经不能等到整个联邦都作出反应和规划之后再采取行动。事实上,在当时的背景下,这也是可以理解的。因为,作为澳大利亚最大的州,新南威尔士州不仅拥有全国最大的保险市场和保险产业,而且是各州中人身伤害侵权之诉最多的州。正是因为有了这几个"最",所以该州政府在处理保险危机方面有着更为紧迫的政治利益,从而使得其不得不选择在联邦政府主导的统一行动之外独立地采取行动。第二,各州的《民事责任法》大体上都采纳了 Ipp 小组报告提出的多数建议,而 Ipp 小组报告之所以在各州立法者中有如此之高的认同度,并不是因为该报告建议的内容具有多高的正当性和科学性,而是因为其建议的内容与政府拟达成的政策目标具有高度的一致性。事实上,对于 Ipp 小组报告,澳大利亚国内法学界大多是持批评态度的。在他们看来,报告既没有坚实的学理支撑,也没有细致的分析和论证,因而建议的许多内容都缺乏学理上的可信性。应该说,从学术观察的角度讲,Ipp 报告在学界会受到广泛批评是非常正常的。因为,从小组所拥有的时间和人力资源来看,要求小组将其报告内容建立在博学和细致的论证的基础上是不切实际的。换言之,小组的报告主要是给那些希望从中找到解决当前问题的建议的政治家看的,而不是给学界和律师们看的,其报告内容也主要是为了提供解决问题的实践方案,而无须阐明甚至无须探求其方案是否具有法理上的正当性和科学性。

简言之,以 Ipp 报告为基础的民事责任法改革乃是一场为应对危机而展开的应急性改革,这场"一夜之间"完成的改革虽然对于解决因保险危机带来的种种社会问题和政治问题具有一定的积极作用,但其合理性和正当性还是有待进一步检验和考证的。

第四节　最近的发展动向——"全民人身伤害保险方案"

在 2002—2003 年的《民事责任法》立法热潮之后，澳大利亚在改革意外事故救济机制方面最重要的发展主要有二：其一是新南威尔士州在 2006 年引入了一个针对机动车交通事故的无过失的《终生照顾和扶助方案》（有关其具体情况，参见本章第一节的相关论述）；其二是作为实施澳大利亚联邦政府制定的《2010 年—2020 年的国家残疾人事业战略》的一部分，澳大利亚联邦副财长沙利（Nick Sherry）于 2010 年 2 月 17 日向联邦政府生产力委员会（Productivity Commission）提交了一份报告，要求后者就建立一个全国性的残疾人长期医疗和救助方案展开调查，并在 2011 年 7 月 31 日形成最终报告。按照该报告的要求，生产力委员会于 2010 年 4 月份启动了该项调查，并于 2011 年 7 月 31 日向联邦政府递交了最终报告——《生产力委员会调查报告：残疾人照顾与扶助（第 54 号）》。[①] 在这份两卷本、长达 1049 页的报告[②]中，委员会的核心建议是，联邦各州和领地都应有计划地、分步骤地引入一个"全民残疾保险方案"（National Disability Insurance Scheme，简称 NDIS）和一个"全民人身伤害保险方案"（National Injury Insurance Scheme，简称 NIIS）。其中，前者主要是为救助非因意外事故所致重大残疾的患者及其家庭而设，在澳大利亚政府的推动之下，《全民残疾保险方案法》（National Disability Insurance Scheme Act 2013）于 2013 年 5 月通过，并于当年 6 月 1 日生效，计划用 7 年时间实现完全实施，具体实施机构为全民残疾保险机构（National Disability Insurance Agency）。后者则是针对意外事

---

① Productivity Commission 2011, *Disability Care and Support*, Report No. 54, Canberra. 在生产力委员会官网有关于该报告的调查报告、概览、详述以及执行摘要，https://www.pc.gov.au/inquiries/completed/disability-support/report (last visited on Oct. 17, 2023).

② https://www.pc.gov.au/inquiries/completed/disability-support/report (last visited on Oct. 17, 2023).

故所致人身伤害(主要是灾难性伤害)而设的。① 以下将重点介绍后一方案。

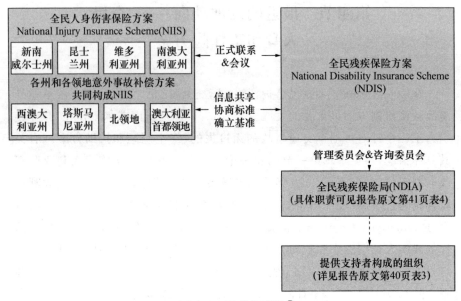

NIIS 与 NDIS 的关联性②

一、设立"全民人身伤害保险方案"的缘由

澳大利亚生产力委员会之所以建议设立一个"全民人身伤害保险方案",主要是考虑到,目前,虽然澳大利亚各州和领地都有一些与意外事故所致人身伤害相关的制度安排③,但各州和领地之间的制度差异非常明显,这

---

① 生产力委员推出两种保险方案,有着明确的针对人群:"全民残疾保险方案"(NDIS)的着眼点是残疾人群,目的在于给残疾人群提供更为全面的救济方案,而"全民人身伤害保险方案"(NIIS)针对遭受灾难性意外事故的群体,针对的群体更加具体。生产力委员的报告中预测:NIIS 的救济人员数量大概为 3 万人,是 NDIS 救济人群的 8% 左右。Productivity Commission 2011,*Disability Care and Support*,p. 48.

② Figure 5, in Overview Booklet, *Disability Care and Support*,https://www.pc.gov.au/inquiries/completed/disability-support/report/disability-support-overview-booklet.pdf(last visited on Oct. 17, 2023).

③ 主要包括遍布全国的无过错工伤补偿方案,适用于部分州和领地(北领地、维多利亚州、塔斯马尼亚州和新南威尔士州)的混合的无过错的第三者交通事故强制责任保险安排,有限的刑事受害人补偿方案(因犯罪所致的残疾是灾难性伤害的主要来源,且呈不断上升趋势)以及以过错为基础的医疗赔偿和公共责任保险。

非常不合理。而且,现有的这些制度安排的覆盖面比较小,不足以满足现实需求。至于现存的以过错为基础的相关制度安排,则存在非常明显的缺陷。委员会认为:"过错责任制度带来的最大问题是:若遭受严重意外的受害人不能证明他人应当为自己的损害负责的话,就不能得到充足的法律救助。而且,即使是在过错方的过错已经被确认的情况下,通过诉讼程序获得赔偿的过程也是漫长和成本高昂的。没有任何证据显示,普通法上的损害赔偿诉权能有效地激励驾驶员、医生或其他当事人更为谨慎地行事。"[1]因此,委员会建议,各州和领地都应该为那些在各种意外事故中遭受灾难性伤害的受害者所需的长期照顾和扶助,建立一个无过失的保险制度安排,即"全民人身伤害保险方案",以消除普通法赔偿体系的诸多缺陷和不足,进而改善遭受灾难性伤害者的最终处境,促进其康复、调整和可能的就业,若受害者受损程度并不严重的话,其仍旧保有通过诉讼主张经济损失与身心损害赔偿的权利。

二、"全民人身伤害保险方案"的适用范围和实施进度安排

如前所述,"全民人身伤害保险方案"是针对因意外事故所致灾难性人身伤害而设的,其中,所谓的灾难性伤害,主要是指重大的后天脑损伤、脊椎损伤、烧伤和多重截肢等需要终生的照顾和扶助的伤害,这些伤者通常都需要密集的临床诊疗、治疗后的扶助、早期干预和康复服务。"全民人身伤害保险方案"将致力于整合这些服务与扶助,但灾难性伤害的受害人所享有的对未来照顾和扶助需要的普通法诉权将被剔除,其对因此所受经济损失及痛苦和创伤的诉权将得以保留。[2]

按照委员会的设想,各州和领地应于2013年年底之前建立起一个适用于交通事故的无过错的灾难性伤害保险方案,到2015年,这一方案最终将覆盖因所有原因造成的灾难性伤害,如因道路交通事故、医疗事故、刑事伤害以及发生在社区或家中的一般意外事故所致灾难性伤害,但在受害人仅有的医疗需要已经可以从卫生保健部门现有的医疗保险项目中得到满足的情况除外,与怀孕和分娩相关的脑麻痹也将被排除在外——受"全民残疾保

---

[1] Productivity Commission 2011,*Disability Care and Support*,p.43.
[2] Ibid.,p.44.

险方案"的调整。① 现存的工伤补偿方案则将继续保留,但各州和领地政府可以通过契约安排,将其中所涉的灾难性伤害的受害人的照顾和扶助需要转移至拟建立的"全民人身伤害保险方案"之下。②

此外,委员会还建议,在"全民人身伤害保险方案"已经比较完善以后的一段时间内,政府可以考虑是否应该使该方案最终覆盖至所有因意外事故所致的明显非常严重的伤害。同样,再过一段时间以后,政府也可以考虑将该方案的适用范围扩展至为(因意外事故导致的)经济损失和普通损害赔偿提供无过失的保险。考虑到后一扩展将是对现有制度的一个彻底变革,其可行性、成本和效率都需要认真的检验,因此,委员会建议,联邦政府可在2020年组织一个对"全民人身伤害保险方案"的独立评估,对上述扩展方案所涉问题作进一步的考查。③

三、"全民人身伤害保险方案"的基本架构

按照委员会的设想,这一方案将包含一系列为遭受灾难性伤害者所作的以保险费为主要资金来源的举国一致的最低照顾和扶助标准的制度安排,并将被构造成一个以各州和领地相对独立的系列保险方案为基础的联合体。其中,各州和领地可以在现有的无过失补偿方案或保险方案的基础之上,通过扩展其适用范围或新增一些类似方案,形成当地的针对意外事故所致灾难性伤害的保险方案系列。在整个联合体中,各州和领地应确保它们针对同类事故所采用的评价标准(如伤害程度的评估、照顾和扶助需要的评估)的一致性,并且应围绕特定基准制定一个适用于本地的最低照顾和扶助标准。在这里,所谓的特定基准应该是透明的和协定的,各地在制定其地方标准时,可以参照其现存的无过错补偿方案。除此之外,新的方案还将包括完备的和连贯的康复和医疗模式、资金管理模式、成本控制模式以及信息收集和分析模式。在各州和领地的保险方案之外,还将有一个国家性的再保险制度安排。国家伤残保险局(National Disability Insurance Agency)则负责对各州和领地的方案的整体协调工作,并为相关信息的出版和经验的

---

① Productivity Commission 2011, *Disability Care and Support*, p. 46.
② Ibid., p. 44.
③ Ibid., p. 46.

推广提供帮助。①

四、"全民人身伤害保险方案"的资金来源

按照委员会的设想,在"全民人身伤害保险方案"之下,受害人所获得的保险金的具体资金来源将因致害原因的不同而有所不同,具体包括②:

(1) 现有的为灾难性伤害提供资金的资金来源将继续得以保留(主要为来自各种强制保险政策的保险费收入)。

(2) 尚未建立无过错交通事故补偿方案的地区收取的机动车第三者责任强制保险费。

(3) 依据新的《铁路安全法》收取的小额的铁路运输客票附加费。

(4) 对受澳大利亚海事安全局管理的国内注册的客运船的适当征税,以及对私人拥有的"游乐"船只的小额征税。

(5) 来自医生为医疗事故投保的住院和医疗赔偿保险(含自办保险)的保险费。

在保险费收入不足以满足灾难性医疗伤害索赔请求时,各州和领地可适度增加保险费或提供财政援助。无论如何,澳大利亚政府的补助项目都会继续保障医疗保险金的支付能力。

(6) 各州和领地政府为起因于刑事伤害或发生在社区和人们家中的一般意外事故的灾难性伤害筹措的资金。筹措此类资金的一个有效途径是小幅增加地方税(地方政府征收的不动产税)的税率。如果地方政府不赞成这种资金筹措方式,它们应该通过其他途径来为此类灾难性伤害筹措资金。无论如何,州、领地和地方政府是最有能力减少此类事故发生风险的,这也是为什么在上述领域内,它们是为"全民人身伤害保险方案"筹措资金的最佳筹资人。

五、"全民人身伤害保险方案"落实现状

与"全民残疾保险方案"(NDIS)形成鲜明对比的是,"全民人身伤害保险方案"(NIIS)在各州落实缓慢。前者已完成了在联邦各州和领地的全面

---

① Productivity Commission 2011,*Disability Care and Support*,p. 46.
② Ibid.,p. 45.

覆盖,而后者在州层面只有昆士兰州在积极推进。

昆士兰州于 2016 年通过了《昆士兰州全民人身伤害保险法》[National Injury Insurance Scheme (Queensland) Act 2016]。① 该法案也不是对"全民人身伤害保险方案"的全面遵循,适用范围局限于 2016 年 7 月 1 日之后在昆士兰州因交通事故受到灾难性伤害的居民,有关工作上受到的意外损害仍旧适用 2003 年《劳工补偿和康复法》(The Workers' Compensation and Rehabilitation Act 2003),该法案并未覆盖到一般意外事故和医疗事故造成的灾难性损害。该法案的具体工作由昆士兰州政府机构——昆士兰州国家伤害保险局(NIISQ agency)管理。该保险的资金主要来自昆士兰州内机动车登记时缴纳的税费和同时缴纳的强制性第三方保险(Compulsory Third Party insurance)。

与《昆士兰州全民人身伤害保险法》配套实施的是 2016 年《昆士兰州全民人身伤害保险条例》(National Injury Insurance Scheme (Queensland) Regulation 2016),该条例主要补充了配套法案中申请者的具体申请条件。

法案当中有一些特殊之处值得注意②:首先,申请人一旦被纳入该法案的保护范围,在之后的 2 年过渡期中会持续得到必要且合理的救助资金,2 年期满后会对申请人康复状况进行重新评估,满足条件后的主体余生都会得到资助。其次,该法案和 NDIS 相比申请条件更加宽松。申请人没有年龄限制,申请人没有澳大利亚公民身份、永久居民或签证要求,而 NDIS 需要不满 65 周岁且居住在澳大利亚的主体,同时要求澳大利亚公民身份、持有永久居民或持有受保护的特殊类别签证。

截至 2022 年 7 月 1 日,《昆士兰州全民人身伤害保险法》顺利实施 6 年,共计为 537 名交通事故受害者和 65 名因工作受伤的工人提供了保险资助。③

---

① https://www.legislation.qld.gov.au/view/whole/pdf/inforce/current/act-2016-034 (last visited on Oct. 17, 2023). 关于该法案的沿革可见 https://www.legislation.qld.gov.au/view/html/inforce/current/sl-2016-0089/lh (last visited on Oct. 17, 2023)。

② 关于该法案更为通俗的介绍可见官网:https://niis.qld.gov.au/about-niisq/niisq-vs-ndis/#section__eligibility-。

③ https://niis.qld.gov.au/2022/07/happy-6th-birthday-niisq/. 适用该保险主体的细节信息可见 https://niis.qld.gov.au/news-and-research/scheme-insights/niisq-scheme-insights-jan-mar-2023/ (last visited on Oct. 17, 2023)。

第五节　对澳大利亚意外事故救济机制的总结

综上可见，在意外事故所致人身伤害领域，澳大利亚法的整体发展大体上还是朝着更有利于救济受害人方向前进的。虽然在2002年，受国内政治和经济环境的影响，澳大利亚曾发生了以更加严格地限制与人身伤害有关的损害赔偿责任为目标的侵权法改革运动，但作为一场应急式的改革，这场改革并没有从根本上改变其意外事故救济体系的长期发展趋势。一方面，作为对2002年改革的反弹，在各方的不懈努力之下，最近的澳大利亚侵权法的"钟摆"又开始向更加有利于受害人从法院获得救济的方向摆动。另一方面，作为对"失败了的"1974年《国家补偿法案》所怀制度理想的追随，从2006年开始，澳大利亚政府又启动了一项以"全民人身伤害保险方案"为核心，终极目标在于为所有在意外事故中遭受人身伤害者提供无过失补偿的制度建构计划。虽然在州层面仅有昆士兰州在积极推进该法案落实，但在一个幅员辽阔的联邦制国家，敢于从事这样的改革实践，本身就是前所未有和令人钦佩的。借用丹宁勋爵的话来说，"如果我们决不做以前从未做过的事情，那么我们就不会取得任何进展。法律将始终停留在原处，而世界的其他部分将继续前行，这对二者来说都是很糟糕的"[①]。

---

① Packer v. Packer, [1953] 2 All ER 127 at 129.

第三章　瑞典人身损害综合救济机制研究

瑞典斯德哥尔摩大学的比尔·W.杜瓦（Bill W. Dufwa）教授将侵权法之发展历程划分为三大阶段。第一阶段为一直到19世纪中叶的传统侵权法，在此阶段，一切都围绕着过错原则展开。18世纪末、19世纪初欧洲的伟大民法典亦皆奠基于过错原则之上，其在学理上几乎不受质疑。德国法儒耶林"罗马私法中的过错要素"为此提供了完美的学理解释。可就在耶林著述问世的时候，变化已生。侵权法历史的第二阶段悄然来临。在某些领域，特别是工伤赔付领域，过错原则被弃置，为严格责任让路。与此同时，公共保险和私人保险开始逐渐发挥作用。侵权法历史的第三阶段的特征则在于各种特别赔付体制的发展，这些特别赔付体制甚至在一定程度上将侵权法体制冲击得晕头转向。在这些变迁的背后，乃是对侵权法尤其是人身损害赔偿法制所积聚的不满。侵权法虽也屡经改革，但仍不能平息众议。积怨在20世纪后半叶达到阈值，如燎原之火般迸发蔓延开来。这甚至被看作是传统侵权法走向终结的起点。①

正如其在地理上偏居一隅，瑞典之法制成就，在世界法制史波澜壮阔的历史画卷中，亦向来叨陪末座，不甚引人注目。而瑞典法制的崭露头角，甚至可以说脱颖而出，全在杜瓦所谓的侵权法发展的第三阶段，其仗着被冠以"瑞典模式"（Swedish Model）之名的一组人身损害特别赔付体制，不但赢来无比赞誉，追慕者亦不在少数，真可谓风头一时无两。

本章主旨即在考察瑞典之人身损害赔付特殊体制，具体言之，即交通

---

① 参见国际保险法协会（AIDA）第11届国际会议（2002年，纽约）提交论文：Bill W. Dufwa, Alternative compensation systems: Personal injuries, https://aidainsurance.org/file/2020-04/852162424/alternative-compensation-systems-personal-injuries-general-report-bill-w（last visited on Jun. 19, 2023）.

险、职业安全险、患者险、药害险和刑事受害人赔付计划,其目标、其功能、其适用领域、其赔付条件与赔付数额、其筹资、其运营机构、其与传统侵权法体制以及社会保险体制之协调,如此等等。在此之前,先敷陈瑞典侵权法制与社会保险法制之荦荦大端,盖人身损害赔偿法的"瑞典模式"并非空穴来风,先有福利国家的"瑞典模式"搭台布景,人身损害赔偿法的"瑞典模式"方能搬演,不知前者,难以明了后者,而瑞典侵权法的谦冲自牧亦为往后诸般特别赔付体制之顺利运转埋下了伏笔。"瑞典模式"放而大之,即为"北欧模式"。前面言及之五类体制,丹麦、挪威、芬兰诸国大抵皆制备相应构设。虽然北欧诸国之间,差异亦不在小,但就外人而言,仍可一体视之。在北欧以外,踵武"瑞典模式"尤其是其独领风骚的患者险体制之呼声亦屡见不鲜,但从之者莫说仅有,实在绝无,原因何在,颇值得探讨。

第一节 瑞典的侵权法制

一、1972 年之前

17 世纪,北欧法开始法典化——将所有私法、刑法、诉讼程序法裒集于一处的全面性法典。最早是 1683 年施行的《丹麦法典》,在挪威,于 1687 年以《挪威法典》之名施行。[①]《瑞典法典》(Sveriges Rikes Lag)则完成于 1734 年。这部法典乃是发轫于瑞典帝国或者说列强时代的全面立法改革运动的最终成果,取代了克里斯托弗国王(King Christopher,1441-1448)时代的中世纪法和马格努斯·埃里克森国王(King Magnus Eriksson,1319-1364)以降的城市法,经弗雷德里克一世(Fredrik I,1720-1751)御准,于 1736 年 9 月 1 日起施行。法典计九编,前五编涵盖了大部分私法,包括婚姻法、继承法、土地法、建筑法,还有商事法律,剩余四编则为不义法、刑法、判决执行法和

---

① 参见〔德〕茨威格特、克茨:《比较法总论》(上),潘汉典等译,中国法制出版社 2017 年版,第 504 页。

司法程序法。①

　　1734年法典竟是瑞典最近一次"彻底"的法律改革,其法制演化之持重稳健性格可见一斑。虽然"大多数规则或者由于情势变迁已经废弃不用,或者已经通过新的制定法予以取代"②,但法典本身还是有效的,仍"被视为瑞典法之脊梁"。与大陆法系之法典不同,《瑞典法典》于法律原则全不在意,而是斤斤执着于特殊案件之处理,故颇有处理具体侵权问题之规则,比如动物所致之损害(这在农业社会乃是很重要的事宜),却并没有一般侵权法。③

　　拿破仑鼓荡起的滚滚风雷,让波罗的海亦卷起波涛。1811年,瑞典国会设立特别委员会,思谋起草新法典。1826年,带着《法国民法典》鲜明烙印的草案面世,但由于保守派的反对而未克功成。④ 私法草案设损害赔偿一章(第十五章),但主要针对的是契约损害赔偿。《刑法典》(Strafflagen,字面意为"Act on Punishment")倒是于1864年颁行。法典第六章包含有损害赔偿规定。1972年之前,就刑事案件之外的侵权,关于损害赔偿,还没有一般的制定法条款,第六章因缘际会而为侵权责任之主要法源,特别是有关儿童和精神病人责任的规则,还有连带责任和与有过失的规则。⑤

　　1864年《刑法典》颁行前,虽无制定法可供援引,但就侵犯人身和财产,法院课加的一直都是过失责任。一方面是类推适用有关各种合同的制定法规则,这些都是过失责任规则;另一方面是从其他法律体制寻求支持,比方说阿奎利亚法(lex Aquilia)就屡见于文献,也推动了瑞典法的发展。还要一提,瑞典民事责任法的一个重要特征在于,向来不严格界分侵权责任与违约

---

① See https://www.familysearch.org/en/wiki/Sweden_Act_of_1734 (last visited on Jun. 19, 2023).
② 〔德〕茨威格特、克茨:《比较法总论》(上),潘汉典等译,中国法制出版社2017年版,第506页。
③ See Jan Hellner, "Compensation for Personal Injuries in Sweden—A Reconsidered View", 41 *Scandinavian Studies in Law* 249, 251 (2001).
④ 参见〔德〕茨威格特、克茨:《比较法总论》(上),潘汉典等译,中国法制出版社2017年版,第507—508页。
⑤ Hellner, ibid.

责任。①

　　这些主要的历史发展没有影响到严格责任。随着交通手段的发展,引严格责任入侵权法成为具有重大实务价值的问题。海事法长久以来即由特别立法规制,船舶所有人就所有雇员的过失负侵权责任,不问该雇员之地位轻重。这一原则为1891年立法所确认,尽管法律已遭修订,仍有效施行。铁路之运行更令严格责任引进变得迫在眉睫,遂有立法出台,针对不同情况设计了不同规则。

　　机动车交通事故领域格外重要,瑞典法于此领域循序渐进。立法于1906年规定,车辆之所有人就驾驶人员之过失负责。1916年,又引入一套准严格责任来补充,立法推定,损害不是因驾驶人员之过错而造成,即是因车辆之缺陷而造成。就两辆机动车相撞,设有特别的、复杂的责任规则。机动车责任险最初系自愿险,但从1928年和1929年间起,变为强制险。同时,开始允许受害人直接对保险人提起诉讼。

　　前文略述瑞典侵权法之早期梗概。总体而言,在改革之前,法律状况不能令人满意。不过,实际局面因保险而得改善,尤其自20世纪中叶始,一揽子保险推广开来,一揽子保险一般都包含了责任险。作为回复原状手段的侵权责任,如今既为侵权行为人的责任保险所覆盖,而且即便责任人破产或者不愿支付,原告获得赔偿的机会也不会受影响,效率自然得到了加强。②

二、《损害赔偿法》

　　第二次世界大战之后,北欧诸国司法部部长曾聚议,拟于某些领域推行北欧共同法,侵权法榜上有名。瑞典历来是北欧诸国法制异动的急先锋,改革看来势在必行。

　　最初的改革计划气势恢宏。为了落实庞大的战略,免不了从各国点兵点将,瑞典乌普萨拉大学的刑法学教授,同时亦为侵权法专家的伊瓦尔·斯

---

① Jan Hellner, "Compensation for Personal Injuries in Sweden—A Reconsidered View", 41 *Scandinavian Studies in Law* 249, 251 (2001).
② Hellner, ibid., p. 253.

特拉尔(Ivar Strahl,1899—1987)位列其中。1950 年,斯特拉尔就侵权法改革的原则发布综合报告。从长远来看,这份报告的影响不可小觑,此处且按下不表(详见本章第三节),不过,若将其理念通盘接受,未免过于激进,若是立即付诸实施,涵盖范围又过于宽广。可以马上着手实施并且也有此迫切需求的,乃是以下三个领域:替代责任,机动车交通事故,政府责任。另外,瑞典早就在筹划以新刑法典取代 1864 年的老刑法典(后于 1962 年通过新刑法典),正好借着这个机会,将老刑法典有关损害赔偿事宜的第六章一并更替。斯特拉尔的报告于 1960 年出版,此后工作进展缓慢。立法机关以为,机动车交通事故有待再加斟酌,其他三项建议则可纳入统一的制定法。又俄延至 1972 年,《损害赔偿法》(Skadeståndslagen,1972:207,简作 SkL)才终告颁行。理论上讲,这部损害赔偿的一般法亦沿袭瑞典法的传统,不严格区分违约责任与侵权责任,故同样适用于违约责任,但实际上其价值还是在侵权法领域。①

《损害赔偿法》并非意在瑞典侵权法的任何彻底改革。经由早期立法和判例法所确立的一些基本原则并未更易或者只有轻微变动。1864 年《刑法典》第六章的基本格局事实上仍可于《损害赔偿法》法中窥见。就人身损害和财产损害,过错责任仍为瑞典侵权法之基础:故意或者过失致人身或者财产损害者,负赔偿责任(第 2:1 条)②;对严格责任完全没有提及。

这部法乃是"框架法",就诸多重要事宜并未加以界定与规制。这意味着它的条款不能反面解释。它虽然只讲过错规则,但不能由此得出结论,说严格责任一概禁止。这种立法技术正与此前的司法实践相吻合。过错原则

---

① Jan Hellner, "Compensation for Personal Injuries in Sweden—A Reconsidered View", 41 *Scandinavian Studies in Law*, 249, 253-254(2001). 这部法律有译为"侵权责任法"(Tort Liability Act),如 Erland Strömbäck, "Personal Injury Compensation in Sweden Today", 38 *Scandinavian Studies in Law*, 431 (1999),有译为"损害赔偿法"(Damages Act),如 Bill W. Dufwa, "Compensation for Personal Injury in Sweden", in B. A. Koch/H. Koziol (eds.), *Compensation for Personal Injury in a Comparative Perspective*, Springer, 2003, p. 326。似以后者为妥。

② 第 2:2 条规定,就因犯罪行为(例如欺诈)所致之纯粹经济损失,负赔偿责任;但不能反面解释,说非因犯罪所致纯粹经济损失,即不得赔偿。Mårten Schultz, "Tort Law in Sweden: An Introduction", https://studylib.net/doc/9395185/tort-law-in-sweden-%E2%80%93-an-introduction (last visited on Jun. 19, 2023).

固然为主导原则,但法院亦得于特定情形强化责任,而且做得很成功。这部法的一般法性质使得它可能与侵权法领域的特别立法相互配合、协力共治。① 那些在 1972 年还有效的有关严格责任的制定法,多数都已为更新的立法所取代,其他的也都有所增添,但总的风貌依旧。《损害赔偿法》的一些条款,尤其是有关原告与有过失和复数侵权人之间责任分摊的条款,当然也适用于严格责任。为了解决损害赔偿金评定事宜,《损害赔偿法》于 1975 年经部分改革(1975:404),旨在起草出更为清晰的规则,协调各种赔付来源之间的关系,确保既不会赔偿不足,也不会过度赔偿。有关损害赔偿金评定的规则同样适用于严格责任。

此前的判例法时期,雇主责任一直没有梳理出清晰的头绪。依新的制定法,雇员于执行职务过程中过失造成人身或财产损害的,雇主负替代责任(第 3:1 条)。这条必须与第 4:1 条结合起来看,雇员就其执行职务过程中的过失行为,仅在"异常原因"下,方负个人责任。这需要考虑雇员作为或者不作为的性质、雇员所处的位置、受害人的利益以及其他相关情势来判断。"异常原因"必须很强大。实际上,这种情况很少见。第 4:1 条或被视为对下面无奈事实的妥协:赔偿数额稍大一些,雇员往往就无力承担,而雇主则"囊橐充盈"。另外一种立场则将替代责任看作是某种企业责任,这种立场得于《损害赔偿法》的预备文件中找到支持。② 一般来讲,雇主都投有责任险,将赔偿大笔金钱的风险转化为了定期缴纳的保险费用。③

因过失行使公权力造成损害的,政府负赔偿责任(第 3:2 条)。

看起来,以上也不过是些"普遍公认的侵权法原则"④,卑之无甚高论。

---

① See Bill W. Dufwa, "Compensation for Personal Injury in Sweden", in B. A. Koch/H. Koziol (eds.), *Compensation for Personal Injury in a Comparative Perspective*, Springer, 2003, pp. 326-327.

② See Jan Hellner, "Compensation for Personal Injuries in Sweden—A Reconsidered View", 41 *Scandinavian Studies in Law* 249, 254 (2001).

③ Mårten Schultz, "Tort Law in Sweden: An Introduction", https://studylib.net/doc/9395185/tort-law-in-sweden-%E2%80%93-an-introduction (last visited on Jun. 19, 2023).

④ U. Nordenson, B. Bengtsson, E. Strömbäck & Skadestånd, Huvuddragen av skadeståndsrätten. Kommentar, cited from Bill W. Dufwa, "Compensation for Personal Injury in Sweden", in B. A. Koch/H. Koziol (eds.), *Compensation for Personal Injury in a Comparative Perspective*, Springer 2003, p. 326.

但有一处,也就是与有过失规则的适用,预告了对侵权责任的新立场。

受害人与有过失的,侵权责任得予扣减,如何扣减方为合理,则依双方当事人各自过错程度以及个案特别情势而定。但就人身损害,却将与有过失规则严加绑缚,仅当受害人因故意、重大过失或者酒醉驾驶,方允许将责任予以扣减(第6:1条)。要说故意去遭受人身损害,自然是凤毛麟角,而且一般都意味着试图自杀,所以,将削减责任局限于受害人的重大过失乃为这一条的关节。在人身损害案件中,即便受害人犯下过失,瑞典法院也一向不情愿认定过失为重大。是以,在司法实践中,因受害人之与有过失而将人身损害赔偿责任予以削减的规定几乎形同废弃。

据《损害赔偿法》的预备文件,此种立场乃系出于社会考量:受害人已经遭受了严重伤害,就因为片刻的疏忽,便要在也许整个余生承受沉重的经济损失,实在苛刻。这论辩背后的哲学思想不外乎,虽然依精确的正义要求,应该照着双方当事人行为的可责性来分担损失,但出于对人身损害受害人的悲悯之情,却不得不对正义理念稍作背离。在司法实践中,对现行的规则似乎普遍比较满意。甚至是负责掏腰包的保险人,也没有多大兴趣去探个究竟,可有什么削减责任的基础,又能够削减多少。当然,肯定会有这样的情形,适用这规则的结果不能令人惬意。可以设想,加害人(没有投保责任险)过失更轻而受害人过错更大一些,但只要受害人的过错尚未构成重大过失,即不得将加害人之责任削减。在有些学者看来,单考虑这种可能性,即足以视为法律之缺陷。[①]

在这一小节的收梢处,有一点必须提及,即侵权法下的赔偿水平。就损害赔偿金的评定,《损害赔偿法》贯彻的当然是全部赔偿原则,主要是收入损失和抚养费损失,包括"痛楚与创伤""容貌损毁或其他永久损伤""其他不便"在内的非经济损失,俱得赔偿。非常遗憾,我们缺乏精确的统计数据,但照一般的看法,瑞典,乃至整个北欧,与其他欧洲国家相较,赔偿水平都"有

---

① See Jan Hellner, "Compensation for Personal Injuries in Sweden—A Reconsidered View", 41 *Scandinavian Studies in Law* 249, 255-256 (2001).

些寒碜"。① 比方说,依瑞典侵权法的一般原则,在死亡案件中,并没有请求非经济损失赔偿的权利,像失去至亲至爱家庭成员的痛苦,是无由主张的。②这一背景于包括瑞典在内的北欧诸国无过错体制的发展深具影响,稍后再论。

三、民事责任特别立法

在某些风险活动领域,会设置特殊责任规则。一般来说,相对于过错规则,这些特殊规则意味着更为严厉的责任。依 1985 年《铁路交通法》(Railway Traffic Act),就人身损害,铁路负无过错责任。《交通损害赔偿法》(Traffic Damage Act)人身损害赔偿规则亦夯筑于无过错原则之上。责任由强制交通险所涵盖。因机动车事故而受损害的,不论车辆所有人或者驾驶人员是否有过失,俱得请求赔偿。若是受害人有故意、重大过失或者因过失而酒醉驾驶,促成事故发生,或者自杀的,得扣减赔偿。

特别责任规则亦适用于其他领域,比如,1994 年《海事法》(Maritime Law),1922 年《航空运输责任法》(Air Traffic Liability Law),1957 年《航空运输法》(Air Traffic Act),1902 年《电力设施法》(Electric Installations Act),1968 年《核能责任法》(Nuclear Liability Act),1986 年《环境责任法》(Environment Liability Act),1992 年《产品责任法》(Product Liability Act),以及 1943 年《宠物看管法》(Law on Supervision of Dogs and Cats)。为了特别保护刑事犯罪的受害人,1978 年出台了专门的赔偿立法。③

---

① Bo von Eyben, "Alternative Compensation Systems", 41 *Scandinavian Studies in Law* (2001), p. 195. 位于苏黎世的瑞士再保险公司理赔部曾就一些欧洲国家赔偿规则加以调查,出具"欧洲国家人身损害赔偿标准的近来趋势"以及"西欧人身损害赔偿:西欧八国非金钱损害赔偿的原则、实践与近期发展"的报告。尽管并未就瑞典与其他国家加以比较,但很显然,瑞典的赔偿水平并不是最高的,当然,也不是最低的,而是处在中间某个位置。欧洲保险与再保险联盟(Comité Européen des Assurances)也曾发表名为"欧洲的人身损害赔偿原则:九国比较研究"的研究报告,同样认为,与其他欧洲国家相比,瑞典的赔偿水平"差强人意"。See Erland Strömbäck, "Personal Injury Compensation in Sweden Today", 38 *Scandinavian Studies in Law* 431, 444 (1999).

② See Strömbäck, ibid., p. 449.

③ Erland Strömbäck, "Personal Injury Compensation in Sweden Today", 38 *Scandinavian Studies in Law* 431, 433-434 (1999).

第二节 瑞典的社会保险法制

欲知晓人身损害赔偿法制领域之"瑞典模式",先得了解社会发展道路意义上的"瑞典模式",后者乃为前者之幕布远景。20世纪60年代末,法国"快报"周刊主编施赖贝尔写作《美国的挑战》,最早提出"瑞典模式"说法,就这术语的所指,各式见解颇多[①],撮其要,不外乎"阶级合作"与"社会福利"。[②]

从1932年到1976年,社会民主党于瑞典连续执政43年,开创西方左翼政党绝无仅有之历史。社会民主党推动劳资合作、建立福利国家,卓有成效,形成所谓"瑞典模式"。瑞典的各种福利措施,覆盖领域广泛,从教育、就业、住房、养老到妇女儿童保护,花色繁多,琳琅满目。[③] 此处仅就与人身损害相关者略陈大意。

瑞典的保险体制由三大支柱构成:第一大支柱是政府设立的社会保险或者叫公共保险;第二大支柱是雇主提供的劳动保险,多依据劳资双方订立的集体协议而设,但不限于此;第三大支柱则是受补贴的私人自购保险,就此种缴款,减免课税。

一、社会保险

因疾病或者受伤而失去工作能力的,由强制性质的社会保险为受害人提供基本保护。国民保险与工伤保险系社会保险中的主要两股。

(1)第一股是国民保险。国民保险提供赔付,不考虑损害原因,也不考虑伤害发生的个案情势。保险金主要出自国家一般岁入以及雇主缴款,被保险人也得缴款(参见表一)。

---

① 参见刘军:《瑞典学界对瑞典模式的争论与思考》,载《国际社会科学杂志(中文版)》2009年第1期,第125页以下。

② 参见潘培新:《谈谈瑞典模式的由来、意义和几点思考》,载《当代世界社会主义问题》1989年第2期,第52页。

③ 参见杨迟:《瑞典模式的演变及当今瑞典社民党的政治定位》,载《国际论坛》2002年第6期,第66—67页。

表一　法定雇主缴款

	占工资百分比（2015 年）
退休金（retirement pension）	10.21
未亡人抚恤金（survivor's pension）	1.17
医疗险（health insurance）	4.35
工伤保险（occupational injury insurance）	0.30
亲职险（parental insurance）	2.60
失业险（unemployment insurance）	2.64
工资扣缴（payroll contribution）	10.15
总计	31.42

在瑞典，所有雇主依法都要代表其雇员向社会保险缴款，缴款占工资总额的31.42%。雇主缴款是在工资之外另缴的，只要雇员年收入达到1000瑞典克朗，雇主即应为其缴款。

雇员向抚恤金体制缴纳工资的7%。这项缴款包含在所得税中，雇主在源头处即将缴款与初始所得税（preliminary income tax）扣除。就超过468571瑞典克朗的收入（2015年），雇员不必再缴款。[①]

国民保险主要包括医疗险、基本抚恤金和补充抚恤金。

在医院接受的治疗活动，还有药品之类，皆由医疗险埋单。患者承担的全部或者几乎全部费用，都纳入保险。它还提供疾病险救济金（sickness insurance benefits），赔偿疾病期间的收入损失。不过，对收入损失的赔偿设有封顶，即基本数额的7.5倍，能赔多少，还要看患病时间长短。疾病第一阶段，雇员所得赔偿还是由雇主以平常的薪金形式发放，不过得扣除一定比例。

其他的抚恤金，主要是退休金和死者遗属的抚恤金，都区分为基本抚恤金和补充抚恤金两个不同项目。瑞典早在1913年就创办了基本抚恤金体制，1959年又建成 ATP 体制（公共保险性质的补充抚恤金，Allmän

---

[①] 资料来源：https://www.svensktnaringsliv.se/bilder_och_dokument/mj4t3r_statutory-and-collective-insurance-schemes-forthe-swedish-labour_1096471.html/Statutory-and-collective-insurance-schemes-forthe-Swedish-labour-market-2015.pdf（last visited on Oct. 27, 2023）.

tilläggspension, general or public supplementary pension①, 也有译作 National supplementary pension, now called supplementary pension②), 前者系固定福利, 依基本数额③特定比例而定, 后者则与特定阶段的收入水平挂钩。ATP体制于议会表决通过前,"曾遭到过资产阶级政党的顽固反对,因为它对工人和其他中下层工薪阶层是有好处的"④。

只要受害人的工作能力受到了损害,救济金就得发放。若是永久性质的工作能力损害,就得由提前退休金计划来对收入损失加以补偿,其性质为伤残抚恤金。受保人因为受伤害、疾病或者任何其他身体或精神活动能力的降低,工作能力永久性地减少25%的,即得请求发放基本退休金和补充退休金。完全残疾或者近乎完全残疾的,得请求全部退休金。如果残疾程度较轻,则只能得到全部退休金的一部分,大抵与残疾程度相当。基本退休金系以基本数额特定比例为据的固定救济金,补充退休金则是以受保人在具备完全工作能力的情况下于特定计算期间内的收入为依据。若其工作并未贯穿整个计算期间,缺失期间的收入将被推定之。基本退休金和补充退休金加起来,将占受保人完全工作能力时收入的60%—90%。在最低收入档次,赔偿程度最高。而在更高的收入档次,也就是年收入270000瑞典克朗以上,赔偿程度不过略高于60%。

若是失去了家庭的经济支柱,遗属得请求家庭抚恤金,表现为孀妇抚恤金与幼童抚恤金。家庭抚恤金同样包括基本抚恤金与补充抚恤金:前者系固定救济金,依基本数额特定比例而定;后者则与死者生前收入挂钩。近些

---

① See Christine Trampusch et al. (eds.), Pension in Sweden, REBECA (Research on Social Benefits in Collective Agreements), Database, Part 2 "Social Benefits in Collective Agreements", SNF-Project No. 100012-119898. Institute of Political Science, University of Berne, 2010.

② Svenskt Näringsliv Försäkringsinformation AB, Statutory and Collective Insurance Schemes for the Swedish Labour Market, 2015, p. 6, https://www.svensktnaringsliv.se/bilder_och_dokument/mj4t3r_statutory-and-collective-insurance-schemes-forthe-swedish-labour_1096471.html/Statutory-and-collective-insurance-schemes-forthe-Swedish-labour-market-2015.pdf (last visited on Oct. 27, 2023).

③ 所谓基本数额,系依物价指数调整的单位,用于社会保险目的:依1957年价格水平,现值4000瑞典克朗。

④ 参见杨迟:《瑞典模式的演变及当今瑞典社民党的政治定位》,载《国际论坛》2002年第6期,第68页。

年,孀妇的抚恤金请求权受到严格限制,从长远来看,这种抚恤金将遭遇废弃命运。孩子则有权获得死亡父母提早退休金的特定比例。①

但是,1994年,瑞典公共保险体制经历"巨变",退休金计划从固定福利转为固定缴款体制。② 新体制于1999年引进,自2003年1月起全面适用,取代了此前的基本抚恤金与补充抚恤金。③ 新体制的救济水平,尚待详考,但总体上看,对中、下收入水平的人来说,意味着养老金的减少,甚至被当作"瑞典模式空心化"的表征。④

(2)第二股是工伤保险。遭受了工业伤害以及其他伤害的人,有权自1976年落实的强制工伤保险(Arbetsskadeförsäkringen)中获得赔偿。所有雇主都要代表雇员向保险缴费。除了典型的工作中伤害,上下班途中所受伤害以及职业病亦在保险范围之内。

工伤保险强化了国民保险对职业伤害或者职业疾病的基本保护。在伤害或者疾病导致残疾或者死亡的情形,工伤保险的赔偿水平更高。而就轻伤小害,赔偿水平则相去无几。若是受害人的工作能力永久降低至少1/15,工伤保险将为其提供终生年金。年金,再加上来自国民保险的救济金,旨在完全赔偿受保人的收入损失,但不得超过基本数额的7.5倍,这是瑞典社会保险所能考虑的最高数额了。

因工伤或者疾病导致死亡的,在特定情形下,年金亦得发放给遗属。

---

① See Erland Strömbäck, "Personal Injury Compensation in Sweden Today", 38 Scandinavian Studies in Law 431, 436-437 (1999).

② 根据国际会计准则第19号,养老金计划分为固定缴款计划与固定福利计划。固定缴款计划是指企业定期缴付一定数额的退休基金给独立的第三方(信托机构)保管,由第三方到期支付雇员退休金;固定福利计划指职工退休时,企业有履行支付退休金的义务,企业是否按时提取退休基金则由企业决定。但有时两者并没有明确的界限,在某种程度上可以从不确定性角度来进行判断,即看不确定性所引起的风险(主要指投资风险)由谁来承担。在固定福利计划下,由企业确保养老金的最终支付,企业承担由不确定性所导致的投资风险;而在固定缴款计划下,企业把由不确定性所导致的投资风险,转移给了个人。参见鲁昌:《养老金的核算原则与会计处理》,载《经济论坛》2004年第13期,第131页。

③ See Christine Trampusch et al. (eds.), Pension in Sweden, REBECA (Research on Social Benefits in Collective Agreements), Database, Part 2: Social Benefits in Collective Agreements, SNF-Project No. 100012-119898, Institute of Political Science, University of Berne, 2010.

④ 参见杨迟:《瑞典模式的演变及当今瑞典社民党的政治定位》,载《国际论坛》2002年第6期,第68页。

据斯托派克讲,"因为其他的赔付计划,尤其是社会保险,就受害人及其家属持续的基本生活费来讲,损害赔偿金已失其大半功用","大多数情况下,损害赔偿金不过是起到补充作用"。①

下表(表二)通过收入替代率与覆盖率两个指标,让我们看到了北欧国家福利制度曾经的慷慨与辉煌。

表二　1985年普通生产工人的收入替代率(工资的百分比)及主要转移支付项目的覆盖率(%)②

		瑞典	挪威	荷兰	丹麦
收入替代率					
养老金	最低标准	48	48	48	54
	全额享受	77	67	69	56
疾病津贴(26周病休)		90	100	74	77
产假/父母亲假(26周休假)		92	83	77	83
失业(26周)		72	61	56	59
覆盖率					
养老金		100	100	100	100
疾病津贴		87	85	92	81
产假/父母亲假		100	100	100	81
失业		75	90	63	80

二、雇主提供的劳动保险以及私人保险

除公共保险外,许多雇主还为雇员提供劳动抚恤金(occupational pension),用作吸引和挽留熟练雇员的手段。这样的保险计划大多是通过劳资双方的集体协议设立,当然,非集体保险也是有的。

---

① See Erland Strömbäck, "Personal Injury Compensation in Sweden Today", 38 *Scandinavian Studies in Law* 431, 442 (1999).

② 参见约翰·斯蒂芬斯:《斯堪的纳维亚福利制度:成就、危机与展望》,载〔丹麦〕戈斯塔·埃斯平—安德森编:《转型中的福利国家——全球经济中的国家调整》,杨刚译,商务印书馆2010年版,第53页。

瑞典最早的劳动抚恤金系于1917年由一些雇主建立,针对的是白领工人,被称为SPP(Svergies privatanställdaas pensionskassa)。这一抚恤金计划由退休金与孀妇抚恤金组成,是瑞典私营部门最早的劳动抚恤金计划,在国民基本抚恤之外提供更多救济。

1960年,公共险性质的补充抚恤金(ATP)体制建立。这一年,建在集体劳动协议基础上的针对私营部门白领工人的劳动抚恤金,即ITP(Industrins och handelns tillägspension[①], Collectively agreed occupational pension for salaried employees[②])设立,在ATP体制的封顶之上提供额外救济,成为国民保险抚恤金的补充。ITP计划是以雇员退休时的收入为基础的固定福利计划,由保险公司Alecta与服务公司Collectum管理。2007年,像国民保险一样,ITP体制也由固定福利转变为固定缴款体制。

1973年,建立了蓝领工人的以集体劳动协议为基础的劳动抚恤金(STP, Svenska tillägs pension[③], Special supplementary pension (up to and incl. 1995)[④])。1996年,STP为瑞典雇主协会与瑞典工会联盟依集体协议设立的抚恤金(SAF-LO avtalspension)所取代。2008年,SAF-LO协议也依样学样地改制为新的固定缴款计划。此后,蓝领和白领工人适用同样的抚恤金协议。

[①] See Christine Trampusch et al. (eds.), Pension in Sweden, REBECA (Research on Social Benefits in Collective Agreements), Database, Part 2 "Social Benefits in Collective Agreements", SNF-Project No. 100012-119898, Institute of Political Science, University of Berne, 2010.

[②] Svenskt Näringsliv Försäkringsinformation AB, Statutory and Collective Insurance Schemes for the Swedish Labour Market, 2015, p. 6, https://www.svensktnaringsliv.se/bilder_och_dokument/mj4t3r_statutory-and-collective-insurance-schemes-forthe-swedish-labour_1096471.html/Statutory-and-collective-insurance-schemes-forthe-Swedish-labour-market-2015.pdf (last visited on Oct. 27, 2023).

[③] See Christine Trampusch et al. (eds.), Pension in Sweden, REBECA (Research on Social Benefits in Collective Agreements), Database, Part 2 "Social Benefits in Collective Agreements", SNF-Project No. 100012-119898, Institute of Political Science, University of Berne, 2010.

[④] Svenskt Näringsliv Försäkringsinformation AB, Statutory and Collective Insurance Schemes for the Swedish Labour Market, 2015, p. 6, https://www.svensktnaringsliv.se/bilder_och_dokument/mj4t3r_statutory-and-collective-insurance-schemes-forthe-swedish-labour_1096471.html/Statutory-and-collective-insurance-schemes-forthe-Swedish-labour-market-2015.pdf (last visited on Oct. 27, 2023).

这些计划主要是为国民保险封顶（基本数额7.5倍）之上的收入损失提供救济。收入高于封顶的雇员约占劳动力总量的36%，劳动抚恤金"或多或少"掀翻了封顶。是以，随着1994年启动、1999年落实的第一大支柱改革，公共体制如今全力庇佑的乃是低收入老年人，契约性质的抚恤体制则在公共体制的封顶之上提供更丰厚的救济。彼消此长，诚如伯尔尼大学政治科学研究所"福利国家的私有化"项目所言，"这是瑞典福利体制有趣的一面，因为一般来说，瑞典的工资结构是扁平型的，税收与社会保险体制将这扁平结构捶打得更为平坦。是以，在第一支柱的封顶之外提供救济的集体抚恤金体制多少冲击了这种扁平结构。对瑞典乃系全民福利国家的传统描述，似乎也有了否定的口实"。①

有些公司没加入雇主组织，未与工会组织订立集体协议，得与工会签署集体适用协议（hängavtal，即约定适用工会与某雇主组织订立的某集体协议，也可能作些修正），也可以提供非集体保险。就蓝领工人来说，这种途径极为罕见，因为工人一般都是工会成员。不过，没有订立集体协议或者集体适用协议的公司，并不是必须提供非集体保险计划。

最后，个体雇员亦得通过私人养老储蓄形式来补充自己的保险待遇。

20世纪70年代以后，瑞典经济增长渐趋迟缓甚至陷入停滞，失业率陡增，在新自由主义的世界大潮下，整个发展道路向右转，私有化、去管制、减税、砍削社会福利，传统的"瑞典模式"已经被宣告破产。② 下表展示出10年间三类抚恤金收入所占份额的变化，从中可以看出，第一大支柱节节后退而二、三类支柱步步挺进（表三）；但从上文亦可见，瑞典的社会保障体制仍然可谓体贴周到，这又是理解人身损害赔偿法制"瑞典模式"不可或缺的另一背景。

---

① See Christine Trampusch et al. (eds.), Pension in Sweden, REBECA (Research on Social Benefits in Collective Agreements), Database, Part 2 'Social Benefits in Collective Agreements', SNF-Project No. 100012-119898. Institute of Political Science, University of Berne, 2010.

② 参见〔瑞典〕珀·奥尔森：《瑞典是社会主义国家吗？——瑞典模式的起落》，葛晶晶译，载《当代世界与社会主义》2010年第1期。

表三 各类养老金收入所占份额(65—69岁老年人)[①]

年份	国民养老金 (National pensions)		劳动养老金 (Occupational pensions)		私人养老金 (Private pensions)	
	男	女	男	女	男	女
1996	74.4	80.6	20.3	15.6	5.3	3.8
2002	67.9	76.2	24.2	16.4	8.0	7.4
2006	64.0	72.1	27.7	19.0	8.1	8.9
2007	62.2	70.3	29.4	20.3	8.4	9.4

三、保险金与损害赔偿金的协调

在今天的人身损害赔偿领域,侵权法下的损害赔偿金往往与来自其他途径的救济相伴而生,各种不同种类的救济金如何相互协调这一问题的重要性愈益凸显出来。

1962年,有关各种社会保险的规则经过大修,大多纳入同一部制定法,这时候发现,就社会保险针对侵权责任人追偿权的规则,此前各保险领域的立法立场各异。要想保持立场统一,最为简便的办法就是彻底废除所有此类追偿权,而瑞典走的正是这条路。就某损害,若是应该支付损害赔偿金,所有社会保险金都要从损害赔偿金中扣除。这一基本立场见于1962年《国民保险法》(National Insurance Act,1962:381)第20:7条以及1976年《工伤保险法》(Industrial Injuries Insurance Act,1976:380)第6:7条。[②]

这些规则因《损害赔偿法》在1975年的修订而得到强化,还有一定程度的扩张,此后虽经一些细节上的调整,仍适用到今天。核心规则写在第5:3条,其文如下:

> 在赔偿收入损失或者抚养费损失时,就受害人因损害而有权获得的下列形式的福利,应予扣除:

[①] Source:Lindquist/Wadensjö(2009:587), as cited in Christine Trampusch et al. (eds.), Pension in Sweden, REBECA (Research on Social Benefits in Collective Agreements), Database, Part 2 'Social Benefits in Collective Agreements', SNF-Project No. 100012-119898, Institute of Political Science, University of Berne, 2010.

[②] See Jan Hellner, "Compensation for Personal Injuries in Sweden—A Reconsidered View", 41 *Scandinavian Studies in Law* 249, 256 (2001).

(1) 依《国民保险法》(1962:381)或者《工伤保险法》(1976:380)的强制保险条款应得的赔偿或者任何类似福利；

(2) 抚恤金或者其他定期补偿或者病假工资，只要该笔福利系由雇主支付或者自额外福利(perquisite)保险处获得。①

是以，仅就未为社会保险所涵盖的那部分损失，受害人方得请求损害赔偿金，此中要义在于，社会保险救济金旨在扶助贫弱，但要避免过度赔偿。就社会保险救济金来说，不得对加害人追偿，故而，社会保险之运行，不单单是惠及受害人，亦有利于加害人或者加害人的保险公司。此间的道理在于，通过税收及其他途径，加害人于社会保险之筹资大业，亦与有微劳。②

就雇主所出之救济金，不论直接支付，还是通过保险，不论是病假工资，还是退休金，原则上俱应由损害赔偿金中扣除。就直接支付的救济金，之所以扣减，主要理由在于，雇主就其支付给其雇员的赔偿，得代为行使雇员的损害赔偿请求权。就雇主通过保险所出之救济金，例如像ITP计划这样的集体或者个别退休基金，或者像AGS险这样的集体医疗险，早先的法律立场与今天不同。依过去的看法，这里的保险原则上系定额保险，依《保险契约法》(Insurance Contracts Act)第25条，除非特别写明，不得追偿。可是，大多数的退休金或者此类医疗险救济金，与损失密不可分，其针对的正是特定水平上的收入损失。是以，依1975年修订后之规则，集体退休基金，以及来自集体医疗险的救济金，应从损害赔偿金中扣除，以避免过度赔偿。1995年《损害赔偿法》修订后(1995:1190)，就个别退休基金，亦采纳

---

① Bill W. Dufwa, "Compensation for Personal Injury in Sweden", in B. A. Koch/H. Koziol (eds.), *Compensation for Personal Injury in a Comparative Perspective*, Springer, 2003, p. 298.

② See Erland Strömbäck, "Personal Injury Compensation in Sweden Today", 38 *Scandinavian Studies in Law* 431, 450 (1999). 1999年，政府设立专门委员会，研讨社会保险的追偿事宜。委员会于2002年1月提交工作成果，结论是否定的。社会民主党、左翼，还有委员会主席，都认为社会保险不该提起任何诉讼。政治家认为这些事宜关乎社会连带：成本应该由所有社会成员分担。即便侵权行为人系故意为之，社会连带思想也该受到尊重。社会保险能不能提起追偿诉讼，看起来实在是政治问题。See Dufwa, ibid., p. 314.

相同立场。①

多数情况下,私人保险所支付的救济金不存在与损害赔偿金相协调的问题,也就是说,不论有多少张保险单,受害人都可以对保险金照收不误。当然,如果保险人保留了追偿权,或者得依转让条款要求偿还,就不会出现得到多笔救济金的权利。私人保险被看作是个体的"私人事务"。是以,受害人可以从私营的疾病险、意外险或者养老险那里领取救济金,完全无碍损害赔偿金。数额多是提前固定的。而且一般来说,这些救济金相互也不影响。所以,完全可能从任一意外险中得到全部救济金。②

第三节 瑞典的特别赔付体制:"瑞典模式"

20世纪后半叶前段,两部学术著作宣告了侵权法第三阶段的到来,一为法国侵权法权威维内(Geneviève Viney)的《个人责任的衰落》(Le déclin de la responsabilité individuelle, 1965),一为英国著名法学家阿蒂亚(P. S. Atiyah)的《事故、赔偿与法律》(Accidents, Compensation and the Law, 1970)。在这两部书中,作者关注的都是更为广阔的画面。侵权法只被看作是更大赔付体制中的一部分,而那些因为侵权法饱受抨击而涌现出来的新体制,则为整个赔付体制提供了全新的维度。维内将这些新体制看作是对侵权法的补充,阿蒂亚则要悲观得多,他预测,侵权法终将为新的赔付体制所吞没。阿蒂亚称新体制为"有限赔付体制"(limited compensation schemes)或者"无过错体制"(no-fault schemes)。后者渐为国际学界最为

---

① See Erland Strömbäck, "Personal Injury Compensation in Sweden Today", 38 Scandinavian Studies in Law 431, 450 (1999)。这一立场亦遭学界批评。设X系小企业A的雇员,因大企业B的过错造成的事故而遭受损害。依瑞典法,A必须向X支付抚恤金或者病假工资。但就这些费用,A企业不能从任何途径得到补偿。1999年设立的议会委员会在其2002年报告中建议,雇主应有追索权。See Bill W. Dufwa, "Compensation for Personal Injury in Sweden", in B. A. Koch/H. Koziol (eds.), Compensation for Personal Injury in a Comparative Perspective, Springer, 2003, p.316.

② See Strömbäck, ibid., pp.439-440.

流行的表达。①

瑞典得时代风气之先,缓慢而平稳地,依照社会进路发展起数种人身损害赔付的"无过错体制",在欧洲独树一帜,获赞为"瑞典模式"。无此数种特别赔付体制,即无所谓"瑞典模式"之说。②

一、概述

(一)斯特拉尔的革命性理念

"瑞典模式"之主旨在于,就人身损害,务必使受害人得到赔付。③ 人身损害赔偿法制意义上的"瑞典模式"所由兴,实与社会发展道路意义上的"瑞典模式"同根共源④,可视为后者之延展。在"瑞典模式"的发展进程中,政治因素清晰可辨,可最为重要的,还是学者的作用。若是没有这些学者,大概瑞典的侵权法改革也难以走上今天的方向,而首功则当记于前面提到的伊瓦尔·斯特拉尔教授名下。

在前面提到的那份报告中,斯特拉尔一反常规,将人身损害与财产损害判然区分开来,在 60 年前,如此来把握主题还颇为新鲜,因为传统瑞典侵权法向来是将两者揉于一处的。古老的传统遭到如此猛烈的影响深远的撞

---

① See Bill W. Dufwa, "Alternative Compensation Systems: Personal Injuries", https://aidainsurance.org/file/2020-04/852162424/alternative-compensation-systems-personal-injuries-general-report-bill-w (last visited on Jun. 19, 2023).

② 如斯德哥尔摩大学荣休教授杰·赫尔纳写道,"所谓瑞典替代体制,乃系四类保险的通称,这四类保险有一些共同的基本特征并于各自领域或多或少取代了侵权责任",see Jan Hellner, "Compensation for Personal Injuries in Sweden—A Reconsidered View", 41 *Scandinavian Studies in Law* 249 (2001)。哥本哈根大学的博·冯·艾本教授写道,"要说这些赔付体制的共同特点,其皆非依立法而设,却系自愿而为(立法机关自然密切关注),而且皆为集体险种,从事相关活动的当事人(职业安全险场合下的劳资双方,患者险场合下的医疗服务提供人,药害险场合下的药品生产与进口商)所担负的'责任'逾出一般侵权法下的责任。这套赔付体制经常称作'瑞典模式'", see Bo von Eyben, "Alternative Compensation Systems", 41 *Scandinavian Studies in Law* 193, 202 (2001)。

③ 瑞典模式最基本的理念就是,人身损害一定要得到赔付,并且赔付成本一般通过集体机构消化。See Mårten Schultz, "Questioning the Questionnaire: The Unheard Message from Scandinavian Tort Law", 50 *Scandinavian Studies in Law* 290, 290-291 (2007)。

④ 最为重要的大概就是劳资双方的历史性妥协与社民党的长期执政。

击,这还是头一回。①

依斯特拉尔之见,若人身受到伤害,应尽可能地运用保险机制来施以援手。赔偿法完全不该被缚于侵权法之上。相反,应该本着满足受害人需求的标准来赔偿。要么由政府(或者法律明令的其他什么主体)出资设立社会保险,要么通过集体协议(将负担落到可能遭受损害的人头上)来全力加以救济。只有那些极端危险活动,这种活动造成的损失往往超出一般可以理解的程度,才应该由活动本身负担其外部成本(external costs)。像侵权法这样的体制,少数人就其损失可以得到全部赔偿,多数受害人却往往分文难取,斯特拉尔呢,则宁肯赔偿额少些,也要让大多数都能够得到赔付。照斯特拉尔的看法,谁要是对强制社会保险的救济水平不满意,应该自己掏腰包去投保意外险或者疾病险。②

在斯特拉尔看来,就财产损害,即无法建立这样的体制。他积极鼓吹侵权法的急进改革,并认为若是没有立法推动,这目标断然难以实现。惜乎立法机关从来没有如斯特拉尔所愿地那般出手。③

斯特拉尔之后,蠹旗传于欧洲保险法教授杰·赫尔纳(Jan Hellner)之手。赫尔纳较斯特拉尔更为老成持重。他没有鼓吹斯特拉尔所倡导的急进方案,唯我独尊地以一套社会保险体制架空侵权法,而是更倾向于以各种不同种类的保险体制来取代侵权法。作为法学教授同时还是最高法院法官的伯蒂尔·本特松(Bertil Bengtsson),最高法院的另两位法官厄兰·康拉迪(Erland Conradi)和乌尔夫·诺德森(Ulf Nordenson),还有两位保险界的代表卡尔·奥尔德茨(Carl Oldertz)和厄兰·斯托派克(Erland Strömbäck),都为瑞典模式的发展贡献良多。④

(二) 特别赔付体制的含义

P. S. 阿蒂亚所谓"无过错"体制,瑞典法律界似乎更愿意称之为"替代

---

① See Bill W. Dufwa, "Compensation for Personal Injury in Sweden", in B. A. Koch/H. Koziol (eds.), *Compensation for Personal Injury in a Comparative Perspective*, Springer, 2003, p. 312.

② See Jan Hellner, "Compensation for Personal Injuries in Sweden—A Reconsidered View", 41 *Scandinavian Studies in Law* 249, 267-268 (2001).

③ See Dufwa, ibid.

④ See Dufwa, ibid. pp. 312-313.

赔付体制"(alternative compensation system)，其所"替代"者，自然是传统侵权法体制。① 何种赔付体制得被看作侵权法之"替代"，不可能挑出单一的界定标准。不过，总得或多或少地运用一些与侵权法不同的"技术"。在2002年世界保险法协会第11届国际会议上，哥本哈根大学的博·冯·艾本(Bo von Eyben)教授代表北欧分会提交了一份北欧四国替代赔付体制的总报告，指出以下四点与侵权法的不同作为"替代体制"之辨识性特征②：

（1）受害人于赔付体制寻求救济的权利不依赖对责任基础（不论是过错责任还是严格责任）的传统描述。相反，所要描述的只是为相关赔付体制所覆盖的事故或者伤害类型，这种描述主要是客观标准，或者至少是客观化的标准，表现为特定（商业）活动与相关事故/损害之间的关系要求。在这个意义上，赔付体制所提供之救济完全独立于所涉侵权行为人的任何"个人"责任。在有些情形，前面提到的（商业）活动与事故/损害之间的关系要求超出了简单的因果关系，这些关系要求也会经过"剪裁"，适应相关领域的特殊复杂性，这意味着请求赔付的权利并不能直接套入一般侵权法的责任范畴。

（2）赔付体制的筹资模式乃是集体主义的，资金来源于从事特定商业或者活动的主体，相关事故/损害可以"归因于"这种商业或者活动。典型的赔付体制由保险范围以及/或者一个（或更多）集体基金或者公共基金构成。所以，尽管这里的保险完全可能将依一般侵权法应负损害赔偿责任的情形涵盖进来，但这并不是传统责任保险的问题。

（3）替代赔付体制所予之赔付与依一般侵权法应付之损害赔偿金大体上相当，如此，替代赔付体制得与普通的社会保障体制区别开来——社会保

---

① 杜瓦教授则强调，新体制在相当程度上以侵权法为基础，说什么侵权法的"替代"体制，显然言过其实，还是特别赔付体制或者无过错体制的提法更为准确。See Bill W. Dufwa, "Alternative compensation systems: Personal injuries", https://aidainsurance.org/file/2020-04/852162424/alternative-compensation-systems-personal-injuries-general-report-bill-w （last visited on Jun. 19, 2023）.

② See Bo von Eyben, "Alternative Compensation Systems", 41 *Scandinavian Studies in Law* 193, 200-201 (2001). 此处所谓北欧四国乃指瑞典、丹麦、挪威、芬兰，冰岛非为国际保险法协会成员国，但1944年以前，冰岛与丹麦曾联合一体，故两国法制颇为相似。

障体制的特征在于,其覆盖范围广于(1)而筹资方式异于(2)。不过,这只是一个出发点。这套体制所予之赔付也可能或多或少与依一般侵权法应付之损害赔偿金不同,比如说设有特别的最高额度,或者将微不足道的请求排斥于门槛之外,但仍得界定为"替代"。

(4) 替代赔付体制设置有专门的机构来负责运行,包括尤其是索赔申请之受领、对请求内容的调查以及负责裁决之权力,在这个意义上,赔付处理程序也是替代性的。与之相较,侵权法的一个典型特征在于,其并无"自己的"营运机构,一般来讲,争议或者是由受害人与侵权人/责任险公司协商解决,或者是由普通法院裁断。

"替代"赔付体制并不必然在所有四个方面皆与侵权法相背离。两套体制的区别只是程度上的差异。不过,若是某套体制在以上任何方面皆与侵权法无异,则难谓替代。是以,夯筑于严格责任之上并辅以强制责任险的体制(比方说很多国家的机动车强制保险体制),其本身便不能说是侵权法的"替代",不过,若受害人同样得直接对保险公司提出请求,或侵权人的个人责任被免除或者受限制,抑或所提供之赔付同样扩张于任何潜在损害赔偿责任之外,界限就变得模糊了。

说到这套体制的外延,倒没有什么争议,依引入时间之先后而列,为职业安全险、患者险(1975)、交通险(1976)、药害险(1978),捎带刑事受害人赔付计划,以下分述之。

二、职业安全险

不唯瑞典,即在别国,对工伤损害勤力救护,皆为从侵权法体制走向综合救济机制之始,不过法律构造上有所不同而已。

前文述及,依《损害赔偿法》(第 3:1 条),因雇员过失造成的损害,雇主皆须负替代责任,哪怕受害人亦为雇员。虽然当初这改革被看得很重,但很快就发现仍然不敷所需。有一些情形招致特别批评,比方说为外国船只工作的码头工人,这些船只很快驶离瑞典,工人受了伤,即便船舶所有人负有责任,亦杳不可寻。这一回,扩张雇主责任的手段乃在集体协议。工会自然大力欢迎这种发展,而对雇主来说,围绕过失问题展开的争议往往闹得面红耳赤,还耗时费力,改弦更张亦未始不可行。职业安全险(Trygghetsförsäkringen vid arbetsskada,简称 TFA)因此于 1973 年被引入,最初仅及于特定人群,也就是装卸工人,此后普及开来,几乎涵盖了瑞典所有工业领域。①

安全险(TFA)的基础是瑞典工业领域最大两家组织之间的集体协议,一是瑞典雇主协会(SAF),一是瑞典工会联盟(LO)。协议声称,必须建立保费由雇主支付的工伤保险。安全险非由立法规制,在这个意义上,其系出于自愿;但实际上,如今所有标准集体协议都课加受协议约束的雇主以投保安全险的义务,而不论雇员是否加入工会,在这个意义上,其仍然带有鲜明的强制性质。② 依集体协议,只要遵守有关"安全险"的集体协议,不仅受害人的实际雇主,还有加附保险的其他雇主,都不再受有权获得保险赔付的雇员侵权法上的追诉之苦。③

工人供职的企业若是不受集体协议约束,也就是说,企业并非同业公会成员,则不在安全险承保范围之内;尽管工人于此毫无干系,其亦不得自安全险处得到分毫赔偿。另外,集体协议覆盖不到的地方,比方说家务工作者,被看作临时雇员的园艺师等,也得不到安全险的庇佑。④

工业伤害早被纳入社会保险体制,包括国民保险与工伤保险。安全险将这套体制充实完成。也就是说,安全险所赔付的,只是社会保险覆盖不到的部分。最为主要的就是非经济损失(痛楚与创伤等),这是社会保险体制完全不理会的;在永久损害情形,社会保险也赔付不足。安全险提供的补偿金与侵权法下的损害赔偿金规模相当。不过,为了方便调整赔偿请求,减少

---

① See Jan Hellner, "Compensation for Personal Injuries in Sweden—A Reconsidered View", 41 *Scandinavian Studies in Law* 249, 261 (2001).
② See Bill W. Dufwa, "Compensation for Personal Injury in Sweden", in B. A. Koch/H. Koziol (eds.), *Compensation for Personal Injury in a Comparative Perspective*, Springer, 2003, p. 320.
③ Hellner, ibid., 262.
④ See Dufwa, ibid., p. 320.

交易成本,这种补偿跟损害赔偿金相比,在计算上更为标准化了。①

不论是工作中事故还是上下班途中事故所造成的人身损害,还有超过90天的职业病,皆在保险覆盖范围之内。② 另外,"安全险的受益人甚至亦得集体地或者个别地为工余时间投保。是以,即便在工作时间之外,一般侵权法规则亦在一定程度上失去了重要性"③。

就赔付条件来讲,完全不考虑雇主或者其他雇员是否犯下过失的问题,也就是说,安全险责任乃是严格责任。受害人有重大过失或者受酒精、药物影响而造成损害的,职业安全险不予赔付。④

在社会保险框架里,工伤本质上由雇主通过缴纳规费来赔付。安全险缴纳给保险人的保险费同样是由雇主负担。

但瑞典体制也带来一些难题。公共保险性质的工伤保险逐渐让政府感到昂贵,只好缩减福利金。于是,社会保险赔付水平与侵权损害赔偿金水平之间的缺口便被拉宽了,因为侵权法的赔偿水平可不受公共保险影响;雇主也担惊受怕,忧心安全险的成本会不会也越来越昂贵。结果,甚至是安全险下的福利金也缩水了。⑤ 这让我们看到了特别赔付体制对社会保险体制在某种程度上的依赖,社会保险越丰厚,特别赔付体制便越容易运转。

---

① 瑞典的工业伤害赔付体制如今包括三套规则:工伤保险,安全险,一般侵权法。从其他领域的发展情况看,都是将赔付事宜疏导入一套替代赔付体制,工伤领域倒好,正背道而驰。本来,将工伤保险的赔付标准提高到侵权法的水平,从而起到整合作用,当为便宜之道。但经验表明,出于政治上的原因,很难通过立法对工伤保险加以一般改革,立足于集体协议的自愿方案乃是唯一可走的路了。Bo von Eyben, "Alternative Compensation Systems", 41 *Scandinavian Studies in Law* 193, 226 (2001).

② Bill W. Dufwa, "Compensation for Personal Injury in Sweden", in B. A. Koch/H. Koziol (eds.), *Compensation for Personal Injury in a Comparative Perspective*, Springer, 2003, p. 320.

③ Erland Strömbäck, "Personal Injury Compensation in Sweden Today", 38 *Scandinavian Studies in Law* 431, 435 (1999).

④ Ibid., p. 435.

⑤ See Jan Hellner, "Compensation for Personal Injuries in Sweden—A Reconsidered View", 41 *Scandinavian Studies in Law* 249, 262 (2001).

三、交通险

其他几种特别赔付体制皆只针对人身损害，交通险与之不同，亦及于财产损害。① 另外，交通险从开始即由立法引入，而非为自愿体制。②

《交通损害赔偿法》(Trafikskadelagen, 1975:1410, 简作 TSL)系由乌尔夫·诺德森(Ulf Nordenson)领导制定，1976 年 7 月 1 日生效。这部法律完全体现了斯特拉尔的理念，怎么也不能叫寻求救济的受害人跟造成事故的驾驶人或者车辆所有人之类缠斗不休，而应该转而求助于机动车辆的保险人。

从技术构造上看，交通险体制"不能说就是侵权法上的严格责任跟强制责任保险的联姻"③，但也着实相去不远。④ 由于《交通损害赔偿法》并非以任何的侵权责任原则为基础，故依其所给予的救济也不叫"损害赔偿金"，而称机动车辆补偿金——当然，在计算的时候，是照着《损害赔偿法》的评定条款来的。

就人身损害来说，《交通损害赔偿法》的原则很简单。任何人因机动车之运行而受伤害的，皆得请求补偿，伤害系由核活动造成乃是唯一的例外。⑤ 依早先的法律，责任的基础要么是过错，要么是汽车的缺陷，新的保险则以严格责任为基础，表现为无条件地请求车辆相关保险补偿的权利。

但《交通损害赔偿法》并未废止驾驶人及其他人的过错责任。交通险的功用在于，受害人一般来说用不着动用这种个人责任。就典型责任险来讲，

---

① See Jan Hellner, "Compensation for Personal Injuries in Sweden—A Reconsidered View", 41 *Scandinavian Studies in Law* 249, 251 (2001), p. 251.

② 患者险于 1996 年由自愿体制转变为法定体制，详参下文。另外，杜瓦认为，瑞典的交通险是追随了美国潮流。See Bill W. Dufwa, "Alternative Compensation Systems: Personal Injuries", https://aidainsurance. org/file/2020-04/852162424/alternative-compensation-systems-personal-injuries-general-report-bill-w (last visited on Jun. 19, 2023).

③ Hellner, ibid., p. 257.

④ 比如杜瓦教授就说，"不过自本质而言，不论从给付之要件，还是从给付之规模，其即系损害赔偿。是由交通险而非车辆之所有人或者驾驶人来承担责任，且就人身损害承担严格责任(10 § 1st.)", Bill W. Dufwa, "Compensation for Personal Injury in Sweden", in B. A. Koch/H. Koziol (eds.), *Compensation for Personal Injury in a Comparative Perspective*, Springer, 2003, p. 317. 不过这么讲多少是有些粗糙了。

⑤ Trafikskadelag (1975:1410) § 8.

投保人全部或者部分地免于个人责任,保险人不得向投保人追偿,但交通险不同,因自己的过失而造成交通事故进而造成损害的驾驶员或者所有人,或者任何其他人(比如说技师),并未免于基于过错的个人责任。不过现实却是,其承担责任的情况基本不会发生。受害人为何要舍易求难地追究侵权人的个人责任(或者侵权人所投的某种责任险)而不是直接向其交通险索赔呢?为何偏偏要以过失为诉求之基础而不是乞援于严格责任呢?当然,原告有时确实会盯着侵权人不放,而不会去打扰保险人。比方说,针对保险人与侵权人的时效期间不同,前者已届满而后者尚未届至。不过此类情形实属少见。如果受害人果真追究了侵权人的个人责任而侵权人也支付了赔偿,其有权请求交通险补偿(第19条第1款)。若是损害系因侵权人之故意或者重大过失造成,即失其针对交通险的补偿请求权。不过这实在稀见罕闻,可以忽略不计。①

交通险胸怀阔达,交通事故之各种受害人,包括车辆之所有人与驾驶人,不分厚薄地皆给纳入赔付范围。

机动车的所有人,那个签署了交通险的人,竟也拥有此种权利,这真让人瞩目,他所投的不是责任险吗?原因在于,交通险不仅仅是责任险,它也是人身险,由所有人投保。是以,只就人身损害来讲,交通险实际上是责任险与人身险的结合。

驾驶人亦受强制保险覆盖,看起来同样奇怪,其与交通险乃系责任险的理念显然扞格不入,因为在侵权法上,不论驾驶人是否有过错,都无从对自己承担法律责任。但这一立场却被看作交通险的基石之一,与斯特拉尔的基本理念同轨合辙。照立法者的看法,驾驶人与交通事故的任何其他受害人一样,都需要保险的庇佑,将其纳入强制险的覆盖范围,从社会政策上看是可欲的。在交通险引入之前,和许多其他国家一样,瑞典通行的乃是自愿性质的驾驶人意外险。但有识之士深知,就严重伤害而言,这种庇护显得杯水车薪。这见识后来为丹麦的反面经验所证实,因为丹麦的交通险虽然在诸多方面与瑞典相近,却未将驾驶人纳入强制险范围。另外,如果将所有人

---

① See Bill W. Dufwa, "Compensation for Personal Injury in Sweden", in B. A. Koch/ H. Koziol (eds.), *Compensation for Personal Injury in a Comparative Perspective*, Springer, 2003, pp. 318-319.

都纳入同一强制险,保险的管理成本将会减少。还有,将驾驶人纳入强制险,重型车交通险的费率会因之而增长,因为不仅对第三人,而且主要对车主驾驶人,重型车都极端危险。正因为费率高了,这种车的买主也就少了,重型车卷入的交通事故也就减少了。

可是,即便从一般政策上讲,将驾驶人强制纳入保险无可厚非,但瑞典的交通险于此竟然一星半点的例外都不设,就难免受到批评了。要说最扎眼的,莫过于窃得车辆并因所窃之车而遭受损害的,亦能获得赔付。何以如此慷慨呢？还是拿社会论据来说事——交通险确有强烈的社会保险性质。另外的原因是不希望规则过于复杂。①

在保护驾驶人方面,还有一些其他重要特点。驾驶人和乘客受到伤害的,只能从其身在之车辆的保险处获得救济,而就相撞的对方车辆的保险,不得主张任何权利。照一般的看法,补偿事宜最好交由一家保险人完成,也就是受害人身在车辆的保险人。在碰撞案件中,所涉各车的驾驶人和乘客,向各自车的保险人请求赔付。于是就得决定,到底由哪家保险人来承担人身损害赔偿以及其他费用的最终成本。决定标准原则上还是驾驶人的过错以及车辆的缺陷。保险人为了避免扯皮,减少交易成本,一般会依据保险人之间的协议,按照一些标准化因素来作出决定。

对驾驶人的保护还有另外一个侧面。在传统侵权法体制下,受害人与有过失的,将减少损害赔偿金,所以,相撞两车的驾驶人都不能自所涉当事人或所涉当事人的保险处获得全部赔偿。如果一位驾驶人就车辆之碰撞与有过失,其对自己所受之损害,亦与有过失。若甲车与乙车相撞,甲车驾驶人负 2/3 的责任,乙车责任人负 1/3 的责任,则甲车驾驶人（或者应该说是其责任保险人）应该赔付乙车驾驶人所受 2/3 的损失,乙车驾驶人（或其责任保险人）应该赔付甲车驾驶人所受 1/3 的损失。只有极少数情形,双方就碰撞皆无可指责的,才可能获得全部赔偿。法国法学家唐克（André Tunc）就传统体制下的此种局面大加抨击,而瑞典体制在构造上的一个有利因素就是避免此种局面。根据 1975 年立法引入的体制,这里也适用人身损害的一般规则,也就是说,仅在故意或者重大过失情形,补偿金方可扣减。不过,

---

① See Jan Hellner, "Compensation for Personal Injuries in Sweden—A Reconsidered View", 41 *Scandinavian Studies in Law* 249, 258 (2001).

若是驾驶人饮了酒,哪怕只犯下轻过失,亦应将责任扣减,此等行径配不上对驾驶人员的一般保护。①

就驾驶人之外的其他人所受之损害,瑞典体制简单地课以严格责任。如果系由多辆机动车造成损害,受害人得起诉任一机动车的保险人,因此也会产生费用最终如何分担的争议。就受害人的与有过失,适用一般规则,也就是说,仅在故意或者重大过失情形,补偿金方予扣减。这种情形下的受害人一般是路人和乘客。因为受害路人多为儿童或者老人,这更让立法者在与有过失规则上格外开恩。

所有车辆都应投保,受害人向保险公司请求赔付,由保险公司自行作出决定。但即便车辆未曾投保,受到伤害的驾驶人和乘客仍得请求赔付;肇事车辆无法确定的,受害人亦得请求赔付。在这两种情形,由交通险公司协会负责赔付事宜。

是否予以赔付,赔付多少,为了保证这些决定的立场连贯和公平,1936年设立了中立的道路交通损害赔付委员会。委员会主席由政府任命,现任主席系退休法官,其余成员分为三类:第一,设六位副主席(含替补),主席与副主席必须是法律工作者,一般多为法官,并不得受雇于任何保险公司;第二,代表各保险公司的13位专业人士(含替补),经交通险协会推荐,由金融监管局任命;第三,13位非专业人士(含替补),经各劳工组织推荐,同样由金融监管局由任命。

依《交通险条例》(Traffic Insurance Decree)第6条,所有提供交通险业务的保险公司都应向委员会缴款。委员会之章程由政府审核。在伤残或者死亡情形,保险公司提出解决方案前,必须先征求委员会意见,但此等意见对保险公司与受害人并不具有拘束力;至于轻微伤害,往往由保险公司直接处理。此前,委员会仅就赔付事宜出具意见,近年来,开始越来越多地就医

---

① See Jan Hellner, "Compensation for Personal Injuries in Sweden—A Reconsidered View", 41 *Scandinavian Studies in Law* 249, 259 (2001). 不过,完全不予赔付的情形极为少见,在扣减的多数情形,都是减少到通常数额的2/3到1/2。See SWEDEN—The activities of the Road Traffic Injuries Commission (Trafikskadenämnden) in Sweden in determining compensation for personal injuries resulting from the use of motor vehicles, https://www.trafikskadenamnden.se (last visited on Jul. 24, 2023).

疗事宜出具意见。比方说,身体或者精神上的痛苦,工作能力的丧失,到底是不是由交通事故引起的。①

委员会之建议虽无法律拘束力,保险公司一般都会遵照执行。受害人仍得向法院起诉,但每年寥寥无几。由于委员会的审查程序免费,而且其中立性质亦颇受信任②,受害人往往不用聘请律师。案件复杂,受害人聘请了律师的,只要请求得到支持,律师费亦由保险公司赔付。

委员会不但就个案赔付事宜出具意见,还从事科研活动,制作客观的赔付标准。不要说保险公司会遵从这些标准,就是法院审理一般侵权案件(不限于交通损害),也往往会向委员会咨询。难怪斯托派克讲,如果说正是道路交通损害赔付委员会和人身伤害责任险委员会在设定人身损害赔偿的标准而最高法院则腾出手来对付一些更为重要的关键议题,这么说毫不为过。③

总之,《交通损害赔偿法》所立足之法律政策完全不同于传统侵权责任的理念。新的法律政策不是要拎出谁来为其过错或者行为负责,而是以尽可能少的交易成本,为卷入机动车事故的受害人提供合适的保险庇护。就这点而言,立法似乎已经达到了目标,因为就受害人赔付请求权的争执,如今已是稀见罕闻。④

四、患者险

要说前面这两套体制,再加上后面的刑事受害人赔付计划,"除了技术上的构造,事实上的新颖性倒着实有限",在实务中觉不出什么稀奇,在别国

---

① See SWEDEN—The activities of the Road Traffic Injuries Commission (Trafikskadenämnden) in Sweden in determining compensation for personal injuries resulting from the use of motor vehicles, https://www.trafikskadenamnden.se (last visited on Jul. 24, 2023).

② 根据 2007 年的统计数据,就保险公司提出的解决方案,委员会支持的占 64.9%,建议增加赔付额的为 27.8%,建议减少赔付额的为 7.3%。

③ Erland Strömbäck, "Personal Injury Compensation in Sweden Today", 38 *Scandinavian Studies in Law* 431, 432 (1999).

④ Jan Hellner, "Compensation for Personal Injuries in Sweden—A Reconsidered View", 41 *Scandinavian Studies in Law* 249, 259-260 (2001).

也都能找到相仿佛者。真要说"展示出了完全可以说是'瑞典模式'风貌的那些特征的"①,还要算患者险和药害险体制,堪为"瑞典模式"之招牌。②

1. 从自愿体制到法定体制

在加害人与受害人之间存在契约关系的场合,无过错体制的一个主要价值在于,避免将损害赔付置于原告与侵权人的"对抗"基础上,损害赔偿诉讼即为这种对抗的最糟糕形式。这也是最初引入特别工伤赔付体制的一个主要原因,若是双方当事人法律上的关系因为利益尖锐对立的损害赔偿诉讼而变得剑拔弩张,则实为不幸。同样的立场亦主导着患者险。最近几十年,在有些国家,医疗过失诉讼数量激增,成本(责任保险费用、防御治疗等)暴涨,酿成了所谓的"医疗过失危机"。还有,在过失侵权法体制下,实际上有更多的损害,患者是得请求过错赔偿的,但却没有提起。过错原则不能起作用,原因之一在于侵权法所固有的"对抗机制"。如果仅在过错情形下方能得到赔偿,医生肯定会采取防守策略。过错原则阻挠了医患关系间的开诚布公,而且不论结果如何,损害赔偿诉讼都不会促进医患间的信任关系。另外,过错原则之适用亦于治疗场合生出特别难题。由于医疗决定多属自由裁量范畴,而所有治疗都会包含或多或少的并发症风险,所以在过错与没有过错之间,常常难以界分。最后,医疗领域意味着特定的证明难题,尤其是因果关系事宜。在这一点上,医疗的突出特征在于,受害人此前已经罹患疾病或者受有伤害。③ 在引入无过错体制之前,瑞典的医疗过失诉讼极为少见,多半还都给驳回了。根据可靠估计,每年大概只有100位病人通过诉讼、私下谈判或者通融付款而得到某种形式的补偿。得到赔付的病人如此

---

① Jan Hellner,"Compensation for Personal Injuries in Sweden—A Reconsidered View",41 *Scandinavian Studies in Law* 249,269-270(2001).

② 如艾本教授所言,"四国率皆建立起覆盖广泛的患者险,并设有药害险,两套体制皆可谓举世无双",Bo von Eyben,"Alternative Compensation, Mechanisms for Damages, Common Report and National Reports from the Nordic Countries: Denmark, Finland, Norway, Sweden, Preface",http://www.aida.org.uk/worldcong_nordic.asp(last visited on Oct. 17, 2023).

③ See Bo von Eyben,"Alternative Compensation Systems",41 *Scandinavian Studies in Law* 193,215-216(2001).

之少,这状况不能令人惬意。①

瑞典的医院多为公立,由市县主办。1975年,在司法部的非正式监督之下,县议会联盟(Federation of County Councils)与"患者险联合会"(Consortium of Patient Insurance)通过磋商,达成协议,创立了自愿性质的无过错医疗损害赔付体制,涵盖由公家出资的医院、门诊服务以及所有其他由县所提供的服务。私人执业医生亦有样学样,通过自己的组织附加此种保险。

"患者险联合会"系由瑞典四家顶尖的保险公司组成。1993年7月1日,因应欧盟要求,瑞典新的《反不正当竞争法》生效施行。患者险的整个组织与解释都与不公平竞争规则相抵牾,四家大保险公司"杀死"了整个市场。"患者险联合会"被迫解散。各县议会成立"县议会互助保险公司"(Landstingens Ömsesidiga Försäkringsbolag,简称LÖF),接管了"患者险联合会"的业务。互助保险公司又将赔付事宜交由股份公司 Personskadereglering AB(PSR)打理。②

"患者险联合会"的解散,动摇了自愿体制。同时,医疗领域的私有化浪潮滚滚而来,私营医疗机构的数目增长很快。国家对医疗市场的控制力削弱了,有5%的私营医疗提供人游离于集体险体制之外。③ 为将所有医疗服务纳入保险体制,1996年,国会通过《患者损害赔付法》(Patientskadelag,1996:799),将此前的自愿体制改造为法定体制,这部法律于1997年1月1日起施行。从此,所有医疗服务提供人都负有投保患者险之义务(第12条)。由于这部法律并未完全夯筑于侵权法的责任要件规则之上,所以不能依责任险这一术语的传统意义界定这套保险,可以把它看作是责任险与社会保险的混合。

从这部法律的名称看,不是叫"患者损害责任法",而是叫"患者损害赔

---

① Jan Hellner, "Compensation for Personal Injuries in Sweden—A Reconsidered View", 41 *Scandinavian Studies in Law* 249, 263 (2001).

② Bill W. Dufwa, "Compensation for Personal Injury in Sweden", in B. A. Koch/H. Koziol (eds.), *Compensation for Personal Injury in a Comparative Perspective*, Springer, 2003, p. 322.

③ Allen Kachalia, Michelle M. Mello, Troyen A. Brennan & David M. Studdert, "Beyond Negligence: Avoidability and Medical Injury Compensation", 66 *Social Science and Medicine* 387, 389 (2008), p. 389, available at: http://dx.doi.org/10.1016/j.socscimed.2007.08.020 (last visited on Jul. 6. 2023).

付法"。不是以加害行为,也不是以损害,而是以赔付作为法律规则的出发点。立法意图已经是昭然若揭了,也就是说,这套体制的核心在于"补偿",而不是预防。是以,患者险所给付之金钱,不叫损害赔偿金,而叫"患者伤害赔付"。这是该法第一个概念,也是最为重要的概念。第1条即规定了患者请求伤害赔付的权利。第二个重要概念就是保险本身:医疗提供人负有投保此种险的义务(第1条)。要说"责任"概念,则不见于该法。

在立法者看来,对预防和威慑功能的追求,只会妨碍补偿目标的实现。于是,瑞典体制在赔付活动与纪律惩戒活动之间建დ"长城"。[1] 患者就医疗质量投诉的,由另一机构,瑞典医疗责任委员会(Medical Responsibility Board,MRB)处理。医疗责任委员会乃是政府机关,形似法院,负责纪律惩戒工作,诸如警告、训诫,发现医生力不胜任并给患者带来危险的,得停止其执业活动。患者险与医疗责任委员会,你管赔付,我管惩戒,两套体制之间绝不许有信息互通——如此设计,旨在营造出宽松的气象,就无关过失的不良事件或者差错,能以开诚布公的态度对待之,而不用担心受到制裁。[2]

患者险的资金主要来自县议会缴纳的保险费,费用出自所得税,费率乃是依人头统一划定,而不采经验费率。也就是说,赔付金主要来自税收,而不是由众多个别医疗提供人分摊。费率也不高,2003年,人均约为47瑞典克朗(5美元)。私立医疗提供人则得通过集体责任保险另外付费。[3]

---

[1] Allen Kachalia, Michelle M. Mello, Troyen A. Brennan & David M. Studdert, "Beyond Negligence: Avoidability and Medical Injury Compensation", 66 *Social Science and Medicine*, 387, 389 (2008), available at: http://dx.doi.org/10.1016/j.socscimed.2007.08.020 (last visited on Jul. 6, 2023).

[2] See Clara Felice & Litsa Lambkros, Medical Liability in Three Single-Payer Countries, http://www.pnhp.org/facts/medical_liability_in_three_singlepayer_countries.php (last visited on Jul. 6, 2023).

[3] See Clara Felice & Litsa Lambkros, Medical Liability in Three Single-Payer Countries, http://www.pnhp.org/facts/medical_liability_in_three_singlepayer_countries.php (last visited on Jul. 6, 2023); The World Bank, "Medical Malpractice Systems around the Globe: Examples from the US-tort liability system and the Sweden-no fault system", https://documents.worldbank.org/en/publication/documents-reports/documentdetail/797831486996063182/medical-malpractice-systems-around-the-globe-examples-from-the-us-tort-liability-systemand-the-sweden-no-fault-system (last visited on Jun. 20, 2023).

2. 赔付程序

患者认为自己受有医疗伤害的,得免费向保险公司提起赔付请求;患者失去能力或者死亡的,其家庭成员得提起赔付请求。全体医务人员积极投身其中,帮助患者准备申请表格、提醒患者可能遭受了医疗伤害、将患者转交给社工以获取援助,在60%—80%最终提出了索赔请求的案件中,甚至帮助患者索赔。①

所有发放患者险的保险公司都得加入患者险协会(Patientförsäkringsföreningen,简作PFF),其性质为公众公司。政府或者政府任命的机构,负责制定协会章程(第15条)。患者险协会负责赔付请求之处理、审核并决定赔付额。患者险协会聘用赔付审核员来处理赔付请求。审核员多有临床或者法律背景,一般都术业有专攻,仅负责特定伤害类型或者医疗领域。主要是根据受害人和医生提供的书面材料加以审查,偶尔也会与患者面谈。

一旦事实信息充分,审核员即可决定所受伤害是否符合法定的赔付标准。赔付请求不清晰的,得参考过去类似案件中的决定;过去的决定都存储于数据库。另外,审核员往往会向相关医学专家寻求咨询。这些专家多为附近教学医院的资深专科医生,与公司订有长效聘用协议,为与其专业相关的案件提供咨询意见。这些专家与赔付体制合作多年,经验极其丰富。

决定作出后,审核员将知会患者。如果拒绝赔付,应书面说明何以不予赔付。患者对赔付决定或者赔付额度不满意的,得提起"上诉"(并非司法意义上的上诉);对患者险协会的拒绝赔付决定,有20%患者提起上诉。②

---

① See Clara Felice & Litsa Lambkros, "Medical Liability in Three Single-Payer Countries", http://www.pnhp.org/facts/medical_liability_in_three_singlepayer_countries.php (last visited on Jul. 6, 2023).

② Allen Kachalia, Michelle M. Mello, Troyen A. Brennan & David M. Studdert, "Beyond Negligence: Avoidability and Medical Injury Compensation", 66 Social Science and Medicine 387, 391 (2008), available at: http://dx.doi.org/10.1016/j.socscimed.2007.08.020 (last visited on Jul. 6, 2023).

加入了患者险协会的保险人应共同设立患者赔付委员会(Patient Claims Panel)并提供运营资金。委员会应吸纳患者利益代表。委员会组成之细则,由政府颁布(第17条)。委员会设主席一人,应由法官担任,另外六位成员,三人为患者利益代表,一位医学专家,一位熟悉所涉保险公司的人身伤害理赔程序,一位医疗体制专家。① 第一上诉机构即患者赔付委员会。委员会乃系咨询机构,故其意见仅具建议性质,但当事人多愿遵从。据估计,提交给委员会的请求中,有10%委员会建议由患者险协会给予赔付。对委员会的决定不服的,得向法院起诉,由普通法院听审。上诉人所得之救济,不得超过在患者险体制下可得之赔付额。②

下表比较了包括瑞典在内的无过错体制与美国侵权体制在程序上的异同,无过错体制在效率上更胜一筹,七、八个月就能结束(表四)。

患者险的赔付金由保险人给付(第13条)。若是未投保患者险(虽然这一险种系强制险,这种情况还是有可能发生的),就如果投保患者险本应给付之赔付金,依第15条由加入患者险协会的保险人负连带责任。这时,以协会为众多保险人之代表(第14条第1款)。

表四 美国、瑞典、丹麦、新西兰赔付程序概览③

	美国	瑞典	丹麦	新西兰
时效法	因州各异,多为3年,自发现受伤害时起算	自发现时起3年/自治疗之日起10年	自发现时起5年/自治疗之日起10年	无

---

① Henry Johansson,"The Swedish System for Compensation of Patient Injuries",115 *Upsala Journal of Medical Sciences* 88, 89 (2010).

② 在此前的自愿体制下,只能申请仲裁,转为法定体制后,法院从仲裁机构手中夺回最终决定权。

③ Allen Kachalia, Michelle M. Mello, Troyen A. Brennan & David M. Studdert, "Beyond Negligence: Avoidability and Medical Injury Compensation", 66 *Social Science and Medicine* 387, 389 (2008), available at: http://dx.doi.org/10.1016/j.socscimed.2007.08.020 (last visited on Jul. 6, 2023).

（续表）

	美国	瑞典	丹麦	新西兰
如何提出赔付请求	患者，通常有律师	患者①	患者	医生必须为患者提出请求
可否直接起诉	不适用	是②	否	否
谁负责审查	陪审团	索赔审核员	索赔审核员	索赔审核员
裁决平均时间	5年	70%,8个月	7个月	医疗意外:7个月;治疗伤害:16天
患者是否有上诉权	是	是	是	是
第一次上诉机关	上诉法院	患者赔付委员会	上诉委员会	行政听审
再次上诉机关	更高级别上诉法院	地方法院	地方法院	地方法院

  赔付额设有限制。总的封顶大约在120万美元，约合790万瑞典克朗。同时设有门槛，大约275美元（1985瑞典克朗）以上，才能请求赔付。需要强调的是，患者险（包括下面的药害险）并未设特别的赔付金评定规则，以第8条简单援引侵权法了事。这里的"琐细门槛"并不构成一般评定规则的真正例外，因为它不是责任的扣减，主要是起到合理化措施的作用，使赔付机构不必劳必费力地去对付微不足道的损害。而最高赔付额度主要是出于保险技术的考虑，并不会在所有个案中都加以限制。③

  2004年，平均每件请求的赔付额，在瑞典约为2.2万美元，合16万瑞典克朗，与英美侵权体制下的赔偿额度简直不能相提并论。部分原因在于，北

---

  ① 瑞典的患者一般也会聘请律师，但律师不得收取成功酬金。See The World Bank, "Medi-cal Malpractice Systems around the Globe: Examples from the US - tort liability system and the Sweden - no fault system", https://documents.worldbank.org/en/publication/documents-reports/documentdetail/797831486996063182/medical-malpractice-systems-around-the-globe-examples-from-the-us-tort-liability-systemand-the-sweden-no-fault-system (last visited on Oct. 17, 2023).
  ② 原表中作"No"，当系手民之误。
  ③ See Bo von Eyben, "Alternative Compensation Systems", 41 *Scandinavian Studies in Law* 193, 224 (2001).

欧国家的社会保险发达,包括收入损失保险和全民医疗保险。其他赔付来源的救济应予扣除,患者险体制的成本因而得减至最低。[①] 另据世界银行文件,在瑞典,80%的保险费得用于赔付,而美国则只有40%,显示无过错体制管理费用也较低。[②]

下表比较了若干法域医疗损害赔付请求的成功率,无过错体制明显高于侵权法体制(表五)。[③]

表五　医疗伤害请求赔付率、上诉率和成功率

	美国	瑞典	丹麦	新西兰 (1992—2005)	新西兰 (2008)
年赔付请求率(每百万人口)[a]	200	1000	1000	750	新体制。 总成功率 大概60%。
赔付请求成功率	30%	45%	40%	38%	
申请人上诉率	不适用[b]	18%	20%	20%	
上诉成功率	不适用[b]	10%	15%	10%	
总成功率	30%	47%	43%	40%	

a 大概的人口:美国,2.9亿;丹麦,500万;瑞典,900万;新西兰,400万。
b 美国的上诉率难以估算,并且可以忽略。

---

① See Allen Kachalia, Michelle M. Mello, Troyen A. Brennan & David M. Studdert, "Beyond Negligence: Avoidability and Medical Injury Compensation", 66 *Social Science and Medicine* 387, 390-391 (2008), available at: http://dx.doi.org/10.1016/j.socscimed.2007.08.020 (last visited on Jul. 6, 2023). 其他保险体制将大部分经济损失接了过去,患者险主要是赔付非经济损失,赔付办法已经标准化,事前即可预见,且前文曾述及,北欧国家的非经济损失赔付额度也不高。

② The World Bank, "Medical Malpractice Systems around the Globe: Examples from the US - tort liability system and the Sweden - no fault system", https://documents.worldbank.org/en/publication/documents-reports/documentdetail/797831486996063182/medical-malpractice-systems-around-the-globe-examples-from-the-us-tort-liability-systemand-the-sweden-no-fault-system (last visited on Jun. 20, 2023).

③ Kachalia et al., ibid., p.390, available at: http://dx.doi.org/10.1016/j.socscimed.2007.08.020 (last visited on Jul. 6, 2023). 另据世界银行文件,1992年,瑞典的索赔频率(claims frequency,请求赔付的案件数/每百位医生)为21,美国为13—16,前者比后者高50%。The World Bank, "Medical Malpractice Systems around the Globe: Examples from the US - tort liability system and the Sweden - no fault system", https://documents.worldbank.org/en/publication/documents-reports/documentdetail/797831486996063182/medical-malpractice-systems-around-the-globe-examples-from-the-us-tort-liability-systemand-the-sweden-no-fault-system (last visited on Jun. 20, 2023).

3. 赔付条件

受害人必须为患者。这意味着受害人必须已经与医疗提供人建立了法律关系。以受试者身份自愿参与医学研究的，或者为了移植或其他医疗目的而捐献器官或者其他生物材料的，视为该法下之患者（第 2 条）。

该法仅适用于在瑞典国内接受医疗服务过程中所受之伤害（第 3 条）。医疗则意指依医疗领域一些特别法所为之活动（第 5 条）。

新法承袭此前之自愿保险体制，极为详尽地枚举了得予赔付之法律事实，包括治疗伤害、诊断伤害、产品相关伤害、感染相关伤害以及意外事件所致伤害（第 6 条）。

就治疗伤害和诊断伤害来说，是否应予赔付，要看伤害是否可以避免，这里适用的是"熟练的专科医生"规则。由于这两类伤害占了所有赔付请求的大约 85%，所以"熟练的专科医生"规则实为瑞典体制下是否予以赔付的枢机所在。熟练的专科医生规则之适用与过失规则颇为相似，因为皆要对所施展之医疗措施的质量加以评估，以决定是否应予赔付。区别仅在于，在过失侵权法下，所适用的是普通的力能胜任的医生标准，而在瑞典体制下，适用的乃是相关专业领域饱富经验或者说"最好的医生"标准。①

除了将注意标准抬升到一个极高的水平，瑞典体制还从下面两点对患者殷勤照顾。一个是适用"替代治疗"规则。依该规则，在施治之时，若还有其他同样安全与有效的措施存在，且该替代措施能够避免伤害，则所受伤害应予赔付。乍看起来，这一规则将极大扩展获得赔付的可能性。但瑞典的经验告诉我们，并非如此。实际上，这一规则极少得到适用。试想，如果真有这样的替代措施，早就列为最佳操作供医生遵行了。另外，这一规则的适用，也受到临床证据方面的掣肘。如果没有医学上的大量数据来说明，某种医疗措施在性质和程度上优于所选措施，替代治疗规则即无从适用。

另外一个就是回溯论证，也就是说，对致害事实的判断都是事后性质的，依据的是补偿请求提出之时所知晓的信息，而不是事前性质的，就像侵

---

① 有些中国著述只讲可避免性，比如李国炜：《瑞典病人保险制度介评》，载《南京医科大学学报（社会科学版）》2004 年第 1 期，第 25 页；刘兰秋：《域外医疗损害无过失补偿制度研究》，载《河北法学》2012 年第 8 期，第 155 页。但可以看到，单讲可避免性，无法与过失标准区分开来，必须附带上熟练专科医生标准和回溯论证规则，方能表现出瑞典体制的特征。

权法里头,在就过失加以判断时,所要考察的是,医生或其他负有责任之人依当时可得之信息应该如何行事。若伤害系因错误诊断或者迟延诊断而生,即不得适用回溯性规则,因为不言而喻,依该规则,所有伤害都得赔付。①

除了可避免性外,欲获赔付,还需满足损害的严重性要件,即丧失身体能力达到30天,住院治疗10天,永久性身体残疾,或者死亡。②

因果关系要件也是免不了的,不过,"证明标准要低于一般侵权法的证明标准"。③

如果对于挽救患者生命或者防止严重残疾来说,治疗措施是必要的,就因此所生损害,不得请求赔付(第7条第1项)。

未得患者知情同意的情形,一如往昔地仍未列入保险范围。此间颇有争议,立法机关不打算在这部患者险的改革法案中给出定谳。是以,知情同意事宜仍由法院依过失侵权法裁判。④

下表比较了若干法域医疗伤害的可赔付标准(表六)。⑤

表六 医疗伤害的可赔付标准

国别	一般原则	伤害类型	可赔付性规则	界定	过错要件?
美国	过失伤害	所有	过失	未尽到可以合理期待的注意与技术义务而造成伤害。	是

---

① See Allen Kachalia, Michelle M. Mello, Troyen A. Brennan & David M. Studdert, "Beyond Negligence: Avoidability and Medical Injury Compensation", 66 *Social Science and Medicine* 387, 395 (2008), available at: http://dx.doi.org/10.1016/j.socscimed.2007.08.020 (last visited on Jul. 6, 2023).

② Chief Medical Officer (Sir Liam Donaldson), *Making Amends: A Consultation Paper Setting out Proposals for Reforming the Approach to Clinical Negligence in the NHS*, Department of Health, 2003, p. 99.

③ Bo von Eyben, "Alternative Compensation Systems", 41 *Scandinavian Studies in Law* 193, 216 (2001).

④ 〔英〕马克·施陶赫:《英国与德国的医疗过失法比较研究》,唐超译,法律出版社2012年版,第225页。

⑤ See Allen Kachalia, Michelle M. Mello, Troyen A. Brennan & David M. Studdert, "Beyond Negligence: Avoidability and Medical Injury Compensation", 66 *Social Science and Medicine* 387, 393-394 (2008), available at: http://dx.doi.org/10.1016/j.socscimed.2007.08.020 (last visited on Jul. 6, 2023).

(续表)

国别	一般原则	伤害类型	可赔付性规则	界定	过错要件？
瑞典	"可避免"伤害	治疗相关	熟练专科医生（回溯论证，替代治疗规则）	伤害由治疗造成，若由"最好的专科医生"着手，本不会发生。有时适用回溯性论证，施治之时无从得到的某些信息，也纳入考虑。若采用其他同样有效、安全的措施，伤害本可避免。	否
		诊断相关	熟练专科医生（不适用回溯论证）	伤害因误诊造成，若由"最好的专科医生"着手，本不会发生。不适用回溯论证；只考虑施治之时可得之信息。	否
	特定情势下"不可避免的"伤害	产品	严格责任	医疗产品或者医院设备的缺陷或者不当使用，造成伤害。	否
		传染	传染	因治疗中的感染造成伤害。感染超出合理容忍限度。一是疾病的严重性和治疗的必要性，一是感染的严重性和感染概率，后者压倒前者。	否
		意外	严格责任	因发生于医疗机构的意外（比如滑跌）或火灾而造成伤害。	否
丹麦	"可避免"伤害	治疗相关	熟练专科医生（不适用回溯论证）	伤害由治疗造成，若由"最好的专科医生"着手，本不会发生。不适用回溯论证；仅考虑施治之时可得之信息。	否
		替代治疗		伤害因治疗造成，若采用其他同样有效、安全的措施，伤害本可避免。	否
		诊断相关	熟练专科医生（不适用回溯论证）	伤害因误诊造成，若由"最好的专科医生"着手，本不会发生。不适用回溯论证；只考虑施治之时可得之信息。	否
		设备相关	严格责任	因治疗相关之仪器、设备的故障或失灵而造成伤害。	否

(续表)

国别	一般原则	伤害类型	可赔付性规则	界定	过错要件?
	超出合理预期的罕见、严重的"不可避免"伤害	治疗相关	"可忍受性"	超出患者可以合理期待忍受的治疗而造成损害,即便是已知的并发症。一是疾病的严重性和治疗的必要性,一是并发症的严重性和发生概率,后者压倒前者。	否
	过失伤害	意外	过失	因医院的意外而造成伤害,该意外系因医院过失而造成。	是
新西兰（1992—2005）	过失伤害	治疗相关,诊断相关	医疗差错/过失	医生未尽到可以合理期待的注意与技术标准,造成伤害。	是
	罕见和严重的伤害	治疗相关	医疗意外	因罕见（低于1%）、严重（死亡、住院超过14天,或者超过28天的严重伤害）的治疗并发症造成伤害。	否
新西兰（目前）	不能预料的"治疗相关"伤害	所有	治疗伤害	并非治疗"必要且通常"结果的伤害。要考虑治疗时的情势,包括施治时患者的健康状况以及可得之临床医学知识。广义的治疗概念,包括诊断评估的所有方面。	否

五、药害险

1976年3月,《患者损害赔付法》尚待通过,立法机关已经张罗着要制定"药品损害赔付法",连草案都拿出来了。面对此等咄咄逼人的"威胁",药品生产商与进口商颇识抬举,主动与保险公司合作,在司法部的觊觎之下,于1978年"被迫"引入了"自愿"性质的"药害险"（läkemedelsförsäkring）体制。①

---

① See Bill W. Dufwa, "Compensation for Personal Injury in Sweden", in B. A. Koch/H. Koziol (eds.), *Compensation for Personal Injury in a Comparative Perspective*, Springer, 2003, p. 325.

此间高度组织化的局面有利于自愿保险体制之创立。所有药物之发放，皆须取得行政许可，而且不论国内还是国外的制药厂商，皆背倚协会，故由协会襄助来组织保险实为手到擒来之事。①

药害险的设计理念与患者险如出一辙，事实上，出自同一人手笔，即卡尔·奥尔德茨（Carl Oldertz）是也，此人乃是斯堪地亚保险公司（Skandia）②的副总裁。在药害险体制下，请求保险人赔付，受害人既不必证明过错，也不必证明产品有缺陷。药品领域的经济局面为严厉的责任立场提供了方便。营业额很高，定价受到控制，很大一部分成本已经由社会保险和公共医疗服务机构所承担，其余的部分算不得很多了。③ 也正是因为赔付规模还算有限，再加上是按照药物企业的市场份额缴费，所以保险费用也不太高。④

药物的生产商与进口商被课以连带责任。消费者往往用了好几种药，损害到底是由哪种药造成的，要查明委曲本末，困难可想而知。为了使保险真正发挥作用，连带责任实为必要。⑤

因为副作用的风险总是存在，所以药物不会因为这种风险而被认定为具有产品责任法上讲的"缺陷"，药品制造商的产品责任也就几乎没有什么实务上的重要性。在实践中，与用药相关的责任更多地是因为用药方式而生，而这又带回到了医疗过失责任。这样，药物损害与医疗损害紧密联系在一起，如果某赔付体制只覆盖其中一种损害类型，就会生出界分难题。所以药害险之保险人与患者险之保险人总是合作无间。

与过失责任，甚至是产品责任不同，药害险的思路是，因用药而生的严重意外后果，应予补偿。是否补偿，很大程度上还是取决于案情。明显的错误，比方说开错药或者剂量过大，当然应予补偿，但即便找不到过错，也可能产生补偿请求权。许多案件涉及药物的副作用，这需要根据整个案情来判

---

① Jan Hellner, "Compensation for Personal Injuries in Sweden—A Reconsidered View", 41 *Scandinavian Studies in Law* 249, 265 (2001).
② 瑞典有两大保险公司，一为斯堪地亚，一为佛克萨姆（Folksam）。
③ See Dufwa, ibid.
④ 参见唐慧鑫、孙骏：《浅析瑞典药品损害赔偿机制及其药品保险制度》，载《中国药物警戒》2006 年第 6 期，第 331 页。
⑤ Dufwa, ibid.

断。① 基本的思路是,从合理性上来评估,患者是否应该忍受所涉之副作用,尤其要比较衡量药物副作用与疾病两者的严重性。② 重病难免用险药,险药带来的不幸副作用,即不应补偿。而有些一般无害的药物,由于不走运的环境使然,造成重大损害,则应予补偿。比方说血友病患者输血时感染艾滋病。虽说早期的时候,即便尖端科学亦不知晓艾滋病为何物,医务人员无从指责。可受害人还是得到了赔付(尽管抱怨数额太低)。为了防止保险成本过于昂贵,有封顶设计。③ 每位受害人,包括年金贴现在内最高可获得1000万克朗的赔偿。④

受害人向保险公司提出赔付申请,由审核员负责处理,以书面审查为主,平均用时4个月。对决定不服的,得向药害赔付委员会(Pharmaceutical Injury Panel)上诉。委员会由医药领域专家、业外人士和政府指派的法律专家组成。委员会的建议仅具参考性质,但保险公司通常都会采纳。对委员会的决定仍有异议的,得申请仲裁。仲裁结果具有终局性。

1978—2005年,受理赔付申请近万件,呈逐年递增趋势。1996—2005年,赔付申请近6300件,2139件得到赔付。赔付金额累计2.9亿克朗,个案平均赔付金额约9万克朗。⑤

受害人得舍药害险体制而向法院起诉,这时自然适用《产品责任法》。《产品责任法》下的赔偿当然不设封顶,但以产品缺陷为责任要件。走诉讼途径的寥寥无几,看起来,保险体制确实起到了替代作用。

六、刑事受害人赔付计划

就暴力犯罪的受害人来说,局面与前面颇为不同。前面所做的是,将请求赔付之权利扩张及于侵权法设置的责任要件之外——主要是工业伤害与

---

① See Jan Hellner, "Compensation for Personal Injuries in Sweden—A Reconsidered View", 41 *Scandinavian Studies in Law* 249, 266 (2001).

② Bo von Eyben, "Alternative Compensation Systems", 41 *Scandinavian Studies in Law* 193, 221 (2001).

③ See Hellner, ibid., p.266.

④ 唐慧鑫、孙骏:《浅析瑞典药品损害赔偿机制及其药品保险制度》,载《中国药物警戒》2006年第6期,第330页。

⑤ 以上参见唐慧鑫、孙骏:《浅析瑞典药品损害赔偿机制及其药品保险制度》,载《中国药物警戒》2006年第6期,第331页。

医疗损害的过错要件,还有,特别是对药物伤害来说,产品责任法的产品缺陷要件。这里的难题则是,受害人的权利不成问题,但却难以从犯罪人那里将损害赔偿金拿到手。犯罪人一般来说都没有钱履行损害赔偿义务,当然,这麻烦在其他领域也存在,但这里却是难上加难。在实践中,95%的北欧家庭都购有"一揽子保险",责任险也是其中的组成部分,但责任险并不覆盖故意伤害责任。所以,相较于其他受害人群体,暴力犯罪的受害人处境更糟。

早在 1948 年,瑞典即引入了针对刑事伤害的赔偿计划。随着 1978 年《刑事伤害赔偿法》(Criminal Injuries Compensation Act)的通过,国家赔偿头一次有了立法基础。这一计划资金来源于公共税收。计划的规则即为侵权法的一般规则。当然也有明显的背离。比方说,这部法列明了赔偿的最低与最高额度;还有,许多不得不作出的裁断都是以"合理性"为基础的。

为了获得赔偿,受害人必须证明,其并无其他途径获得赔偿。相对社会保险、私人保险及其他赔偿来源,刑事伤害赔偿计划仅具附属性质。

这一赔偿计划的主管机构是刑事受害人赔偿援助局(Crime Victim Compensation and Support Authority)。根据法令,在更具原则性的案件中,由委员会来裁断赔偿事宜。委员会所从事之损害评估工作在许多方面都类于法院。就委员会之决定,不得上诉。①

七、特别赔付体制与侵权法的关系

无过错体制的发展是否意味着侵权法将遭彻底废弃? 或者,侵权法体制仍得在无过错体制内继续存在? 这问题也就是特别赔付体制与侵权法体制之关系,如杜瓦所说,乃是"重大的、原则上最为重要的议题"。这些事宜关涉侵权法之方方面面,比方说赔付的条件、赔付额的评定、赔付额的扣减。②

---

① See Bo von Eyben, "Alternative Compensation Systems", 41 *Scandinavian Studies in Law* 193, 216 (2001); Bill W. Dufwa, "Compensation for Personal Injury in Sweden", in B. A. Koch/H. Koziol (eds.), *Compensation for Personal Injury in a Comparative Perspective*, Springer, 2003, p. 326.

② Bill W. Dufwa, "Alternative Compensation Systems: Personal Injuries", https://aid-ainsurance. org/file/2020-04/852162424/alternative-compensation-systems-personal-injuries-general-report-bill-w (last visited on Jun. 19, 2023).

就责任要件而言，我们已经知道，无过错体制经常意味着不考虑过错而课以责任，但并不当然意味着凡是损害皆予赔付，所以存在划界问题。而在构建此种体制时，往往会受此种责任于侵权法中系如何构建的影响。这在患者险身上表现得尤为明显。就医疗检查、护理、治疗或者类似措施所造成的损害，依《患者损害赔付法》，所要解决的问题是，"就选定的医疗措施，若以不同方式加以操作，或者选择其他可行的医疗措施，而根据事后从医学角度所为之评估，替代操作或措施能够以造成较小损害的方式满足医疗活动的需要，伤害是否本来可以避免"（第 6 条第 1 款第 1 项），这里的核心，也就是可避免性，与过失标准并没有本质区别。另据世界银行文件，1975—1986 年，在瑞典的患者险体制下，55% 的请求得到了赔付，但 1986—1991 年，这个比例急跌至 18%，1992 年，又回升到 40%。① 可以看出，就和侵权法上的过错判断一样，在无过错体制下，也要平衡各种利益、社会关注和经济原因，并不比过错体制更少武断随意。评估因果关系的情形也差不多。"在侵权法里头，因果关系费去了无尽笔墨，所以我们很难想象，这些讨论于无过错体制内竟然不会发生影响。"②

但要说侵权法于无过错体制影响最为强烈之点，还要数赔付额之评定。何以如此呢？因为，替代赔付体制所能保证的赔付规模决定了其替代作用的发挥。只有替代体制的赔付额与受害人依一般侵权法所能得到的损害赔偿金一般无二，其替代功能方能发挥到淋漓尽致，因为这时已无必要主张侵权法上的损害赔偿请求权。而只要替代作用未至如斯程度，也就是说，只要所予之赔付与一般侵权法下的赔偿金并不完全一致，就会生出以下两难：

要么，就两者之间的缺口，允许受害人依一般侵权法请求补充赔偿。可是，若说替代赔付体制起源于理论与实践两方面对侵权体制的批评，那么再

---

① "Medical Malpractice Systems around the Globe: Examples from the US-Tort Liability System and the Sweden-No Fault System", https://documents.worldbank.org/en/publication/documents-reports/documentdetail/797831486996063182/medical-malpractice-systems-around-the-globe-examples-from-the-us-tort-liability-systemand-the-sweden-no-fault-system (last visited on Jun. 20, 2023).

② Bill W. Dufwa, "Alternative Compensation Systems: Personal Injuries", https://aidainsurance.org/file/2020-04/852162424/alternative-compensation-systems-personal-injuries-general-report-bill-w (last visited on Jun. 19, 2023).

保留侵权体制来提供部分赔偿,立场上便难免首尾不一。

要么,就只准受害人择一寻求救济。特别体制虽然赔付条件宽松,但数额不足,受害人不得不在两种体制之间从事成本收益的权衡。同样境况的受害人,押了不同的注,结果大相径庭,殊难谓公平。若是相当比例的受害人流往侵权法体制,特别体制存在的合法性就生出疑问。

总之,除非特别体制保证给予的赔付与侵权法上的损害赔偿金大抵处于同一水平,否则任何解决办法都是成问题的。① 而瑞典体制的鲜明特征即在于,赔付标准原则上是基于一般侵权法来定的。照杜瓦的说法,"这挽救了侵权法"②。当然,一些特别的限制手段,比如封顶、免赔额、将特定损失排除,也很常见。

正是因为赔付水平的大致相当,是以,虽然求助于侵权法的机会仍然得到保留(安全险除外,另外,在整个北欧范围内,还有丹麦的工伤险和患者险),但实践中,走诉讼途径的已是寥寥无几了。③ 同样,在依无过错体制得到赔付后,是否还可以依侵权法请求补充赔偿,这个问题在实务中一般也不会产生。但从规则设计上看,在整个北欧范围内,就刑事伤害和工伤,受害人得请求补充赔偿(瑞典的安全险为例外),而就患者险和药害险,情况颠倒过来,一般都不许以损害赔偿金作为补充(瑞典的患者险又为例外)。④

另外,前面也数度提及,在特别赔付体制下,与有过失规则也有适用空间。在安全险和交通险场合,受害人犯下重大过失的,赔付额应予扣减;在刑事伤害场合,受害人挑衅激起事端的,赔付额也可能扣减。自然,这些考虑深受侵权法的影响。

就无过错体制的代位权来说,侵权法的重要性亦表现得很明显。一般

---

① See Bo von Eyben, "Alternative Compensation Systems", 41 *Scandinavian Studies in Law* 193, 223-224 (2001).

② Dufwa, ibid.

③ 保留求助于侵权法的机会,可以从两方面来看,既可以认为是这一问题并不重要的表征,也可以认为是侵权法上附着特定象征价值的指征。如果后一观点意在表明对侵权法体制的揄扬态度,那可能会问,侵权法体制曾饱受批评,因此方有替代体制之设,这两种立场如何调和呢?Bo von Eyben, "Alternative Compensation Systems", 41 *Scandinavian Studies in Law* 193, 228 (2001).

④ von Eyben, ibid.

来说,无过错体制允许对责任人追偿。①

是以,虽然"事实上,这些赔付体制将侵权责任完全取代"②,但经深入分析,"真相令人吃惊,侵权法规则实际上被各种特别的保险体制所纳入并运用。所以说,侵权法仍然发挥着巨大作用",正如杜瓦借用瑞典诗人 Gustaf Fröding 的名句所道,"花罐虽破,玫瑰依旧"③。

八、特别赔付体制的扩展

如果特别赔付体制运转良好,那么,为什么恰恰限于这几种类型的损害,是否可以将其推而广之?就这个问题,学术界的意见颇为一致,特别赔付体制再难向外扩张到其他损害类型上去。

妨碍特别赔付体制往外扩张的,主要是筹资难题。当前的特别赔付机制,资金或者来源于所涉商业"营运人"所支付之保险费用,或者来自公共途径(比方说最终通过税收)——要么是因为所涉商业系由政府营运(例如,医院的服务),要么是因为很难找到其他筹资来源(比方说对暴力犯罪受害人的赔付机制)。而就更显"星散的"事故类型,则无从勘定类似的侵权人群并课之以投保义务④,或者说,找不出适当的"成本单位"。⑤ 如果赔付资金不是最终来自"造成"损害之人,就会招致来自社会政策视角的反对,与那些因为疾病或者其他社会意外事件而遭受了不幸的人相比,为什么这里的受害人可以得到更好的赔付呢?比方说,瑞典司法部曾经考虑,成年人在其世界中尚多可得到特别保护,而脆弱的儿童却得不到格外庇佑,也打算设立某种

---

① Bill W. Dufwa, "Alternative Compensation Systems: Personal Injuries", https://aidainsurance.org/file/2020-04/852162424/alternative-compensation-systems-personal-injuries-general-report-bill-w (last visited on Jun. 19, 2023).

② von Eyben, ibid., p. 225.

③ Bill W. Dufwa, "Compensation for Personal Injury in Sweden", in B. A. Koch/H. Koziol (eds.), *Compensation for Personal Injury in a Comparative Perspective*, Springer, 2003, p. 313.

④ See Bo von Eyben, "Alternative Compensation Systems", 41 *Scandinavian Studies in Law* 193, 219 (2001).

⑤ Bill W. Dufwa, "Alternative Compensation Systems: Personal Injuries", https://aidainsurance.org/file/2020-04/852162424/alternative-compensation-systems-personal-injuries-general-report-bill-w (last visited on Jun. 19, 2023).

特别体制,但最终放弃。①

还有人主张,一般性地废除人身损害的侵权责任,建立新西兰似的体制。这种思路高估了为特别赔付体制所覆盖的人身伤害事故总量。据艾本教授讲,交通事故和工业事故加在一块儿,也只占人身损害总数的 30%,其他类型的人身损害,不管是医疗损害,还是暴力犯罪的损害,都只占意外事故导致人身损害总数很小的百分比。事实上,远远超过一半,大概接近 2/3 的人身损害并未落入任何特别赔付体制的领域,而只受过错原则调处。是以不待蓍龟可知,将获得赔付的标准予以扩张,将所有损害都涵盖进来,成本恐怕难以负担。②

第四节 从"瑞典模式"到"北欧模式"

一、"北欧模式"

百余年来,就私法领域的立法工作,北欧国家一贯协力合作,经这优良的传统而于局部形成真正的"北欧间立法"(inter-Nordic legislation)。就侵权法来说,早在 20 世纪四五十年代,即有敦行北欧间立法的倡议,虽未告功成,却于此后各国的部分法典化留下鲜明烙印(挪威 1969 年,瑞典 1972 年,芬兰 1974 年,丹麦 1984 年)。

20 世纪 70 年代,以瑞典为嚆矢,特别赔付体制生长壮大起来并蔓延及于其他北欧国家。这影响最明显地见于患者险与药害险体制,所有北欧国家都引入了与瑞典相似的险种——先是芬兰(1984 年覆盖药物伤害,1987 年覆盖患者伤害),继而挪威(1988 年覆盖患者伤害,1989 年覆盖药物伤

---

① 赫尔纳是从强制性的角度来论证的,瑞典体制虽多出于自愿,实际上还是强制性的。这种强制性多出自行业组织领导,对所有从事特定活动的主体来说,行业组织的会员身份都至为重要,个别会员的观点无足轻重。比方说,就个别药物进口商来说,他怎么看待药害险并不重要,但都得遵从行业组织领导的决定。正是因为这种强制性,营销费用省了,高风险投保而低风险不投保的逆向选择可能也消灭了,管理成本也大大降低了。这与"成本单位"角度的论证实为一枚硬币的两面。See Jan Hellner, "Compensation for Personal Injuries in Sweden—A Reconsidered View," 41 *Scandinavian Studies in Law* 249, 270-271 (2001).

② See von Eyben, ibid., p. 218.

害),最后是丹麦(1992年覆盖患者伤害,1996覆盖药物伤害)。这些赔付体制在设计上当然因国而异,并不会将瑞典模板拿来照抄硬搬,但没有谁能摆脱瑞典的影响,这也是北欧诸国的共识。在北欧各国,就这里所讨论的各种体制,若是思谋改革,必会审慎考察于邻国所施行的体制,此乃惯例成规,因为他国之经验往往得直接拿来用作起草方案的基础。是以,北欧诸国所适用的体制,皆可谓本于瑞典的开创性工作,并因应各自国情加以改造修饰而成。自然,瑞典亦受反哺之惠。1997年,瑞典以立法取代了自愿性质的患者险模式,新体制的设计即颇受其他北欧国家发展状况的启迪。挪威也正以法定险取代自愿患者险体制。看起来,在北欧,引进法定强制患者险正蔚为潮流——在这整个进程中,并无任何真正的官方合作,但彼此借鉴、经验共享却给人留下鲜明印象。

患者险和药害险还是北欧诸国独有的特征。至少,就此险种的一般形式来说,除了新西兰,举世找不出第二例。在这个意义上,北欧模式(Nordic "model")的提法还是可行的。

其他几种体制,既非为北欧国家所独有,共性相对来说也少一些。

在2002年国际保险法协会第11届大会上,艾本教授提交了一份北欧诸国特别赔付体制的总报告,将北欧四国几种特别体制的基本面貌通过表格表现出来,俾便鸟瞰。下面将艾本教授的表格照录,可以有个宏观的了解。[①]

二、图解北欧诸国特别赔付体制

(一) 工业伤害

	丹麦	芬兰	挪威	瑞典
1. 名称	工业伤害险	工业伤害险;职业病法案	特殊社会保障规则;工业伤害险	(1) 工业伤害险 (2) 职业安全险

[①] See Bo von Eyben, "Alternative Compensation Systems", 41 *Scandinavian Studies in Law* 193, 202 (2001). 该次大会未讨论交通险。

(续表)

	丹麦	芬兰	挪威	瑞典
2. 目标、功能	基于过错责任的保护不充分。避免损害赔偿诉讼。将赔付纳入生产成本。	独立于过错责任以及其他侵权责任要件,确保赔偿。	勾连事故与责任险,以补充(特殊)社会保障福利。避免损害赔偿诉讼、分摊损失、简化因果关系及证据事宜。	(2)的目的是补充(1),提高赔付水平,避免基于过错责任的损害赔偿诉讼。
3. 自愿/强制	强制	强制	强制	(1) 强制 (2) 以(自愿)集体协议为基础的保险
4+5. 适用领域及其他条件	任何雇佣关系,不包括上下班交通。事故、职业病。	任何雇佣关系,包括上下班交通。事故、职业病。	任何雇佣关系,不包括上下班交通。事故、职业病。	任何雇佣关系+雇主本身,包括上下班交通;但不适用于(2),如果损害为车辆保险所覆盖。事故、职业病,工作环境的其他影响。
6. 赔偿数额	永久伤害,收入能力损失,失去抚养人:与一般侵权法同样的赔付水平;但收入最高值设得更低。暂时的收入损失、痛楚与创伤,不予赔付。	仅及于金钱上之损失且设封顶。	与侵权法同(无惩罚赔偿);但是就将来收入能力的损失、永久伤害和失去抚养人,设有特别的标准化规则。	(1) 就暂时的收入损失,不予赔付。其他情形:收入损失全部赔付,但设有封顶。 (2) 暂时收入损失以及痛楚与创伤:特别限制(除非侵权责任成立)。其他情形:与侵权法同。
7. 首先乞援一般侵权法的义务?	否	否	否	否
8. 首先乞援一般侵权法的权利?	否	是	是(但不具实务上的重要性)	否
9. 侵权法补充赔付?	是	是	是	否
10. 得请求出资人赔付?	否	是	否	否

(续表)

	丹麦	芬兰	挪威	瑞典
11. 得请求第三方侵权人赔偿?	否	是	是	(1) 否 (2) 是
12. 赔付体制之营运人	工业伤害国家委员会—社会事务上诉委员会。普通法院	保险公司—工业伤害委员会—社会保险法院。最高法院	没有特别营运人:保险公司。普通法院。	(1) 社会保险办公室—县行政上诉法院—最高行政法院。 (2) 保险公司—委员会—仲裁
13. 筹资	普通保险费。职业病场合的出资	普通保险费(受特定规制)	普通保险费	依工资特定比例所付之款项/费用

(二) 患者伤害

	丹麦	芬兰	挪威	瑞典
1. 名称	患者险	患者险	患者损害赔付	患者险
2. 目标,功能	相较过错责任,扩张请求赔付的权利。使受害人更容易得到赔付。	扩张并更精确地界定请求赔付的权利。避免基于侵权法的诉讼。	扩张请求赔付的权利。使受害人更容易得到赔付。	改进请求赔付的权利。避免复杂的过失责任问题。
3. 自愿/强制	强制	强制	强制	强制
4+5. 适用领域及方便赔付的设计	原则上限于公立医院。限于身体伤害。富有经验的专家标准,不同治疗观点案件中的回溯性推理,仪器失灵,一般合理性标准。	公营、私营医疗服务。富有经验的专家标准,仪器失灵,传染,事故,一般合理性标准。	所有医院及合法个体执业人。过错或者疏忽(并非富有经验的专家标准),仪器失灵,传染。	所有公立及私营医疗服务。富有经验的专家标准,不同治疗观点案件中的回溯性推理,仪器失灵,传染伤害案件中的合理性标准,特定事故。
6. 赔偿数额	与侵权法同(不过,仅在赔付超过1万元的情形)。	与侵权法同(不过,微不足道的损害不予赔付)。	与侵权法同(不过,仅在赔付超过1万元的情形);无惩罚性赔偿。	与侵权法同(不过,较小的免赔额,较高的封顶)。
7. 首先乞援一般侵权法的义务?	否	否	否	否

（续表）

	丹麦	芬兰	挪威	瑞典
8. 首先乞援一般侵权法的权利？	否（产品责任：是）	是	是（但不得针对公立医疗机构）	是
9. 侵权法补充赔付？	否；参见6	否；参见6	否；参见6	是（未设限制，参见6，侵权责任很明确的情形）。
10. 得请求出资人赔付？	仅针对雇员，故意情形。	限于故意或者重大过失。	限于故意或者重大过失。	限于故意或者重大过失。
11. 得请求第三方侵权人赔偿？	是	是	是，在产品及第三方机动车责任情形。	是，在产品责任或者机动车事故情形。
12. 营运人	患者保险协会—患者伤害告诉委员会。普通法院。	患者险中心—患者伤害委员会。普通法院。	挪威患者伤害赔偿委员会。普通法院。	保险公司—患者伤害委员会。普通法院。
13. 筹资	普通保险费用（或者自己保险）	普通保险费用（受特定规制）	普通保险费用	普通保险费用

（三）药物伤害

	丹麦	芬兰	挪威	瑞典
1. 名称	药物伤害赔付	药物伤害险	药物伤害责任	药物伤害险
2. 目标、功能	逾出产品责任规则（尤其关乎缺陷概念），扩张赔付请求权。	避免过错与因果关系的证明困难。就已知副作用，也可能获得赔付。	逾出产品责任规则，扩张赔付请求权。损失分摊。	避免过错与因果关系的证明困难。就已知副作用，也可能获得赔付。
3. 自愿/强制	强制	自愿	强制	自愿
4＋5. 适用领域及方便赔付的设计	由医生等配发之批准药物。仅限于身体伤害。对超出患者合理预期的副作用加以赔付。	药物伤害保险联营成员所生产或进口之药物。仅限于身体伤害。对超出患者合理预期的副作用加以赔付。	药物责任联盟成员所生产或进口之药物。对超出患者合理预期的副作用加以赔付。	药物伤害险成员所生产或进口之药物。仅限于身体伤害。对超出患者合理预期的副作用加以赔付。
6. 赔偿数额	同侵权法（仅当可赔付额超过3000元；较高的封顶）	同侵权法	同侵权法（严重伤害情形的封顶）	同侵权法（较高的封顶）

(续表)

	丹麦	芬兰	挪威	瑞典
7. 首先乞援一般侵权法的义务？	否	否	否	否
8. 首先乞援一般侵权法的权利？	是，产品责任情形。	是	是	是
9. 侵权法补充赔付？	否；参见6	否；参见6	否；参见6	否（一切权利让与保险人）。
10. 得请求出资人赔付？	否；参见13	？	否	是（通过损害赔偿金请求权的让与，但这一权利未曾行使过）。
11. 得请求第三方侵权人赔偿？	是，产品责任情形。	？	是	是（通过损害赔偿金请求权的让与，但这一权利未曾行使过）。
12. 营运人	患者保险协会—药物伤害告诉委员会。普通法院。	保险公司（联营）—药物伤害委员会。仲裁。	保险公司。普通法院。	保险公司—药物伤害委员会。仲裁。
13. 筹资	政府	？	普通保险费	基于药物公司市场份额所收之费用。

（四）刑事受害人

	丹麦	芬兰	挪威	瑞典
1. 名称	犯罪受害人赔付	刑事伤害法案	犯罪受害人赔付（预期立法）	刑事伤害法案
2. 目标、功能	确保针对犯罪人的请求得到赔付。	确保针对犯罪人的请求得到赔付。	确保针对犯罪人的请求得到赔付。人道主义刑事政策的相当制度。	确保针对犯罪人的请求得到赔付。
3. 自愿/强制	强制	强制	强制	强制

(续表)

	丹麦	芬兰	挪威	瑞典
4+5. 适用领域及方便赔付的设计	犯罪情形的人身伤害（及特定财产损害）。 法定赔付请求权（有例外）。 向警局报告；在刑事程序中赔付。	犯罪情形（交通事故除外）的人身伤害（及特定财产损害）。 法定赔付请求权（有例外）。 向警局报告。	暴力或者强制犯罪中所受人身伤害。 法定赔付请求权。 向警局报告；在刑事程序中赔付。	犯罪情形的人身伤害（及特定财产损害）。 法定赔付请求权。 向警局报告。
6. 赔偿数额	同侵权法（但就社会保险和第一方保险等救济，更多扣除。有废止这些扣除的建议）。	同侵权法，但设特别最高限额并扣除其他赔偿。	以一般侵权法为基础，但设特定最高额度，微不足道的损害不予赔付；其他赔偿予以扣除。	同侵权法，其他赔偿予以扣除；最高限额及免赔额。
7. 首先乞援一般侵权法的义务？	否（在刑事程序中赔付）	否（显然能获得损害赔偿金的，才予赔付）	否（不过先得刑事或民事程序结束）	否
8. 乞援一般侵权法的权利？	是	是	是	是
9. 侵权法补充赔付？	是	是	是	是
10. 得请求出资人赔付？	（不相干）	（不相干）	（不相干）	（不相干）
11. 得请求第三方侵权人赔偿？	（针对犯罪人）	（针对犯罪人）	（针对犯罪人—受害人让与请求权）	（针对犯罪人）
12. 营运人	赔付委员会。普通法院。	政府办公室+刑事伤害委员会。社会保障法院。	县—赔付委员会。普通法院。	刑事伤害委员会。非普通法院。
13. 筹资	政府	政府	政府	政府

第五节 国际视野下的"瑞典模式":限于患者险

前已言及,于工业伤害、交通伤害和刑事受害人,发达国家大抵皆于侵权法之外开辟有其他救济途径(当然,在技术构造上容有不同)。令瑞典及北欧模式秀异特出者,乃是其患者险体制,除新西兰而外,可谓举世无匹。故凡有思谋侵权法尤其是医疗过失法改革者,无有不参阅瑞典的。真说到取法学样,却又没有。① 是以,"瑞典模式"之顺利运转,需要何种不可或缺之外部条件,令别国难以照搬,又有哪些照顾不到之处,使他人不敢踵武,便都需要致详。

一、对瑞典"患者险"的考察:英格兰与美国

以侵权法体制来支应医疗伤害案件,向来被认为与医患关系的特殊性质扞格难通。一旦出了什么错就公堂相见,打一开始就会严重动摇对于医疗关系来说至关重要的坦诚相见与互信互赖。另外还多有主张,侵权法上的责任机制提供了反向激励,导致所谓防御治疗。再者,侵权诉讼的复杂性与不确定性,导致运转成本高昂。而由于医疗案件的证明困难,成本难题在医疗过失诉讼上表现得格外突出。受害人因而不敢轻启讼端,很多时候,实践正义难得伸张。

虽说如此,"瑞典模式"到底也没能乘隙捣虚,难题何在,试以英美这样两个高度发达国家的相关考虑为例来稍加探讨。

(一)英格兰:从《皮尔逊报告》到《穷则变》

20世纪70年代,充任赔偿体制的侵权法,其运行路径在英格兰引发日深一日的惶惶忧心。这忧心弥漫于学术文献,痛诋那为侵权法奉为圭臬的过错原则在将现代社会的风险加以公正分配方面一败涂地。根据此种见解,意外损害的风险应以社会化方式处理,并由福利国家一力承担。与此同

---

① 其他国家的无过错体制往往限于特定损害类型,如疫苗损害,但没有瑞典那样的一般体制。

时,反应停药害事故引得群情激昂、人神共愤,侵权法却不能课制药企业以责任。

在这样的背景下,皮尔逊爵士(Lord Pearson)受命领导专门调查委员会,对人身损害赔偿诉讼中侵权责任改革的可能路径加以检视,到底是以无过错机制取而代之,还是另觅良方。报告自然不会对瑞典与新西兰的新鲜模式视而不见,但却以为,其运行为时尚短,不足以作出有益评估。

除了关于成本以及可能的诉讼泛滥这样的忧虑之外,委员会还特别倾听了来自医疗行业的反对声音,他们担心这样的方案会导致医生临床自主权的丧失。但最为重要的是,当委员会在设计这样一种方案并试图为由该方案所涵盖的损害与由患者自己承担的损害作出明智分界的时候,深切体味到了其间的艰难。报告就此论道:"要想把医疗意外与疾病或伤害的自然进程还有医疗行为可预见的副作用区分开来,自然有诸多困难……即便像非由医疗过失造成的疫苗伤害这种极其罕见的副作用,在医学对其知之甚详这个意义上讲,通常也是可以预见的。如果这种伤害也被纳入一个无过错体制,那么我们怎么能够将它们与那些可以接受的治疗风险区分开来呢?"[①]

于是,委员会拒绝在医疗损害领域引入无过错体制方案,宣布萧规曹随,沿用过去的过失法进路。

二十余年后,女王政府委托国家医务顾问利亚姆·唐纳森爵士(Sir Liam Donaldson)撰述咨文,就全民医疗服务体系(NHS)内的医疗损害赔偿事宜再作考量。2003年6月,唐纳森上呈咨文《穷则变》,考察了各种改革方案,包括引入无过错赔偿体制的可能性。国家医务顾问力倡在一个特定情境下引入无过错体制,即在全民医疗服务体系内的医院出生的婴儿在出生过程中遭受神经损害,却断不肯在医疗过失案件中向无过错进路作一般投靠,原因并不新鲜,《皮尔逊报告》早已勾勒在前,撮其要点,不外乎界分损害的困难以及对经济成本的担忧。就后一点而言,报告考察了来自瑞典及新西兰的证据,指出"每十万人口的医疗伤害赔偿请求,英国更低,胜诉的比

[①] 转引自〔英〕马克·施陶赫:《英国与德国的医疗过失法比较研究》,唐超译,法律出版社2012年版,第228页。

例也更低。但英国的平均赔偿额远远高于新西兰和瑞典的平均额度"(参见表七)。①

表七 瑞典、新西兰、英国三国医疗损害赔偿请求的相关数据

	瑞典	新西兰	英国
每年赔付请求	7775	1743	10517
每年获赔请求	3654	1046	4207
人口	8910910	3737277	50225000
每10万人口年赔付请求	87	47	21
每10万人口年获赔请求	41	28	8
平均赔付	63000克朗	7419新西兰元	57447英镑
平均赔付(1996年英镑水平)	6107	3115	45957

根据受顾问大人之托所完成的一份研究成果,若采无过错进路,不论是诉讼的数量,还是胜诉的比例,都将有显著增长,故而,如果仍依传统侵权法原则来计算赔偿额,成本将无法控制。照其见解,如果贯行无过错体制,即便是赔偿规模降低25%并且只有28%的适格当事人提出申请,全民医疗服务体系的总成本也将超过40亿英镑,也就是说,是过失体制下总成本的近十倍。②

报告还担心,新体制完全不考虑医学上的问责事宜,"在激励医务人员关注服务质量方面起反向作用。根据本报告下的研究,确有迹象显示这种反向激励,美国和其他国家早前的研究结论也是如此"③。

虽然没有拎出来大书特书,但报告也确实一笔带过地提到,"新西兰和斯堪的纳维亚国家的社会福利和社会保险体制更为广泛,亦可能对无过错体制的可接受性产生影响。尤其在斯堪的纳维亚国家,赔付额要低于英国

---

① Chief Medical Officer (Sir Liam Donaldson), *Making Amends: A Consultation Paper Setting out Proposals for Reforming the Approach to Clinical Negligence in the NHS*, Department of Health, 2003, p. 106.

② 〔英〕马克·施陶赫:《英国与德国的医疗过失法比较研究》,唐超译,法律出版社2012年版,第236页。

③ 报告也承认:"这种影响很难量化,而且很显然,多数医务人员还是努力提高医疗服务的质量,倒不是诉讼之剑悬于顶,而是职业精神和训练使然。可就像我们看到的,医疗差错照样发生。在预防医疗差错或者纠正错误方面,侵权法体制似乎也没发挥多少激励作用。"See Chief Medical Officer (Sir Liam Donaldson), ibid., p. 108.

侵权法的水平,因为社会保险给付的收入替代本已十分慷慨,无过错体制不过是补仓罢了"①。

报告虽也承认无过错体制的诸般好处,但终不能在或然性权衡上完成证明责任,也只好仍旧"不坏不补"了。

(二)美国:纽约法学院正义与民主中心白皮书

经年以来,将陪审团审判从美国医疗过失案件中驱逐出去的呼吁也是屡见不鲜,并总是援引瑞典与新西兰的"无过错"体制来说事——"无过错"体制既于此等国家运行良好,亦必能于美国运行良好。纽约法学院正义与民主中心(Center for Justice & Democracy)则发布白皮书,就此等只顾趋时的见解加以排击。

报告一开始就卓有见识地强调,对瑞典医疗伤害无过错行政体制的任何考察,首先得将其置于公共福利与公办医疗体制背景下。医疗受害人所花的费用,还没等医疗事故赔偿体制搭腔,先已由福利体制与公办医疗体制担过大半。瑞典的公共福利体制支付受害人病假工资的80%,医疗体制负担所有医疗开销,而医疗事故无过错体制不过是为公共福利体制"锦上添花"。②

凯斯西储大学(Case Western Reserve University)法学院马克斯韦尔·梅尔曼(Maxwell J. Mehlman)和戴尔·南斯(Dale A. Nance)在《医疗不正义:对医疗法庭说不》(*Medical Injustice: The Case Against Health Courts*, American Association for Justice, 2007)一书中,就"无过错"体制可能导致的成本暴增猛长前景深表忧虑。白皮书援引以为论据:

"医疗法庭"肯定会"导致整个体制成本的巨幅增长","如果把这些拥趸的话当真,他们的目标是要将那些刻下没打算提出赔偿请求的人都笼络入索赔程序"。"涉及过失的赔偿请求数目将因之而增加33—50倍。"

"即便我们假设,只有涉及差错的请求才给纳入这套体制,其他条件(比方说体制的效率)不变,成本仍将增加至少28倍。"

---

① Chief Medical Officer (Sir Liam Donaldson), *Making Amends: A Consultation Paper Setting out Proposals for Reforming the Approach to Clinical Negligence in the NHS*, Department of Health, 2003, p. 105.

② Jocelyn Bogdan, "Medical Malpractice in Sweden and New Zealand: Should Their Systems Be Replicated Here?", http://centerjd.org/content/white-paper-medical-malpractice-sweden-and-new-zealand-should-their-systems-be-replicated-0 (last visited on Jul. 6, 2023).

"即便我们假设,在覆盖了全部潜在申请人的新体制下,每位患者所获平均赔偿金仅为现在平均赔偿额的 30%,整个成本也要膨胀 8.5 倍,这里仍然是保守的估计。"

"医疗法庭"也就意味着创造一套新的司法或者行政官僚体制。成本"肯定会无比庞大,要比现在(由纳税人负担的)医疗过失司法体制的成本高出不知多少"。

"一些医疗法庭的倡导者也承认,如果新体制真要为庞大的患者群体提供赔付,大概也不会比侵权法体制更为低廉。共和党政策委员会就公开评论说,医疗法庭建议总体上降低不了成本(因为,赔偿额虽然要少一些,但更多的人可以得到赔付)。"

"而且可以预料,还会有其他压力","会有一大堆的程序出台,将赔付水平压低到对实际所受损失的任何公平评估之下"①。

白皮书批评说,那些新体制的拥趸只顾着讲如何为医疗受害人大开方便之门,但这套据称覆庇更广的新官僚体制,其运营成本从何而出,却片言不提。"考虑到今天美国的政治气候,甭管是针对一般民众课征新税(如瑞典与新西兰般),还是提高保费(最终转嫁给投保人),都寸步难行。"②

除了成本问题,白皮书还对新体制下的患者安全问题深表忧虑。对那种新体制"有利于预防损害、促进安全"的说法,白皮书不以为然。单以瑞典来说,白皮书援引了大量数据和轶事证据来支持自己的主张。在瑞典的"无过错"或者说"不责怪"(no-blame)体制下,由于不重视问责,只有 6% 的案子提起诉讼。影响显而易见:医疗差错每年导致 3000 瑞典人死亡。患者安全问题已成为众矢之的。

一位医生至少漏诊了 27 例皮肤癌,而医院只是将其开除了事。还有位医生,7 次都没能查出患者得了癌症,可甚至连暂停执业的处罚都没受。瑞

---

① Maxwell Mehlman and Dale Nance,"The Case Against 'Health Courts'",April 2007,pp. 72-75,available at http://ssrn.com/abstract=1785383,as cited in Jocelyn Bogdan, Medical Malpractice in Sweden and New Zealand: Should Their Systems Be Replicated Here?, http://centerjd.org/content/white-paper-medical-malpractice-sweden-and-new-zealand-should-their-systems-be-replicated-0 (last visited on Jul. 6,2023).

② Jocelyn Bogdan,"Medical Malpractice in Sweden and New Zealand: Should Their Systems Be Replicated Here?", http://centerjd.org/content/white-paper-medical-malpractice-sweden-and-new-zealand-should-their-systems-be-replicated-0 (last visited on Jun. 19,2023).

典医学会也承认,因为医生短缺,很多医疗操作都不太安全。证据表明,瑞典的医疗过失记录实际上正在变糟。过去五年,就治疗的书面投诉增加了80%,而过去十年,医疗过失赔付翻了番。另外,单2011年头三个月,瑞典患者针对医务人员的新投诉就有700件。而这之前等着处理的未结投诉就已经有2300件了。

白皮书拿了克罗赫医生(Dr. Johanne Krogh)事件,指摘瑞典已经成了庸医的避风港。这位恶名昭彰的医生,在挪威劣迹斑斑,挪威患者险体制光为她就赔了29件案子,还有一打以上没处理。赔了20件后,挪威取消了她的整形科和外科执照,谁想她越岭而来,竟能安然无恙地于瑞典继续执业。"如此失察,瑞典还敢称患者安全的模范体制吗?"

白皮书最后得出两点结论:其一,除非政府极大增加开销到不可想象的地步,大幅度拓宽浚深社会安全网络,否则任何类似瑞典和新西兰那样的体制都不可能照搬到美国来;其二,在瑞典,由于赔付体制与问责体制的脱钩,患者安全事业已深罹其害,事实上,瑞典医务界还正指着从美国学两手,来解决深重的患者安全难题呢。一句话,这样的体制,美国学不了,也不该学。[①]

二、移植"瑞典模式"的困难

移植"瑞典模式"的困难,既有原则性的,也有实用主义角度的,既有知识上的,也有观念上的。

不论多么慷慨的赔付体制,都不会将所有损害收入囊中,所以总得在可予赔付之损害与不予赔付之损害之间划出界线。过错标准因其在伦理哲学上的正当性而深孚众望,那么无过错体制的赔付标准应该设在何处呢?

就医疗损害,瑞典模式系以损害事后视角的可避免性为梁柱,以一定程度上的严重性为檩椽,完成其架构。实践证明,这一赔付标准的界定还算合理,"若是将请求赔付的权利再予大幅扩展,成本将过于高昂而管理上也会颇为困难,而若是将请求赔付的权利大幅缩减,则又多多少少退回

[①] Jocelyn Bogdan,"Medical Malpractice in Sweden and New Zealand: Should Their Systems Be Replicated Here?", http://centerjd.org/content/white-paper-medical-malpractice-sweden-and-new-zealand-should-their-systems-be-replicated-0 (last visited on Jun. 19, 2023).

了过错原则"。① 可是,如此界定的理论基础到底何在呢?固然,那个被纳入的患者受到了严重损害,而大多数其他患者却是安然无恙,两者相较,前者之不幸自不待言;但再想,某人罹患了一种罕见疾病,自始即为不治,与健康的芸芸众生相较,不是同样不幸吗,何以厚此而薄彼?② 事实上,瑞典学者像赫尔纳也说,正义考虑于瑞典模式无足轻重③,个别赔付体制都是本着实用主义路数发展起来的,完全是为了更好地解决特定领域的赔付难题。④

与同样是无过错的新西兰体制时或遭遇诟病不同,瑞典体制倒一向口碑甚佳。⑤ 而其所以能够运转如此良好,很重要的一点,离不开前面提到的两方面背景:一是侵权法的赔偿水平,真不好意思拿出来评功摆好;二是社会保险和雇主提供的劳动保险,却相当慷慨,颇可自矜高出侪辈。特别赔付体制的使命,本就在填补这个缺口,正是因为两者差距不大,特别体制方能担负得起。如艾本教授所论,"有些国家,损害赔偿金水平更高,或者社会保障体制覆盖的金钱损失范围较小,或者社会保险的追偿权扮演的角色更大,那么采纳北欧这样的机制,成本就过于高昂了"⑥。

不论是对改革家,还是对我们的研究来说,棘手的地方在于,缺乏相关经验数据。从侵权法体制转向无过错体制,成本将会有怎样的增长,既然对此茫然无知,那么最为稳妥的办法还是不要急于施展大刀阔斧的全面革命,渐进演化更为可取。⑦

同样找不到经验数据来解答的一个大难题是,就事故预防和威慑,不同体制的比较优势如何。预防和威慑,向来被当作侵权法的重要任务,而无过

---

① Bo von Eyben,"Alternative Compensation Systems",41 *Scandinavian Studies in Law* 193,223 (2001).
② 参见〔英〕马克·施陶赫:《英国与德国的医疗过失法比较研究》,唐超译,法律出版社2012年版,第250页。
③ Jan Hellner,"Compensation for Personal Injuries in Sweden—A Reconsidered View",41 *Scandinavian Studies in Law* 249,276 (2001).
④ von Eyben,ibid.,p.217.
⑤ 参见〔英〕马克·施陶赫:《英国与德国的医疗过失法比较研究》,唐超译,法律出版社2012年版,第225页。
⑥ von Eyben,ibid.,p.225.
⑦ 如英国的《疫苗损害赔付法》(1979)、德国的《艾滋病患者救助法》(1995),参见〔英〕马克·施陶赫:《英国与德国的医疗过失法比较研究》,唐超译,法律出版社2012年版,第229、242页。

错体制则对此并不介怀、不置一词,也因此落下话柄。但瑞典学者一般的看法是,影响意外事故发生的因素过于众多,所以根本无从得出任何一般结论,说明这两套体制在对事故发生的影响方面,孰优孰劣。即以患者险和药害险为例,在这两个领域,公共当局监管甚严,各种强有力的尽到注意义务的激励机制也是所在多有,很难设想,"患者险和药害险的一般特征会在多么大的程度上降低医院、私人执业医生、药品制造商、进口商的注意水平"①。

国民的信念也是引入新体制时需要考虑的议题。在瑞典与新西兰,无过错体制所以被欣然接纳,"很可能不过是两个社会特殊面向的反映,彼处人口稀寡,同质性强,就医疗事务乃为公共物品的意见已形成高度共识"②。当初筹划这套体制,举国支持,认为这是理性的思路,"政治家还能怎么做呢"?③

最后,无过错体制也可能受到传统导向的法律人的抵制。那些将侵权法看作是对某种道德原则的肯定形式的人,对瑞典模式自然难说满意。那些将传统原则看得至高无上,不肯出于实用主义考虑而轻易从权的人,也不会满意。④ 如同库恩讲过的道理,新旧范式的嬗递,需要一个在学术共同体内的晕染过程。

第六节 对瑞典人身损害综合救济机制的总结

应该说,瑞典的特别赔付体制,确实在很多方面代表了人身损害救济法制的发展潮流。这套体制并非出自什么高瞻远瞩、精打细算的全盘规则,而是为了解决特定领域的赔付难题,见招拆招地演化生成。不过,背后的基本

---

① Jan Hellner, "Compensation for Personal Injuries in Sweden—A Reconsidered View", 41 *Scandinavian Studies in Law* 249, 274 (2001).

② 〔英〕马克·施陶赫:《英国与德国的医疗过失法比较研究》,唐超译,法律出版社2012年版,第250页。在卫生经济学上,医疗服务并非"公共物品"(public goods),作者所以这么讲,大概是因为瑞典的医疗服务主要是公办的。

③ Bill W. Dufwa, "Alternative compensation systems: Personal injuries", https://aidainsurance.org/file/2020-04/852162424/alternative-compensation-systems-personal-injuries-general-report-bill-w (last visited on Jun. 19, 2023).

④ Jan Hellner, "Compensation for Personal Injuries in Sweden—A Reconsidered View", 41 *Scandinavian Studies in Law* 249, 276 (2001).

立场还是显而易见的,也就是,在人身伤害领域,一般侵权法这套赔偿体制鲁钝笨拙,应该转向设计出更好的保险体制来满足受害人的赔偿需求,同时将社会的政策目标、资源的理性使用以及简洁、高效、迅速的理赔程序等考虑纳入。

大概主要是由于赔付体制与惩戒体制的脱钩,交易成本得以降低、赔付效率得以提高;再加上侵权法与社会保险之间的缺口不大,减轻了新体制的运行成本,得将庇护范围扩张到侵权法的领域之外,多多少少具有了社会保险的性质。同时,在这套体制下,缴款人即为致损活动领域的营业人,也符合成本分配的古老经济学说,即所谓内部化。

不过,这套体制仅存在于若干易于勘定成本单位的领域,再要往外扩张,庶几为真正的福利体制。而福利体制,如今已是强弩之末,势难穿鲁缟。主要是由于侵权法和社会保险法方面的制度背景差异,可能还有社会价值观念等方面的不同,瑞典模式也没有表现出什么殖民势头,论者多,从者寡。

在所涉的损害领域,传统的侵权法体制差不多被新体制取代了——主要是从实务上讲的,而不是在法律上被取代——但新体制的构建,却相当大程度上是以侵权法为基础的。侵权法仍在新环境下生存,只不过嵌入了新体制。

法国作家司汤达生前寂寥,他在给巴尔扎克的信中写道:"我中了彩票,号码是1935年,那时候我会拥有读者。"杜瓦援引这则轶事,寄托他对特别赔付体制的期待。[①] 而对我们这些旁观者来说,更为重要的是,尽可能充分地掌握这套新鲜奇妙体制方方面面的细节,其内部构造、其外部条件、其运行实效,如此等等,然后才谈得到借鉴。

---

① Bill W. Dufwa, "Alternative compensation systems: Personal Injuries", https://aidainsurance. org/file/2020-04/852162424/alternative-compensation-systems-personal-injuries-general-report-bill-w (last visited on Jun. 19, 2023).

附录:《瑞典患者损害赔付法》(1996 年 6 月 19 日颁布)①

依瑞典国会决议颁行本法如次。

第一节 一般规定

第 1 条 患者请求损害赔付之权利以及医疗服务提供人为此种赔付投保(患者险)之义务,概依本法规范。

第 2 条 自愿充任医学研究之受试者或者为移植或其他医学目的而捐献器官或其他生物材料之人,视为本法下之患者。

第 3 条 本法仅适用于在瑞典国内接受医疗保健服务过程中所生之损害。

第 4 条 只有在损害事件之后发生的并且依《保险契约法》(1927:77)相关规定得就保险人给付保险金之义务加以限制的情形下,方得对患者请求损害赔付之权利加以限制。

第 5 条 本法中之

"医疗保健服务"意指:受《医疗保健服务法》(1982:763)或者《口腔保健法》(1995:125)规制之医疗活动,或者其他类似医疗活动,以及《医疗保健服务从业者义务法》(1994:953)下之医务人员于药物零售中所从事之活动。

"医疗提供人"意指:国家机构、县议会以及自治市,就其负责提供之医疗保健服务,构成公共医疗提供人;私人,就其提供之医疗保健服务,构成私人医疗提供人。

第二节 请求损害赔付之权利

第 6 条 患者所受之损害极大可能因下列事项造成的,得请求赔付:

(1) 极大可能因某种医疗检查、护理、治疗或者类似措施而造成,而就选定医疗措施,倘以不同方式加以操作,或者选择其他可行的医疗措施,损

---

① 据英文版(http://www.pff.se/upload/The_Patient_Injury_Act.pdf,瑞典语原版条文可查 https://www.riksdagen.se/sv/dokument-och-lagar/dokument/svensk-forfattningssamling/patientskadelag-1996799_sfs-1996-799/,last visited on Oct. 25,2023)译出,依侵权法给予之救济译作"赔偿"(damages),依本法给予之救济译作"赔付"(compensation)。

害本可避免,且据事后之医学评估,该不同方式或措施得以较小之损害满足医疗活动之需要;

(2) 极大可能因医疗检查、护理、治疗或者类似措施操作过程中所用医疗技术产品或者医院设备之缺陷或者不当使用而造成;

(3) 极大可能因不正确诊断而造成;

(4) 极大可能因医疗检查、护理、治疗或者类似措施操作过程中传染物质转移所致之感染而造成;

(5) 极大可能因医疗检查、护理、治疗或者其他类似措施操作过程中或者患者转运过程中所生之意外事故,或者与医疗场所或设备的失火或其他损害相关之意外事故而造成;

(6) 极大可能因违背各种条例或指令开具处方或者提供药物而造成。

依前款第(1)项及第(3)项判断患者是否得请求赔付,以富经验之专科医生或者该领域富经验之其他执业人之注意义务为准。

如果对感染的容忍是合理的,则不得依第 1 款第(4)项请求赔付。对此加以判断时,必须考虑与该医疗措施相关的疾病或者人身伤害的性质及严重程度,患者一般的健康状况以及预防此种感染的可能性。

第三节 请求损害赔付之例外

第 7 条 下列情形,患者不得请求损害赔付:

(1) 就不经治疗将直接构成生命威胁或者导致严重残疾之疾病或者伤害,施以必要诊疗所生之损害;

(2) 于前条第 1 款第(6)项之外,因药物所生之损害。

第四节 患者损害赔付金之确定

第 8 条 患者损害赔付金之数额,依《损害赔偿法》(1972:207)第 5 章第 1 条至第 5 条以及第 6 章第 1 条而定,并受本法第 9 条至第 11 条之限制。

第 9 条 确定患者损害赔付金,应扣除计算时依《国民保险法》(1962:381)所得适用之基本数额的 1/20。

第 10 条 就每起损害事件之赔付额,不得逾越计算时依《国民保险法》所得适用之基本数额的 1000 倍。而就每起损害事件,每位遭受损害的患者所获之赔付金,不得逾越该基本数额的 200 倍。

前款所指之赔付额不包括利息或者对诉讼费用之赔付。

第 11 条　依前条第 1 款第 1 句所确定之责任数额不足以填补多位赔付金权利人之损害的，依每位权利人应得赔付金之比例相应扣减。

损害事件发生后，有依前款规定加以扣减之风险的，政府或其委任之机构得命令暂时只给付赔付金之特定部分。

第五节　投保义务及其他

第 12 条　医疗提供人应向承保本法下之损害的保险人投保。私人医疗提供人依据其与公共医疗提供人之协议为医疗行为的，由公共医疗提供人为之投保。

第 13 条　患者损害赔付金由保险人负责给付。同一损失为数保险人所承保的，各保险人负连带责任。此时，各保险人负同等责任。

第 14 条　有脱漏患者险的，依第 15 条隶属患者险协会之各保险人，对未脱漏情形本应给付之赔付金负连带责任。此时，以保险协会为各保险人之代表。

就依前款所为之赔付，由各保险人依上一日历年度各自所缴保险费之比例分担。

第六节　患者险协会

第 15 条　发放患者险之保险人，必须隶属某患者险协会。

政府或其委任之机构负责制定协会内部章程。

第七节　保　险　费

第 16 条　医疗提供人未依本法投保患者险的，患者险协会得请求其给付未投保期间内之赔付金（保险费）。

依前款应缴之保险费，每年至多为计算时依《国民保险法》所得适用之基本数额的 15%。依前句所定之数额不及同类医疗提供人年度保险费用两倍的，依后者计算。

第八节　患者索赔委员会

第 17 条　隶属患者险协会之保险人应共同设立患者索赔委员会并为其提供资金。委员会应吸纳患者利益代表。政府以条例规制委员会之内部组织并核准委员会之工作规程。

委员会应患者或其他遭受损害之人、医疗提供人、保险人或者法院之要求，就赔付事宜发表意见。

第九节　侵权损害赔偿金

第 18 条　遭受损失之人得依本法请求赔付的，亦得不请求赔付而依相关规范请求侵权法上之损害赔偿金。

第 19 条　因本法下之伤害给付了侵权损害赔偿金之人，在其给付范围内继受取得受害人请求赔付之权利。就损害赔付，得依第 20 条第 1 款向负有侵权损害赔偿义务之人追偿的，前句规定不适用。

第十节　追　　偿

第 20 条　就故意或者重大过失造成之损失，保险人已依本法赔付的，于给付范围内继受取得受害人侵权法上之损害赔偿请求权。

就《产品责任法》(1992:18) 下之损失，保险人已依本法赔付的，于给付范围内继受取得受害人依该法请求损害赔偿之权利。

就依《交通损害赔付法》(1975:1410) 为交通险所承保之伤害，保险人已依本法赔付的，于给付范围内继受取得受害人依该法请求赔付之权利。

第 21 条　保险人已依第 14 条第 1 款赔付的，得向负投保义务之医疗提供人追偿。此时，以患者险协会为保险人之代表。

第 22 条　依前条向医疗提供人追偿的，医疗提供人于其给付范围内继受取得第 20 条下属于保险人之权利。

第十一节　时　效　期　间

第 23 条　欲依本法请求赔付之人，应自知道可以提出赔付请求之日起三年内启动程序，无论如何不得超过损失发生之日起十年。

欲依本法请求赔付之人，已于前款所设期间内向医疗提供人或者保险人报告了伤害情况的，总得自收到保险人就伤害事件所作最终决定之日起六个月内启动赔付请求程序。

于第 14 条第 1 款所涉情形下，前款关乎保险人之规定适用于患者险协会。

本法自 1997 年 1 月 1 日起生效施行。

第四章　美国意外事故救济机制研究

引　言

我们今天所知的"事故"的意思是意外的损失或灾祸,尤其是发生在工业生产、交通运输等领域中的意外损害或破坏。霍姆斯认为,"事故"指的是"不存在过错"的损害。① 人类进入工业社会后,科学技术的飞速发展带来了空前的效率与财富,同时也带来了巨大的危险与灾难。美国的意外事故救济机制正是起始于19世纪中后期的试验产物,当时工业化的经济发展背景下的高事故率催生新的制度去处理非因过错而产生的致害事故。

在19世纪的后半段,工业革命推动美国经济发展的同时,也带来了史无前例的意外事故危机。在19世纪、20世纪之交,每50名工人中就会有1名工人因为与工作相关的事故而死亡或丧失劳动能力。在全国来看,每年大约每1000人中有1人死于事故。在1900年,美国的人口大约有7800万,而当年大约有1万人死于意外事故。② 在危险行业,死亡率相对来说更高。仅仅1890年中,每300名铁路工人中就有一名死于因工作而导致的意外事故。每100个货运铁路闸车手中就有1人死亡。最高的伤亡率出现在宾夕法尼亚州无烟煤煤矿,在19世纪六七十年代,每年有6%的劳动力死亡,6%永久伤残,6%暂时丧失能力。与其他西方经济体相比,美国19世纪

---

①　〔美〕小奥利弗·温德尔·霍姆斯:《普通法》,冉昊、姚中秋译,中国政法大学出版社2006年版,第77页。

②　Stephen D. Sugarman, "A Century of Change in Personal Injury Law", 88 *California Law Review* 2403, 2417 (2000).

末20世纪初的事故率较高。例如,每公里铁路伤亡率比英国高四倍。与现在相比,19、20世纪之交的死伤数简直就是天文数字。1900年的事故死亡率与20世纪初最危险行业中的比率相同。现在,每年的意外事故死亡率低于万分之四。① 在此时期发生了如此多的工业事故,给美国带来了广泛的影响。工业事故散布于工业经济的主要行业,其中包括很多危险行业,如铁路、采矿、橡胶、航运、采石、电报电话、电灯电光、砖瓦制造、制陶业等。而事故的受害者主要是赚钱养家的男性工人。越来越多的受害人无力养活自己的家庭,其中的大多数只能乞求慈善组织进行援助,这样给美国家庭带来了很大的不稳定因素。

至此,工业事故开始成为美国人最关注的社会弊病,事故问题也成为美国公共生活最重要的议题之一。人们开始探寻产生工业事故的原因,其中主要的原因在于,生产中大型机械的运用,加大了事故发生的概率,连传统手工业中也增加了机器的运用,这些都可能导致事故率的提高。另外,大量南欧和东欧的工业移民工人涌进美国,移民的语言不通以及在安全操作技术上的欠缺都在一定程度上增加了伤亡的可能性。② 当然,安全监管与监查计划的执行不力也是重要因素,在雇主责任法下,工伤成本相对较低驱使雇主尽量缩减安全投资,例如美国铁路使用的是单轨铁道,要求闸车员手动搬动手闸,而英国的双轨铁道,可以通过制动设备控制火车,前者无疑增加了事故发生率。③

面对频繁发生的各种事故,传统侵权法中以过错责任为主体的救济机制似乎有些捉襟见肘。过错责任是强调个人自由的美国普通法的社会要求。自由主义理论认为每个人都可以在其自治行为领域内随心所欲地自由行动,而这种思想也正好映衬了当时人们对于遭受各种各样的危险的认识。人们忍受暴风雨、火灾、瘟疫等不可避免的意外事件,在当时看来,这些和被车撞伤或被工业机器致残是没有区别的。既然人们不能从自然灾害中获得救济,那么也就不应该从另一个没有过失的人那里获得救济。正如当年美

---

① John Fabian Witt, "Toward a New History of American Accident Law", 114 *Harvard Law Review* 690, 717 (2001).

② See William Graebner, *Coal-Mining Safety in the Progressive Period, The Political Economy of Reform*, The University Press of Kentucky, 1976, pp.115-23.

③ See Witt, ibid.

国法学家霍布斯的观点那样,不可避免的结果不需要承担责任,工作场所发生的伤害看起来是现代工业生产方式不可避免的后果,"事故"这一不存在过错的损害,只能由受害人自己承担责任。但是,到了 20 世纪,随着工业化进程中复杂的大型机器设备的运用,在雇主和雇员无过错的情况下也会产生无法避免的损害结果,而这些事故很难归咎于人为的过错。很多事故的发生并不是由于雇主或者是雇工的过错,而是源于行业自身的风险或者无法避免的工业危险。在相当一部分的工业事故灾难中,没有人应该被责难。

这种无过失即无责任的绝对化的原则,也反映了当时工业化下人们对于事故的经济成本的分析。对于刚刚崭露头角的美国工业,资本的积累、新建立起的道路运输体系等还处于起步阶段,还不能够承担任何毁灭性的责任。工业改革,如同其他改革一样,有很多流血与牺牲,工人的血、乘客的血祭奠了新机器的运用、新行业的发展。正是这些流血与牺牲,保证了最初的美国的工业化在负担较少的情况下的快速发展。事故给产业工人造成了最沉重的压迫,在与有过失、风险自担和共同雇佣等法律规则的发展中得到了清楚的体现,这三种规则也被形象地称为"邪恶三剑客"。规定它们的初衷在于避免使起步阶段的工业受到侵权责任的束缚。

不过,传统侵权法原则并没有阻碍受害人通过诉讼请求赔偿的渴望。根据学者的研究,从 1870 年至 1890 年,纽约市州法院事故诉讼案件的数量增长了近八倍,到 1910 年,这一数据又增加了五倍。[1] 19 世纪末出现的工业事故危机带来了大量的伤亡结果。无过错伤害案件的增加除了缘于事故数量的增加这一客观基础之外,还缘于人们诉诸法庭的愿望也越来越强烈。这背后有很多原因:首先,缘于人们对事故诉讼的价值认识的变化。过去侵权诉讼被视为是敌意和不适当的行为,事故受害者大多选择忍受,但后来人们受到损害后更期望去提起诉讼,甚至认为不起诉是愚蠢的。亲友也鼓励去起诉,受害人也急于将自己的困境归责于他人。[2] 其次,随着律师人数的提高,更专业的原告律师增加了原告获得赔偿的概率。

---

[1] See John Fabian Witt,"Toward a New History of American Accident Law", 114 *Harvard Law Review* 690,759 (2001).

[2] Stephen D. Sugarman,"A Century of Change in Personal Injury Law", 88 *California Law Review* 2403,2409-2410 (2000).

最后，诉讼可获得大额赔偿的概率也起到了刺激作用，有助于提高事故受害方提起诉讼的概率。①

然而，在诉讼数量激增的情况下，令人吃惊的是侵权法对于遭受苦难的受害者却是非常小气的。尽管铁路事故中的有些原告获得了不错的赔偿额，但这只是众多诉讼案件中的冰山一角，更多的受害者仅仅获得了极少的赔偿。1904年，一艘游船在纽约发生火灾，船员弃船后百余人被淹死，百余人被烧死。案件的最终结果是船长被关进监狱，但是事故的受害者以及死者的家属却分文未得。1911年3月，纽约市一家女式衬衣工厂发生一场大火。雇主以防盗为名锁住工场逃生门，女工大多葬身在封闭的工场，有的为了躲避大火在毫无生还可能的情况下从高楼跳楼而亡。最终近150名工人被烧死，他们中的大部分还是年轻的女移民。最后法院判决公司对每名死者仅赔偿75美元。1912年的泰坦尼克号首航撞冰山沉没更广为人知，由于没有足够的救生艇，最终造成一千多人死亡。而此次事故中没有人获得超过5万美元的赔偿，那些三等舱的移民只获得了1000美元的赔偿。② 可见，当时的侵权法对这些事件的赔偿所起的作用甚微，而且还有很多工业事故根本不可能进入侵权法的调整范围。

针对上述情况，人们愈发认识到如此大比例的伤亡无法获得适当的赔偿是不公平的。传统侵权法中过错责任原则因未能抓住这一时期的事故问题而遭到了强烈的批判。这时候的侵权法仿佛是一座无所作为的空中楼阁，而社会现实却是机械、铁路、电车等现代工业所导致的堆积如山的事故。无过错即无救济的理念愈发地丧失了它的说服力。因此，对于社会现实中频繁发生而又不可避免的意外事故，美国人急需对传统侵权法进行修正，并通过其他的途径弥补相关的缺陷和漏洞。

---

① Stephen D. Sugarman, "A Century of Change in Personal Injury Law", 88 *California Law Review* 2403, 2413 (2000).

② Lawrence M. Friedman, *American Law in the 20th Century*, Yale University Press, 2002, p. 351.

第一节　19世纪末至20世纪中期美国意外事故救济机制的状况

19世纪末至20世纪中期，美国人针对如何处理工业事故问题在法律制度上进行了各种各样的试验。法学家、律师、法官、雇主、工人及福利社会的倡导者都在各自寻找解决方案。尽管不少方案是临时的且短暂的，但是在不断试验中各种方案都得到了发展和改良，从而促进了美国逐步构建起意外事故救济机制。下文就对19世纪末至20世纪中期出现的处理意外事故问题的主要方案作简要的介绍。

一、侵权法体系内的应对措施

针对过错责任原则所存在的缺陷，法院在侵权法体系内开始了持续不断的改革：

第一，废除了与有过失的原则，确立了比较过失原则。在与有过失中，若受害者存在过失，雇主的责任则可以全部免除，这样就很不利于对受害人利益的保护。然而，在比较过失中，雇主仍要对其过失部分承担责任，而且，禁止将原告明示的风险自担作为被告的抗辩事由，限制将原告默示的风险自担作为被告的抗辩事由。[①]

第二，减轻了原告的举证责任。在某些特定的案件中适用过错推定，由被告承担证明过错不存在的举证责任。例如，在铁路隧道处发生塌方导致火车出轨，建筑物上物品坠落，吊车、脚手架坠落，锅炉爆炸以及机器突然启动等案件中，通过举证责任的转移，这些案件的被告需要承担证明其不存在过错的责任。[②]

第三，废除慈善机构（教会、医院、学校等）的豁免权。在19世纪70年代，人们认为慈善机构不应对其工作人员在工作期间造成的侵权行为承担

[①] 〔美〕F. 帕特里克·哈伯德：《美国侵权法改革运动的本质与影响》，王晓明译，载梁慧星主编：《民商法论丛》（第43卷），法律出版社2009年版，第322页。

[②] 参见〔美〕约翰·法比安·维特：《事故共和国》，田雷译，上海三联书店2008年版，第114页。

责任,其理由是,慈善机构的收入主要来源于富人的捐赠,如果将捐款用于支付赔偿,这些为人们所需要的机构将很难正常运转。但是,这一理论最终被法院所抛弃,转而认为,慈善机构与公司、企业一样,都需要承担责任。①

这些措施都在一定程度上提高了原告获得赔偿的可能性。然而,这种变化是缓慢的,不是一蹴而就的,法院和立法机关在一定程度上扫清了实现原告利益的障碍。这个时期是对原告友好的时代,也是侵权责任扩张的时代。在这种措施转变的背后,我们可以看到社会价值的变化,即不再将事故所致损害单纯地视为个体的不幸,而是更视为社会性事务。不仅要求法律制度防止伤害事故的发生,减少事故对受害人的影响,而且要求降低事故对社会经济的影响,不再像之前那样,在个人自治、自由主义的影响下将无过错的损害视为人生存所付出的必然代价。

不过,美国人也注意到了,即使法院作出不懈的努力,但是局限于侵权法本身的功能以及作用,在意外事故的救济方面仍然显得力不从心。因此,美国人在侵权法之外,又发展了合作保险制度以及劳工补偿制度,并且使这两者与侵权法制度相配合,共同解决意外事故问题。

二、合作保险运动的发展、繁荣与衰落

美国的合作保险机制最早产生于铁路工人的自我救济。19世纪中期,美国铁路工作中的事故风险主要来源于以下三种原因:行业性质自身所存在的危险,雇工的过错以及雇主的过错。② 但是,根据普通法中雇主责任的规则,只有第三种类型的事故才有可能获得法律上的赔偿。因此,铁路工人在面对其他类型的事故时不得不自力更生、自我救济,而"铁路兄弟会"逐渐成为此类事故发生时雇工主要的互助保险组织。1868年10月27日,宾夕法尼亚州创立了联合工人兄弟会,它是美国第一家合作保险协会。该协会在设立时主要定位为劳工组织,其中的铁路工人是工业灾难最常光顾的群体,这些工人对死亡与伤残保险有强烈的需求,联合工人会逐渐发展成为工

---

① 参见〔美〕腓特烈·坎平:《盎格鲁—美利坚法律史》,屈文生译,法律出版社2010年版,第175—176页。

② See John Fabian Witt, "Toward a New History of American Accident Law", 114 *Harvard Law Review* 690, 777 (2001).

人的互助保险组织。① 随后,合作保险得到了显著的发展,在19世纪80年代后,越来越多的美国产业工人参加了合作保险协会。于是,这种具有自助性质的合作组织成为美国人生活中的重要制度。

合作保险制度能够在短短二十多年的时间里发展成为美国工人群体重要的生命与伤残救济制度,必然有其独特的原因:

(1) 合作保险提供的赔偿数额相当可观。在当时,商业保险公司为工人阶级家庭设计出一种保险产品。这种保险仅仅收取每周5美分的保险费,但是该保单所能提供给家庭的平均金额只能用于填补丧葬费用,通常成年人大约100美元,儿童大约50美元,这一金额根本无法维持死亡工人家庭的正常生活。相比而言,铁路兄弟会则为成员提供了相当可观的死亡救济金和永久性全身伤残救济金。死亡救济金大都在1000美元至3000美元之间,有时甚至高达4500美元。永久性全身伤残救济金与死亡救济金数额类似。此外,还包括相当大金额的永久性局部伤残与临时伤残救济金。

(2) 合作保险可以有效地避免保险市场中可能存在的道德风险等难题。首先,合作保险协会重视协会成员之间的关系,具有团结互助的性质,采取兄弟礼仪等一些仪式,比如在会员伤亡事故中进行脱帽敬礼等,这样可以发挥团结会员的作用。这种会员间面对面的关系,也可以起到监督的作用,这种监督具有持续性,而不像商业事故保险中的事故认定那样是一次性的。其次,合作保险协会制定了一系列的纪律规则与制度。合作保险协会普遍要求申请者进行体检,而几乎所有的协会都会彻底调查申请者的品行。协会章程通常规定,如果伤害是因醉酒、斗殴或其他可耻行为所致,成员就丧失了救济请求权。许多协会还规定如果成员是自愿面对非同寻常的危险,该成员也不得请求救济。而一旦成员提出了救济请求,他的伙伴成员通常有义务去探访和监督这位受伤的工友。最后,大多数合作保险组织都根据分摊方案来经营运作。每当协会需要筹集资金以偿付保险请求时,成员都被分摊固定数目的金额。分摊机制不仅可以避免因建立巨额储备资金所可能引发的腐败行为,而且有助于凸显救济协会兄弟之间的友爱与互助。这种分摊并不是维持个人保险账户所需的常规固定成本,而是为了兄弟成

---

① See John Fabian Witt,"Toward a New History of American Accident Law",114 *Harvard Law Review* 690,778 (2001).

员的需要所必须履行的非常规义务。

合作保险制度虽然有其显著的优势,但任何事物都不是完美无缺的,随着时代的发展,合作保险制度在20世纪初期出现了衰落。这主要有以下几方面的原因:

(1) 合作协会提供的保险救济水平参差不齐。虽然有的保险协会能够提供较大的赔偿金,但许多地方性的小型互助保险协会只能提供最低标准的死亡保险救济金与微乎其微的伤残救济金。尤其是移民工人协会,甚至没有能力为会员提供有效的救济金。

(2) 低风险成员的退出。合作保险协会从一开始就排斥共同体中最脆弱的那部分人。入会者要向医生说明他们的身体状况、个人病史以及家族病史。如果父母中有一方死于肺结核,这就足以否决申请者的入会申请。[①] 合作保险协会拒绝接纳高风险的成员,这表明合作协会有必要保持年轻的、低风险成员的稳定注入。但是,年轻的、低风险的成员一般都会选择更低成本的协会,而不会选择进入高成本的协会。事实上,当合作协会在19世纪70年代末走向成熟时,由于现有协会中年轻的低风险成员不断离开而进入更低成本的新协会,新合作保险协会的数量激增。除了低风险成员主动从一个风险共同体逃到另一个风险共同体,为了保证协会会费充盈,协会会主动清退无法及时缴纳保险费的成员[②],这种风险波浪反复地循环,慢慢地将合作保险运动拆解了。

(3) 保险合同法的发展。在19世纪80年代之后,商业性质的人寿保险公司开始拟定专业的、复杂的人寿保险合同。针对这类合同,法院的态度是,如果合同条款存有含糊之处,那么就按照不利于合同拟定者的原则来解释。在合作保险协会的保单中,大量使用了概括性甚至是模糊性的标准来规范协会及其成员的行为。对此,法院也运用对待商业保险合同的方式,按照不利于提供规范者的原则来解释合同的模糊之处。这样,法院通过在实体以及程序上的限制,严重地破坏了合作保险协会所拥有的监督道德风险

---

① See John Fabian Witt, "Toward a New History of American Accident Law", 114 *Harvard Law Review* 690, 780 (2001).

② 参见〔美〕约翰·法比安·维特:《事故共和国》,田雷译,上海三联书店2013年版,第132页。

等诸多能力。①

基于上述种种因素,合作保险在美国衰落了。尽管如此,这种保险方式对于以后的国家社会保险制度有着深远的影响。英国1911年通过了《国家保险法》,与兄弟联合会相类似的友联协会就构成了英国国家健康保险体制的基础。德国的社会保险体制也源于雇工保险,俾斯麦的社会保险项目中的强制事故保险就是主要针对雇工的。社会保险项目塑造了其他发达国家的事故法体制,但这些项目并不是凭空出现的。社会保险体制需要一种基础设施,而发展与运作国家官僚设施曾经是而且将来还是国家保险新型体制进程中的重大障碍。而19世纪的互助协会正是在这里发挥了它们的关键作用,即工人保险协会给国家的社会保险体制提供了一个现成的建设基础。

三、劳工补偿法

在劳工补偿法颁布以前,美国各州实行普通法下的雇主责任法,雇主只有在因过错造成雇员伤害的情况下才负有赔偿责任,而对于雇员来说要证明雇主的过错是相当困难的,而且与此同时雇主还可以用俗称"邪恶三剑客"的与有过失、风险自担和共同雇佣规则进行抗辩。在这三个规则之下,雇员在证明雇主有过错的情况下还必须证明自己是无过错的。雇工在已知工作有危险的情况下被视为自愿承担风险,而雇主则因此不必承担风险。另外,如果损害是因工友的过错造成的,则雇主也不承担责任。以上的"邪恶三剑客"就意味着工业革命中大部分受害者都不能为他们的残躯获得一分钱的赔偿。

普通法下工人不得不通过侵权诉讼来获得赔偿,而这些诉讼由于不能为受害者提供足够的医疗费用及因残疾带来的失业补偿,遭到了工人们的强烈反对。随着工业化进程中工伤事故的不断激增,美国大多数州逐渐修改了相关的规则,加强了雇主的责任承担。20世纪早期的20年代,美国开始逐步废除共同雇佣规则。一些法院破例作出了让步,让雇工在一些特殊的案件中胜诉。1902年,纽约州开始限制此原则的适用。该州法律规定,

---

① See John Fabian Witt, "Toward a New History of American Accident Law", 114 *Harvard Law Review* 690, 781 (2001).

雇主有义务避免任何"不良的工作方式,有缺陷的工程,不合格的机器设备"而造成的雇工伤残,如果发生致害事故,则应当承担责任。到了1906年,联邦雇主责任法案则完全废除了共同雇佣规则对铁路工人的适用。①

虽然法院所作出的改革措施使一些受害人可以获得较大的赔偿金,但是由于有很多工伤的发生无关乎过错,或者就是因工人自己的过错所造成的,因此,对于大多数的工人来说还是得不到足够的赔偿。当时美国针对工业事故和劳工状况的调查研究指出,如果侵权法绝对地适用过错责任,那么就无法应对频发的工业事故。因此,呼吁政府立法,强制赔偿事故受害者及其遗孀。到了20世纪初期,美国有很多州通过了劳工补偿法。其中,纽约州就是先行者之一。随后,1911年威斯康星州也颁布了相关法案。根据该法案,工人通过劳工保险即可以获得因工伤所带来的经济损失的补偿,而无须通过诉讼,也不用证明雇主是否有过错。② 到了20世纪20年代,大多数的州都采纳了劳工补偿法,只有在南方还有一些反对者,但是,到了20世纪30年代,加利福尼亚州、南卡罗来纳州、阿肯色州也加入了,最后的抵抗者——密西西比州也于1948年通过了劳工补偿法。③ 到1949年,全美国都颁布了劳工补偿法。

不过,雇主对劳工补偿法却非常痛恨,偏执地认为这是一种"深口袋"规则的过度适用。因此,他们试图阻止该法案的通过。于是,纽约州的上诉法院在1911年停止了劳工补偿法的适用,并宣布该法案是违宪的。然而,这种倾向却被联邦最高法院所遏制,最高法院站在实质公平的立场,在1917年的判决中支持了劳工补偿法。④

劳工补偿可以被视为劳工的伟大胜利。不过,在俄亥俄州的调研中显示,部分雇主实质上也是支持这项劳工补偿法的,因为雇主考虑了自己在与雇工诉讼期间的巨大花费,也就是说侵权诉讼的花费很大,雇主不得不支付数百万美元用于支付律师的诉讼费用或者诉讼调解。尽管在劳工补偿保险

---

① Lawrence M. Friedman, *American Law in the 20th Century*, Yale University Press, 2002, p. 352.
② 参见段昆:《当代美国保险》,复旦大学出版社2001年版,第103页。
③ Friedman, ibid., p. 353.
④ 参见〔美〕约翰·法比安·维特:《事故共和国》,田雷译,上海三联书店2008年版,第236页。

中雇主也花费差不多的数额,但是,劳工补偿后会带来这样的隐含好处,就是让雇工满意,保持稳定的劳资关系,维持良好的工作氛围。

总之,劳工补偿是劳资双方互相妥协的产物,每一边都作出了让步:劳工放弃对雇主提起诉讼的权利,虽然这个机会有可能获得一笔大的赔偿金,但是的确很少有这样的机会;雇主则放弃抗辩,无论是否是因为自己的过错而造成的雇工的伤害,并同意在最低范围内补偿每一个在工作中因发生事故而受到伤害的工人。这种新的解决机制通过的不是法院诉讼程序而是行政化程序。这个体系被认为效率高,几乎是自动化的,没有混乱,在理论上和实践上摆脱了原来侵权诉讼的高成本和低效率。

劳工补偿法规定只有因为工伤才能被补偿,当初制定该法的背景着重于工厂、煤矿、铁路这些充斥着大型机械而有可能造成身体伤害的地方,法律关注的重点在于"事故"。从字面上解释,没有人会认为由于自身的愚蠢而滑倒是"事故",然而法院却在不断地扩展劳工补偿的事故范围。在早先的案例中,法院认为因为工人自身的疏忽或者愚蠢的行为导致的伤害不应该获得赔偿。但是,1943年一个著名的案例似乎作了改变。威斯康星州的一个卡车司机助手在卡车还在移动时小便,因此从卡车上摔下来而受伤,于是他请求赔偿,最终当地法院对他予以了支持。劳工风险的范围除了扩大至因劳工自身的疏忽甚至愚蠢的行为所致的伤害,还将职业病纳入了进来。原本法院对于经过数周工作而引起的肩膀、肌肉、脖子等疼痛不予赔偿,认为在这种情况下并没有事故的发生。但是,在一起碎石工因长久吸入灰尘而患上了肺结核的案件中,当公司提出没有发生事故的抗辩时,法院予以了否决,并反问"难道只有肺结核病严重到肺爆裂才叫事故吗?"[①]于是,由于工作的原因而产生的职业病也被逐渐地纳入劳工风险之中。总之,法院对于劳工补偿越来越开明,几乎发生在工作上的任何医学上的问题都能获得赔偿。

劳工补偿法并没有覆盖所有的劳工,以较为典型的康涅狄格州法的劳工补偿法为例,这个机制覆盖了大部分工人,但不是所有人,家庭帮工被排除在劳工范围之外。在很多州,农民也是被排除在这个体系外的,换句话

---

① Laurence Locke, "Adapting Workers' Compensation to the Special Problems of Occupational Disease", 9 *Harvard Environmental Law Review* 249 (1985).

说,许多州不覆盖劳工市场中最弱的角色,每个州有自己的排除名单。① 尽管如此,到 1950 年,该法已经惠及全美超过 3/4 的工人。

第二节 美国意外事故救济体制的改革建议

一、美国立法者对新西兰意外事故救济机制的冷淡反应

1972 年的新西兰《意外事故补偿法》的出台,并没有引起美国立法者的关注。美国甚至没有像澳大利亚和英国那样建立一个专门的委员会来单独讨论侵权法的改革问题。由于新西兰与美国在地理环境、人口数量、政治体制等方面存在着巨大的差别,美国立法者似乎认为"新西兰——这个相当于美国某个中等城市大小的国家——在侵权法方面的政策改革并不具有重大的借鉴价值和实践意义"②。相反,美国对澳大利亚的《伍德豪斯报告》以及随后的立法进程进行了持续的跟踪关注。③ "对于美国的政策改革者而言,新西兰的社会政策很难适应美国庞大而又多变的政治经济体制;澳大利亚尽管经济规模要比美国小一些,但是它的联邦政治体制、司法系统和学术氛围等因素与美国有着相似之处"④,所以美国立法者对新西兰《意外事故补偿法》持一种较为冷淡的态度就不足为奇了。

除了上述务实性的政策考虑外,美国立法者的冷淡态度也是令人同情的:美国社会各种利益集团(原告律师、保险公司、生产企业和医疗服务提供者等)——特别是在产品责任和医疗事故领域——对人身伤害赔偿的制度

---

① Lawrence M. Friedman, *American Law in the 20th Century*, Yale University Press, 2002, pp. 363-364.

② Lewis N. Klar, "New Zealand's Accident Compensation Scheme: A Tort Lawyer's Perspective", 33 *University of Toronto Law Journal* 80, 81 (1980).

③ 关于美国和澳大利亚的比较分析,参见 Jeffrey O'Connell & David Partlett, "An America's Cup for Tort Reform? Australia and America Compared", 21 *University of Michigan Journal of Law Reform* 443, 454-455 (1988); International Workshop, "Beyond Compensation: Dealing with Accident in the 21st Century", 15 *University of Hawai'i Law Review* 524 (1993).

④ David Partlett, "Of Law Reform Lions and the Limits of Tort Reform", 27 *Sydney Law Review* 417, 423 (2005).

配置不可能达成妥协;在立法机制方面,三权分立的宪政体制、联邦法与州法的错综复杂的关系和普通法的灵活性等因素使得人身伤害补偿的立法变得困难重重。例如,普通法律师团体显然不同意新西兰对人身伤害赔偿诉讼的废弃,他们会一再强调普通法的优势地位,主张法院在解决人身伤害赔偿方面的主导地位;公司企业则更倾向于支持人身伤害的无过错补偿计划,他们也有可能通过政治手段来推进制定法的出台,从而限制普通法的运用。[①] 总的来说,"立法者的无能懒惰与社会利益集团的各种政治攻势相配合,从而使(人身伤害无过错补偿方案)问题被禁锢于普通法(司法)规则和私人保险领域。在经历了水门事件、越战和70年代全球经济大萧条以后,在20世纪70年代末,无过错补偿计划终于完全淡出了立法者和社会公众的视野……同时,在70年代民权运动、民主自由改革的呼声下,侵权责任得到了进一步扩张;与新西兰《伍德豪斯报告》对侵权法的口诛笔伐相反,美国侵权法的改革更多关注了侵权法内部规则的完善和对受害人的保护,而逐渐减少了对侵权法(作为一种损害赔偿制度)进行外向型的关注与反思"[②]。

二、美国学界对新西兰意外事故补偿方案的热烈讨论

与政治领域不同的是,新西兰的意外人身伤害补偿方案立即在学术界引起了研究和讨论的热潮。新西兰的无过错补偿计划作为侵权法的"替代制度"(alternatives),开始纳入侵权法教科书的讨论范围。[③] 更为重要的是,学界由于新西兰意外人身伤害补偿方案的出台,开始全面反思和检讨侵权

---

① 美国各种利益集团对人身伤害无过错补偿方案在政治层面的争论,see Thomas Burke, *Lawyers, Lawsuits and Legal Rights*, University of California Press, 2002, pp. 132-175.

② Richard Gaskins, "The Fate of 'No-fault' in America", 34 *Victoria University of Wellington Law Review* 213, 214-215, 222-223 (2003).

③ 但是,美国侵权法教科书大多仅是对新西兰意外人身伤害补偿方案进行了简单介绍,并没有进行深入的分析和研究。对新西兰意外人身伤害补偿方案的学术研究大多以论文的形式出现。See Victor E. Schwartz, Kathryn Kelly David F. Partlett, *Case and Materials: Prosser, Wade and Schwartz's Tort*, 10th ed., Foundation Press, 2000, pp. 1254-1260; Dan B. Dobbs & Paul T. Hayden, *Tort and Compensation: Personal Accountability and Social Responsibility for Injury*, 4th ed., West Group, 2001, pp. 897-901; Robert E. Keeton, Lewis D. Sargentich & Gregory C. Keating, *Tort and Accident Law: Case and Materials*, 3rd ed., West Group, 1998, pp. 922-929.

法制度,并在此基础上提出了各自不同的改革建议。

(一)新西兰意外人身伤害补偿方案的支持者

有一些美国学者对新西兰的意外人身伤害补偿方案明确表示支持,并在此基础上提出了本国的改革建议。这些学者均主张废除侵权法在人身伤害赔偿领域的适用,建立无过错的意外事故补偿方案——由专门的补偿基金对受害人的收入损失和医疗康复费用进行补偿。①

当然,这些学者就意外事故补偿方案的具体制度设计并不是完全相同的:在补偿计划的体制建构方面,学者大多主张学习新西兰的做法,建立独立的补偿基金来专门负责意外人身伤害的补偿事宜,但也有学者从已有的工人补偿立法出发,主张将工人补偿立法的适用范围扩张至一切意外人身伤害②;另外,在补偿金方面,学者也提出了各自不同的建议。③ 在补偿基金的来源方面,大部分学者认为意外事故补偿方案的主要功能在于对受害人提供迅速有效的补偿,对意外事故的预防和对潜在加害人的行为震慑不应成为补偿方案的重要政策考量因素,因此补偿基金的资金来源应主要通过国家的公共税收获得④;但是也有学者认为,意外事故补偿计划仍应顾及事故预防和行为震慑问题,补偿基金的资金征缴政策必须能够"服务于行为震慑和成本内化(internalization)的目标",所以应以缴费义务人的社会

---

① 例如,Marc A. Franklin, "Replacing the Negligence Lottery: Compensation and Selective Reimbursement", 53 *Virginia Law Review* 774 (1967); Richard J. Pierce, Jr., "Encourage Safety: The Limits of Tort Law and Government Regulation", 33 *Vanderbilt Law Review* 1281 (1980); Marc A. Henderson, "Should Workmen's Compensation Be Extended to Nonoccuptional Injury?", 48 *Texas Law Review* 117 (1969).

② Marc A. Franklin, "Replacing the Negligence Lottery: Compensation and Selective Reimbursement", 53 *Virginia Law Review* 774 (1967).

③ 例如,富兰克林教授主张:(1)受害人的每周补偿金应为个人每周收入的85%;(2)精神损害赔偿应予以严格限制;(3)受害人自身有重大过失的,每周补偿金降至个人每周收入的75%。See Franklin, "Replacing the Negligence Lottery: Compensation and Selective Reimbursement", 53 *Virginia Law Review* 774, 799-802 (1967).

④ 例如,Stephen D. Sugarman, *Doing Away with Personal Injury Law: New Compensation Mechanisms for Victims, Consumers and Business*, Greenwood Press Ltd., 1989, p.111.

身份、行为性质、事故发生率历史记录等因素为标准,确定不同的征费标准。①

(二)奥康纳的无过错补偿方案

20世纪60年代,基于受害人补偿和损失分散之思想,企业责任理论开始流行于美国侵权法学界。企业责任理论认为,现代侵权行为表现为三个基本特征:一是人身伤害是由可以预见但又无法制止的大规模、重复的行为所致;二是受害人大多是消费者;三是被告往往可以通过责任保险或个人保险分散损失。因此,企业责任理论主张由第一方或第三方的保险制度代替侵权制度和过失责任。② 作为典型的企业责任理论者,奥康纳和基顿两位教授在1965年就认为"目前的机动车交通事故的人身伤害赔偿制度是不完善的——它往往对很多受害人赔偿不足或根本没有提供任何赔偿,但另一方面对某些受害人进行了过度赔偿(overcompensation);在赔偿过程中,充满了受害人的艰辛和社会资源的浪费"③。因此,他们提出了一种新型的机动车强制保险计划(第一方保险)④——"基本保护保险"(Basic Protection Insurance)——来解决机动车交通事故人身伤害的赔偿问题。但是,这种无过错的基本保护保险制度适用于轻微的人身伤害(个人损失在1万美元以下)之情景,并且不包括受害人的精神损害赔偿(主要是指痛苦与创伤);严重的人身伤害只能通过侵权法(过失侵权)加以解决。

奥康纳与基顿的改革建议在发表后立即引起了巨大轰动,成了"首要的侵权法学术日程"。在1970年,马萨诸塞州首先建立了无过错的机动车交

---

① Franklin, "Replacing the Negligence Lottery: Compensation and Selective Reimbursement", 53 *Virginia Law Review* 774, 805 (1967); Pierce, "Encourage Safety: The Limits of Tort Law and Government Regulation", 33 *Vanderbilt Law Review* 1281, 1293 (1980). 实际上,新西兰的意外人身伤害补偿计划也采取了类似的征税政策,只不过它的征费政策是以每个税收年度为单位单独确定的。关于新西兰的征税政策,参见本书第一章第六节的相关内容。

② 〔美〕约翰·C. P. 戈尔德伯格:《20世纪侵权行为法理论》,杨燕、云建芳译,载易继明主编:《私法》(第9卷),北京大学出版社2005年版,第293—300页。

③ R. E. Keeton & J. O'Connell, *Basic Protection for Auto Accident Victims: A Blueprint for Reforming Automobile Insurance*, Little, Brown and Co., 1965.

④ 所谓"第一方保险",是指适用于被保险人本人财产或人身的保险。也就是说,第一方保险法律关系中只存在双方当事人:被保险人和保险人。第一方保险主要包括意外事故保险(accident insurance)和损失保险(loss insurance)两种类型。所谓"第三方保险"其实就是指责任保险,主要包括保险人、侵权行为人和受害人。

通事故补偿方案。到 1975 年,美国共有 24 个州出台了不同版本的机动车交通事故无过错补偿方案。奥康纳因此乐观地认为,无过错补偿计划并不再仅仅是企业责任理论的纸上谈兵,它在政治上已经成熟。① 他甚至认为,"现在已经到了更为积极的立法阶段……已经到了摒弃普通法上的侵权损害赔偿制度时候了"②。他对当时侵权法的严格责任运动持一种悲观的情绪,认为严格责任(主要在产品责任领域)是值得怀疑的,因为"(严格责任中)受害人必须承担产品缺陷的举证责任,这就意味着过失责任向严格责任的转变很大程度上只是一种法律术语(terminology)的转变,并不涉及实质内容"③。在此基础上,奥康纳强烈建议各州政府和美国联邦政府将无过错补偿方案从机动车交通事故领域扩展至所有意外事故领域。但是,此时奥康纳提出的方案一改之前"第一方保险"的模式,改采责任保险模式——意外事故的受害人向加害企业主张损害赔偿。④

好景不长,20 世纪 70 年代中后期,奥康纳的无过错补偿方案在各州的立法遭遇挫折,并从此一蹶不振。现在来看,他和其他企业责任理论者对立法者过分信任,低估了普通法律师、保险公司或职业团体等社会特定利益群体的政治能量。在 1977 年,他谨慎地承认"1970 年至 1975 年这段时间中,无过错法律在 24 个州得到不同形式的创建;但是,这种好日子已经停止了"!⑤ 1986 年,奥康纳的情绪似乎已经由小心谨慎变成了悲观失望,因为从 1975 年以来再没有任何一个地区出台过任何形式的无过错补偿方案。在总结无过错补偿方案立法改革的失败原因时,他认为"普通法律师是极具力量的政治说客(lobbyists)……这就是制定法难以被通过的原因……这并不是说无过错保险计划不好,数字能说明一切。但是它的优点仅仅是立法者考虑的一个方面而已。普通法律师——几乎全部——具有政治性,他们对政策流程了如指掌并同时对各州和联邦两个层面提供漂亮的政治献金。

---

① Jeffrey O'Connell, "Operation of No-fault Auto Law: A Survey of Surveys", 56 *Nebraska Law Review* 23, 26 (1977).

② Jeffrey O'Connell, "Expanding No-fault Beyond Auto Insurance: Some Proposals", 59 *Virginia Law Review* 749 (1973).

③ Ibid., p. 762.

④ Ibid., p. 773.

⑤ Jeffrey O'Connell, "Operation of No-fault Auto Law: A Survey of Surveys", 56 *Nebraska Law Review* 23, 26 (1977).

对于立法者而言，他们的话是具有分量的"①。

鉴于立法处于低潮，奥康纳开始主动调整自己的改革主张，并考虑制定法以外的其他手段来实现自己的无过错补偿方案。在 20 世纪 70 年代末，他提出"选择性的无过错补偿方案"(elective no-fault compensation scheme)，允许潜在加害人（公司企业）就特定的风险行为选择适用侵权法或是无过错补偿方案。例如，"当因使用产品导致他人人身伤害时，产品生产商可以选择采用无过错保险来支付受害人的经济损失——包括医疗费用和收入损失……此时，根本无须考虑产品是否具有缺陷或受害人本身是否具有过错等问题"②；当然，产品生产商也可以选择适用侵权法规则。当法院判决产品生产商承担损害赔偿责任时，生产商仍可以通过事前的责任保险政策让保险公司承担实际的损害赔偿责任。在这种"选择性的无过错补偿方案"中，选择适用无过错补偿方案的加害人其实仍然参加的是一种第三方保险。但是，这种第三方保险具有无过错性质，即无须当事人（加害人和受害人）主观过错因素的存在，就可以实现损害赔偿之效果。但是，在侵权法中的第三方保险（责任保险）则不具有无过错的性质，保险人就受害人遭受的损害承担赔偿责任，需以投保人（加害人）成立侵权赔偿责任为前提。也就是说，必须在加害人承担侵权损害赔偿责任的前提下，保险人方对受害人的损失进行实际赔偿。③ 奥康纳随后发现公司企业并不情愿参加这种无过错的第三方保险，所以在 20 世纪 80 年代，他及时调整方向，将选择性的无过错补偿方案的基础由第三方保险模式改为第一方保险模式。在这种第一方保险模式中，保险公司可以就人身伤害受害人的经济损失承担不超过 1 万美元的赔偿责任。在存在侵权加害人的情形，受害人可以将对加害人的损害赔偿请求权让渡给保险公司。保险公司可以对侵权加害人行使代位求偿权；当保险公司行使代位求偿权成功时，它应就受害人未被赔偿的损失部分继续承担赔偿责任。④

---

① Jeffrey O'Connell，"Alternatives to the Tort System for Personal Injury"，23 *San Diego Law Review* 17，29-30 (1986)．

② Jeffrey O'Connell，"Operation of No-fault Auto Law: A Survey of Surveys"，56 *Nebraska Law Review* 23，32 (1977)．

③ O'Connell，ibid，pp. 36-39．

④ Jeffrey O'Connell，*The Lawsuit Lottery*，The Free Press，1979，pp. 187-189．

随着无过错补偿方案在美国政治舞台中地位的一落千丈,奥康纳在进入21世纪以后进一步调整和完善自己的改革建议,提出了所谓"新型无过错补偿方案"(neo no-fault compensation scheme)。第一,这种"新型无过错补偿方案"突破了以往无过错补偿方案仅在某个意外事故领域适用的局限性,可以适用于任何意外人身伤害的情形;同时,它一定程度上保留了侵权法的地位,为加害人和受害人提供了补偿方案的选择机会,并能发挥相应的震慑作用从而增强社会安全。第二,它将第一方保险和第三方保险(责任保险)相结合,因此具有了一种混合性特征——"好像是第一方保险和第三方保险的合金体,聚合了两者的长处又弥补了各自的不足"[1]。第三,这种新型无过错补偿方案的基本内容是,在人身伤害的情形下,被告有6个月的时间来选择是否对原告的经济损失[2]进行分期支付方式的补偿。如果被告选择对原告进行补偿,那么原告不得拒绝被告这种明显带有无过错性质的先期承诺,也不得再提起侵权损害赔偿诉讼(包括精神损害赔偿)。但是,当被告的加害行为属于主观故意并且原告能够提出类似刑法上"超越合理怀疑"或"明显可信"的证据时,原告可以拒绝被告的无过错补偿承诺,从而提起侵权损害赔偿之诉。[3] 在这种"新型无过错补偿方案"中,尽管被告并没有被制定法强制性地要求向原告提供无过错的补偿,但是奥康纳认为被告大多会选择无过错的补偿承诺,因为这种无过错的补偿金显然要比侵权损害赔偿金少得多。从原告的角度看,他可以无须支付高额的律师费用就可以方便快捷地获得损害赔偿。另外,在加害人故意等极端案件中,原告还可以拒绝被告的无过错补偿金,提起精神损害赔偿诉讼或惩罚性赔偿诉讼,从而起到震慑预防之作用。

从20世纪60年代首次提出机动车交通事故的无过错补偿方案以来,奥康纳已经为无过错补偿的理想奋斗了四十余年。由于初期受到新西兰《意外事故补偿法》的轰动效应和激进的福利国家思想的推动,奥康纳的计划实施得很顺利。但是20世纪70年代中后期以来,美国政治气候发生了

---

[1] Jeffrey O'Connell & John Linehan,"Neo No-fault Early Offer: A Workable Compromise Between First and Third-Party Insurance", 41 *Gonzaga Law Review* 103, 140 (2005).

[2] 受害人的经济损失包括各种医疗康复费用、收入损失及一定程度的原告律师诉讼代理费用。Ibid., p.142.

[3] Ibid., p.141.

重大变化,企业责任理论也陷入衰落,因此奥康纳不得不一再修改自己的无过错补偿方案来应对普通法律师、保险公司和公司企业的政治压力。在最近所谓的"新型无过错补偿方案"中,奥康纳几乎完全放弃了20世纪60年代的强制保险计划,而重新诉诸"契约自由"之观念,主张意外事故当事人自由选择无过错之补偿方式。尽管他认为这种方法能够有机地将第一方保险与现行的侵权法相结合,是一种"可行的妥协",但无可否认的是,他的实际主张离自己的内心理想越来越远。

(三) 舒格曼的改革计划

美国加州大学伯克利分校的舒格曼(Stephen D. Sugarman)教授一直以来对新西兰的意外人身伤害补偿方案持赞同的态度①;同时,他结合实践中的各种人身伤害赔偿制度(侵权法、私人保险合同和社会保险方案等)提出了自己的改革建议:取消侵权法,确立社会保险在人身伤害赔偿领域的统治地位。舒格曼在其代表著作《取消人身伤害法》中全面阐述了自己的学术主张和改革建议。②

1. 长远计划

从长远看,侵权法的损害赔偿功能和预防震慑功能会被不同的社会公共制度所取代。就损害赔偿功能而言,普遍的社会保险制度和工伤保险制度将负责补偿人身伤害受害人的医疗费用和收入损失。雇主、劳动者和社会三者共同承担意外事故的成本:雇主将为受害人提供短期的补偿支持,社

---

① "从长远看,我相信新西兰模式和魁北克模式是(美国)目前的人身伤害赔偿法律制度应努力的方向。"Stephen D. Sugarman, *Doing Away with Personal Injury Law: New Compensation Mechanisms for Victims, Consumers and Business*, Greenwood Press Ltd., 1989, p. 168. "我是为这种模式(新西兰模式)鼓与呼的一名孤独的美国学者。"Stephen D. Sugarman, *Personal Injury and Social Policy: Institutional and Ideological Alternatives*, in N. Mullany & A. Linden (eds.), *Tort Tomorrow: A Tribute to John Fleming*, LBC Information Services, 1998, p. 297. "我知道美国和澳大利亚两国的政治环境是什么样子,目前想要采纳新西兰模式的意外事故补偿计划似乎比20年前更为困难。但是,政治环境就像大海的潮汐,有高潮也有低潮;如果一个国家的侵权损害赔偿法律制度能够和社会保险之思想在总体上达成协调一致,那么它最好还是考虑在未来建立广泛的无过错补偿方案。"Stephen D. Sugarman, "Tort Reform Through Damages Law Reform: An American Perspective", 27 *Sydney Law Review* 507, 527 (2005).

② See Stephen D. Sugarman, *Doing Away with Personal Injury Law: New Compensation Mechanisms for Victims, Consumers and Business*, Greenwood Press Ltd., 1989.

会(政府)将为受害人的长期残障或劳动能力丧失承担补偿责任,劳动者则通过个人劳动和社会参与而获得相应的补偿权利。就预防震慑功能而言,社会保险制度和工伤保险显然不能通过资金筹措机制①有效地将意外事故成本"内化"。所以,一般而言,意外事故的预防震慑应由政府的行政管制法——主要是安全生产管制法和安全教育——负责。但是在加害人主观恶意等极端情形,侵权法仍可存在并发挥一定的预防震慑作用。此时,受害人可以提起惩罚性赔偿诉讼,以起到惩戒和震慑之作用。

2. "实质性的第一步"改革

舒格曼提出的"长远计划"显然以新西兰的意外人身伤害补偿方案为目标,但是和奥康纳一样,舒格曼也充分考虑到了美国流行的意识形态、既有人身伤害补偿制度和特殊的政治环境等因素,为了获得社会各阶层的政治支持,他又提出了"实质性的第一步"的近期改革方案。需要指出的是,这种近期改革方案具有以下两大特色:一是主要解决人身伤害的补偿问题,包括严重的伤残或长期的劳动能力丧失。轻微人身伤害的补偿问题无须进行重大的制度改革。② 二是该方案可以适用于所有意外人身伤害的补偿问题。

第一,建立短期残障保险制度(Temporary Disability Insurance,TDI)。短期残障保险的目的在于对遭受意外人身伤害的受害人(谋生者)的收入损失进行补偿。它是舒格曼"实质性的第一步"改革计划的核心。首先,短期残障保险的一般补偿幅度为受害人的个人平均税后收入的85%;不对受害

---

① 舒格曼主张,由于补偿方案的本质在于为受害人的损失提供有效补偿,未来的意外人身伤害补偿方案的资金筹措机制建立在政府的公共税收政策基础上,缴税标准采取统一税率,不能采取商业保险费的风险等级评估机制。而新西兰的意外人身伤害补偿方案中,工伤账户、谋生者账户和机动车账户的资金筹措采用的是风险等级评估机制。Stephen D. Sugarman, *Doing Away with Personal Injury Law: New Compensation Mechanisms for Victims, Consumers and Business*, Greenwood Press Ltd., 1989, pp.187-190.

② 按照舒格曼的说法,所谓的轻微人身伤害是指受害人遭受短期(6个月以下)的残障或劳动能力丧失。对于轻微人身伤害造成的收入损失,由企业病假补贴制度和公共短期残障保险负责补偿。其中,企业病假补贴制度负责全额补偿受害人首周的收入损失;公共短期残障保险(由雇主投保)负责补偿首周以后的收入损失。谋生者的医疗康复费用可以由现行的医疗保险制度予以解决,非谋生者的医疗康复费用由社会福利制度负责补偿。侵权法仅在受害人不能通过医疗保险制度或社会福利制度获得医疗费用的补偿时,方可适用。这样一来,"通过现有制度的并不剧烈的改进,大部分的侵权损害赔偿诉讼——尤其是那些遭受短期残障或劳动能力丧失的受害人——将会逐渐消失"。See Sugarman, ibid., pp.168-169; Stephen D. Sugarman, "Serious Tort Law Reform", 24 *San Diego Law Review* 796, 806-807 (1987).

人的收入损失进行完全的补偿,一是因为受害人由于无法工作也节省了部分经济成本(如上下班自掏腰包的交通费用等);二是防止受害人欺诈等道德风险,并激励受害人进行积极的康复。① 其次,短期残障保险的补偿幅度有最高限额。当受害人的每周平均收入超过社会平均收入的两倍时,超过部分不予以补偿。需要指出的是,舒格曼认为非谋生者不能适用短期残障保险,因为非谋生者没有实际的经济收入。"当然,非谋生者(遭受残障或丧失劳动能力)即使在侵权损害赔偿诉讼中也不能请求收入损失的赔偿。他们对个人经济收入的渴求可以通过私人商业保险合同或慈善捐赠等渠道获得。"② 再次,短期残障保险可以适用于所有类型的意外人身伤害。这就改变了以往"工伤优先补偿"的局面。复次,受害人开始遭受残障或劳动能力丧失时,只有经过一周的"等待期"方能请求短期残障保险补偿。设置"等待期"的目的在于将那些轻微人身伤害或能够立即治愈的疾病排除在外,从而减轻短期残障保险制度的管理成本压力。但是这并不意味着受害人要自己承担"等待期"内的收入损失,因为企业疾病补贴制度负责"等待期"内收入损失的补偿。③ 最后,短期残障保险的有效期至少为6个月。④

第二,建立强制性的雇员病假补贴制度。企业雇主必须对自己的雇员提供病假补贴。当雇员因遭受残障或劳动能力丧失而无法工作时,雇员可以在"等待期"(一周)内获得工资收入(即病假补贴)。雇员享有病假补贴的前提是必须满足一定的工作时限。舒格曼建议参考政府公务人员的休假标准或结合各州的劳动法律确定雇员的病假补贴时限,而他本人的主张是"雇员每工作一个月就应该至少有一天的病假补贴权利"。⑤ 舒格曼建议的雇员

---

① 这一点与新西兰意外人身伤害补偿方案中的每周补偿金标准(个人每周平均收入的80%)的立法意旨完全相同。

② Stephen D. Sugarman, *Doing Away with Personal Injury Law: New Compensation Mechanisms for Victims, Consumers and Business*, Greenwood Press Ltd., 1989, p. 170. 新西兰的意外人身伤害补偿方案原则上也否认非谋生者具有收入损失的补偿权利。因此,在这一点上舒格曼的改革方案与新西兰的意外人身伤害补偿方案极为相似。

③ Ibid., p. 171.

④ 之所以将短期残障保险的有效期定为最少6个月,是因为就人身伤害而言,6个月是区分短期残障和长期残障的习惯性标准,并且在美国各州的社会保障制度中,遭受身体残障6个月以上的受害人才可以申请残障补贴。Ibid., p. 171.

⑤ Stephen D. Sugarman, *Doing Away with Personal Injury Law: New Compensation Mechanisms for Victims, Consumers and Business*, Greenwood Press Ltd., 1989, p. 172.

病假补贴制度与新西兰意外人身伤害补偿方案中的首周补偿金在补偿时限、补偿标准、补偿义务人等方面极为类似，但是后者无须雇员满足一定的工作时限，即只要谋生者遭受的人身伤害属于补偿方案的适用保护范围，那么谋生者就有权向自己的雇主请求支付首周补偿金。

第三，消减侵权法的适用范围。首先，由于短期残障保险制度的存在，受害人不得就遭受残障或丧失劳动能力后6个月内的收入损失再提起损害赔偿诉讼。因此，侵权法的主要任务就转移到受害人遭受长期残障或劳动能力丧失时的收入损失赔偿领域。其次，废止侵权法中的"间接来源规则"。间接来源规则是普通法中的一项传统规则，主要是指侵权诉讼中原告的损害赔偿金不因已经获得其他来源①的赔偿而减少或扣除。废除间接来源规则，就意味着在确定损害赔偿金时，应扣除受害人已经获得的社会保障救济。再次，原则上禁止受害人提起"痛苦与创伤"等类型的精神损害赔偿。只有在遭受长期残障或劳动能力丧失、严重毁容或身体残缺的情况下，才允许受害人提起精神损害赔偿之诉。这样做的目的，在于禁止遭受轻微人身伤害的受害人提起"痛苦与创伤"等类型的精神损害。舒格曼认为，在实践中，80%—90%的人身伤害赔偿案件均属于轻微人身伤害。如果这些案件通过短期残障保险和雇员病假补贴制度加以补偿，同时又禁止这些案件中的受害人提起精神损害赔偿诉讼，那么无疑会有助于废除侵权法之目的，提高人身伤害补偿的社会资源配置效率。② 另需注意的是，受害人虽然可以因遭受长期残障或劳动能力丧失、严重毁容或身体残缺而提起精神损害赔偿诉讼，但精神损害赔偿金应具有最高限额。舒格曼建议精神损害赔偿的最

---

① "其他来源"——主要包括失业赔偿、第一方保险或者医疗保险、医疗补助等社会保障金——被认为是与侵权诉讼"平行"的，因此原告已从其他来源处获得赔偿的证据不被法院所允许，也不能减轻侵权行为人的赔偿责任。这项普通法传统规则的合理性在于：(1)如果在保险公司支付原告保险费或家庭成员对原告进行无偿捐助的情况下，让被告以此理由减免自己的赔偿责任是极为不公正的；(2)在平行来源的基础上减轻被告的赔偿责任会降低法律的震慑作用，因为被告无须再为自己的侵权行为承担全部的赔偿责任。Helfend v. S. Cal. Rapid Transit Dist., 465 P. 2d 61, 66-69 (1970); Arambula v. Wells, 85 Cal. Rptr. 2d 584, 586 (Ct. App. 1999). 但是，意图废除此项法律规则的观点认为，它使原告就同一损害获得了双倍赔偿，即使法律规定社会保障机构具有一定的代位权，但是代位权的行使无疑需要另外的成本。因此，总体来讲，间接来源规则是不公平和无效率的。

② Stephen D. Sugarman, *Doing Away with Personal Injury Law: New Compensation Mechanisms for Victims, Consumers and Business*, Greenwood Press Ltd., 1989, p.176.

高限额为1.5万美元,该数字可以随社会经济的通货膨胀率进行相应调整。最后,惩罚性赔偿诉讼应予以保留。在存在严重的加害行为时,受害人可以提起惩罚性赔偿诉讼。为了改变目前惩罚性赔偿金过高、过于泛滥的状况,舒格曼强调限制陪审团在惩罚性赔偿诉讼中的作用,加强法官的自由裁量权,最终形成由法官独立决定惩罚性赔偿金数额的结果。①

3. 契约安排

实现上述的"实质性第一步"改革最好的方式当然是立法者主动地出台相应的制定法。但是,鉴于美国立法机制的"惰性"和现实政治环境的复杂性,舒格曼不得不寻求其他的方法来推进自己的改革。在这一点上,舒格曼借鉴了奥康纳的"选择性的无过错补偿方案",认为在意外伤害事故发生前,潜在受害人可以通过合同与雇主达成损害赔偿协议,然后再由雇主和保险公司就潜在受害人的损失签订责任保险合同。在这种情况下,潜在受害人实际上放弃了自己的侵权损害赔偿请求权,而通过市场的自由交易(即契约安排)对有可能遭受的人身伤害进行"提前和解"。② 舒格曼认为,"绝大多数的潜在受害人最关注的是自己的损失是否能够获得赔偿,不管加害人是否具有过错或丧失赔偿能力……因此,很多人都愿意直接地或(通过自己的雇主)间接地获得第一方保险,从而解决损害赔偿问题"。另外,"由于侵权诉讼的进行需要当事人花费相当的成本,如果通过契约安排能够避免或减少这些成本,受害人和加害人均能从中受益……所以,这样一种'共赢'的市场交易能够有效弥补侵权法所具有的弊病"。③ 在这种契约安排中,雇主首先与自己的雇员(潜在受害人)达成协议:雇员放弃自己潜在的侵权损害赔偿请求权,从而获得现金(例如工资的提高等)或者其他的经济利益(雇主提供的医疗保障方案或更加优惠的病假补贴等)。然后,雇主——作为雇员的代

---

① Sugarman, ibid., pp. 181-183.

② 潜在受害人能不能通过合同的约定放弃自己的侵权损害赔偿请求权,一直是学界争论的焦点问题之一。在现实中,普通法法院似乎并不认可这种契约安排,因为法院认为这种做法已经违背了"契约自由"的本意。See Tunkl v. Regents of University of California, 60 Cal. 2d 92, 32 Cal. Rptr. 33, 383 P. 2d 441(1963); Henrioulle v. Marin Ventures, Inc., 20 Cal. 3d 512, 142 Cal. Rptr. 247, 573 P. 2d 465 (1978).

③ Stephen D. Sugarman, *Doing Away with Personal Injury Law: New Compensation Mechanisms for Victims, Consumers and Business*, Greenwood Press Ltd., 1989, pp. 201-202.

理人——将自己雇员潜在的侵权损害赔偿请求权"出卖"给保险公司。① 当雇员遭受人身伤害时,由雇主直接向雇员提供损害赔偿(包括收入损失和医疗费用的赔偿),然后雇主再向保险公司寻求赔付。

但是,这种契约安排要想发生实际效果,必须以法院认可合同的效力为前提。对此,舒格曼并没有从法理的角度深入探讨合同的效力问题,而是基于实用主义的立场,呼吁法院放松对这种契约安排的管制,并认为"这种通过契约安排形成的交易市场……能够使加害人与受害人得到双赢;在这种市场的资源配置中,人身伤害赔偿的交易成本能够得到更多的节省"②。有学者对舒格曼(包括奥康纳)的"市场理论"提出了批评,认为这种改革措施有违宪之嫌疑,会侵害公民的基本生存权利(身体权和健康权),普通法法院对这种契约安排应严加控制,防止法律基本价值在实际生活中被"蚕食和践踏"。③

总而言之,舒格曼认为未来发展趋势是社会保险制度取代侵权法成为主要的人身伤害赔偿制度,侵权法会逐渐沦落至次要地位直至被完全废除。这种"长远计划"的实现,主要依赖于立法者的积极作为。但是从美国的实际状况来看,短期内根本无法实现此目标。因此,舒格曼主张在目前既有的侵权法和社会保险制度基础上,推行强制性的雇员病假补贴和短期残障保险制度,从而将轻微人身伤害案件排除在侵权法适用范围之外;而严重的人身伤害案件(包括精神损害赔偿和惩罚性赔偿)则继续由侵权法负责处理。同时,舒格曼借鉴奥康纳的"选择性无过错补偿方案"的思路,建议通过当事人自由的契约安排来处理人身伤害赔偿问题。

---

① 在这种契约安排中,雇员并不与保险公司产生合同关系,而是直接与雇主订立放弃侵权损害赔偿请求权的合同。舒格曼认为,这样做有以下优点:第一,与雇员相比,雇主具有更强的谈判和契约能力;第二,雇主更能够统一处理雇员的合同邀约,使合同的交易成本更为低廉;第三,由于雇主已经向雇员提供了病假补贴和医疗保障等服务,让雇主与保险公司就雇员的人身伤害问题进行磋商和缔约,能够使雇主将自己已经向雇员提供的服务与保险公司的责任保险合同结合起来,从而形成劳资双方的共赢。Ibid., p. 203.
② Ibid.
③ Berkowitz, "How Serious Is Sugarman's 'Serious Tort Law Reform'?", 24 *San Diego Law Review* 877, 886 (1987);对于舒格曼"契约安排"改革建议的评论,还可参见 Robert Rabin, "Some Reflections on the Process of Tort Reform", 25 *San Diego Law Review* 13 (1988).

三、改革航向的转变:美国侵权法改革运动

20世纪70年代,尽管奥康纳、舒格曼等一些美国学者仍不遗余力地宣传和推广无过错补偿方案,但从整个社会思潮和政治环境上看,无过错补偿计划已经逐渐淡出公众的视野。另外,以波斯纳为首的法律经济学派(芝加哥学派)开始兴起并逐渐成为"显学",他将经济效率奉为圭臬,强调过错责任对加害人行为的震慑作用。受其影响,无过错补偿方案也渐渐被侵权法学界冷落。那么美国侵权法应向何处去呢?

历史总是喜欢跟人们开玩笑。侵权责任规则在美国20世纪30年代至50年代经历了飞速扩张以后,开始逐渐显露疲态。侵权责任的极度扩张引起了所谓"钟摆效应",即向一方(原告)的倾斜幅度越大,必然会导致相反方向(被告方)倾斜幅度的增大。自20世纪60年代末70年代初开始,所谓的"侵权法改革运动"轰轰烈烈地拉开了帷幕。改革鼓吹者认为侵权责任的扩张导致了以下弊端:首先,对普通自然人侵权损害赔偿请求的扩大保护,就意味着公司企业责任的扩大和经济利益的降低。扑面而来的侵权法扩张热潮使得一些工商企业、相关经济利益团体寝食难安。他们为维护自己的经济利益,极力反对侵权责任的扩张。其次,侵权责任的扩张,致使保险公司理赔率大幅提高,保险公司运营成本骤增。于是,各个保险公司纷纷提高责任保险费,从而又使医疗服务商、产品生产企业叫苦不迭。"保险市场危机"由此诞生,并成为侵权法改革初期主要的直接推动力。[①] 另外,由于原告的损害赔偿请求往往容易受到法院的眷顾,再加上律师胜诉收费制度的利益驱动,侵权诉讼"洪水闸门"大开,侵权诉讼案件每年以难以想象的速度递增。[②] 为获取赔偿金,原告变得敏感矫情,性情暴躁,因鸡毛蒜皮的小事往往大动干戈,对簿公堂,"琐碎法律诉讼"(frivolous lawsuits)骤然成风;律师变得贪婪且嗅觉灵敏,为争取案源不顾职业伦理,对受害人百般怂恿,"紧追救

---

① Joseph A. Page, "Book Review: Deforming Tort Reform", 78 *Georgetown Law Journal* 649 (1990).

② 关于美国民事诉讼案件"爆炸"的实证性研究与分析,可参见 Walter K. Olson, *The Litigation Explosion: What Happened When America Unleashed the Lawsuit*, Penguin Books, 1991.

护车"潜规则(ambulance following rule)大行其道;等等。

在上述各种原因的相互交织影响下,侵权法改革运动自20世纪60年代末70年代初轰轰烈烈地拉开了帷幕,其主要目的在于限制侵权责任的扩张,保护公司企业、医疗服务提供者以及其他相关集团的经济利益和社会地位。改革者的矛头直接逼向普通法体系下的侵权法领域,他们将保险市场危机、滥讼洪水闸门的失守、损害赔偿体系的低效无能等问题归咎于侵权责任的过度扩张,认为侵权法体系已失去控制,侵权损害赔偿制度已沦落为一种毫无公平正义可言的"博彩"事业。由于受到法律经济学的巨大影响,许多改革者开始认为侵权法已经造成个人福祉的降低和宏观经济的萧条。

侵权法改革运动兴起后,尽管反对改革的"保守派"(Conservatives)从未放弃过自己的阵地,尽管侵权责任扩张时期的许多法律规则、原则得以留存和发展,但是不可否认的是,以侵权责任"紧缩"、着重保护侵权被告人为主旨的侵权法改革运动确实取得了赫赫战果。按照美国侵权法改革协会(American Tort Reform Association,ATRA)[1]的统计,自1986年以来,各州在以下侵权法制度方面进行了不同程度的改革[2]:多数人侵权中的连带责任规则(joint and several liability),有40个州对其进行了废除或不同程度的限制;侵权损害赔偿中的间接来源规则(collateral source rule),有24个州对其进行了废除或不同程度的限制;关于非经济损失,也有23个州对其进行了限制;在产品责任领域,也有16个州不同程度地排除或限制了严格责任的适用;在民事侵权诉讼方面,集团诉讼制度、上诉保证金制度、预判利息制度、律师胜诉酬金制度以及陪审团制度均受到不同程度的

---

[1] ATRA成立于1986年,最早由美国工程企业委员会(America Council of Engineering Companies)发起设立。不久之后,美国医疗协会(American Medical Association)加入。目前,它已成为一个全国性的无党派、非营利性的社会组织,其会员主要包括公司企业以及各种商业、贸易或职业组织,并拥有大约14.2万名"草根"(grassroots)支持者。ATRA称自己是侵权法改革中唯一的全国性组织,其目的在于"通过公众教育和对立法机关的斗争,推动侵权责任制度改革。最终实现民事司法制度更大程度的公平性、确定性和高效性"。详见http://www.atra.org/about/ (last visited on Oct. 17. 2023)。

[2] 具体数据详见Ronen Avraham, *Database of State Tort Law Reforms* (2006);ATRA, *Tort Law Record: June 2008*, https://www.atra.org/wp-content/uploads/2016/11/Record-12-08.pdf (last visited on Oct. 17. 2023)。

限制或废除。

　　需要指出的是,美国侵权法以各州普通法为中心,法院判例是侵权法制度规则、原则的载体和舞台。与此同时,除了法院判例所代表的司法分支,还有各州的立法机关和行政机关,他们出台的成文法构成了各州侵权法改革的主流力量。在适用于州际或全美境内的联邦法领域,也同样存在着判例法与制定法并存的局面。这种判例法——制定法、州法——联邦法相互对立、相互交织影响的复杂局面,使得对侵权法改革运动成果的总结梳理工作显得困难重重。但总体来讲,美国侵权法改革运动呈现了三个特点:首先,改革多发生在制定法层面,从而实现"以立法进行约束"的目的。其实,普通法法院已经通过判例的演进对侵权法制度进行了相当的改进和完善,因此面对普通法法官"保守"的态度,以保险公司、大型企业集团为幕后"推手"的改革者采取了"曲线救国"的道路,对立法者采取多方位、立体式的政治攻势。这些政治攻势,具体包括政治选举资助、公共关系策略以及综合性媒体宣传等。[①] 在这种"立法至上"的意识形态的压力下,立法者基于政治利益或民主"多数决"规则相继出台了制定法以回应和满足改革者咄咄逼人的要求。其次,州法的改革力度明显强于联邦法。虽然联邦最高法院的判例对各州普通法法院产生过重要影响,但由于联邦最高法院其实并不赞同将侵权法制度联邦化、统一化,再加上改革者的政治攻势在联邦立法者的面前收效甚微[②],这就决定了改革的主要成果出现在各州的制定法领域,而不是联邦法领域。最后,各州出台的制定法并没有出现废除或限制侵权法制度的趋势,而大多是利用严格的实体法、程序法规则进一步限制侵权法损害赔偿制度的运用。这种"只限不废"的思路贯穿于各州制定法的始终。

　　应如何评价这场法律制度改革? 立场不同的人自然有不同的看法。改

　　[①] 具体论述可参见 Stephen Daniels & Joanne Martin, "The Impact That It Has Had Is Between People's Ears: Tort Reform, Mass Culture, and Plaintiffs' Lawyers", 50 *DePaul Law Review* 453 (2000).

　　[②] 虽然支持侵权法改革的民主党自 1994 年就基本掌控了联邦参、众两院,也提出过"常识项目""与美国立约"等改革主张,但联邦法层面的侵权法改革成效甚微。这主要是由美国侵权法是以各州普通法为基础的法律制度的本质决定的。

革者认为普通法上的惩罚性赔偿制度在诉讼中泛滥已对被告造成了不应有的负面效果,且有悖于社会正义理念。而改革反对者则主张惩罚性赔偿制度是健康的,即使有些"小病小灾",通过侵权法体系的内部矫正完全可以治愈。改革者的"怀疑"态度与改革反对者的"自信"使这场改革变得热闹非凡。更有趣的是,在改革推进过程中,学术界表现了极为保守的态度,大部分学者反对改革者的主张。① 他们运用法律理论、实证性研究以及一切可以利用的智识资源,来捍卫侵权法的领地。与之相反,改革者大多没有采取学术界的"理性进路"而是采取了"政治进路"来指导这场法律改革运动,他们没有过多兴趣去做诸如界定法律概念、论证制度目的或分析法律效果等智识劳动,而是把大量精力投入到媒体宣传和政治公关的工作中。在这个角度上,与其说侵权法改革运动是法律制度的内在"进化",不如说是政治力量主导的一场关于侵权法意识形态的"夺宫"大戏。

法律制度总会随着所处时代经济、政治、文化等其他因素的变化而作出相应的调整和变化。在1852年美国侵权法尚处于襁褓之中时,约瑟夫·斯托瑞(Joseph Story)就主张法律应该"在永恒的前进变化中来适应社会的沧桑巨变"。② 侵权法已成为一块折射社会环境变化的"文化之镜"。③ 但是,侵权法应采取什么样的方法来适应社会环境的变化?是谨慎内敛的、学术气息浓厚的"理性"进路,还是喧嚣热闹的、民主投票式的"政治"进路?或者两者兼而有之?作为一名法律职业者,笔者相信法律制度的改革更需要"理性"进路,它要求所有的法律职业者最大限度地站在"价值中立"的立场,运用各种智识资源,"大胆假设,小心求证",只有这样才能避免"多数人的暴政",也只有建立在此基础上的法律改革,才是法律制度真正的"进化"。

---

① 当然也有不少学者支持侵权法改革。但是,这些学者与一味强调被告侵权责任"紧缩"的改革者不同,他们主张改革的理由、措施多站在"侵权法危机"的学理思考基础上,大多从侵权法与保险法、社会保障制度之间的关系来构建侵权法改革的图景。E. g., George L. Priest, "The Current Insurance Crisis and Modern Tort Law", 96 *Yale Law Journal* 1521 (1987).

② Joseph Story, "Court of Legal Study", in *The Miscellaneous Writings of Joseph Story*, ed. by William W. Story, Little, Brown, 1852, pp. 70-71.

③ Marshall S. Shapo, "In the Looking Glass: What Torts Scholarship Can Teach Us about the American Experience", 89 *Northwestern University Law Review* 1567 (1995).

第三节　美国当代意外事故救济机制的状况

一、美国当代意外事故救济机制"体系"

经过一个多世纪的发展,美国已形成了侵权法、商业保险和社会保险组成的多元化的事故赔偿救济"体系"。但是,这个"体系"并不是个严格意义上的体系,因为"体系"之间并没有严格的逻辑关系,而是由多种不同制度拼凑构成,在对受害者的赔偿上也没有统一的适用规则。因此,在美国有各种不同的赔偿制度,这些不同的赔偿制度之间适用有交叉,也有间隙,使得一些受害者获得的赔偿少于其应得的,而另一些受害者获得的赔偿则多于其应得的。因此,分析美国当代意外事故救济机制体系,一方面要具体分析各种救济制度,另一方面还要了解它们之间的适用关系。

（一）侵权法

以过错责任原则为基础的侵权法是传统的、典型的救济措施,它通过责令侵权人支付赔偿金在有限范围内起到了一定的威慑效果。这种威慑效果会使得行为人作出适当的预防,履行应当的注意义务,避免那些可以合理避免的事故,将难以避免的事故的代价交由受害人自行承担。① 然而,在难以避免的事故频繁发生的工业社会中,依旧以过错责任原则为基础的侵权法无法对受害人提供公平、合理的救济。于是,侵权法内部的归责原则发生了变化。

我们可以看到,在 20 世纪 40 年代到 70 年代之间,美国各州法院利用司法力量加强了对原告权利的保护,对有能力控制风险的人增加了新的义务,不再局限于传统的过错责任,而是扩大了严格责任的适用范围。例如,汽车制造商有义务在生产汽车时考虑到发生碰撞情况下人们的安全,如果汽车制造者没有尽到这个义务,那么不管其是否存在过错都要对汽车驾驶者承担责任。再比如,医生也有义务遵守关于医疗的国家标准,并告知病人

---

① See Gregory C. Keating, *Fairness and Two Fundamental Questions in the Tort Law of Accidents*, U.S.C. Olin Working Paper No. 99-21, Jan. 2000.

可能的医疗风险,如果违反,则无论其是否存在过错都应承担责任。另外,还有许多学者提出了"企业责任",主张销售者和商业服务者也应当承担严格责任。他们认为支持企业的严格责任主要源于以下两方面的考虑:一是它可以推动企业更小心谨慎地实施商业活动,实现侵权法的威慑目标;二是企业可以将事故所造成的损失通过增加产品价格扩散到所有的消费者头上,从而避免了将损失全部落到受害者的头上。与过错责任相比,严格责任不再强调责任人的过错,而是基于诸多客观原因责令责任人承担责任,它极大增加了受害人获得救济的可能性,对落到受害人头上的不幸进行分担或者转移,从而弥补了传统侵权法对受害者补偿不足的缺点。

不过,我们仍然要看到,严格责任的适用范围虽然在法院的努力下有所扩展,但是,其主要还是适用于产品责任、高度危险责任等小范围,并不是普遍存在的。因此,大多数加害人的责任承担仍然要取决于该主体是否存在过错。除了严格责任适用范围有限之外,侵权法还表现出其他诸多缺陷,使其难以独立地担负起救济受害人的重任。第一,侵权诉讼的效率非常低下,难以对受害人提供高效的救济。比如在石棉、核泄漏、不合格药品等大规模侵权诉讼中,由于法院的人力和物力有限,案件要过很久才能得到处理。即使进入了审判,冗长的诉讼程序、复杂的调查辩论过程也会使得案件久拖不决。第二,侵权诉讼成本巨大,有时甚至超过了侵权赔偿的数额。原被告双方针对致害行为、过错、因果关系等进行大量的调查取证和辩论,这会花去包括律师费在内的巨额费用,比如美国石棉案的被告以及保险公司共支付的赔偿和诉讼费用高达10亿美元,而其中41%是用于支付律师费和其他的诉讼费用。第三,侵权诉讼的后果具有很强的不确定性。受害人在忍受了长久的诉讼程序、负担了巨额的诉讼费用之后,最终能否获得赔偿依然是个未知数,因为在诉讼过程中,规则诡异多变,难以预测。证人证词的不确定性,律师的各种技巧,被告出其不意的抗辩理由都成为不确定的因素。即使法院最终确认被告应当承担责任,但是被告还可以拿出赔偿能力有限这个理由来进行抗辩。

总之,在现代社会中,侵权法在面对不断增加的各种风险的时候作出了应对之策,即在传统的过错责任之外扩展了严格责任的适用范围,强调了侵权法的救济弥补功能,在一定程度上解决了各种事故所带来的损害赔偿问题。而且,侵权法在确定责任方面起到基础性作用,其他任何救济措施都要以此为基础,而不可能取代之。不过,我们仍然要看到,由于侵权法本身所具有的各种缺陷,它无法独立地承担起救济意外事故受害人的重任,在此之外,还需要其他机制相配合。

(二) 无过错的补偿制度

无过错的补偿制度是指当预设的事实发生或者条件达成时,在确定的范围内对受害人直接提供救济的措施。它可以使特定领域的事故受害人直接向雇主或者保单持有人请求赔偿,省去了冗长、烦琐的侵权诉讼环节,通过行政而非司法的途径使得受害人更快捷、更方便地获得赔偿。在美国,无过错补偿制度大致包括劳工补偿法案、无过错机动车保险等相关内容,下面本书就对此作简要的介绍。

1. 劳工补偿法案

从 20 世纪初开始,美国各州陆续颁布了劳工补偿法案。至 1949 年,所有的州都实施了劳工补偿法案。根据这类法案,如果劳工在工作过程中受到了伤害,其雇主不论是否存在过错都应当对此承担补偿责任。劳工补偿法案所确定的赔偿范围基本包括了因为受伤而减少的工资收入以及医疗费用。赔偿工人因患病而减少的短期工资收入一般按周支付,赔偿金额一般大于工人受伤前周平均工资的 2/3。另外,对于长期完全丧失劳动能力的,赔偿期则为终身。当然,为了减轻雇主的负担,有些州也对此设置了最高额的限制。在医疗费用方面,各州劳工补偿法都规定了应当支付全部的医疗费用。

雇主对劳工进行补偿的资金来源有以下三种方式:一是雇主向私营保险公司缴纳保费,由私营保险公司负责补偿与工作相关的一切损失。二是雇主向州基金购买保险,由州基金负责补偿与工作相关的一切损失。不过,尽管向州基金购买的劳工补偿保险的保费相对低廉,却没有私营保险公司提供的服务好。三是雇主通过在企业内部建立劳工补偿基金进行补偿。[①]从上面的三种方式,我们可以看出,雇主通过交纳保费的方式将对劳工进行补偿的风险转嫁到了保险公司、州基金或者内部的劳工补偿基金的头上,从而能够腾出更多的资金以及精力去专心于企业的发展。正因为该法案有如此的效用,它才得以在全美范围内普遍推广。到了 20 世纪末,劳工补偿法

---

① 参见段昆:《美国劳工赔偿保险》,载《中国保险》2002 年第 2 期。

的适用范围已经覆盖了89%的美国工人。①

2. 无过错机动车保险

以汽车为代表的机动车的产生和普及在给人们带来便捷的同时,也导致了很多伤亡事故。美国19世纪的事故主要是铁路事故,然而到了20世纪,机动车事故则成为美国事故伤亡的头号杀手②,更不容忽视的是,机动车事故所造成的经济损失也在逐年攀升,2019年该损失已攀升至3440亿美元。③ 在频繁发生的机动车事故中,美国人认识到,即使驾驶人已经尽到了相当的注意义务,但是事故仍然会不断地发生,因为机动车本身具有高度的危险性,在很多情况下已经超越了人类的控制能力。

那么,在这种情况下如何来解决受害人的赔偿问题?美国对此作了很多努力。其中,较为典型的就是无过错机动车保险。这种保险不用考虑事故责任由谁来承担,机动车事故的受害者可以从保险人那里获得对基本的财产性损失的赔偿,其中包括:医疗费用,含住院治疗费用、医疗器械费用、药物费用、手术费用以及康复费用;误工损失,每周不超过200美元;丧葬费用;等等。在这类保险的赔付过程中,不需要调查交通事故中可能存在的过错因素,从而省去了在侵权赔偿中繁冗的过错认定程序,节省了受害人获得补偿的时间。④

无过错机动车保险制度的建立归功于两位人士,即罗伯特·基顿和杰佛瑞·奥康纳。他们于1970年提交了一份报告,对无过错机动车保险制度作了全面的阐述,自此,这种制度开始被美国法律界所接受。1972年由各州组成的起草机构——"国家统一州法律委员会联合会"(National Conference of Commissioners on Uniform State Laws)通过了《统一机动车事故赔偿法》(The Uniform Motor Vehicle Accident Reparations Act),这份草案成为美国各州对无过错保险立法的核心内容。

---

① 参见吴伟:《美国的职业安全与卫生监督》,载《社会科学》2006年第4期。
② Lawrence M. Friedman, *American Law in the 20th Century*, Yale University Press, 2002, p. 364.
③ Lawrence Blincoe et al., The Economic and Societal Impact of Motor Vehicle Crashes, 2019 (Revised), National Highway Traffic Safety Administration Report, Feb. 2023, https://crashstats.nhtsa.dot.gov/Api/Public/ViewPublication/813403 (last visited on Oct. 28, 2023).
④ 段昆:《当代美国保险》,复旦大学出版社2001年版,第29页。

我们可以通过对该份草案的大致内容的了解来进一步理解美国的无过错机动车保险制度:(1) 在交通事故中,即使造成损害的驾驶人已经尽了适当的注意义务,同时受害人的过错也促成了对自身伤害的发生,保险补偿方案仍然应当就由事故引起的财产性损失向受害人提供一定数额的救济。(2) 受害人有权要求就合理的医疗与康复支出进行赔偿,并就由交通事故引起的收入损失以每周不超过 200 美元的限额获得补偿,同时这一部分补偿可能因受害人从其他的来源中得到补偿金(劳工补偿保险或健康保险)而被部分扣除。(3) 允许机动车所有人以同意接受对自己及家人的特定无过错补偿金的减额赔偿方案,选择减少保险费的支付。(4) 无过错保险赔付排除所有对故意自伤者及在使用偷盗机动车时受到伤害的盗窃人。(5) 所有立法上的改变均不影响本方案所规定的躲避参加无过错保险法定义务的驾驶人在普通法上的责任,也不影响故意伤害他人的驾驶人的责任。(6) 对受害人自最初受到伤害之日起超过 6 个月之后仍发生的收入损失部分,驾驶人将承担所有的普通法上的侵权责任。(7) 交通事故发生后,受害人在赔偿期间死亡的,如果相关制定法为因过错行为致人死亡事件中的死者的遗属恢复发生于事故至死亡之间的收入损失,遗属恢复的无过错补偿金中收入损失的部分不得超过受害人假如仍然生存在受伤害至死亡期间本可获得的收入数额。(8) 一般情况下,受伤害较轻的受害人不能获得任何精神损害赔偿救济。在某些情形下,受害人遭受到十分严重的极端的身心痛苦并且向加害人提出了侵权之诉时,允许以身心痛苦为由要求得到赔偿。出现死亡、严重且永久性致残、毁容或 6 个月以上丧失行动能力情形时,受害人可以提起因受到身心痛苦之侵权诉讼。在这些案件中,绝大多数诉诸身心痛苦的请求都必须满足诉讼"起始点"(该提案建议以 5000 美元为起点),所有低于这一起始点的损害赔偿都不受支持。(9) 统一法案规定的强制保险不仅仅向机动车辆所有者、其家人、其他占用所有人车辆之人和行人提供无过错补偿,而且同时为已保险机动车的所有人和其他合法驾驶人可能引发的对他人的侵权责任提供每人每次事故上限为二万五千美元的保险。如愿意多支付保险费可以得到承保限额更高的保单。[①]

[①] Clarence Morris and C. Robert Morris,*Morris on Torts*,Foundation Press,1980,pp. 246-247.

3. 其他无过错补偿制度

除了典型的劳工补偿法案以及无过错机动车保险制度之外,在全美范围内实行的无过错补偿制度还有其他的相关内容。① 比如,美国国会于1986 年制定了《国家儿童疫苗伤害法》(The National Childhood Vaccine Injury Act,NCVIA),于 1988 年实施了国家疫苗伤害补偿计划(National Vaccine Injury Compensation Program,VICP)。② 其目的在于减少制造商潜在的疫苗损害诉讼的负担,确保儿童疫苗的稳定供应。根据疫苗伤害补偿计划,在"疫苗伤害表"中③,对注射疫苗所导致的伤亡等级作出分类,比如疾病、伤残、死亡等,并根据不同等级列出相应的补偿数额。当注射疫苗的人遭受损害之后,他即可根据该表所列的伤亡等级以及赔偿数目请求无过错补偿。也就是说,受害人只需证明所受伤害是由接种了疫苗造成的,而不用证明疫苗本身是否存在缺陷或者生产者是否对疫苗的风险进行说明和警示等。④ 美国疫苗伤害补偿计划不仅旨在补偿接种疫苗的受害者,还在于保护疫苗的生产者对于因疫苗不合格及注射方式不当之外的不可避免的伤害免予承担责任,促进其积极研发,保持疫苗的生产供应。⑤ 但该"疫苗伤害表"并没有排除表格外因疫苗受到损害的人求偿的可能性,受害人若能够证明"人身损害由接种该疫苗导致",则诉求同样存在被支持的可能,其被称为

---

① 其他还有个别州所实施的方案,诸如弗吉尼亚州、佛罗里达州等施行的与出生有关的神经损伤赔偿法(Birth-related Neurological Injury Act),也可以被列入无过错补偿制度的范畴。这里仅介绍适用于全美范围内的无过错补偿制度,其余的地区性的制度不作详细介绍,有兴趣的读者可参见:Macleod and Hodges, *Redress Schemes for Personal Injuries*, Hart Publishing, 2017, pp. 316-344.

② 美国司法部民事司(Civil Division)官网对该项补偿计划进行了基本介绍,可参见 https://www.justice.gov/civil/vicp (last visited on Oct. 17, 2023)。关于该补偿计划的申请条件,可参见美国卫生资源和服务管理局官网:https://www.hrsa.gov/vaccine-compensation (last visited on Oct. 17, 2023).

③ https://www.hrsa.gov/sites/default/files/hrsa/vicp/vaccine-injury-table-01-03-2022.pdf (last visited on Oct. 17, 2023).

④ See Theodore H. Davjs, Jr., Catherine B. Bowman, "No-Fault Compensation for Unavoidable Injuries: Evaluating The National Childhood Vaccine Injury Compensation Program", 16 *University of Dayton Law Review* 277, 298 (1997).

⑤ Kenneth S. Abraham & Lance Liebman, "Private Insurance, Social Insurance, and Tort Reform: Toward a New Vision of Compensation for Illness and Injury", 93 *Columbia Law Review* 75 (1993).

"表外诉求"①,但是证明注射疫苗和损害结果之间的事实上的因果关系对受损方往往并非易事,且出于对该表格的维护,法院对"表外诉求"会严加审查,因此不乏激进的学者主张:应当实行因果关系举证责任倒置,由政府证明受损方和注射疫苗之间不存在因果关系。②

(三) 商业保险和社会保险

1. 商业保险

商业保险是保险人以营利为目的通过与被保险人订立保险合同对被保险人承保的一种保险形式。被保险人可以根据自己可能遭受的事故选择不同种类的保险项目并向保险人支付保费,当投保的事故发生时,被保险人可以从保险人处及时地获得补偿。商业保险的主要赔偿范围包括医疗费用、因残疾造成的误工费、死亡以及肢体残疾损失费等。其中,涉及意外事故的险种有如下几种:(1)健康保险,是以被保险人的健康为保险标的,使被保险人获得因意外事故致害而发生的费用或损失的补偿的一种保险。在美国,基本的健康保险涵盖了不同组合的医师服务、医疗、康复和护理等项目。(2)伤残保险,是以被保险人的身体健全为保险标的,使被保险人获得因意外事故致残丧失全部或部分劳动能力而不能继续从事现行职业时发生的费用或损失的补偿的一种保险。该类保险可以涉及所有职业可能导致的伤残事故,既包括由全残导致的损失,也包括由部分残疾导致的损失(但通常仅仅只为短期职业致残和长期普通致残提供保险服务)。(3)人寿保险,是以被保险人的生命为保险标的,使受益人获得被保险人因意外事故死亡时发生的费用或损失的补偿的一种保险。在美国,人寿保险每年赔付的保险金数额相当可观。③

2. 社会保险

社会保险是建立在国家的社会保障制度之下,由国家推行的,给需要救助的公民以最基本的生存保障的保险项目。社会保险对受害人的救济只需确定损害的大小,从而减少了大量调查取证的环节,节约了成本,减少了获

---

① Richard Goldberg, "Vaccine Damage Schemes in the US and UK Reappraised: Making them Fit for Purpose in the Light of Covid-19", 42 *Legal Studies* 576, 581-582 (2022).

② See JB Apolinsky and JA Van Detta, "Rethinking Liability for Vaccine Injury", 19 *Cornell Journal of Law & Public Policy* 537, 624-625 (2010).

③ See American Council of Life Ins., Life Insurance Fact Book Update 17 (1991).

得赔偿的时间,使得受害人可以迅速、及时地得到赔偿。另外,社会保险系统在全社会范围内统筹资金,不受个人赔偿能力的限制,能够满足补偿大量受害人的需要。美国的社会保险主要包括养老保险、健康保险、伤残保险、失业保险等。其中,针对意外事故的救济,社会保险主要体现为医疗保险和伤残保险。

——医疗保险。联邦医疗保险和医疗补助计划由美国国会于1965年设立[1],占据了联邦政府支持下的医疗保险的最大份额。为解决美国无保险保障人数过多的问题,奥巴马政府于2010年3月23日签署了《患者保护和医疗平价法案》(Patient Protection and Affordable Care Act, PPACA)[2],其主要条款于2014年施行。该法案颁行后,极大扩张了健康保险在美国的覆盖群体,也是联邦医疗保险和医疗补助计划实施以来最令人瞩目的改革。

对于联邦医疗保险[3],只有65岁及以上的老年人、低于65岁的残疾人、终期肾病(ESRD)或肌萎缩性脊髓侧索硬化症(Amyotrophic lateral sclerosis, ALS,以前也被称为Lou Gehrig's disease)患者才能参加。联邦医疗保险分为四个部分[4]:A、B、C和D。A部分(Hospital Insurance,住院保险)覆盖住院护理、专业护理、临终关怀服务和家庭医疗护理。B部分(Medical Insurance,医疗保险)覆盖医生和其他医疗服务提供者提供的服务、门诊护理、家庭医疗护理、耐用医疗设备(如轮椅、助行器、病床和其他设备)以及许多预防性服务(如筛查、注射或疫苗以及每年一次的"健康"探访)。A和B也被称为原始医疗保险(Original Medicare)。D部分(Drug coverage,药物保险)覆盖处方药费用。为了能够支付原始医疗保险的自付费用(如投保B部分时需支付联邦医疗保险核准额20%的共同保险费),患者还可以购买

---

[1] Health Insurance for the Aged Act (Medicare), Pub. L. No. 89-97, 79 Stat. 290 (1965) (codified as amended at 42 U.S.C. § 1395 (1988)); Grants to States for Medical Assistance Programs Act (Medicaid), Pub. L. No. 89-97, 79 Stat. 343 (1965) (codified as amended at 42 U.S.C. § 1396 (1988))。二者也被称为《1965年社会保障法修正案》(the the Social Security Amendments of 1965)。

[2] 法案原文可见 https://www.congress.gov/bill/111th-congress/house-bill/3590/text (last visited on Oct. 17, 2023)。该法案及其修正案现被简称为 the Affordable Care Act(ACA)。

[3] 联邦医疗保险官方网址对申请人条件、医疗优待、覆盖范围等有详细介绍,参见 https://www.medicare.gov (last visited on Oct. 31, 2023)。

[4] 联邦医疗保险官网提供的《医疗保险与你2024》手册中对四个部分有着详细介绍,参见 https://www.medicare.gov/publications/10050-Medicare-and-You.pdf (last visited on Oct. 31, 2023)。

补充保险,如医疗保险补充保险(Medicare Supplement Insurance,Medigap),或加入医疗补助计划等。C 部分(Medicare Advantage,医疗保险优选计划)则允许患者在私人公司选择至少具有与原始医疗保险(A 部分和 B 部分)以及通常还有 D 部分相同覆盖范围的医疗计划,与原始医疗保险不同,C 部分对患者自付金额有年度限额,同时它排除了对医疗保险补充保险的投保。[1]

医疗补助计划是由联邦政府和州政府共同实施的面向低收入人员(包括成人和儿童)的医疗健康的服务。此计划并不似前述的医疗保险那样区分年龄,而是根据收入多少,对达到标准的低收入者提供医疗补助。

——伤残保险。社会保障残疾保险(Social Security Disability Insurance,SSDI)和补充保障保险(Supplemental Security Income,SSI)是联邦政府的两大保险项目,专门针对长期全残人员提供伤残保险。[2] 社会保障残疾保险每月向因重大疾病或损伤而无法再工作的工人发放补助金,这种疾病或损伤预计至少会持续 1 年,或在 1 年内导致死亡。这一保险补助金要求残疾工人必须从事过社会保障覆盖范围内的工作。它以残疾工人过去的收入为基础,支付给残疾工人及受其扶养的家庭成员。[3] SSI 保险项目则是经过对经济情况的调查后对收入和资源有限的残疾或失明的儿童、成人以及 65 岁及以上的老人按月支付补助金。

---

[1] 关于联邦医疗保险的四个部分,参见 https://www.medicare.gov/basics/get-started-with-medicare/medicare-basics/parts-of-medicare (last visited on Oct. 28, 2023);就原始医疗保险和医疗保险优选计划的比较,参见 https://www.medicare.gov/basics/get-started-with-medicare/get-more-coverage/your-coverage-options/compare-original-medicare-medicare-advantage (last visited on Oct. 28, 2023)。

[2] SSD 成立于 1956 年。See Social Security Amendments of 1956, Pub. L. No. 84-880, 70 Stat. 807 (codified as amended at 42 U.S.C. § 401 (1988)); https://www.ssa.gov/benefits/disability/ (last visited on Oct. 17, 2023). SSI 成立于 16 年之后。See Supplemental Security Income for the Aged, Blind and Disabled Act, Pub. L. No. 92-603, 86 Stat. 1465 (1972) (codified as amended at 42 U.S.C. §§ 1381-1383d (1988)); https://www.ssa.gov/ssi (last visited on Oct. 17, 2023)。

[3] What is Social Security Disability Insurance?, https://www.nasi.org/learn/social-security/what-is-social-security-disability-insurance/ (last visited on Oct. 28, 2023).

二、三种救济制度间的关系

如前文所述,美国意外事故救济制度是由多种制度组成的,并不是一个系统化的救济制度,有学者曾言:对绝大多数损失而言,侵权体系并不是有效的保险机制,第三方保险更有能力处理风险集中、道德困境和逆向选择的难题。① 因此,厘清美国意外事故救济机制下各种救济机制的关系,对于展望意外事故救济的发展趋势有着重要的意义。

(一) 三种救济制度的比较

1. 无过错补偿制度与侵权法的比较

无过错补偿制度与侵权法的区别主要有以下三点:第一,侵权法以矫正正义为其指导思想,旨在填补损害,使被害人能够回复到损害发生之前的状态。而无过错补偿制度则注重于保证受害人最基本的获得救助的权利,满足其最基本的需求,而不在于填补损害。第二,如果要进行侵权法上的损害赔偿,那么就需要满足侵权法的构成要件,最重要的是要求责任人应当具有过错。而无过错补偿制度则排除了对过错的认定,只要受害人受到损害,即可获得救济。第三,侵权法的适用范围比较广,无论何种事故,只要满足了侵权法的规定,受害人即可依据侵权法请求赔偿。而无过错补偿制度仅对特定事故的受害人提供救济。如前所述,一般仅限于劳工事故、机动车事故等狭窄的领域。②

与侵权法相比,无过错补偿制度有其独特的优势:首先,无过错补偿制度可以保障事故受害人得到对经济损失的基本补偿,而且受害者获得的赔偿较为均衡,不像侵权法的赔偿规则那样诡异多变,难以预测。其次,由于无过错补偿制度的赔付一般不需要调查事故中的过错因素,因此,相对而言,其运行成本较低。另外,关于赔付的数额,也有参照的标准,双方无须质证辩论,赔偿更为方便快捷。尽管无过错补偿制度有上述诸多优势,但是,侵权法在综合救济机制中的地位是不可被取代的。因为,一方面,侵权法能够将损害赔偿落实到具体的事故加害人身上,使行为人自己自负其责,可以

---

① R. Manning, "Is the Insurance Aspect of Producer Liability Valued by Consumers? Liability Changes and Childhood Vaccine Consumption", 13 *Journal of Risk and Uncertainty* 37 (1996).

② 王泽鉴:《侵权行为》(第三版),北京大学出版社 2016 年版,第 24 页以下。

起到威慑、阻遏等功能;另一方面,侵权法中的损害赔偿较为全面,不仅包括对财产损失的赔偿,而且包括精神损害赔偿甚至是惩罚性赔偿,这一般都会高于无过错补偿机制对事故受害人提供的基本补偿金。总之,在当代社会,尽管侵权法的功能和作用不断受到质疑,但是,侵权法作为一项基本的民事法律制度,在面对各种层出不穷的致害事故以及弥补受害人损失方面都发挥着基础性作用。

2. 无过错补偿制度与商业保险、社会保险的比较

无过错补偿制度与商业保险、社会保险一样,都是在社会福利思想的影响下给予事故受害人广泛的、基础性补偿的制度。不过,两者的差别也是明显的:首先,在商业保险和社会保险中,对事故受害人保险金的筹集是从一个更广泛的收入来源中获取的,尤其是社会保险的来源更多地得到了联邦政府或州政府的财政支持。其次,无过错补偿制度的适用仅限于特定的领域,譬如劳工补偿就是限定劳工在工作领域内所受到的伤害;无过错机动车补偿也仅限于机动车事故。而在商业保险和社会保险中,则没有特定领域的适用限制,它们可以根据投保人的选择或者法律法规的规定适用于各种领域。

3. 侵权法与商业保险、社会保险的比较

随着商业保险和社会保险的逐渐完善,侵权法在救济受害人方面的不足在很大程度上得到了弥补,因为商业保险与社会保险可以保证受害人在发生事故后及时地得到赔偿,避免了侵权诉讼所存在的程序繁冗、成本高昂、结果不确定等弊端。尽管如此,侵权法在救济机制中的基础性地位是不可被商业保险和社会保险所撼动的。一方面,侵权法在确定真正责任人方面厥功至伟,它通过构成要件的运作,确定真正可被归责的主体,这也成为保险制度中追偿规则的适用基础;另一方面,侵权法在弥补损失方面功不可没,它采取全面赔偿的原则,使受害人恢复到损害发生前的状态。除此以外,商业保险和社会保险也各有其局限性。商业保险的保费较高,而且保险金支付的项目也是经过保险机构精心设计的,带有很大的营利性,对于一般人来说,并不是常用的救济途径。社会保险虽然较之商业保险具有普适性,但是,由于受制于诸多因素,特别是经济的发展水平,因此,很容易出现保险金过低的情况。所以,社会保险只能保证对受害人提供最基本的救济,而难以实现受害人全面赔偿的目的。

(二) 三种救济制度的适用关系

上述三种救济制度都是对意外事故受害人提供补偿或者赔偿的,它们之间在适用上多有交叉。因此,有必要厘清这些制度在提供救济时的关系,这样对于理解美国的意外事故救济机制更有助益。

首先,关于侵权法和无过错补偿制度的适用关系,在理论上我们可以总结出以下几种方案:

第一种是单一方案。这种方案一般具有如下特征:(1) 获得赔付无须证明事故任何一方的过错;(2) 受害人不得再对同样的事件提起侵权之诉;(3) 这种方案必定是采取强制保险的方式;(4) 无过错补偿方案必须就受害人的所有因人身伤害引起的医疗支出、康复费用和收入损失等财产性损失进行无限制的赔付。采用这种方案最著名的例子是新西兰的事故补偿方案,它覆盖了包括道路交通事故在内的所有领域的意外事故。不过,美国至今还没有一个州采用这种单一的无过错补偿方案。

第二种是混合方案。根据这种方案,当事故发生时,受害人可以得到一笔补偿金,而且相对来说也比较大额。不过,在一些轻微伤害案件中,这种方案取消了对非财产性损害提起侵权之诉的诉权。但是,在一些严重的情况下,受害人仍可以根据侵权法提起请求非财产性损害赔偿金的诉讼。美国大约有十几个州已经采用了这种混合方案。另外,这种方案又被称为"门槛"模式或"起诉标准"模式,因为补偿金给付的多少与可否提起侵权之诉呈反比关系,即补偿金给付越多,可以提起侵权之诉的可能性越低,反之,则越高。各州对于补偿金给付的规定并不统一。有的州,比如密歇根州对补偿的给付相当慷慨,对侵权之诉的门槛要求设定很高,因而实际上等于取消了侵权之诉。基顿与奥康纳所提出的无过错机动车保险制度的方案就是典型的混合方案。如前所述,根据他们的方案,针对较小损失的机动车事故,不管事故是由谁引起的,车辆相撞中的受害人都能得到包括医疗费和工资损失在内的补偿,而对于身心痛苦的精神性损害赔偿则禁止提起赔偿请求。不过,在一些非常严重的事故中,比如非财产性损害超过了5000美元的场合,受害人可以提起请求非财产性损害赔偿金的侵权之诉。

第三种是叠加方案。这种方案是侵权法与无过错补偿制度并行的方案。不管当事人是否存在过错,受害人都可以获得补偿金。与此同时,受害人仍然保留侵权法上的诉权,即获得无过错补偿之后,受害人还可以依据侵权法向加害人追究侵权损害赔偿责任。叠加式方案中的无过错补偿金数额一般低于混合方案。针对机动车事故,叠加方案又可以分为三种,即选择式叠加、命令式叠加以及强制式叠加。① 选择式叠加方案允许无过错机动车保险只是作为购买机动车责任险时的一种选择性添附险种,可以与普通的机动车综合商业险一样自由决定是否购买。此种制度下,保险人有法定义务向投保人提供此保险服务,而投保人没有义务必须选择。被保险人在事故中遭受人身伤害的,可向保险人要求医疗、住院及丧葬费用赔付以及工资收入损失的80%。受害人受领无过错保险赔付不影响其向有过错方提起侵权诉讼,保险人可以受害人依据侵权法会得到的金额为限扣除无过错保险赔付的金额。命令式叠加是指,尽管无过错机动车保险并非强制保险,但是一旦机动车所有人购买责任保险就必须同时投保无过错保险,即保险人有法定义务提供,投保人要么同时接受两种保险要么走开。强制式叠加比命令式叠加更为严格,因为法律要求责任保险为强制保险,而同时责任保险与命令式叠加相同,都附加了无过错保险,因此如果想合法驾驶车辆就必须同时购买这两种保险。

除了侵权法与无过错补偿制度的协调之外,商业保险、社会保险与其他事故救济机制的适用上也因存在冲突而需要协调。在普通法中,有这样一条侵权法规则,即间接/平行来源规则(The Collateral Source Rule)。根据该规则,侵权诉讼中原告的损害赔偿金不因已经获得其他来源的赔偿而减少或抵扣。这里所说的"其他来源"主要包括商业保险、社会保险所提供的赔偿金。因此,倘若被告提出了"原告已从其他来源处获得赔偿"的抗辩,法院是不予采纳的。② 这项普通法规则的理由在于:第一,被告以保险公司已经支付给原告保险金为由而拒绝承担侵权责任,对原告来说是不公正的;第二,如果仅仅因为原告从保险公司处获得保险金而减轻甚至免除被告的赔偿责任,无疑会降低法律的威慑作用。尽管普通法上有上述的支持理由,但是,如果完全贯彻这项规则的话,就很可能会使原告就同一损害获得双倍赔偿。因此,在实践中,保险人往往依据合同上或制定法上的代位权、优先权

---

① 施文森:《保险法论文(第二集)》,五南图书出版公司1982年版,第264—265页。
② 〔美〕F. 帕特里克·哈伯德:《美国侵权法改革运动的本质与影响》,王晓明译,载梁慧星主编:《民商法论丛》(第43卷),法律出版社2009年版,第322页。

在原告胜诉的情况下获得补偿。① 那么,其实际结果就变成商业保险、社会保险并不赔偿侵权法已经赔偿的份额。同样的道理也适用于无过错补偿制度与商业保险、社会保险之间的关系,即商业保险、社会保险不赔偿无过错补偿制度已经补偿的份额。例如,社会保障残疾人赔偿金都会扣除无过错补偿制度中劳工补偿已经补偿的份额。②

那么,这几种救济机制的适用顺序就应当是:侵权法,无过错补偿制度,最后是商业保险、社会保险。不过,需要指出的是,在20世纪80年代,普通法中的间接/平行来源规则不断地被立法所废除。③ 但是,仍然有大约1/3的州还在坚持这项普通法规则。④ 其结果就成了在这些州中,原本由侵权法进行赔偿的损失现在大部分由商业保险或者社会保险首先对其提供保险金。这也顺应了保险制度在现代社会中所起的作用越来越大的趋势。但是,这也并非绝对优先,有些保险,特别是社会保险,比如医疗保险与医疗补助计划,基于各种原因的考虑,就仅仅列属于赔偿的第二或者第三顺位。⑤

第四节 对美国意外事故救济机制的总结

在美国的意外事故救济机制下,侵权法、无过错补偿、商业保险及社会保险等制度并存,共同对意外事故的受害人提供救济。当然,这几种制度之间的关系也并非理论上所说的那么协调、自然,而是多有龃龉。因此,为了完善意外事故救济机制,美国学者提出了一些建议。有的学者主张用无过

---

① 〔美〕F. 帕特里克·哈伯德:《美国侵权法改革运动的本质与影响》,王晓明译,载梁慧星主编:《民商法论丛》(第43卷),法律出版社2009年版,第322页。
② See American Law Institute, *Reporters' Study*, *Enterprise Responsibility for Personal Injury*, Vol. 1, 1991, pp. 170-71.
③ See Joseph Sanders & Craig Joyce, "'Off to the Races': The 1980s Tort Crisis and the Law Reform Process", 27 *Houston Law Review* 207, 217-23 (1990).
④ Kenneth S. Abraham & Lance Liebman, "Private Insurance, Social Insurance, and Tort Reform: Toward a New Vision of Compensation for Illness and Injury", 93 *Columbia Law Review* 75 (1993).
⑤ See Fla. Stat. Ann. § 766.31(a) (West Supp. 1992); Va. Code Ann. § 38.2-5009 (1) (1990).

错补偿制度或者社会保险制度全面替代侵权法在意外事故领域中的适用。①也有的学者认为侵权法在现代社会出现了诸多缺陷，因此主张将侵权法的赔偿功能与遏制功能相分离。在利益损失方面，受害人无须再从繁冗复杂的侵权诉讼中才能得到救济，而是可以从社会保险、劳动收入等系统中得到弥补。侵权之诉的真正适用范围仅为故意的侵权行为，其主要的功能在于遏制。那么，根据该学者的观点，在意外事故救济领域，侵权法的适用痕迹就应当被完全涤除，取而代之的也是保险等社会性制度了。②

从这些学者的主张来看，以寻求责任人可归咎性为己任的侵权法似乎成为发展意外事故救济机制的眼中钉。为了移除这个障碍，这些学者不惜大大扩展其他救济机制。但是，事实却是，美国即使经历了几十年的改革，也始终没有在意外事故救济领域完全放弃侵权法的适用，转而全面采用无过错补偿制度或者保险制度。更何况上述的主张也不乏反对之声，毕竟无过错补偿制度或者保险制度的全面适用很可能会鼓励加害人和受害人放纵自己的行为或不加以审慎，从而使得意外事故发生的概率大为增加。当然，美国人也意识到侵权法自身所存在的诸多缺陷，认为它无法独自面对意外事故。因此，为了确保对受害人的充分赔偿，也必须伴以商业保险、社会保险，并在特殊领域实施无过错补偿制度。而且，就总体而言，侵权法在意外事故中的救济作用受到了削弱。因为无过错补偿制度和社会保险的发展，可以给予受害人及时的补偿，在一定程度上降低受害人的诉讼意愿，所以侵权法在意外事故救济机制中的角色逐渐地偏向辅助性角色，更多地回归到了原本实现矫正正义和威慑预防事故的角色上。

---

① Jeffrey O'Connell, "An Alternative to Abandoning Tort Liability, Elective No-Fault Insurance for Many Kinds of Injuries", 60 *Minnesota Law Review* 501 (1976).

② Stephen D. Sugarman, "Doing Away with Tort Law", 73 *California Law Review* 555, 664 (1985).

第五章　日本综合救济论的生成与展开

第一节　侵权行为制度的危机与综合救济论的提出

一、侵权行为制度的危机

进入 20 世纪 80 年代以后,由于侵权法在处理损害赔偿事故时所表现出的无力,加之侵权法以外的救济制度的不断涌现,日本民法学界逐渐意识到了侵权法所面临的混乱和紧张关系的问题,并提出了"侵权行为制度的危机"一说,并于 80 年代末 90 年代初,达到了讨论的高潮。比较有代表性的是,1988 年日本私法学会召开的"侵权行为法改革的方向"的研讨会[①],以及 1991 年日本法社会学召开的"损害赔偿法理中的法社会学——与民法学的对话"的研讨会[②],几乎当时日本最有名的民法学家都参与了这场"侵权法的危机"的讨论,并由此提出了综合救济理论的构想。

（一）危机的缘由

当前,对侵权行为制度以及侵权诉讼最直接最明显的冲击是责任保险制度的发展,恐怕这一点是任何国家都会面对的问题。与其他发达国家一样,责任保险制度在日本的损害分担中起着十分重要的作用。首先当我们在谈及侵权行为制度的目的时,也就是意味着通过对加害者课以损害赔偿义务而达到救济被害者、分担损害的效果。可问题是,如果加害者缺乏履行赔偿义务的资力的话,就算承认了损害赔偿义务也于事无补。反过来说,也

[①]　详见私法 51 号 3 页以下。
[②]　详见法社会学 44 号 139 页以下。

可能因为对加害者课以过重的损害赔偿义务而导致人们活动自由的萎缩。①而解决这个矛盾最实际的方法也就是责任保险制度。责任保险制度一方面保证了赔偿义务者的资力，另一方面分担了保险人的风险，使得损害赔偿责任的社会化成为一种可能。

如果说责任保险制度是对侵权行为制度的外部冲击的话，那么来自侵权行为制度本身的问题则是让学者揭示侵权行为制度危机的深层原因。

首先我们从侵权行为制度所处的位置来看危机产生的原因。如果发生一起交通事故，对于因此而产生的损失，大概至少有以下五种分担方式：第一是加害者负担，即侵权行为制度的初衷；第二是加害者的责任保险支付，即潜在的加害者集团；第三是国家可能的扶助，即被害者陷入极其困难局面之时可能得到的补助；第四是被害者自己参加的保险而得到的保险金，即潜在的被害者集团；第五就是任何赔偿都得不到而导致的没有救济。由上可知，侵权行为制度只是救济制度中非常有限的一小部分，救济制度的社会化综合化必然排挤侵权制度的运用空间。如果忽视在社会全体复合的制度中侵权法扮演什么作用、起到什么机能的话，也就不能理解侵权行为制度的真正含义了。②

传统上以过失责任为支柱的日本侵权法，在战后面对诸如公害、交通事故、医疗过错、产品责任等诸多侵权事故之时已力不从心，尤其是过失、因果关系等理论导致侵权诉讼效率低下而使被害者得不到有效救济。同时，也出现了不通过侵权制度转而寻求更加高效的制度化解决方式的观点。耗时费钱的侵权行为制度已经不能很好地解决被害救济、违法行为的抑制以及当事者间正义的确保等问题了，由此在日本出现了"脱侵权行为化"的说法。

此外，随着侵权行为的大量发生和侵权范围的不断扩大，"只要赔偿就解决了问题"的思想逐渐蔓延，不断冲击着社会道德的基础，由此产生了侵权行为制度危机的深层根源。棚濑孝雄教授认为，侵权行为制度的危机的根底，不在于以被害者救济为口号，对当前法理论或者制度的探讨，而在于

---

① 吉村良一『不法行為法（第 6 版）』（有斐閣、2022 年）20 頁。
② 加藤雅信「損害賠償制度の将来構想」『新・損害賠償法講座（第一巻）』（日本評論社、1997 年）300 頁。

反省与日常生活亲密可触的侵权行为制度应该如何与我们居住的社会相适应,也就是说超越功能论,而寻求侵权法的道德基础。① 并由此提出,支配侵权行为制度的道德基础在于从个体正义[在自由主义的理念下,由侵害他人自由(包括财产和身体)的权利的人负责赔偿]、全体正义(从社会全体的角度出发,寻求救济的等质化、均衡化,即被害的集体化)以及共同体正义(注重自己与他人之间的联系的感觉以及共同体内相互之间的责任)这三种正义观的交错中寻求与现代社会相适应的侵权行为制度。②

(二)日本现行救济体系的组成及其问题点

正如上文所述,责任保险制度在很大程度上克服了侵权行为制度中因赔偿义务者缺乏资力而导致的实效性不足的问题。但是,责任保险制度的存在前提是形式上至少加害者负担了保险费。此外,为了弥补未缴纳保险金或者耗时耗钱的侵权诉讼制度的不足,日本制定了各种各样的新的被害者救济制度。接下来,先大致介绍一下日本除了侵权行为制度以外的救济体系。

首先来看责任保险中比较典型的机动车责任险的相关情况。日本机动车事故的年死亡人数一度达到一万人以上,而机动车责任保险就在如此严重的交通事故中发挥了极其重要的作用。日本于1955年制定了《机动车损害赔偿保障法》(日语《自動車損害賠償保障法》,简称自赔法),该法有两个主要的特征。第一个特征是,对"机动车供使用者"③课以过失推定责任,即被害者无须证明加害者的故意或者过失,相反如果"机动车供使用者"不能证明自己或者驾驶者未尽注意义务等免责事由的话,就必须承担侵权责任。第二个特征是,自赔法采取了对被害者有效的救济措施。第一保障是赔偿责任与责任保险相结合,如果不签订机动车损害责任险合同的话,汽车就不让上路。这样就在保证加害者的资力的同时,也意味着承认了被害者可以

---

① 棚瀬孝雄「不法行為責任の道徳的基礎」『現代の不法行為法』(有斐閣、1994年)7頁。初出ジュリスト987号68頁以下。

② 棚瀬前掲9頁—20頁。

③ 按照《机动车损害赔偿保障法》第3条的定义,这里的"机动车供使用者"指的是为自己而使用机动车的人。这个概念是日本自赔法创造的一个非常独特的概念,它既不等同于机动车驾驶者,亦有别于机动车保有者。虽然在日本判例中,形成了"运行汽车,并从运行中得到利益的人"这样一种解释论,但是什么人才进入这种解释论的范围之内,在日本也一直存在着争论。详见吉村良一『不法行為法(第6版)』(有斐閣、2022年)295頁以下。

不通过加害者直接向保险公司请求赔偿。第二个保障是因加害者潜逃等原因不能断定机动车保有者而无法求偿的情况下，自赔法还规定了被害者可以在法律规定的限额内向政府请求损害的填补。当然，日本机动车损害赔偿还是遗留了一些问题，这些问题与责任保险制度本身无关，而集中在赔偿义务者的认定（包括机动车租赁者、擅自使用者、机动车盗用者等）①、他人的认定以及好意同乘等问题点上。②

除了需要提前支付金钱的责任保险之外，日本还建立了特殊领域的损害补偿机制，以期建立更加完善的救济体系。代表性的有1947年制定的《劳动灾害补偿保险法》，建立了对因业务或者在工作中受到的伤害、疾病、残疾、死亡等损害进行劳动补偿的制度；1973年制定的《公害健康被害补偿法》建立了对因公害而受到损害的被害者进行补偿的制度；同样的还有1979年制定的《医疗品副作用被害救济基金法》以及2004年制定的《医疗品医疗器械综合机构法》对因医药品的副作用进行救济的制度。这些制度的共同特点是，不以赔偿义务的存在为给付条件，其给付额度是通过一定的定型化的模式算出的③，当然也未必是按照被害者受到的实际损失进行补偿，在这点上应该说与以损害填补为目的的侵权行为制度有着很大的不同。但是，这些制度的部分资金来源还是可能引发危险的潜在集团（比如说，公害补偿制度中部分资金来自污染物排出者，药品副作用补偿制度中部分资金来自医药公司药品进出口商），就此而言还是保留了民事责任的因素。

第三类侵权行为以外的被害者救济制度是，完全去除了民事责任的因素，而作为社会保障的一种存在。比如1980年制定的《犯罪被害者等给付

---

① 具体分析，详见吉村良一『不法行為法（第6版）』（有斐閣、2022年）294頁—301頁。
② 佐々木一彦「他人性・好意同乘」『新・損害賠償法講座（第五卷）』（日本評論社、1997年）57頁以下。
③ 各种救济制度的救济范围以及计算方法各不相同，例如医疗品副作用被害救济制度，在行政机关认定的基础上，首先区分入院治疗、残障以及死亡三种情形。在入院治疗的情况下，需要支付其医疗费以及医疗津贴；在残障的情况下支付其生活费以及子女抚养费；而在死亡的情况下就支付丧葬费、家族需要照顾成员的生活费以及一次性费用。此外，《公害健康被害补偿法》的救济方法，详见第三节第一部分。

金支付法》建立了因犯罪而遭受人身损害的补偿制度。① 当然除此之外的最低生活保障、各种社会保障制度等,事实上也对被害者救济发挥了非常重大的作用。

正如上述所言,日本建立了侵权责任制度、责任保险制度、专项救济制度等多种多样的被害者救济制度,在被害者救济方面发挥了实际的作用。但是这些制度本身也存在着非常明显的缺陷,导致部分情况下被害者得不到有效救济。日本学者加藤雅信教授对现行救济体系的缺陷进行了如下的归纳②:

第一,被害者救济的非实效性及不公平性。日本虽然建立了各种特别法意义上的救济制度,但是未必都达到了救济被害者的效果。比如说在交通事故救济制度中,虽然建立了责任保险制度,但是仍然有高达70%以上的被害者感到自己的生活水准比起事故之前降低了不少。同时,各种崭新的被害类型不断出现,总是依靠特别法的制定来实现被害者救济的目的,显然也是一种低效率的表现。此外,制度与制度之间,不仅存在着难以触及的领域,且制度间由于缺乏统一考量也造成了补偿给付要件以及给付标准的差异,而这种差异也意味着就算受到了相同损害的人,由于救济制度不同也会产生救济后果的不同,由此导致不公平的后果。

第二,制度运用的非效率性与费用负担的不公平性。由于前述的诸多救济制度的存在,就出现了制度之间选择的问题。多头求偿制度的存在也就意味着求偿费用也是不可低估的。此外,因为很多情况下被害者不愿意诉诸繁琐的诉讼程序而放弃求偿的念头,此时加害者免去了赔偿的责任而

---

① 该制度是以1974年的三菱大厦爆破事件为契机建立起来的对因故意犯罪而遭受重大伤害的犯罪被害者以及遗族而进行支援的制度。该制度亦分为被害者重伤的情形、残障的情形以及死亡的情形三种情况。在重伤的情形,支付从负伤或者疾病起1年内的医疗费中的自己负担部分以及因不能工作而受到的损失的总和(最高限额是120万日元)。在残障的情形,除了支付上述医疗费用和损失外,还要根据不同的残疾程度(1级至3级)支付数额在1056万至3974.4万日元之间的残障补偿。而在死亡的情形,则需要对有生计维持关系的遗族支付数额在872.1万至2964.5万日元之间的补偿。详见日本警察厅网站,http://www.npa.go.jp/higaisya/shien/kyufu/seido.htm(2023年7月18日访问)。

② 主要根据加藤雅信教授『事務管理・不当利得・不法行為(新民法大系Ⅴ第二版)』(有斐閣、2005年)397頁以下,同时也参考了其早期的『損害賠償から社会保障へ』(三省堂、1989年)21頁以下。

那些损害补偿制度的出资者却要负担相应的经济压力,这也是一种费用负担不公平性的表现。

第三,对社会的负面作用。日本在进入上个世纪 60 年代以后,交通事故、环境公害、食品药品侵害等事件进入高发期,出现了以"被害者救济"为理念的社会思潮,法院也更加宽泛地承认了被害者的诉讼请求。但与此同时社会也出现了因为害怕承担责任而采取消极行动的趋势。比如伴随医疗过错责任的扩大而产生的医疗萎缩现象,伴随产品责任诉讼的扩大而产生的新药开发的"刹车"现象等。

第四,法院裁判的倒退。进入 20 世纪 80 年代后,作为对以上社会负面作用的回应,法院的风向也开始转变,对损害赔偿的认定相应提高了标准。这也就出现了一个问题,即法院总是在对社会有负面作用之时转向倒退,而在大规模侵害发生之时又不得不认定损害赔偿。因此,为了切断这种恶性循环,就必须设计一种全新的损害回复的救济体系。

第五,一次性支付的不恰当性与定期支付的非效率性。日本在支付损害赔偿金之时绝大多数的情况下是一次性支付,但是一次性支付可能存在两个问题。第一个问题是,逸失利益的赔偿本来就是被害者逐年而非一次性取得的,且从被害者生活长远保障的角度来看,也是定期支付相对更好些。第二个问题是,将来的情况难以预料,一次性支付也只不过是法院判断当时的情况推测未来被害者需要的补偿而已,事实未必如此。但是定期支付在实际运用中也需要先确保以下两点,一是赔偿义务者一直到将来的资力的确保,二是赔偿义务者如果拒绝继续履行的话强制执行的确保。而这两点都不是容易的事情,并且执行起来费用不小,由此可见定期支付也存在着非效率性的问题。

二、综合救济论的提出

正是在这种侵权行为危机的大环境下,20 世纪 80 年代至 90 年代中期,日本掀起了侵权法改革的大讨论,这种学术界的潮流最终体现在了学者对综合救济论的构想之上。本书不打算介绍其中所有的学说构想与理论,而只是选择其中有代表性的两种想法。

第一种代表性的想法就是借鉴说。这主要是借鉴其他发达国家已经付诸实践的举措和学界提出的改革方案。比如说有学者就考察了美国的立法以及学者建议稿。在立法方面，20世纪80年代后期以后的美国联邦产品责任法案逐渐有了通过和解而排除侵权行为诉讼的倾向，此外以联邦层面的疫苗被害补偿以及各州层面的生育关联障碍补偿制度为代表，通过补偿制度的选择而排除了侵权行为诉讼。① 在美国学者建议方案方面，有学者在批判性地考察了 Abel、Pierce、Sugarman、Rosenberg、Priest 以及 O'Connell 等人的建议方案后②，提出在继续保留侵权行为制度的前提下，让潜在的加害者和潜在的被害者事先决定是否加入综合救济系统。

此外，在借鉴说中不得不提的是新西兰意外事故补偿法对日本综合救济论的巨大影响。但凡日本学者在提出或者批判综合救济论之时，都不得不提模型之一的新西兰意外事故补偿法，也正因此日本学者对新西兰的制度投入了非常大的热情。③ 在新西兰，设计以下三种制度而组成了非常有特色的综合救济制度，不问造成损害的原因而救济一切因事故造成的人身损害，与此同时废除了因人身事故而请求损害赔偿的侵权行为制度。制度一，建立劳动者救济制度，费用由用工者负担；制度二，建立机动车事故救济制度，费用由机动车所有者与驾照持有者负担；制度三，其他所有的事故补足部分，由国家的税金负担费用。且一旦发生事故，以上的三种事故形态在所不问，由事故补偿委员会在统一的给付窗口进行包括医疗费、收入损失等一律相同内容的补偿。

而正是由于受到新西兰制度的启发，日本国内也出现了自己特色的第二种代表性的方案——由加藤雅信教授提出的综合救济体系的构想。加藤教授在1979年发表的论文中，针对侵权行为制度出现的问题，提出作为侵权法未来发展的趋势是"综合救济体系"取代侵权行为制度。④ 此后，作者在参考了新西兰意外事故补偿法、澳大利亚国家补偿法案的基础上，提出了自

---

① 石原治「不法行為改革」（勁草書房、1996年）第四章61頁以下。
② 石原前揭第五章105頁以下。
③ 关于新西兰意外事故补偿法的介绍和研究的日本论文和著述不在少数，代表性的有：浅井尚子「ニュージーランド事故補償制度の三十年」判例タイムズ1102号第59頁以下；同作者「ニュージーランド事故補償制度とその運用実態」加藤雅信編「損害賠償から社会保障へ」（三省堂、1989年）41頁以下。
④ 加藤雅信「現行の不法行為被害者救済システムとその問題—不法行為法の将来構想のために」ジュリスト691号52頁以下。

己的具体的制度设计。① 应该说,综合救济体系在很大程度上是作为对当时侵权行为制度的危机的一种回应而提出的解决之道,虽然也受到了诸多批评,但是其中的诸多因素仍然是值得我们思考和借鉴的。

虽然日本提出了很多综合救济的建议,但是本章在第二节只就加藤雅信教授的综合救济体系论以及与此相应的批判以及回应作详细的介绍。这一方面是因为加藤构想的影响力最大,另一方面这也算是日本独特的综合救济体系的构想了。

第二节 综合救济体系的构想及对其的批判

一、综合救济体系的构想

针对侵权行为制度进行个别救济存在的诸多问题,加藤教授认为需要建立一个以社会集体责任为基础的具有社会保障性质的综合救济体系。② 这种救济体系主要以被害者救济的确定性以及救济制度的合理性为出发点,具有救济的确实性、快速性、一律公平性、效率性以及社会保障性五个最显著的特征。③ 这种救济体系通过使社会保险制度与损害赔偿制度合为一体从而建立单一综合的人身损害的救济制度,以期解决实际中出现的问题。

综合救济体系的出发点就是,建立"综合救济体系基金",对遭受人身损害的被害者进行补偿,从而取代目前的以侵权行为制度为中心的人身损害救济制度。④ 由此引出综合救济体系的最重要的一个问题,那就是关于基金的设立。该基金的资金来源如何,基金如何运作,成立基金的现实可能性如

---

① 加藤雅信『損害賠償から社会保障へ』(三省堂、1989 年)30 頁以下。
② 加藤前揭 34 頁。
③ 加藤雅信『事務管理・不当利得・不法行為(新民法大系Ⅴ第二版)』(有斐閣、2005 年)404 頁。
④ 加藤前揭 400 頁。此外,加藤教授认为综合救济体系与传统的侵权行为制度、责任保险制度、社会保障制度有着共同点,即这些制度都有防止被害者遭受贫困的特质。同书第 404 頁。

何,这些都是人们对综合救济制度疑问的来源。下文首先详细介绍这个"综合救济体系基金"。①

（一）基金的设立

首先来看基金的资金来源。总体而言,综合救济体系基金的资金来源由三大块组成：危险行为附加税,自卫性的保险金,基金对侵权者的求偿而得的资金。②

先来看第一块来源危险行为附加税。这部分主要是通过观察社会中发生的具有一定概率的危险性的事故,对应该事故的概率和被害总额决定危险行为附加税的数目。如上所述,其实日本已经存在诸如机动车责任保险、劳动保险、污染负荷附加税、药品副作用救济附加税等个别的强制性制度。此外,日本还存在着虽非强制性,但是投保率极高的领域,比如学校事故互助基金、定期航空运输事业、日本医师协会保险等。基本上,危险行为附加税主要是对现行的强制或者任意的税费进行统合,同时保留对新领域导入危险行为附加税的空间。

第二块来源是自卫性的保险金。这块主要是来源于现行制度中医疗保险、养老保险中被保险者自己负担的部分。此外,加藤教授认为还应该把自己投保的生命保险、伤害保险等也加入其中来。

第三块来源是基金对侵权者的求偿而得的资金。正如后述,综合救济体系原则上是废除损害赔偿请求而免除了加害者的责任,但还是保留了基金能够对侵权者请求损害赔偿的两种场合。一种场合是,当加害者存在故意时,考虑到损害赔偿的制裁功能,对故意侵权者不能使其免责。另外一种是,现实危害尚未为社会所认知而又大量发生的场合。在这种情况下,为了保证基金资金充足,必须保留损害赔偿请求权。

总体而言,基金主要是来源于以上三大块（如下图所示）：

---

① 中国介绍加藤构想的论文请参见渠涛：《从损害赔偿走向社会保障性的救济——加藤雅信教授对侵权行为法的构想》,载梁慧星主编：《民商法论丛》（第 2 卷）,法律出版社 1994 年版,第 288 页以下。

② 详见加藤雅信『損害賠償から社会保障へ』（三省堂、1989 年）31 頁以下。

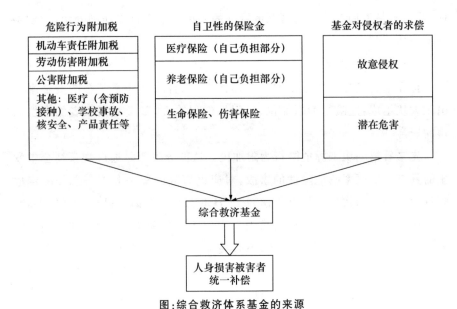

图：综合救济体系基金的来源

此外，这种多元化资金来源的基金，还有个各自的比例大概是多少的问题。加藤教授认为要根据现实中的统计数字来推测出各自比例，即根据在各自领域内事故及自卫性支付案件的比例与从基金内支付出去的总额的比例来推测出各自领域缴纳资金的比例。

其实，以上的这些资金来源除去基金求偿部分，很大部分都是现实中已经存在的制度的一种统合，即对于现实生活的各种救济制度，保留各自的"入水口"，而新制度不过就是统一在一个"出水口"出水，即形成救济一体化的资金基础。

其实关于基金的第二个问题是应该建立"大基金"还是"小基金"的选择的问题。所谓的大基金指的是不仅对侵权行为的被害者进行救济，同时对一般疾病（哪怕是陨石掉落所伤）一并进行救济，这种情况下资金来源当然包括了自卫性的保险金；而小基金的救济范围仅限于传统的侵权行为所指的损害，资金来源自然不包括自卫性的保险金。其中这两种大小基金有着现实的立法版本，新西兰的事故补偿法采取的是小基金体制，而当年更加野心勃勃的澳大利亚国家补偿法案更进一步，希望建立大基金体制。如上图所示，加藤教授支持建立大基金制度。理由是：第一，如果从受到人身损害的人的角度来说,被人打伤与被陨石砸伤,遇到的困难从本质上并无太大区别,就如同因职业而导致的肺癌与自然患上的肺癌同样需要救济是一个道理。第二,虽然小基金通过危险行为社会化的方式也能在一定程度上解决上述日本救济制度中存在的问题,但是小基金解决不了不以他人侵害为中介的被害人受到损害的问题,亦不能解决上述逸失利益补偿金所存在的问题。①

关于基金的第三个问题是资金规模的问题。多数对此构想存在可行性质疑的原因恐怕就在于该构想需要的资金大到难以想象。许多反对者认为,对于像新西兰这样的小国而言倒是有可能,而对于人口以及经济规模都是新西兰数十倍的日本,恐怕几乎是不可能的。加藤教授认为,综合救济体系让加害者加入基金负担费用,本来就是发生损害后由谁负担损害这个命题的应有之意。这一快速而又简易的新救济体制减少了认定损害赔偿或者诉讼等产生的各种费用,反而减轻了被害者的负担,并使得整个社会实现利益最大化。

此外,不得不提的是综合救济体系基金的建立,也就意味着需要成立一个机构对人身损害进行统一赔偿。这个带有行政性质的机构负责资金标准的建立、税费的征收、对故意侵权者的诉讼等与综合救济体系有关的事务。当然对这个机构也存在着其运行费用与现在的各种救济体系相比成本是否更高的疑问。

虽然在细节上尚有诸多需要考证的问题,但是加藤教授认为,通过综合救济基金的建立,可以有效弥补本章最初提出的关于当前救济体系的五个缺陷。他认为,通过救济体系行政制度化的举措,首先使得对被害人的救济比起现有制度能有更切实的保障。其次,对于医疗萎缩等社会负面作用而言,有可能负责的行为者由于支出了保险费,所以即使发生个别的侵权行为也不会导致灾难性的后果,就无须因恐惧负责而畏手畏脚,同时也就解决了法院判断的后退现象。再次,由于综合救济体系实行统一的赔偿,也就不会出现制度间不公平现象,且能照顾到制度之外的情形。最后,由具有资力保障的基金作后盾,实行定期支付的方式,就既能克服一次性支付的问题,又能切实保障被害者的长久生活。总之,综合救济体系的建立能够一举扫除现行救济体系出现的上述五个弊端。②

---

① 加藤雅信『損害賠償から社会保障へ』(三省堂、1989年)292頁。
② 加藤前揭33頁—34頁。

（二）侵权诉讼的原则上废止

综合救济体系构想的第二个非常"革命性"的想法就是原则上废除人身损害赔偿诉讼,这种想法也恐怕是其后来招致诸多批判的最重要的原因之一。因为综合救济体系的想法是在建立了综合救济基金之后,为了追求高效性和平等性,避免在诉讼上的过于繁杂的程序、高额的成本以及冗长的期限,与之配套原则上废止侵权诉讼。这方面,新西兰意外事故补偿法其实就已经废除了侵权赔偿诉讼。

当然,综合救济体系构想也不是排除一切的侵权行为诉讼。除了在加害者存在故意以及现实危害尚未为社会所认知而又大量发生的场合继续保留诉讼的空间外,综合救济体系构想也保留了被害者对加害者请求损害赔偿的可能性。当然这种可能性还是有严格限制的。首先是加害者存在故意或者重大过失,其次是基金给付的平均补偿水准未达到其遭受的逸失利益,此外还承认精神损失赔偿的可能性。[①]

综合救济体系的构想认为,除了上述的几个例外之外,不应该继续保留人身损害赔偿的侵权行为诉权了。当然也有人认为可以保留复线型的制度构想,即保留高收入者的损害赔偿的侵权行为诉权。但是加藤教授反对保留复线型的制度构想,他认为,高收入者的高质量水准的生活水平的维护,不应该由他人负担,而是由其本身通过作为私人保险的生命保险、伤害保险等方法实现。[②]

二、对综合救济体系的批判及加藤教授的回应

综合救济体系论提出后,无论是对其中的制度设计,还是对其背后蕴含的理论问题,民法学界都进行了热烈的学术讨论和批判。也许正是这种"革命性"的构想,给日本救济体系及侵权法的理论基础等带来了极大的冲击,而这种探讨正是摆脱"侵权行为的危机"所必需的。接下来,本书将就综合救济体系提出以来对其的批判以及加藤教授的回应作一个简要的概述。

首先对综合救济体系论提出批判的是吉村良一教授。吉村教授认为,

[①] 在这点上,已经废除了人身损害赔偿的新西兰,在故意侵权的时候甚至有判例承认惩罚性赔偿。

[②] 加藤雅信『損害賠償から社会保障へ』(三省堂、1989 年)301 頁—302 頁。

虽然通过综合救济基金可以防止侵权行为制度对社会负面作用的影响,但是反过来也意味着可能使得加害者的责任意识淡薄化。第二个批判是,虽然这种构想期望对各种事故类型作相同处理,在此基础上使得社会保障等现有制度一体化,但是考虑到日本社会保障的贫困化,可以想象由此带来的是救济的低水平化的问题。显然综合救济体系对于这种低水平化的趋势没有充分的考虑。① 加藤教授对第一点的批判的回应是,加害者责任淡薄化的问题,换句话说也就是加害者制裁功能的维持的问题。加藤认为,虽然在部分领域内保持责任的制裁功能可能比较好,但是在大部分领域内这种想法是不成立的,即便是保存制裁功能的领域也可以引入责任保险制度,比如说公害健康补偿这块。对第二点救济低水平化批判的回应是,虽然现行制度对有些领域的救济可以达到比较高的水平,但是考虑到有些领域得不到救济,有些领域救济也非常微薄的情况,总体上来比较,综合救济体系的救济水平还是要高于现行制度的平均救济水平。②

其次是宇佐见大司教授与樋口范雄教授的批判。宇佐见教授的批判主要集中在以下两点:第一是宇佐见教授认为该制度不能发挥被害人向加害人追究的积极性,使得加害人得不到追究,结果导致综合救济体系只能起到损害填补以及损失分担的功能,而不能发挥侵权行为制度的另外两个作用,即侵害抑制与制裁功能。③ 第二是综合救济体系运用的条件以及问题点上的批判。宇佐见教授认为,即使是小基金的构想,其为判断是否进入赔偿范围而设立的机构,也存在着相当大的困难,更何况是加藤所提倡的大基金的构想,更是不可想象。关于给付标准,宇佐见考察了医疗费、逸失利益的情况。关于医疗费,大基金的构想是统一医疗费用的标准,这个标准接近于现行的健康保险的标准。但是,现实中诸如交通事故的赔偿费用以及公害健康补偿制度认定的患者的医疗费等都不是健康保险所能支付的。由于综合救济体系不允许存在这种差别,也就意味着存在比现行给付标准更低的可能性。关于逸失利益,特别是对于高收入者的逸失利益赔偿问题,虽然加藤教授认为可以通过加入保险得到保护,但是如果高收入者并没有加入各种

---

① 吉村良一「不法行為法と「市民法論」」法の科学 12 号(1984 年)44 頁。
② 加藤雅信『損害賠償から社会保障へ』(三省堂、1989 年)37 頁—40 頁。
③ 宇佐見大司「総合救済システム論」法律時報 65 巻 10 号(1993 年)94 頁。

保险,而遭受了损失,如果按照平均工资来赔偿的话,其生活水平的维持还是会成为一个问题。① 关于基金的来源,宇佐见教授认为更是困难重重。其一,上述的三种资金各自的比例如何的问题。虽然加藤教授认为可以通过建立一个独立的行政委员会来决定,但是事情并没有那么简单。宇佐见教授比较了公害健康补偿制度十年的发展,指出随着被害者的增多,附加税费不断提高,同时也失去了抑制污染排除的功能。其二,危险行为附加税不仅规模巨大,而且不能仅仅依靠统计数据便能简单算出来。其三,关于制度运行费用的问题。在加藤的构想中②,以新西兰意外事故补偿法的运行费用为例,1984—1985 年是 407 亿日元,考虑到日本的经济规模是新西兰的 51.2 倍,日本要想运行如新西兰一样的事故补偿制度的话就需要 2 兆 838 亿日元。如果再考虑到像澳大利亚一样的大基金构想,用于治疗疾病的部分就是事故部分的 4 倍(合计 5 倍),就需要 10 兆 4190 亿元,这几乎相当于当年社会保障的费用,是政府年支出的 20.2%。如此巨大的预算规模,不得不让人产生怀疑。

　　樋口教授也注意到了,侵权行为制度具有防止侵权行为再发生的功能。且对于责任以及加害者的确定并不是行政处分以及刑事责任能够解决的问题。因此事故的抑制以及责任原则的维持是整个社会所必需的。此外,樋口教授还认为,侵权行为制度不仅仅解决财产的损害赔偿问题,还涉及停止侵害、精神损害赔偿等问题,而这些也不是综合救济体系所能够代替的。③ 加藤教授认为,两教授的意见几乎都是集中在应该保留个别责任的追究这点上。④ 对此虽未直接予以回应,但是加藤教授在 1979 年的一个研讨会中还是间接谈到了这个问题,他认为通过计算加害者集团的危害程度来决定危险行为附加税并做到彻底求偿的做法,能够达到如侵权法一般的事故抑制的功能。⑤

---

① 宇佐见大司「総合救済システム論」法律時報 65 巻 10 号(1993 年)94 頁—95 頁。
② 以下数据参照加藤雅信『損害賠償から社会保障へ』(三省堂、1989 年)294 頁以下。
③ 樋口範雄「不法行為制度の危機と改革の意義」ジュリスト 987 号第 89 頁以下(1991 年)。
④ 加藤雅信「損害賠償制度の将来構想」『新・損害賠償法講座(第一巻)』(日本評論社、1997 年)315 頁。
⑤ 加藤一郎、森島昭夫、西島梅治、西原道雄、加藤雅信「シンポジュウム被害者救済システムの展望」ジュリスト 619 号(1979 年)第 237 頁以下。

最后，从正义论的观点对综合救济体系论的批判。如第一节所述，棚濑教授认为现代侵权法是在个体正义、全体正义以及共同体的正义三者的交错中展开的。个体正义是要件—效果的模式，即关心事实是否符合要件；全体正义是损害—负担的模式，即由谁负担什么损失；而共同体的正义，则是从加害到回复，加害者面对被害者关心的是自己能为痛苦的解除做些什么。从这个角度出发，棚濑教授认为基于全体正义的综合救济体系并不能抓住所有正义的侧面。① 从正义论角度来批判的还有吉田邦彦教授。吉田教授从侵权诉讼的存在意义出发，批判了所谓社会效益最大化的功利主义的观点，认为应把焦点放在纷争当事人之上考虑侵权行为的作用。综合救济体系只是一种损害填补而不是还原，给人一种"不正义的感觉"。② 对此，加藤教授的回应是，综合救济体系就是对现实中得不到救济的人进行补偿，这正是加强了人之间的"交流"，这种普遍的救济正是正义的体现。此外，在新西兰虽然有了事故补偿制度，但这并没有影响到人们相互帮助的组织的发展。③

第三节　综合救济论的新发展——以大气污染被害者救济制度为例

应该说，加藤雅信教授的综合救济体系论，尽管没有付诸实际，并遭受了诸多批判，但是确实对日本综合救济制度的讨论和侵权行为制度的改革产生了深远的影响。尽管如此，由于此说仅有加藤孤军奋战之势，加之此说若采纳对实际的影响难以估计，进入20世纪90年代后期以后，讨论之声渐少。④ 加藤教授本身也可能是忙于日本民法典修改的建议而对综合救济体

---

① 棚瀬孝雄「不法行為責任の道徳的基礎」『現代の不法行為法』(有斐閣、1994 年) 7 頁以下。

② 吉田邦彦「法的思考・実践的推論と不法行為訴訟(上中下)」ジュリスト 997—999 号 (1992 年)。

③ 加藤雅信「損害賠償制度の展開と『総合救済システム』論」ジュリスト 987 号 (1991 年) 77 頁。

④ 限笔者所了解，2000 年后探讨综合救济体系的文章，只有 2002 年的吉川吉衞「『総合救済システム』と基本保障制度構想」法学雑誌 48 巻 4 号 960 頁以下。

系甚少论述。①

但是日本学界就综合救济的讨论,并没有因此而停滞。这些讨论主要是集中于如何在个别领域的综合救济方面使之更加科学合理。其中,近些年学者讨论最多也是相关论文最密集的一个领域就是对大气污染被害者的救济制度。本节希望通过对日本大气污染被害者救济制度的介绍,窥视日本综合救济的最新发展。这里介绍的主要是 2007 年开始日本环境会议组织的"新大气污染被害者救济制度"研究小组②发表的关于在国家层面建立新大气污染被害者救济制度的建议稿。

一、提出该制度的背景

(一) 以前的公害健康被害补偿法的相关情况

在进入讨论之前,首先简要介绍一下日本的公害健康被害补偿制度的有关情况。

虽然理论上因为公害而受到健康损害的赔偿在民事救济上是完全可能的,但是实际上由于诉讼耗时耗力,因果关系的证明也非常困难,加之有时即使被害者胜诉了加害企业也无力赔偿等原因,被害救济变得非常困难。从 20 世纪 60 年代后半期开始,随着四大公害诉讼的提起,人们更加深切体会到国家层面的公害健康救济制度的重要性,于是在 1969 年日本制定了《有关公害健康被害救济的特别举措法》。③ 虽然该法规定在大气污染或者水质污染多发地带发生的疾病,在都道府县知事认定的情况下,半数费用由政府负担,半数由企业负担。但是由于救济范围过窄、企业自愿负担以及财政负担过大等原因,存在很大的缺陷。于是以 1972 年的四日市公害诉讼判决为契机,日本制定了《公害健康被害补偿法》(简称公健法)。

如上文所述,公害健康被害补偿制度是从可能排放污染的单位收取附加税,依靠公共机构以简便的程序认定是否是公害病,从而采取快速准确的救济的一种制度设计。关于公害健康被害补偿制度的资金来源,主要是从

---

① 近些年加藤教授关于综合救济体系的论述,主要是在其再版的教科书里[比如『事务管理・不当利得・不法行為(新民法大系Ⅴ第二版)』(有斐閣、2005 年)],但是其中的内容则还是以前论述的东西。
② 成员主要是以淡路刚久教授为组长的民法环境法教授。
③ 日语原文是"公害に係る健康被害の救済に関する特別措置法"。

污染者负担的原则出发,在第一种区域的场合下,资金从可能造成大气污染的排出单位缴纳的附加税以及考虑到机动车是大气污染的原因而征收的机动车重量税这两方面而来(前者和后者的比例是 8 比 2);在第二种区域的场合下,资金来源于污染单位的附加税。此外对于可能新设的预防健康受害的事项,由作为原因者的污染者以及国家出资的基金负担。① 总体而言,公健法的特点是:第一,补偿带有污染者的民事责任的性质,实行污染者负担原则,救济不止提供实际的医疗费,还可以考虑逸失利益和精神损害赔偿的因素;第二,污染附加税是以排出量计算,并且强制征收;第三,救济所需费用都从征收的附加税中支付,政府只支出制度实施需要的事务费用;第四,在第一种区域内②,为了实现快速救济,不需要个别认定因果关系。1987年,日本修改了公健法,主要一是废除了第一种区域的指定,二是增加了健康被害预防政策。

日本的公健法相关制度,因其快速救济程序,产生了与基于侵权的损害赔偿制度效果相当的效果,因此在各国都引起了广泛的主意。

(二)新制度的必要性

日本在此时提出新的大气污染被害者救济制度的必要性有三个:一是大气污染的情况依然比较严重;二是因大气污染而受到的损害救济难以让人满意;三是实务中日本法院已经积累了一定的关于大气污染诉讼的经验。

首先是日本大气污染的情况。虽然日本于 1987 年废除了第一种区域的指定,但是日本以大城市为中心的 NO2 以及 SPM 仍然维持在一个高浓度的水平线上。比如在东京都的 23 个区以及横滨、大阪等城市,2002 年之前的机动车排放浓度持续超过环境标准。③

其次,大气污染被害的实际情况与救济的必要性。公健法认定的公害被害者一度高达 10 万人,但随着 1987 年之后废除了认定,患者人数自然逐

---

① 吉村良一ほか『新・環境法入門』(法律文化社、2007 年)139 頁。
② 这里需要说明的是,公健法把有可能接受补偿的被害者的区域分为第一种区域和第二种区域两种。所谓第一种区域指的是,由政令指定的相当范围的区域,该区域内发生严重的大气污染,并且是支气管炎等非特异性疾病多发的区域。第一种区域的指定于 1987 年解除。第二种区域指的是,由政令指定的相当范围的区域,该区域内发生严重的水质污染,并且是水俣病等疾病多发的区域。大塚直『環境法(第 3 版)』(有斐閣、2010 年)642 頁—645 頁。
③ 详细数据参见「新たな大気汚染公害被害者救済制度の必要性とその基本的考え方」環境と公害 38 巻 3 号(2009 年)2 頁以下。

年递减,到 2009 年左右只剩下 4 万 8 千余人。但是废除指定区域后大气污染情况并没有得到改善,尤其是主要干线道路周边的患者不断产生。这些患者由于得不到认定,除非有医疗费的补助,否则大多数的医疗费用还是由自己负担,对家计也会产生恶劣的影响。这方面东京都川崎市建立了地方性的支气管炎患者的医疗补助制度,申请者的数目也不小。由此可见在国家层面建立新的大气污染被害者救济制度的必要性。

最后,大气污染诉讼的经验。虽然早在 20 世纪 70 年代后半期,日本各地就开始了提起大规模的大气污染环境诉讼,但是法院直到 1995 年以后才在这些诉讼里承认了机动车排放的尾气与呼吸器疾病之间具有因果关系。这个时期比较有影响力的大气污染诉讼有以下几个:① 西淀川第 2—4 次诉讼判决(1995 年)通过疫学的手法,肯定了在 1970 年至 1977 年之间,机动车排放的 NO_2 和工厂排放的 SO_2 与呼吸器疾病的发生以及恶化之间的因果关系;② 川崎第 2—4 次诉讼判决(1998 年)也承认了 1969 年之后 NO_2、SPM 对呼吸器疾病的影响[①];③ 尼崎诉讼判决(2000 年)基于千叶大学医学部的疫学调查[②],认为机动车排放微粒子(DEP)对于呼吸性疾病的发生与恶化,有(区别于个体的、具体的因果关系的)集体上的因果关系层面上的高度盖然性;④ 尼崎判决之后,同样基于千叶大调查肯定因果关系的还有名古屋南部诉讼判决(2000 年)、东京诉讼判决(2002 年)。这些判决的特点是,肯定机动车排放造成的大气污染与居民的健康被害之间的因果关系,从而承认道路管理者的损害赔偿责任。应当注意的是,这些诉讼最终是以和解的方式得到解决的,在原告与被告之间的和解条款中也写明了这种因果关系,且这种和解不只是和解金的支付,还有医疗补助制度的创立,最终也就得出了不依靠诉讼而快速救济制度的必要性的结论。

二、大气污染被害者救济制度的建议

考虑到现行公害健康被害补偿制度对患者认定及被害救济还是能发挥部分作用,新大气污染被害者救济制度还是在基本维持公健法制度的前提

---

① 只是判决①②认为救济的范围限于主干道 50 米以内的居住者。
② 所谓的千叶大调查指的是,千叶大学医学部从 1996 年起对日本千叶县内一定区域的小学生的呼吸器疾病进行了跟踪调查,发现市内道路两旁(主干道 50 米以内)的呼吸道疾病的概率是非道路两旁的两倍,是乡村的四倍。

下,主张建立另外的新大气污染被害者救济制度。①

（一）两大支柱——医疗救济制度和被害补偿制度

研究小组认为新大气污染被害者救济制度的两大支柱是缓解紧急性医疗费负担的医疗救济制度和承认主干道两旁损害赔偿的大气污染诉讼前提的被害补偿制度。该制度的着眼点主要是集中在污染严重的区域和主干道两旁,通过前者建立医疗费辅助制度,通过后者采取如公健法一样的补偿制度。

首先来看医疗救济制度。医疗救济制度主要是面对那些未得到公健法认定的患者,具有二重社会保障的性质。② 这种制度首先是划定一个区域,该区域主要是在机动车集中的地方,是在过去（1988年以后）或者现在测出大气污染物显著超过环境标准的行政区域。在这些区域内,明确国家（或者地方自治体）、机动车制造者的责任。对于国家而言（包括自治体）,负有通过交通政策、交通规制等方式缓解机动车集中状况并使之不产生健康损害的责任;而对于机动车制造者而言,则负有其所制造和贩卖的汽车不会产生健康损害的责任。医疗救济制度的救济对象主要是在上述指定区域内生活超过1年（未满3岁的居住超过6个月）的患有呼吸性疾病的居民或者工作者,而救济内容则是对上述疾病及其后发症所需的医疗费用中的自己负担部分进行救济。此外虽说救济费用只涉及紧急性医疗费用的自己负担部分,但是如果今后因果关系明确了的话,在这个区域内还是可以考虑被害补偿问题的。

其次是被害者补偿制度。因为先前的主干道大气污染诉讼以及和解中承认了因果关系和道路管理者的损害赔偿责任,因此被害者补偿制度与公健法一样带有较强的民事责任色彩。被害者补偿制度也是首先指定一个区域,那就是在12个小时之内机动车的交通量超过四万辆或者大型车交通占比较高的主干道的沿线地区（100米之内）。救济对象的范围和上述医疗救济制度的对象相同,且救济亦参照公健法的标准进行补偿。由此,从某种意义上来说,被害者补偿制度是通过恢复公健法的第一种区域的指定达到被

---

① 「新たな大気汚染公害被害者救済制度の必要性とその基本的考え方」環境と公害38巻3号（2009年）5頁。

② 同6頁。

害者救济的目的。

（二）费用负担

众所周知，大气污染往往存在着复数的污染单位。因此确定对污染发生的责任的关系程度以及在救济制度中如何各自分担责任便成为新制度需要解决的最重要的一个问题。

那么救济制度中的"责任"到底指的是什么呢？研究小组认为，在新的大气污染救济制度中不仅仅是法的责任的问题，应该从更广的角度去看待这个问题。本来法的责任本身就包括过失责任和无过失责任等多样化的内容，与此相对的社会责任也是企业作为社会存在对其施加的行为负担的责任。因此，研究小组认为需要考虑更加具体化了的社会责任。[①] 而因机动车排放尾气所造成的大气污染本身也是由多个主体引起的，比如道路管理者、机动车制造者、机动车使用者以及对机动车负有规制义务的国家等。也就是说，这种想法认为费用负担方面不仅包括直接的污染者或者原因者，还应该包括间接的关系者。具体来说，研究小组的建议费用负担者包括国家、地方自治体、高速公路公司、汽车制造商以及汽油燃料制造商。[②] 接下来，我们将探讨两个重点，即机动车制造者的责任以及国家的责任。

首先来看机动车制造者的责任。虽然在上述的东京大气污染诉讼中，因为责任的间接性而没有承认机动车制造者的法的责任[③]，但是研究小组认为机动车制造者作为"责任有关者"，同样需要承担费用。因为从当今社会的经济构造来看，在城市里机动车的大量集中已经是不可避免的了，而机动车制造者就是在这种集中的前提下制造机动车的，也因此必须确保其制造的机动车较少地排放污染物质。就算不承担法的责任，也不能否认其费用负担的责任。正如东京大气污染诉讼判决中所言，"被告机动车制造者，应该通过不懈的努力，最大限度地减少有害物质的排出，并尽早开发新技术，尽到制造以及贩卖机动车应尽到的社会责任"。同时，恐怕机动车制造者也

[①] 「新たな大気汚染公害被害者救済制度の必要性とその基本的考え方」環境と公害 38 巻 3 号（2009 年）7 頁。

[②] 新たな大気汚染公害被害者救済制度の提言《日本環境会議三十周年記念尼崎大会資料》（2009 年 11 月）48 頁以下。

[③] 具体的原因是，法院认为环境污染的原因是本地的机动车的大量集中，而这些是机动车制造者所不能够控制的事情。

应该能预见到随着机动车的大量集中可能造成沿线居民的呼吸道疾病。这种社会责任就不再仅是机动车制造者对"健康和环境的影响"所负的具体责任,更是对其防止大气污染而应采取各种更加积极的举措的要求。① 同时,与此问题相似的还有燃料制造商的责任问题。

其次来看国家的责任。研究小组认为国家有创设大气污染救济制度的责任以及在作为加害者之一的情况下负担救济费用的责任。日本《环境基本法》第31条规定,国家负有建立救济公害被害人的必要化制度的义务。但是现实生活中,只不过是一部分的被害者提起了诉讼并艰难地得到一些救济而已,地方自治体的医疗辅助制度也仅仅是一种紧急性的避难救济,因此被害者救济离"圆满的实施"还有一段很长的距离。② 此外作为道路管理者的国家还有负担救济费用的义务。国家(自治体)的责任不仅仅表现在对未认定患者的赔偿上,还有对未尽到规制机动车排放污染职责的责任。其实关于公害中的国家责任,日本最高法院已经在水俣病国家赔偿判决中(2004年民集58卷7号1802页)有所提及,认为当存在着规制根据的法律的时候,如果政府不行使包含行政立法权在内的规制权限的话,就应该承认国家的责任。

此外,虽然机动车使用者在购入机动车时的选择(购买少排量的机动车)、对机动车的使用(开车场合以及距离)等因素与大气污染有关系,但是考虑到这种关系受到机动车制造者提供的产品、城市构造以及公共交通的便利性等因素所左右,具有他动性的特点,所以建议暂时没有把机动车使用者列入费用负担者之内。③

最后是关于各制度间费用负担者的负担比例问题。虽然建议还没有到具体数字的程度,但就两大支柱提出了一个总的原则。对于被害补偿制度,由于其具有很强的民事责任的属性,因此必须按照各责任者的责任比例来负担。但是考虑到医疗救济制度具有社会保障的属性,比起民事属性的被

---

① 鈴木美弥子「東京大気汚染訴訟判決について—自動車メーカーの責任を中心に」《環境・公害法の理論と実践》日本評論社2004年第264頁。
② 「新たな大気汚染公害被害者救済制度の必要性とその基本的考え方」環境と公害38巻3号(2009年)8頁。
③ 新たな大気汚染公害被害者救済制度の提言《日本環境会議三十周年記念尼崎大会資料》(2009年11月)55頁。

害补偿制度,就应该提高公共负担的比例。①

(三) 新大气污染救济建议简评

实际上,日本环境会议提出的新大气污染被害者救济建议,首先是作为对公健法废除第一种区域以后不断出现的大气污染被害者的一种回应,同时也是对十几年大气污染诉讼判决的一种反思和总结。实际上,这种建议如果能成为制度的话,确实能对大气污染被害者起到快速救济的效果。

此外,从综合救济的角度来看,新大气污染被害者救济建议确实与传统的侵权行为制度以及公健法规定的被害者救济制度有着很大的不同。首先,该建议对侵害的认定不再需要因果关系,而是通过快速认定而达到全面救济的效果,这就省去了侵权行为制度中的因果关系要件,而这(包括共同因果关系)恰恰是公害诉讼中最麻烦的一块。其次,该建议比起公健法仅有的被害者补偿制度扩大了救济的范围和救济资金,加入了医疗救济制度,救济水平和救济内容得到了扩展。最后,与传统侵权法的原则上由直接加害者负责制度不同,该建议扩大了责任主体的范围,包括国家以及机动车燃料制造商等新进入了考虑范围,这也是对传统责任范围(污染者负担)的一种新的解读。以上的这些新元素,比起加藤的综合救济体系论,在单项救济的领域内,都使其成为综合救济另一条更加切实可行的新路线。

第四节 今后的课题

日本综合救济论的生成和展开,显然是伴随着社会中各种各样的大规模侵权行为的发生而逐步发展起来的。面对这种大规模侵权行为,一方面日本民法学界通过改造侵权法的因果关系、违法性、共同侵权等理论以适应社会出现的这种变化,另一方面也提出了跳开侵权法而建立综合救济体系的想法并部分付诸实际。但是,这种综合救济论的提出以及实践本身尚有理论以及实践问题亟待解决,这些恐怕就是未来日本综合救济论走向何方的关键之所在,同时也是值得中国学习和深思的问题。以下三个课题是日

---

① 新たな大気汚染公害被害者救済制度の提言《日本環境会議三十周年纪念尼崎大会資料》(2009年11月)55頁。

本综合救济论所必须解决好的重大问题。

　　第一个问题比较实际些，那就是对现有制度的整合以及反思。正如上文所言，日本在若干领域已经建立了针对特殊情况的大规模侵权所致损害的综合救济制度。这些制度虽然也起到了一定作用，但是确实也存在加藤教授所言的制度间的不周延性的问题。在这方面的课题恐怕是，一方面对不断出现的侵权行为进行制度构建，另一方面也必须对现存这些制度的共性进行思考，对各制度进行整合，从而尽可能地达到公平均一的救济水平。这恐怕也是日本综合救济方面最切实可行的一条路了。具体制度设计以及整合等方面的课题，日本方面讨论并不多，但是这方面的努力不仅关系到更加合理公平的救济体系的建立，也可能因此找到与综合救济体系的结合点，因此不可忽视。

　　第二个问题是一个根本性的问题，那就是侵权行为制度与综合救济体系之间的关系的问题。两者之间是一种排斥的关系还是一种共存的关系，还有就是两者之间如何定位各自的职能划分。加藤教授的综合救济体系的构想之所以"曲高和寡"，恐怕是因为对于这个问题没有作出理清或者对于这个问题作了简单化的处理的缘故。其实说到侵权制度与综合救济关系的问题，更为根本的是侵权制度的功能或者机能是否被综合救济所取代的问题。对此，损害填补的功能当然是综合救济体系所擅长的，问题是对于侵权法的其他功能而言综合救济体系如何回应。先来看看日本侵权法的教科书是如何对侵权法的机能作出阐述的。比如四宫和夫教授认为，除了损失填补的功能之外，预防功能以及制裁功能也是侵权行为制度的目的之一。[1] 对此森岛昭夫教授也强调了侵权法的制裁功能，认为在日本通过制裁而达到损害抑制的想法已经是非常有力的学说了。[2] 平井宜雄教授总结了侵权行为的功能是"损害填补、预防以及制裁三大功能"。[3] 加藤教授的综合救济体系论受到批判的根本性原因是其全面废止侵权行为诉讼的做法，忽视了侵

---

[1]　四宮和夫『事務管理・不当利得・不法行為（中巻）』（青林書院新社、1983年）262頁以下。

[2]　森島昭夫『不法行為法講義』（有斐閣、1987年）474頁。

[3]　平井宜雄『債権各論 Ⅱ　不法行為』（弘文堂、1992年）4頁以下。

权法中的抑制以及制裁功能,而强调了损害填补这块。① 当然加藤教授也作出了一些调整(故意诉权的导入),但是这种局部的调整能在多大程度上弥补这个缺陷还是个问题。② 另外就是抑制、制裁的功能与损害填补相比,是否只是附属性的功能还是并列的功能也是一个值得探讨的问题。③ 特别是制裁功能,日本的法院判例中就有直接以违反公共秩序为由否定了惩罚性损害赔偿的案例。④ 从学说而言,虽然以戒能通孝为开端的精神损失费的制裁功能一说也成为有力的学说,但是从解释论上来看,制裁功能说还是属于少数说。有学者总结,摆在制裁前面的主要是三大障碍:第一是责任的原因与责任的范围以及赔偿额的关系被切断了;第二是不与损害相适应的损害赔偿(惩罚性赔偿)违反禁止得利原则;第三就是传统的民刑分别论。⑤ 对这些障碍的克服尤其是解释论上的努力,也是重要的课题之一。当然,我们可以对侵权法的功能作出再认定,但是侵权法与综合救济体系的关系仍是不得不面对的课题。

综合救济论的第三个问题是责任原理射程的问题。建立综合救济的制度,最重要的前提恐怕就是救济资金的来源,而资金来源问题涉及由谁负担的问题,这就涉及成为资金负担者的理论根据是什么,以及这个资金负担者应该扩展到多大范围的问题。以公害类综合救济制度为例,日本实行的是污染者负担(或者说原因者负担)的原则,由此形成了包含责任原理的日本式的上述公害被害者救济体系。这种救济体系的理论,以责任关系度(Responsible Commitment)为根据,由对损害发生以及扩大有影响的诸多主体负担费用而非仅仅是由直接污染者负担。而且这种责任不仅仅包括法的责

---

① 持有类似观点的有,宇佐见大司「総合救済システム論」法律時報 65 巻 10 号(1993年)94 頁。
② 同样从被害者"保障"的角度出发的淡路刚久教授却和加藤教授的看法完全不同,淡路教授认为侵权法的目的就在于调整被害者的权利与加害者的权利,并认为需要正面承认侵权法的抑制功能。详见淡路剛久「スタルク教授の民事責任論—『保障理論』を中心にして」日仏法学 10 号(1979 年)1 頁以下。
③ 廣峰正子「民事責任における抑制と制裁(1)—フランスにおける民事罰概念の生成と展開をてがかりに」立命館法学 297 号(2005 年)148 頁。
④ 最高裁第二小法廷 1997 年 7 月 11 日判決民集 51 巻 6 号 2573 頁。
⑤ 窪田充見「不法行為と制裁」磯村保ほか編『民法学の課題と展望:石田喜久夫先生古稀記念』(成文堂、2000 年)667 頁以下。

任,更包括具体化、特定化的社会责任。① 在日本,对于这种多样化的"责任"的性质、内容以及以此为根据的费用负担的合理方式的讨论就成为一个非常重要的课题。当然同样的问题不仅仅出现在公害综合救济的场合,其他综合救济制度的建立同样需要仔细研究责任原理及其射程。可能对于这个问题,中国更难理解,因为让看似不是很相关的主体去负担费用,显然会碰到合理性的质疑,但是日本的讨论以及做法值得我们借鉴。

---

① 吉村良一「責任原理と環境公害被害の救济」環境と公害 38 卷 3 号(2009 年)25 頁。

结　语

意外事故的受害人补偿救济,是现代世界各国共同面临的难题之一,我国也同样如此:一方面,"近年来,随着我国科学技术的革新和社会经济的高速发展,交通事故、工伤事故等传统事故频繁发生,产品责任、矿难事故、环境污染等大规模侵权事故也大量出现。这些事故的发生,不但造成了财产损害,而且还引起了人身伤害和生命威胁,因此,如何对事故损害中的受害人提供有效救济,已经成为我国当前面临的重大课题"①。另一方面,我国目前的人身伤害补偿法律制度主要由侵权责任制度、人身商业保险制度和社会保障制度等共同组成。其中,侵权责任制度是我国目前最为基础的意外人身伤害补偿制度。在商业保险领域,人身保险——主要包括人寿保险、健康保险和意外人身伤害保险——依照保险合同的约定对被保险人或受益人的人身伤害支付约定的保险金,一定程度上起到了损失分散的补偿功能。在社会保障制度方面,我国的社会保险体系正在逐步建立和完善之中,失业保险、养老保险、工伤保险、医疗保险、生育保险等构成了目前社会保险体系的主要内容。其中,工伤保险和医疗保险具有明显的人身伤害补偿功能。从总体上讲,尽管侵权责任制度、人身商业保险制度与社会保障制度已经在我国初步建立,但由于人口基数大、人均经济实力低、地区经济发展不平衡、社会保障制度落后等现实状况的制约,我国意外人身伤害补偿制度的效果并不理想。更为重要的是,我国目前的侵权责任制度、人身商业保险制度和社会保障制度共同构成了人身伤害补偿的法律体系。但严格来讲,这三者之间并没有形成一种逻辑严谨、相互协调的互动关系,侵权责任制度"一股独大",人身商业保险制度和社会保障制度相对弱小,受害人补偿来源匮乏。

---

① 王利明:《建立和完善多元化的受害人救济机制》,载《中国法学》2009年第4期。

| 结　语 |

因此,有必要对现行制度进行反思和检讨,来应对意外事故风险对现代社会的安全威胁。

就侵权责任制度、人身商业保险制度和社会保障制度三者而言,侵权责任制度作为一种典型的私法救济模式,历史悠远,责任观念深入人心,具有良好的传统。但是,侵权责任制度的赔偿滞后、保护不力、成本昂贵等弊端,使其无法完全承担起现代风险社会中受害人救济之重任。一般的意外伤害商业保险遵循当事人意思自治之原则,由个人通过保险契约安排自己的事故风险,具有强大的损害填补和损失分散之功能。但商业保险由于市场化的本质和投保自愿的原则,不能完全适应现实中受害人的救济需要。社会保障制度以国家财力为后盾,为符合社会保障条件的受害人提供基本物质或生活帮助,具有广泛的适用性,能够一定程度地对受害人进行损失补偿。但是,社会保障制度往往受经济发达水平、公共政策倾向或社会意识形态等因素的影响,补偿保护力度不及侵权损害赔偿和商业保险,受害人的实际损失经常得不到有效的填补。所以,这三者中的任何一种制度均不能独立地、完全地承担起受害人保护救济之重任。那么,应该如何妥善地构建我国意外事故受害人补偿救济制度?从世界各国目前的立法状况来看,侵权责任制度、人身商业保险(尤其是责任保险)制度和社会保障(尤其是社会保险)制度构成了一种多元化的受害人救济机制。如何协调处理安排这三种制度之间的关系,成为解决问题的关键。

在三种制度的关系处理上,以新西兰为代表的意外事故补偿制度显然采取了"侵权损害赔偿处于塔尖位置,责任保险在中间层次,由社会救助制度来承担绝大多数的损害分担"的金字塔模式。[①] 这种模式被王泽鉴先生认为是侵权法在未来的发展方向。[②] 鉴于侵权责任制度在人身损害赔偿领域的欠佳表现以及社会保障制度的发展状况,本书对此深表赞同。需要指出的是,目前从经济成本和国家财政能力的角度看,我国在近期采行类似新西兰模式的、全面的意外人身伤害补偿方案的可能性几乎是不存在的。但是,尽管在人口地理、经济发展水平、政治体制和法律体系等方面存在着诸多差

[①] 王利明:《建立和完善多元化的受害人救济机制》,载《中国法学》2009年第4期。
[②] 王泽鉴:《侵权行为法的危机及其发展趋势》,载氏著:《民法学说与判例研究》(第二册),北京大学出版社2009年版,第104页;王泽鉴:《侵权行为》(第三版),北京大学出版社2016年版,第37页。

异,以新西兰为代表的意外人身伤害补偿方案对我国仍具有重要的启示作用。从长远看,社会保险制度(特别是无过错补偿方案)应成为我国人身伤害补偿法律制度的发展方向,侵权法的地位和作用应予以重新审视,并进行适当的限制或废除。这一长远目标符合受害人补偿之需要,体现了现代国家的社会责任理念,有利于社会的和谐稳定。这一目标的实现显然不会一蹴而就,"毕其功于一役"的想法是滑稽可笑的,它不仅需要国家经济水平得到极大的提高从而满足无过错补偿制度所需的巨大经济成本,而且需要在思想观念、政治倾向、法律制度等方面长期的完善和提高。

结合我国目前的国情,以新西兰为代表的意外事故补偿制度显然没有现实的指导意义,但这并不意味着这些意外事故补偿制度不能给我们带来有益的思考与启示。我国目前的意外人身伤害补偿制度总体效果并不理想,受害人并没有得到周到而又合理的保护救济。因此,在价值目标方面,意外事故补偿制度所确立的受害人"完全权利"和"真实补偿"原则对我国意外人身伤害补偿制度具有重要的参考价值。构建侵权责任制度、人身商业保险制度与社会保障制度相互配合、相互补充的受害人多元化救济机制应当成为当前和未来的重大法律课题。

第一,巩固侵权责任制度的基础地位,增强侵权责任的损害赔偿功能。侵权责任制度之所以被世人诟病,原因无非有二:一是侵权责任制度受到举证责任、因果关系、加害人责任能力等因素的制约,无法满足意外事故受害人的损失补偿之客观要求;二是侵权诉讼过程漫长、成本昂贵、赔偿程序滞后。与其他补偿制度相比,侵权责任制度不具有经济效率,造成了社会资源的浪费。因此,我国《民法典》侵权责任编在实际运行中,应吸取以上教训,增强侵权责任的损害赔偿功能。例如,在归责原则上,《民法典》侵权责任编已经建立过错责任和无过错责任的"二元结构",为扩大对受害人的保护救济,应结合社会现实及时扩大无过错责任的适用范围。在损害赔偿方面,应赋予法院更多的自由裁量权,权衡受害人损失与加害人经济状况,避免不公平现象的产生。在侵权诉讼方面,应发展多元化的纠纷解决机制,强化诉讼调解理念,减低诉讼成本,提高诉讼效率,等等。

第二,发展责任保险制度。责任保险制度是侵权法严格责任得以实现的重要制度保障,它使侵权法摆脱了传统过错责任体制下的"损失移转"理

| 结　语 |

念,而逐渐树立"损失分担"之赔偿理念。① 尽管责任保险制度的发展会一定程度地削弱侵权法在矫正正义、预防震慑等方面的功能,但是它在损害赔偿方面的良好表现则毋庸置疑。② 本书认为,我国目前应大力推动责任保险制度的发展,特别是在意外事故高发领域或高风险领域实行强制性责任保险制度。因此,除了目前已经施行的机动车强制责任保险,还应在铁路交通事故、医疗事故、环境污染和生态破坏事故等领域确立强制性责任保险制度。

第三,扩大责任保险救助基金的范围。我国在道路交通事故领域设定了"道路交通事故社会救助基金"③,旨在对无法通过责任保险获得保障——如肇事机动车逃逸、抢救费用超过责任限额或未参加机动车强制责任保险等——的受害人提供救济。但是,该救助基金制度仍存在着诸如救助基金的法律地位、投资渠道及其资金安全保障,救助基金的申请及其纠纷解决机制等问题④;更为重要的是,该救助基金的适用范围仅限于受害人的丧葬费、部分或全部的抢救费用(如《机动车交通事故责任强制保险条例》第24条、《道路交通事故社会救助基金管理办法》第2条第2款),而受害人的其他损失均被排除在救济范围之外。因此,首先应进一步扩大该救助基金的补偿范围,《民法典》侵权责任编第1216条规定垫付范围为"人身伤亡的抢救、丧葬等费用",其中增加一"等"字,为裁判实践中扩大交通事故社会救助基金的垫付范围,例如在机动车逃逸或者责任人无资力赔偿的情形,判决由交通事故社会救助基金垫付"死亡赔偿金""残疾赔偿金",预留了"空间"。⑤ 另外,在其他意外事故领域也可仿效道路交通事故领域设立社会救助基金。具体而言,在所有的强制性责任保险场合,均可建立相似的救助基金制度,从而为受害人提供必要的补偿救济。

---

① 责任保险制度与侵权法的关系,参见邹海林:《责任保险论》,法律出版社1999年版,第36—39页。
② 杨佳元:《保险对损害赔偿责任法之影响》,载《月旦法学杂志》第73期(2001年第6期)。
③ 参见《道路交通安全法》第17条、第75条、第98条,《民法典》侵权责任编第1216条,《机动车交通事故责任强制保险条例》第24—26条以及《道路交通事故社会救助基金管理办法》。
④ 对我国道路交通事故社会救助基金的反思与立法建议,参见李青武:《机动车责任强制保险制度研究》,法律出版社2010年版,第255—259页。
⑤ 梁慧星:《侵权责任法若干问题》,载明辉、李昊主编:《北航法律评论》2011年第1辑(总第2辑),法律出版社2011年版,第30页。

第四，完善工伤保险补偿制度。工伤与职业灾害事故，是现代工业社会中最为频发的意外事故领域。我国的《工伤保险条例》确立了无过错的工伤补偿制度。但是，我国的工伤保险制度的适用范围十分有限，保险覆盖面狭窄，不足以保护社会劳动者的合法权益①；另外一个重要的问题在于工伤保险的强制性不足。② 在补偿范围方面，我国的工伤保险补偿制度与侵权损害赔偿金具有明显不合理的差距，远不能满足受害人的补偿需要。③ 因此，本书认为，应扩大工伤保险补偿制度的适用范围，将公务员和自由职业者纳入保险覆盖范围；提高工伤保险制度的强制性色彩，确保社会劳动者的普遍参保。同时，应努力提高工伤保险的补偿标准，缩小与侵权损害赔偿金的差异，最终实现工伤保险制度在此领域的垄断适用，从而废除侵权责任制度的作用。

第五，在多元化的意外事故救济机制的建立中，对人身损害赔偿的多种来源要有统筹兼顾的考虑，确立并行给付、代位求偿、法定追偿等不同的模式，既要保证受害人的人身损害得到比较充分的救济，又要避免受害人获得多重给付，加重保险和社会保障制度的负担。④

---

① 目前，从制度设计上看，工伤保险已经覆盖了所有有劳动关系的劳动者（雇员）。由于参加工伤保险的前提是建立劳动关系，工伤保险由雇主缴费，个人不缴费，因此自由职业者无法参加工伤保险。在现实中，大量的没有稳定劳动关系或没有劳动关系的自由职业者乃至更宽泛意义上的"灵活就业人员"的工伤问题日益突出。这方面有待职业伤害保障制度来加以完善。2023 年 7 月 1 日，人力资源社会保障部会同相关部门在部分地方（如海南）、部分平台企业正式启动新就业形态就业人员职业伤害保障试点工作，其实效仍有待观察。

② 《工伤保险条例》第 62 条规定："用人单位依照本条例规定应当参加工伤保险而未参加的，由社会保险行政部门责令限期参加，补缴应当缴纳的工伤保险费，并自欠缴之日起，按日加收万分之五的滞纳金；逾期仍不缴纳的，处欠缴数额 1 倍以上 3 倍以下的罚款。依照本条例规定应当参加工伤保险而未参加工伤保险的用人单位职工发生工伤的，由该用人单位按照本条例规定的工伤保险待遇项目和标准支付费用。用人单位参加工伤保险并补缴应当缴纳的工伤保险费、滞纳金后，由工伤保险基金和用人单位依照本条例的规定支付新发生的费用。"因此，《工伤保险条例》的规定过于温和，缺乏工伤保险的强制性基础。在实践中，仍有部分企业拒不参保，严重影响了工伤受害人的权益。

③ 对我国工伤补偿与普通人身损害赔偿的补偿标准与实体差异的分析，参见张新宝：《工伤保险赔偿请求权与普通人身损害赔偿请求权的关系》，载《中国法学》2007 年第 2 期。

④ 相关内容可以参见王泽鉴：《侵权行为法的之危机及其发展趋势》，载氏著：《民法学说与判例研究》（第二册），北京大学出版社 2009 年版，第 123 页；《侵权行为》（第三版），北京大学出版社 2016 年版，第 28 页以下；周江洪：《侵权赔偿与社会保险并行给付的困境与出路》，载《中国社会科学》2011 年第 4 期。

参 考 文 献

一、中文著作

〔奥〕伯恩哈德·A.科赫、〔奥〕赫尔穆特·考茨欧主编:《比较法视野下的人身伤害赔偿》,陈永强、徐同远等译,中国法制出版社2012年版。

〔奥〕海尔姆特·库齐奥:《侵权责任法的基本问题(第一卷):德语国家的视角》,朱岩译,北京大学出版社2017年版。

〔奥〕海尔姆特·库齐奥主编:《侵权责任法的基本问题(第二卷):比较法的视角》,张家勇、昝强龙、周奥杰译,北京大学出版社2020年版。

〔奥〕赫尔穆特·考茨欧、〔奥〕瓦内萨·威尔科克斯主编:《惩罚性赔偿金:普通法与大陆法的视角》,窦海阳译,中国法制出版社2012年版。

〔澳〕彼得·凯恩:《阿蒂亚论事故、赔偿及法律》(第六版),王仰光等译,中国人民大学出版社2008年版。

〔澳〕彼得·凯恩:《侵权法解剖》,汪志刚译,北京大学出版社2010年版。

〔德〕茨威格特、〔德〕克茨:《比较法总论》(上),潘汉典、米健、高鸿钧、贺卫方译,中国法制出版社2017年版。

〔德〕埃尔温·多伊奇、〔德〕汉斯—于尔根·阿伦斯:《德国侵权法——侵权行为、损害赔偿及痛苦抚慰金》(第6版),叶名怡、温大军译,刘志阳校,傅宇校译,中国人民大学出版社2022年版。

〔德〕格哈德·瓦格纳:《损害赔偿法的未来:商业化、惩罚性赔偿、集体性损害》,王程芳译,熊丙万、李翀校,中国法制出版社2012年版。

〔德〕格哈德·瓦格纳主编:《比较法视野下的侵权法与责任保险》,魏磊杰、王之洲、朱淼译,中国法制出版社2012年版。

〔德〕克里斯蒂安·冯·巴尔:《大规模侵权损害责任法的改革》,贺栩栩译,中国法制出版社2010年版。

〔德〕乌尔里希·贝克:《风险社会:新的现代性之路》,张文杰、何博闻译,译林出版社

2018年版。

〔德〕乌尔里希·马格努斯主编:《社会保障法对侵权法的影响》,李威娜译,中国法制出版社2012年版。

〔荷〕米夏埃尔·富尔、〔奥〕赫尔穆特·考茨欧主编:《医疗事故侵权案例比较研究》,丁道勤、杨秀英译,中国法制出版社2012年版。

〔荷〕威廉·范博姆、〔奥〕迈因霍尔德·卢卡斯、〔瑞士〕克丽斯塔·基斯林主编:《侵权法与管制法》,徐静译,中国法制出版社2012年版。

〔荷〕威廉·范博姆、米夏埃尔·富尔主编:《在私法体系与公法体系之间的赔偿转移》,黄本莲译,中国法制出版社2012年版。

〔加〕欧内斯特·J.温里布:《私法的理念》,徐爱国译,北京大学出版社2007年版。

〔美〕G.爱德华·怀特:《美国侵权行为法:一部知识史》(原书增订版),王晓明、李宇译,北京大学出版社2014年版。

〔美〕腓特烈·坎平:《盎格鲁—美利坚法律史》,屈文生译,法律出版社2010年版。

〔美〕圭多·卡拉布雷西:《事故的成本:法律与经济的分析》,毕竞悦等译,北京大学出版社2008年版。

〔美〕理查德·L.哈森:《民事救济法:案例和解释》,吴国喆译,商务印书馆2020年版。

〔美〕凯斯·R.孙斯坦:《风险与理性——安全、法律与环境》,师帅译,中国政法大学出版社2005年版。

〔美〕肯尼斯·S.亚伯拉罕:《责任的世纪——美国保险法与侵权法的协同》,武亦文、赵亚宁译,中国社会科学出版社2019年版。

〔美〕斯蒂文·萨维尔:《事故法的经济分析》,翟继光译,北京大学出版社2004年版。

〔美〕小奥利弗·温德尔·霍姆斯:《普通法》,冉昊、姚中秋译,中国政法大学出版社2006年版。

〔美〕约翰·法比安·维特:《事故共和国:残疾的工人、贫穷的寡妇与美国法的重构》,田雷译,上海三联书店2008年版。

〔日〕吉村良一:《日本侵权行为法》(第四版),张挺译,文元春校,中国人民大学出版社2013年版。

〔英〕P.S.阿蒂亚:《"中彩"的损害赔偿》,李利敏、李昊译,北京大学出版社2012年版。

〔英〕W.V.霍顿·罗杰斯主编:《比较法视野下的非金钱损失赔偿》,许翠霞译,中国法制出版社2012年版。

〔英〕贝弗里奇:《贝弗里奇报告——社会保险和相关服务(中/英文版)》,劳动和社会保障部社会保险研究所组织翻译,中国劳动社会保障出版社2008年版。

〔英〕肯·奥利芬特主编:《损害的合并与分割》,周学峰、王玉花译,中国法制出版社2012年版。

〔英〕马克·施陶赫:《英国与德国的医疗过失法比较研究》,唐超译,法律出版社 2011 年版。

〔英〕珍妮·斯蒂尔:《风险与法律理论》,韩永强译,中国政法大学出版社 2012 年版。

〔英〕约翰·弗莱明:《美国侵权程序法》,陈铭宇、唐超译,北京大学出版社 2020 年版。

本书编写组编:《机动车强制责任保险制度比较研究》,中国财政经济出版社 2008 年版。

曹艳春等:《工伤损害赔偿责任研究》,法律出版社 2011 年版。

陈方淑:《理念与制度的调适:环境责任保险之社会化进路探析》,云南人民出版社 2013 年版。

陈皓:《保险与侵权法:参与限度的研究》,中国政法大学出版社 2016 年版。

陈玉玲:《医疗损害风险社会发展分担的法律问题研究》,东南大学出版社 2018 年版。

程啸:《侵权责任法》(第三版),法律出版社 2021 年版。

翟玉娟:《职业灾害救济法律制度研究》,厦门大学出版社 2009 年版。

丁凤楚:《机动车交通事故侵权责任强制保险制度》,中国人民公安大学出版社 2007 年版。

杜鹃:《我国环境污染责任保险基础理论与发展策略研究》,复旦大学出版社 2012 年版。

何佳馨:《美国健康保险立法研究》,法律出版社 2013 年版。

黄本莲:《事故损害分担研究——侵权法的危机与未来》,法律出版社 2014 年版。

贾爱玲:《环境侵权损害赔偿的社会化发展制度研究》,知识产权出版社 2011 年版。

贾爱玲:《环境责任保险制度研究》,中国环境科学出版社 2010 年版。

焦艳玲:《药品不良反应法律救济制度研究》,知识产权出版社 2011 年版。

李青武:《机动车责任强制保险制度研究》,法律出版社 2010 年版。

刘锐、李祝用、曹顺明:《中国机动车强制保险制度研究》,法律出版社 2010 年版。

刘锐:《机动车交通事故侵权责任与强制保险》,人民法院出版社 2006 年版。

刘锐:《中国事故受害人救济机制研究》,国家行政学院出版社 2012 年版。

刘士国等:《侵权责任法重大疑难问题研究》,中国法制出版社 2009 年版。

刘玉林:《大规模侵权责任保险基本问题研究》,世界图书出版广东有限公司 2016 年版。

卢希起:《刑事被害人国家补偿制度研究》,中国检察出版社 2008 年版。

吕琳:《劳工损害赔偿法律制度研究》,中国政法大学出版社 2005 年版。

吕群蓉:《医疗责任保险制度法理基础与制度构建》,中国政法大学出版社 2014 年版。

孟利民、刘锐、王揆鹏:《机动车事故受害人救济机制研究》,知识产权出版社 2009 年版。

强美英主编:《医疗损害赔偿责任分担研究》,知识产权出版社 2010 年版。

秦宁:《中国环境责任保险制度研究》,中国海洋大学出版社 2010 年版。

曲涛:《刑事被害人国家补偿制度研究》,法律出版社 2008 年版。

邵海:《现代侵权法的嬗变:以责任保险的影响为视角》,法律出版社 2012 年版。

汪立志主编:《强制保险的国际比较研究》,中国金融出版社2016年版。
王欢:《医师责任保险基本法律问题研究》,武汉大学出版社2015年版。
王瑞君:《刑事被害人国家补偿研究》,山东大学出版社2011年版。
王泽鉴:《侵权行为》(第三版),北京大学出版社2016年版。
文才:《论完善我国的责任保险法律制度:兼论责任保险对侵权行为法的影响》,西南交通大学出版社2010年版。
肖柳珍:《美国医疗过失诉讼对健康保险的影响与借鉴》,中国政法大学出版社2011年版。
熊进光:《大规模侵权损害救济论——公共政策的视角》,江西人民出版社2013年版。
徐清宇主编:《通行正义——交通事故损害赔偿》,法律出版社2010年版。
杨帆:《风险社会视域中侵权损害赔偿与责任保险的互动机制》,中国社会科学出版社2016年版。
杨佳元:《侵权行为损害赔偿责任研究——以过失责任为重心》,元照出版公司2007年版。
姚辉主编:《中国侵权行为法理论与实务》,人民法院出版社2009年版。
叶延玺:《责任保险对侵权法的影响研究》,浙江大学出版社2018年版。
于敏:《机动车损害赔偿责任与过失相抵:法律公平的本质及其实现过程》(第二版),法律出版社2006年版。
曾世雄:《损害赔偿法原理》,中国政法大学出版社2001年版。
曾言、李祖全:《医疗责任强制保险制度研究》,湖南师范大学出版社2009年版。
张新宝、陈飞:《机动车第三者责任强制保险制度研究报告》,法律出版社2005年版。
郑晓珊:《工伤保险法体系——从理念到制度的重塑与回归》,清华大学出版社2014年版。
周珂编著:《我国民法典制定中的环境法律问题》,知识产权出版社2011年版。
周学峰:《灾难性损害补偿制度研究》,中国法制出版社2017年版。
朱岩:《侵权责任法通论·总论》(上册:责任成立法),法律出版社2011年版。
竺效:《环境责任保险的立法研究》,法律出版社2014年版。
竺效:《生态损害的社会化填补法理研究(修订版)》,中国政法大学出版社2017年版。
竺效:《生态损害综合预防和救济法律机制研究》,法律出版社2016年版。
庄敬华:《环境污染损害赔偿立法研究》,中国方正出版社2012年版。
最高人民法院民事审判第一庭编著:《最高人民法院关于道路交通损害赔偿司法解释理解与适用》,人民法院出版社2015年版。

二、中文论文

〔德〕格哈特·瓦格纳:《当代侵权法比较研究》,高圣平、熊丙万译,载《法学家》2010年第

2 期。

〔美〕F. 帕特里克·哈伯德:《美国侵权法改革运动的本质与影响》,王晓明译,载梁慧星主编:《民商法论丛》(第 43 卷),法律出版社 2009 年版。

〔美〕斯蒂芬·D. 舒格曼:《20 世纪美国人身伤害法的演变》,高建学、张颖琨译,戴萍校,载王军主编:《侵权行为法比较研究》,法律出版社 2006 年版。

〔英〕P. S. 阿蒂亚:《21 世纪的人身伤害赔偿法:想他人所不能想》,肖瑛译,载张民安主编:《侵权法报告》(第一卷),中信出版社 2005 年版。

艾尔肯:《论医疗责任强制保险制度的功能》,载《河北法学》2017 年第 7 期。

曹艳春:《工伤保险与民事侵权赔偿适用关系的理性选择》,载《法律适用》2005 年第 5 期。

丁凤楚:《论现代事故损害赔偿责任的客观化和社会化》,载《社会科学》2006 年第 7 期。

董春华:《论美国侵权法限制运动及其发展趋势》,载《比较法研究》2014 年第 2 期。

冯珏:《民事责任体系与无过错补偿计划的互动——以我国疫苗接种损害救济体系建设为中心》,载《中外法学》2016 年第 6 期。

伏创宇:《强制预防接种补偿责任的性质与构成》,载《中国法学》2017 年第 4 期。

胡岩:《美国侵权法改革及其对我国的启示》,载《法律适用》2019 年第 19 期。

李国炜:《瑞典病人保险制度介评》,载《南京医科大学学报(社会科学版)》2004 年第 1 期。

李坤刚:《工伤补偿制度:起源、问题与解决》,载《法律科学》(西北政法学院学报)2007 年第 6 期。

梁慧星:《侵权责任法若干问题》,载明辉、李昊主编:《北航法律评论》2011 年第 1 辑(总第 2 辑),法律出版社 2011 年版。

林翠秀:《侵权损害赔偿之社会化趋势》,载《上海政法学院学报(法治论丛)》2012 年第 2 期。

林嘉:《社会保险对侵权救济的影响及其发展》,载《中国法学》2005 年第 3 期。

林暖暖:《美国无过错医疗责任改革:制度缘起与法理启示》,载《中国社会科学》2010 年第 2 期。

刘军:《瑞典学界对瑞典模式的争论与思考》,载《国际社会科学杂志(中文版)》2009 年第 1 期。

刘凯湘、曾燕斐:《论侵权法的社会化——以侵权法与保险的关系为重点》,载《河南财经政法大学学报》2013 年第 1 期。

刘兰秋:《域外医疗损害无过失补偿制度研究》,载《河北法学》2012 年第 8 期。

刘水林:《风险社会大规模损害责任法的范式重构——从侵权赔偿到成本分担》,载《法学研究》2014 年第 3 期。

吕琳:《工伤保险与民事赔偿适用关系研究》,载《法商研究》2003年第3期。

麻昌华:《21世纪侵权行为法的革命》,载《法商研究》2002年第6期。

潘培新:《谈谈瑞典模式的由来、意义和几点思考》,载《当代世界社会主义问题》1989年第2期。

渠涛:《从损害赔偿走向社会保障性的救济——加藤雅信教授对侵权行为法的构想》,载梁慧星主编:《民商法论丛》(第2卷),法律出版社1994年版。

孙大伟:《作为侵权法正当性基础的结果责任——以英美侵权法理论的发展为背景》,载《法制与社会发展》2009年第2期。

唐慧鑫、孙骏:《浅析瑞典药品损害赔偿机制及其药品保险制度》,载《中国药物警戒》2006年第6期。

王军、张海枫:《论海洋油污损害赔偿责任的社会化分担》,载《比较法研究》2017年第3期。

王利明:《建立和完善多元化的受害人救济机制》,载《中国法学》2009年第4期。

王利明:《我国侵权责任法的体系构建——以救济法为中心的思考》,载《中国法学》2008年第4期。

王泽鉴:《劳灾补偿与侵权行为损害赔偿》,载《民法学说与判例研究》(第三册),北京大学出版社2009年版。

王泽鉴:《侵权行为法之危机及其发展趋势》,载王泽鉴:《民法学说与判例研究》(第二册),北京大学出版社2009年版。

王泽鉴:《英国劳工法之特色、体系及法源理论》,载《民法学说与判例研究》(第二册),北京大学出版社2009年版。

魏华:《损失的转移与分散——从加害人承担到损失社会化》,吉林大学2009年博士论文。

谢志红:《侵权行为法的变革与社会保障法之肇始——兼论弱势群体的保护》,载《江西财经大学学报》2004年第1期。

颜佳莹:《纽西兰意外补偿制度与我国相关意外伤害补偿制度之研究》,台湾政治大学2006年度硕士学位论文。

杨迟:《瑞典模式的演变及当今瑞典社民党的政治定位》,载《国际论坛》2002年第6期。

杨秀仪:《从无过失重回过失:纽西兰有关医疗伤害补偿制度之变迁及对台湾之启示》,载《政大法学评论》2000年第64期。

杨秀仪:《瑞典"病人赔偿保险"制度之研究——对台湾医疗伤害责任制之启发》,载《台大法学论丛》2001年第30卷第6期。

杨秀仪:《医疗纠纷与医疗无过失制度——美国经验四十年来之探讨》,载《政大法学评论》2001年第68期。

姚辉:《侵权法的危机:带入新时代的旧问题》,载《人大法律评论》(2000年第2辑),中国人民大学出版社2000年版。

郁光华:《走向交通人身伤亡事故处理的完全性无过失保险机制》,载《法律与公共政策问题研究——郁光华法律的经济论文选》,中国社会科学出版社2005年版。

詹丰吉:《意外事故社会保障之研究:以损害赔偿与社会保障法之交互影响为中心》,台湾政治大学2008年度硕士学位论文。

张俊岩:《风险社会与侵权损害救济途径多元化》,载《法学家》2011年第2期。

张平华、郭明瑞:《关于工伤保险赔偿与侵权损害赔偿的关系》,载《法律适用》2008年第10期。

张铁薇:《侵权责任法与社会法关系研究》,载《中国法学》2011年第2期。

张新宝、岳业鹏:《大规模侵权损害赔偿基金:基本原理与制度构建》,载《法律科学(西北政法大学学报)》2012年第1期。

张新宝:《工伤保险赔偿请求权与普通人身损害赔偿请求权的关系》,载《中国法学》2007年第2期。

郑尚元:《侵权行为法到社会保障法的结构调整——以受雇人人身伤害之权利救济的视角》,载《现代法学》2004年第3期。

周华:《侵权损害赔偿的社会化发展与侵权法危机论探究》,载《重庆理工大学学报(社会科学)》2019年第12期。

周江洪:《侵权赔偿与社会保险并行给付的困境与出路》,载《中国社会科学》2011年第4期。

周学峰:《论责任保险的社会价值及其对侵权法功能的影响》,载《甘肃政法学院学报》2007年第5期。

三、英文著作

Abraham, Kenneth S., *Liability Century: Insurance and Tort Law from the Progressive Era to 9/11*, Harvard University Press, 2008.

Atiyah, Patrick S., *Damages Lottery*, Hart Publishing, 1997.

Beever, Allan, *Rediscovering the Law of Negligence*, Hart Publishing, 2007.

Burrows, Andrew, *Understanding the Law of Obligations*, Hart Publishing, 1998.

Calabresi, Guido, *The Costs of Accidents: A Legal and Economic Analysis*, Yale University Press, 1970.

Cane, Peter, *The Anatomy of Tort Law*, Hart Publishing, 1997.

Cane, Peter, Goudkamp, James, *Atiyah's Accidents, Compensation and the Law*, 9th. ed., Cambridge University Press, 2018.

Deakin, Simon, Johnson, Angus & Markesinis, Basil, *Markesinis and Deakin's Tort Law*, 5th ed., Oxford University Press, 2002.

Dewees, Donald N., Duff, David and Trebilcock, Michael J., *Exploring the Domain of Accident Law*, Oxford University Press, 1996.

Dobbs, Dan B., Hayden, Paul T. and Ellen M. Bublick, *Dobbs' Law of Torts*, 2nd. ed., West, 2013.

Dute, Jos, Faure, Michael G., and Koziol, Helmut (eds.), *No-Fault Compensation in the Health Care Sector*, Springer, 2004.

Faure, Michael and Hartlief, Ton (eds.), *Financial Compensation for Victims of Catastrophes: A Comparative Legal Approach*, Springer, 2006.

Faure, Michael and Koziol, Helmut (eds.), *Cases on Medical Malpractice in a Comparative Perspective*, Springer, 2001.

Faure, Michael and Verheij, Albert (eds.), *Shifts in Compensation for Environmental Damage*, Springer, 2007.

Fenyves, Attila, Kissling, Christa, Perner, Stefan, Rubin, Daniel (eds.), *Compulsory Liability Insurance from a European Perspective*, De Gruyter, 2016.

Friedman, Lawrence M., *American Law in the 20th Century*, Yale University Press, 2002.

Harris, Donald et al., *Compensation and Support for Illness and Injury*, Clarendon Press, 1984.

Huber, Peter W., *Liability: The Legal Revolution and Its Consequences*, Basic Books, 1988.

Ison, Terence G. (ed.), *Accident Compensation: A Commentary on the New Zealand Scheme*, Croom Helm, 1980.

——*The Forensic Lottery: A Critique on Tort Liability as a System of Personal Injury Compensation*, Staples Press, 1967.

Keeton, R. and O'Connell, Jeffrey, *Basic Protection for the Traffic Accident Victim: A Blueprint for Reforming Automobile Insurance*, Little Brown, 1965.

Klosse, Saskia and Hartlief, Ton (eds.), *Shifts in Compensating Work-Related Injuries and Diseases*, Springer, 2007.

Koch, Bernard A. (ed.), *Medical Liability in Europe: A Comparison of Selected Jurisdictions*, De Gruyter, 2011.

Koch, Bernard A. and Koziol, Helmut (eds.), *Compensation for Personal Injury in a Comparative Perspective*, Springer, 2002.

Koenig, Thomas H. & Rustad, Michael L. , *In Defense of Tort Law*, New York University Press, 2001.

Macleod, Sonia, Hodges, Christopher, *Redress Schemes for Personal Injuries*, Hart Publishing, 2017.

Magnus, Ulrich (ed.), *The Impact of Social Security Law on Tort Law*, Springer, 2003.

Merkin, Robert M. , Steele, Jenny, *Insurance and the Law of Obligations*, Oxford University Press, 2013.

Miers, David, *Criminal Injuries Compensation, State and Offender Compensation for Violent Crime*, Oxford University Press, 2018.

Nolan, Virginia E. & Ursin, Edmund, *Understanding Enterprise Liability: Rethinking Tort Reform for the Twenty-first Century*, Temple University Press, 1995.

Oliphant, Ken, Wagner, Gerhard (eds.), *Employers' Liability and Workers' Compensation*, De Gruyter, 2012.

Oliphant, Ken, Wright, Richard W. (eds.), *Medical Malpractice and Compensation in Global Perspective*, De Gruyter, 2013.

Palmer, G. , *Compensation for Incapacity*, Oxford University Press, 1979.

Shapo, Marshall S. , *An Injury Law Constitution*, Oxford University Press, 2012

Sugarman, Stephen D. , *Doing Away with Personal Injury Law, New Compensation Mechanisms for Victims, Consumers, and Business*, Quorum Books, 1989.

Taylor, Simon, *Medical Accident Liability and Redress in English and French Law*, Cambridge University Press, 2015.

Todd, Stephen etc. , *The Law of Torts in New Zealand*, 4th. ed. , Brooks Ltd. , 2005.

van Boom, Willem H. & Faure, Michael (eds.), *Shift in Compensation Between Private and Public Systems*, Springer, 2007.

van Boom, Willem H. , Lukas, Meinhard, and Kissling, Christa (eds.), *Tort Law and Regulatory Law*, Springer, 2007.

Vansweevelt, Thierry, Weyts, Britt (eds.), *Compensation Funds in Comparative Perspective*, Intersentia, 2020.

Vines, Prue, Akkermans, Arno (eds.), *Unexpected Consequences of Compensation Law*, Hart Publishing, 2020.

Wagner, Gerhard (ed.), *Tort Law and Liability Insurance*, Springer, 2005.

White, G. Edward, *Tort Law in America: An Intellectual History* (expanded edition), Oxford University Press, 2003.

四、英文论文

Abel, R., "A Critique of Torts", 37 *UCLA Law Review* 785 (1990).

— "The Real Tort Crisis-Too Few Claims", 68 *Ohio State Law Journal* 443 (1987).

Abraham, Kenneth S., "Twenty-First-Century Insurance and Loss Distribution in Tort Law", in Madden, Stuart (ed.), *Exploring Tort Law*, Cambridge University Press, 2005.

Apolinsky, Joanna B. and Van Detta, Jeffrey A., Rethinking Liability for Vaccine Injury, 19 *Cornell Journal of Law & Public Policy* 537 (2010).

Armstrong, Kirsten & Tess, Daniel, "Fault versus No Fault- Reviewing the International Evidence", *The Institute of Actuaries of Australia 16th General Insurance Seminar 9-12* November 2008, Coolum, Australia.

Atiyah, P. S., "No-Fault Compensation: A Question That Will Not Go Away", 1980 *Insurance Law Journal* 625 (1980)/ 54 *Tulane Law Review* 271 (1979-1980).

Barnard, L., "The Relationship Between Compensation in Tort and the Accident Compensation System", 1990 *New Zealand Recent Law Review* 162 (1990).

Bartrip, Peter, "No-Fault Compensation on the Road in Twentieth Century Britain", 69 *Cambridge Law Journal* 263 (2010).

Brown, Craig, "A Choice of Choice: Adding Postaccident Choice to the Menu of No-Fault Models", 26 *San Diego Law Review* 1095 (1989).

—"Deterrence and Accident Compensation Schemes", 17 *University of Western Ontario Law Review* 111 (1979).

—"Deterrence in Tort and No-Fault: The New Zealand Experience", 73 *California Law Review* 976 (1985).

Calabresi, Guido, "Some Thoughts on Risk Distribution and the Law of Torts", 70 *Yale Law Journal* 499 (1961).

Coleman, Jules, "Doing Away with Tort Law", 41 *Loyola Law Review* 1149 (2008).

Cooter, Robert & Sugarman, Stephen D., "A Regulated Market in Unmatured Tort Claims: Tort Reform by Contract", 37 *Proceedings of the Academy of Social Science* 174 (1988).

Dewees, Don and Trebilcock, Michael J., "The Efficacy of the Tort System and Its Alternatives: A Review of Empirical Evidence", 30 *Osgoode Hall Law Journal* 57 (1992).

Douglas, Thomas, "Medical Injury Compensation: Beyond 'No-Fault'", 17 *Medical Law Review* 30 (2009).

Dufwa, Bill W., "Alternative Compensation Systems: Personal injuries", http://www.aida.org.uk/worldcongress02/theme1a_generalreport.doc.

Delany, Louise, "Accident Rehabilitation and Compensation Bill: A Feminist Assessment", 22 *Victoria University of Wellington Law Review* 56 (1992).

von Eyben, Bo, "Alternative Compensation Systems", 41 *Scandinavian Studies in Law* 193 (2001).

Engstrom, Nora Freeman, "An Alternative Explanation for No-Fault's 'Demise'", 61 *DePaul Law Review* 303 (2012).

Faure, M. G., "Alternative Compensation Mechanisms as Remedies for Uninsurability of Liability", *The Geneva Papers on Risk and Insurance Theory*, 29 (3), 455-89 (2004).

Field, Andrew, "There Must Be a Better Way: Personal Injuries Compensation Since the Crisis in Insurance", 13 *Deakin Law Review* 67 (2008).

Fiore, Karine, "No-fault Compensation Systems", in Michael Faure (ed.), Tort Law and Economics, Edward Elgar Publishing Ltd. (2009).

Fleming, John G., "Is There a Future for Tort", 44 *Louisiana Law Review* 1193 (1984).

——"The Pearson Report: 'Its Strategy'", 42 *Modern Law Review* 249 (1979).

Franklin, Marc A., "Personal Injury Accident in New Zealand and the United States: Some Striking Similarities", 27 *Stanford Law Review* 3 (1975).

——"Replacing the Negligence Lottery: Compensation and Selective Reimbursement", 53 *Virginia Law Review* 774 (1967).

Galanter, Marc, "Real World Torts: An Antidote to Anecdote", 55 *Modern Law Review* 1093 (1996).

Gaskins, Richard, "Accounting for Accidents, Social Costs of Personal Injuries", 41 *Victoria U. Wellington Law Review*. 37 (2010).

——"Recalling the Future of ACC", 31 *Victoria University of Wellington Law Review* 215 (2000).

——"Tort Reform in the Welfare State: The New Zealand Accident Compensation Act", 18 *Osgoode Hall Law Journal* 238 (1980).

Gellhorn, Walter, "Medical Malpractice Litigation (U. S.) v. Medical Mishap Compensation (N. Z.)", 73 *Cornell Law Review* 170 (1987-1988).

Gilman, Gail S., "The Accident Compensation Act of 1972: No-Fault Compensation for Personal Injury in New Zealand", 3 *Suffolk Transnational Law Journal* 203 (1979).

Goldberg, Richard, Vaccine Damage Schemes in the US and UK Reappraised: Making them Fit for Purpose in the Light of Covid-19, 42 *Legal Studies* 576 (2022).

Graham, Kyle, "Why Torts Die", 35 *Florida State University Law Review* 359 (2007-2008).

Greer, D. S., "No-Fault Compensation for Personal Injuries Arising from Road Accidents: Developments in the United States", 21 *Anglo-American Law Review* 221 (1992).

Hasson, R. A., "The Pearson Report: Something for Everyone?", 6 *British Journal of Law and Society* 119 (1979).

Hellner, Jan, "Compensation for Personal Injuries in Sweden—A Reconsidered View", 41 *Scandinavian Studies in Law* 249 (2001).

Henderson, James A., "The New Zealand Accident Compensation Reform", 48 *University of Chicago Law Review* 781 (1981).

Hitzhusen, Matthew, "Crisis and Reform: Is New Zealand's No-fault Compensation System a Reasonable Alternative to the Medical Malpractice Crisis in the United States?", 22 *Arizona Journal of International & Comparative Law* 849 (2005).

Hook, Maria, "New Zealand's Accident Compensation Scheme and Man-Made Disease", 39 *Victoria University of Wellington Law Review* 289 (2008-2009).

Ison, Terrence, "A Universal Plan of Compensation for Disablement", 13 *Industrial Law Journal (Juta)* 1333 (1992).

—"Changes to the Accident Compensation System: An International Perspective", 23 *Victoria University of Wellington Law Review* 25 (1993).

—"Rehabilitation Following Occupational Injury and Disease", 15 *Industrial Law Journal (Juta)* 1171 (1994).

—"The Calculation of Periodic Payments for Permanent Disability", 22 *Osgoode Hall Law Journal* 735 (1984).

—"The Politics of Reform in Personal Injury Compensation", 27 *University of Toronto Law Journal* 385 (1977).

—"The Significance of Experience Rating", 24 *Osgoode Hall Law Journal* 723 (1986).

—"Tort liability and social insurance", 19 *University of Toronto Law Journal* 614 (1969).

Jeffries, W. P. , "Alternative Dispute Resolution: The Advantages and Disadvantages from a Legal Viewpoint", 18 *Commonwealth Law Bulletin* 763 (1992).

Jørgensen, Stig, "The Decline and Fall of the Law of Torts", 18 *American Journal of Comparative Law* 39 (1970).

Keeler, John F. , "Social Insurance, Disability, and Personal Injury: A Retrospective View", 44 *University of Toronto Law Journal* 275 (1994).

Keeton, R. and O'Connell, Jeffrey, "Alternative Paths toward Nonfault Automobile Insurance", 71 *Columbia Law Review* 241 (1971).

King, Josephine Y. , "Accident Reparation: Reappraisal and Reform", 3 *Connecticut Law Review* 268 (1970-1971)

Klar, Lewis N. , "A Commentary on the New Zealand Accident Compensation Scheme", 26 *Alberta Law Review* 319 (1987-1988).

—"New Zealand's Accident Compensation Scheme: A Tort Lawyer's Perspective", 33 *University of Toronto Law Journal* 80 (1983).

Landes, Elisabeth M. , "Insurance, Liability, and Accidents: A Theoretical and Empirical Investigation of the Effect of No-Fault Accidents", 25 *Journal of Law and Economics* 49 (1982).

Locke, Laurence, "Adapting Workers' Compensation to the Special Problems of Occupational Disease", 9 *Harvard Environmental Law Review* 249 (1985).

Mahoney, Richard, "New Zealand's Accident Compensation Scheme: A Reassessment", 40 *American Journal of Comparative Law* 159(1992).

Matheson, Joan M. , "Compensation for Personal Injury in New Zealand: The Woodhouse Report", 18 *The International and Comparative Law Quarterly* 191 (1969).

McEwin, Ian R. , No-fault Compensation Systems, in Bouckaert, Boudewijn and De-Geest, Gerrit (eds.), *Encyclopedia of Law and Economics, Volume Ⅱ Civil Law and Economics*, Edward Elgar, 2000, pp. 735-763.

Merkin, Rob, "Tort, Insurance and Ideology: Further Thoughts", 75 *Modern Law Review* 301 (2012).

Miller, Richard S. , "An Analysis and Critique of the 1992 Changes to New Zealand's Accident Compensation Scheme", 52 *Maryland Law Review* 1070 (1993).

—"The Future of New Zealand's Accident Compensation Scheme", 11 *University of Hawai'i Law Review* 1 (1989).

Moinfar, Yasmin, "Pregnancy Following Failed Sterilisation under the Accident Compensation Scheme", 40 *Victoria University of Wellington Law Review* 805 (2009-2010).

Morgan, J., "Tort, Insurance and Incoherence", 67 *Modern Law Review* 384 (2004).

Nockleby, John T., Curreri, Shannon, "100 Years of Conflict: The Past and Future of Tort Retrenchment", 38 *Loyola of Los Angeles Law Review* 1021 (2004-2005).

O'Connell, Jeffrey, "A Draft Bill to Allow Choice between No-Fault and Fault-Based Auto Insurance", 27 *Harvard Journal on Legislation* 143 (1990).

—and Joost, Robert H., "A Model Bill Allowing Choice Between Auto Insurance Payable With and Without Regard to Fault", 51 *Ohio State Law Journal* 947 (1990).

—"A 'Neo No-Fault' Contract in Lieu of Tort: Preaccident Guarantees of Postaccident Settlement Offers", 73 *California Law Review* 898 (1985).

—"Alternatives to the Tort System for Personal Injury", 23 *San Diego Law Review* 17 (1986).

—"An Alternative to Abandoning Tort Liability: Elective No-Fault Insurance for Many Kinds of Injuries", 60 *Minnesota Law Review* 501 (1975-1976).

—"Expanding No-fault Beyond Auto Insurance: Some Proposals", 59 *Virginia Law Review* 749-829 (1973).

—and Joost, Robert H., "Giving Motorists a Choice between Fault and No-Fault Insurance", 72 *Virginia Law Review* 61 (1986).

—and Linehan, John, "Neo No-Fault Early Offers: A Workable Compromise Between First and Third-Party Insurance (with)", 41 *Gonzaga Law Review* 103 (2005/06).

—"No-Fault Insurance for all Accidents", 13 *Osgoode Hall Law Journal* 461 (1975).

—and Tenser, Charles, "North America's Most Ambitious No-Fault Law: Quebec's Auto Insurance Act", 24 *San Diego Law Review* 917 (1987).

—"Operation of No-Fault Auto Laws: A Survey of the Surveys", 56 *Nebraska Law Review* 23 (1977).

—and Martin, Joanne, "The Impact That It Has Had Is Between People's Ears: Tort Reform, Mass Culture, and Plaintiffs' Lawyers", 50 *DePaul Law Review* 453 (2000).

Ogus, A. I., Corfield, P., Harris, D. R., "Pearson: Principled Reform or Political Compromise?", 7 *Industrial Law Journal* 143 (1978).

Oliphant, Ken, "Accident Compensation in New Zealand", http://www.courdecassation.fr/IMG/File/pdf_2006/05-12-2006_assurance/05-12-06_ken_oliphant-en.pdf.

—"Beyond Misadventure: Compensation for Medical Injuries in New Zealand", 15 *Med-*

ical Law Review 357 (2007).

——"Defining 'Medical Misadventure' Lessons from New Zealand", 4 Medical Law Review 31 (1996).

——"Landmarks of No-Fault in the Common Law", in Willem H. van Boom & Michael Faure (eds.), Shift in Compensation Between Private and Public Systems, Springer, 2007.

Page, Joseph A., "Book Review: Deforming Tort Reform", 78 Georgetown Law Journal 649 (1990).

Palmer, Geoffrey, "Abolishing the Personal Injury Tort System: The New Zealand Experience", 9 Alberta Law Review 169 (1971).

——"Accident Compensation in New Zealand: Looking Back and Looking Forward", 2008 New Zealand Law Review 81 (2008).

——"Accident Compensation in New Zealand: The First Two Years", 25 The American Journal of Comparative Law 1 (1977).

——"Compensation for Personal Injury: A Requiem for the Common Law in New Zealand", 21 The American Journal of Comparative Law 1 (1973).

——"New Zealand's Accident Compensation Scheme: Twenty Years On", 44 University of Toronto Law Journal 223 (1994).

——"The Design of Compensation Systems: Tort Principles rule, O. K. ?", 29 Valparaiso University Law Review 1115 (1994-1995).

——and Lemons, Edward J., "Towards the Disappearance of Tort Law: New Zealand's New Compensation Plan", 1972 University of Illinois Law Forum 693 (1972).

Pierce, Richard J., Jr., "Encourage Safety: The Limits of Tort Law and Government Regulation", 33 Vanderbilt Law Review 1281 (1980).

Priest, George L., "The Invention of Enterprise Liability: A Critical History of the Intellectual Foundations of Modern Tort Law", 14 Journal of Legal Studies 461 (1985).

Rabin, Robert, "Some Reflections on the Process of Tort Reform", 25 University of San Diego Law Review 13 (1988).

Rajneri, Eleonora, "Remedies for Damage Caused by Vaccines——A Comparative Study of Four European Legal Systems", European Review of Private Law, (2018) 26 Issue 1, pp. 57-95.

Rennie, Don, "Planned Changes to the New Zealand Accident Compensation Scheme", 18 Commonwealth Law Bulletin 768 (1992).

Rohrer, Yvonne Vampfler, "Accident Compensation in Swiss and New Zealand Law: Some Selected Issued that Undermine the Purpose in Both Scheme", *Victoria University of Wellington Dissertation*, 2009.

Sappideen, Carolyn, "No Fault Comepensation for Medical Misadventure—Australian Expression of Interest", 9 *Journal of Contemporary Health Law and Policy* 311 (1993).

Shapo, Marshall S., "In the Looking Glass: What Torts Scholarship Can Teach Us about the American Experience", 89 *Northwestern Law Review* 1567 (1995).

Schultz, Mårten, "Questioning the Questionnaire: The Unheard Message from Scandinavian Tort Law", 50 *Scandinavian Studies in Law* 290 (2007).

Schwartz, Gary T., "Auto No-Fault and First-Party Insurance: Advantages and Problems", 73 *Southern California Law Review* 611 (1999-2000).

—"Reality in the Economic Analysis of Tort Law: Does Tort Law Really Deter?", 42 *UCLA Law Review* 377 (1994).

Solender, Ellen K., "New Zealand's No-Fault Accident Compensation Scheme Has Some Unintended Consequences: A Caution to U.S. Reformers", 27 *The International Lawyer* 91 (1993).

Stapleton, Jane, "Compensating the Victims of Diseases", 5 *Oxford Journal of Legal Studies* 248 (1985).

—"Tort, Insurance and Ideology", 58 *Modern Law Review* 820 (1995).

Stewart, Richard B., "Crisis in Tort Law: The Institutional Perspective", 54 *University of Chicago Law Review* 184 (1987).

Stritch, Andrew, "Competition and Compensation: The Privatization of ACC", 11 *Social Policy Journal of New Zealand* 67 (1998).

Strömbäck, Erland, "Personal Injury Compensation in Sweden Today", 38 *Scandinavian Studies in Law* 431 (1999).

Sugarman, Stephen D., "A Century of Change in Personal Injury Law", 88 *California Law Review* 2403 (2000).

—"Choosing among Systems of Auto Insurance for Personal Injury", 26 *San Diego Law Review* 977 (1989).

—"Doing Away with Tort Law", 73 *California Law Review* 555 (1985).

—"Pay-At-The-Pump Auto Insurance—The Vehicle Injury Plan (VIP) for Better Compensation, Fairer Funding, and Greater Safety", 13 *Journal of Policy Analysis and Management* 363 (1994).

——"Quebec's Comprehensive Auto No-Fault Scheme and the Failure of Any of the United States to Follow", 39 *C. de D.* 303 (1998), Available at: http://scholarship.law.berkeley.edu/facpubs/908.

——"Serious Tort Law Reform", 24 *San Diego Law Review* 796 (1987).

——"Tort Reform Through Damages Law Reform: An American Perspective", 27 *Sydney Law Review* 507 (2005).

Tobin, Rosemary, Schoeman, Elsabe, "The New Zealand Accident Compensation Scheme: The Statutory Bar and the Conflict of Laws", 52 *The American Journal of Comparative Law* 493 (2005).

Todd, Stephen, "A New Zealand Perspective on Exemplary Damages", 33 *Common Law World Review* 255 (2004).

——"Exemplary Damages", 18 *New Zealand Universities Law Review* 145 (1998).

——"Forty Years of Accident Compensation in New Zealand", 28 *Thomas M. Cooley Law Review* 189 (2011).

——"Negligence Liability for Personal Injury: A Perspective from New Zealand", 25 *University of New South Wales Law Journal* 895 (2002).

——"Privatization of Accident Compensation: Policy And Politics In New Zealand", 39 *Washburn Law Journal* 404 (2000).

Trebilcock, Michael J., "Incentive Issues in the Design of 'No-Fault' Compensation Systems", 39 *University of Toronto Law Journal* 19 (1989).

——"The Social Insurance-Deterrence Dilemma of Modern North American Tort Law: A Canadian Perspective on the Liability Insurance Crisis", 24 *San Diego Law Review* 929 (1987).

Weinrib, Ernest J., "Corrective Justice in a Nutshell", 52 *University of Toronto Law Journal* 349 (2002).

——"Does Tort Law Have a Future?", 34 *Valpraiso University Law Review* 561 (2000).

Witt, John Fabian, "Toward a New History of American Accident Law", 114 *Harvard Law Review* 690 (2001).

专题论坛

"Symposium: Looking Back at Accident Compensation: Finding Lessons for the Future", 34 *Victoria University of Wellington Law Review* 189-467 (2003).

——Woodhouse, Owen, "Opening Remarks", 34 *Victoria U. Wellington L. Rev.* 189.

——McKenzie, Peter, "The Compensation Scheme No One Asked For", 34 *Victoria U.*

Wellington L. Rev. 193.

—Easton, Brian, "The Historical Context of the Woodhouse Commission", 34 Victoria U. Wellington L. Rev. 207.

—Gaskins, Richard, "The Fate of No-Fault in America", 34 Victoria U. Wellington L. Rev. 213.

—Palmer, Geoffrey, "The Nineteen-Seventies: Summary for Presentation to the Accident Compensation Symposium", 34 Victoria U. Wellington L. Rev. 239.

—Martin, John R., "Establishment of the Accident Compensation Commission 1973: Administrative Challenges", 34 Victoria U. Wellington L. Rev. 249.

—McClure, Margaret, "A Decade of Confusion: The Differing Directions of Social Security and Accident Compensation 1969-1979", 34 Victoria U. Wellington L. Rev. 269.

—Luntz, Harold, "Looking Back at Accident Compensation: An Australian Perspective", 34 Victoria U. Wellington L. Rev. 279.

—Keith, Kenneth, "The Law Commission's 1988 Report on Accident Compensation", 34 Victoria U. Wellington L. Rev. 293.

—Wilkinson, Bryce, "The Accident Compensation Scheme: A Case Study in Public Policy Failure", 34 Victoria U. Wellington L. Rev. 313.

—Rennie, Don, "Administering Accident Compensation in the 1980s", 34 Victoria U. Wellington L. Rev. 329.

—Stephens, Robert, "The Economic and Social Context for the Changes in Accident Compensation", 34 Victoria U. Wellington L. Rev. 351.

—Duffy, Ailsa, "The Common-Law Response to the Accident Compensation Scheme", 34 Victoria U. Wellington L. Rev. 367.

—Wilson, Ross, "1990s-Decade of Change", 34 Victoria U. Wellington L. Rev. 387.

—Caygill, David, "1990s: Decade of Change", 34 Victoria U. Wellington L. Rev. 395.

—Miller, John, "Trends in Personal Injury Litigation: The 1990s", 34 Victoria U. Wellington L. Rev. 407.

—Evans, Lewis; Quigley, Neil, "Accident Compensation: The Role of Incentives, Consumer Choice and Competition", 34 Victoria U. Wellington L. Rev. 423.

—Duncan, Grant, "Moral Hazard and Medical Assessment", 34 Victoria U. Wellington L. Rev. 433.

—St. John, Susan, "Summary", 34 Victoria U. Wellington L. Rev. 443.

—Clayton, Alan, "Some Reflections on the Woodhouse and ACC Legacy Summary Panel", 34 *Victoria U. Wellington L. Rev.* 449.

—Dyson, Ruth, "Summary", 34 *Victoria U. Wellington L. Rev.* 465.

"Symposium: The Origins of ACC", 35 *Victoria University of Wellington Law Review* 775-974 (2004).

—Dyson, Ruth, "The Future of Accident Compensation: New Directions and Visions", 35 *Victoria U. Wellington L. Rev.* 775.

—St. John, Susan, "Reassessing the Links with Health and the Welfare State", 35 *Victoria U. Wellington L. Rev.* 779.

—Stephens, Robert, "Horizontal Equity for Disabled People: Incapacity from Accident or Illness", 35 *Victoria U. Wellington L. Rev.* 783.

—Duncan, Grant, "Advancing in Employment: The Way Forward for Vocational Rehabilitation", 35 *Victoria U. Wellington L. Rev.* 801.

—Butler, Petra, "A Brief Introduction to Medical Misadventure", 35 *Victoria U. Wellington L. Rev.* 811.

—Easton, Brian, "Ending Fault in Accident Compensation: Issues and Lessons from Medical Misadventure", 35 *Victoria U. Wellington L. Rev.* 821.

—Roberts, Peter, "Policy to Protection: The Role of Human Nature and System Nature in Preventing Patient Injury", 35 *Victoria U. Wellington L. Rev.* 829.

—Howell, Bronwyn, "Medical Misadventure and Accident Compensation in New Zealand: An Incentives-Based Analysis", 35 *Victoria U. Wellington L. Rev.* 857.

—Luntz, Harold, "The Australian Picture", 35 *Victoria U. Wellington L. Rev.* 879.

—Palmer, Geoffrey, "The Future of Community Responsiblity", 35 *Victoria U. Wellington L. Rev.* 905.

—Oliphant, Ken, "Beyond Woodhouse: Devising New Principles for Determining ACC Boundary Issues", 35 *Victoria U. Wellington L. Rev.* 915.

—Wilson, Ross, "Prevention Strategies: New Departures—A Union Perspective", 35 *Victoria U. Wellington L. Rev.* 937.

—Gaskins, Richard, "New Dynamics of Risk and Resonsibility: Expanding the Vision for Accident Compensation", 35 *Victoria U. Wellington L. Rev.* 951.

—Wilson, Garry, "ACC and Community Responsibility", 35 *Victoria U. Wellington L. Rev.* 969.

"Accident Compensation Symposium", 2008 *New Zealand Law Review* 1-140 (2008).

—"Accident Compensation Symposium Note", 2008 *N. Z. L. Rev.* 1.

—Wilson, Ross, "The Woodhouse Vision—40 Years in Practice", 2008 *N. Z. L. Rev.*

3.

—Gaskins, Richard, "Reading Woodhouse for the Twenty-First Century", 2008 *N. Z. L. Rev.* 11.

—Armstrong, Hazel, "Vocational Rehabilitation and Long-Term Claims", 2008 *N. Z. L. Rev.* 21.

—Duncan, Grant, "Boundary Disputes in the ACC Scheme and the No-Fault Principle", 2008 *N. Z. L. Rev.* 27.

—Tobin, Rosemary, "Common Law Actions on the Margin", 2008 *N. Z. L. Rev.* 37.

—McLay, Geoff, "Accident Compensation—What's the Common Law Got to Do With It", 2008 *N. Z. L. Rev.* 55.

—Palmer, Geoffrey, "Accident Compensation in New Zealand: Looking Back and Looking Forward", 2008 *N. Z. L. Rev.* 81.

—Luntz, Harold, "A View from Abroad", 2008 *N. Z. L. Rev.* 97.

—Thomas, E W, "Tribute to Sir Owen Woodhouse Comment", 2008 *N. Z. L. Rev.* 129.

—Woodhouse, Owen, "ACC Anniversary: Closing Remarks Comment", 2008 *N. Z. L. Rev.* 137.

五、英文法律报告

American Law Institute, *Enterprise Responsibility for Personal Injury*, Vol. 1, The Institutional Framework, 1991.

Anderson, James M., Heaton, Paul and Carroll, Stephen J., *The U. S. Experience with No-Fault Automobile Insurance*, Institute for Civil Justice, Rand Corporation, 2010.

Anne-Maree Farrell, Sarah Devaney and Amber Dar, *No-Fault Compensation Schemes for Medical Injury: A Review*, Scottish Government Social Research, 2010.

Australian National Rehabilitation and Compensation Committee of Inquiry, *Compensation and Rehabilitation in Australia: Report of the National Committee of Inquiry*, Australian Government Publishing Service, 1974.

Beveridge, William H., *Social Insurance and Allied Services: Report Presented to Parliament*, HMSO, 1942.

Drabsch, Talina, *No Fault Compensation*, New South Wales Parliamentary Library Research Service Briefing Paper No. 6/05, 2005.

Hensler, Deborah R., Marquis, M. Susan, Abrahamse, Allan F., Berry, Sandra H.,

Ebener, Patricia A. et al., *Compensation for Accidental Injuries in the United States*, Institute for Civil Justice, Rand Corporation, 1991.

No Fault Compensation Review Group, *Report and Recommendations*, Volume I, 2011.

Royal Commission on Civil Liability and Compensation for Personal Injury (The Pearson Commission), *Report*, Vol. Ⅰ-Ⅲ, HMSO (Cmnd. 7054), 1978.

Royal Commission of Inquiry, *Report on Compensation for Personal Injury in New Zealand (The Woodhouse Report)*, Wellington, 1967.

六、日文文献

加藤一郎、森島昭夫、西島梅治、西原道雄、加藤雅信「シンポジュウム被害者救済システムの展望」ジュリスト619号(1979年)。

加藤雅信「損害賠償制度の将来構想」『新・損害賠償法講座(第一巻)』(日本評論社、1997年)。

加藤雅信「損害賠償制度の展開と『総合救済システム』論」ジュリスト987号(1991年)。

加藤雅信『事務管理・不当利得・不法行為(新民法大系Ⅴ第二版)』(有斐閣、2005年)。

加藤雅信『損害賠償から社会保障へ』(三省堂、1989年)。

四宮和夫『事務管理・不当利得・不法行為(中巻)』(青林書院新社、1983年)。

平井宜雄『債権各論Ⅱ不法行為』(弘文堂、1992年)。

石原治『不法行為改革』(勁草書房、1996年)。

吉田邦彦「法的思考・実践的推論と不法行為訴訟(上中下)」ジュリスト997—999号(1992年)。

吉村良一「不法行為法と『市民法論』」法の科学12号(1984年)。

吉村良一「責任原理と環境公害被害の救済」環境と公害38巻3号(2009年)。

吉村良一『不法行為法(第6版)』(有斐閣、2022年)。

吉村良一ほか『新・環境法入門』(法律文化社、2007年)。

宇佐見大司「総合救済システム論」法律時報65巻10号(1993年)。

佐々木一彦「他人性・好意同乗」『新・損害賠償法講座(第五巻)』(日本評論社、1997年)。

淡路剛久「スタルク教授の民事責任論—『保障理論』を中心にして」日仏法学10号(1979年)。

棚瀬孝雄「不法行為責任の道徳的基礎」『現代の不法行為法』(有斐閣、1994年)。

森島昭夫『不法行為法講義』(有斐閣、1987年)。

鈴木美弥子「東京大気汚染訴訟判決について—自動車メーカーの責任を中心に」《環

境・公害法の理論と実践》(日本評论社、2004年)。

窪田充見「不法行為と制裁」磯村保ほか編集『民法学の課題と展望：石田喜久夫先生古稀記念』(成文堂、2000年)。

廣峰正子「民事責任における抑制と制裁(1)—フランスにおける民事罰概念の生成と展開をてがかりに」立命館法学297号(2005年)。

樋口範雄「不法行為制度の危機と改革の意義」ジュリスト987号(1991年)。

后 记

本书是我主持的 2009 年度教育部人文社会科学研究青年基金项目（09YJC820006）的最终结项成果，在各位青年同侪的协力下于 2014 年顺利完成结项。之后与北京大学出版社签署了出版协议。本计划在一年内完成资料更新，并就中国法的制度现状和设计进行补充完善，奈何个人慵懒，文稿修订时断时续，延宕至今，自己也从青年变成了两鬓染白的中年人。其间各国的意外事故救济制度，尤其是新西兰的意外事故补偿立法又根据其国内形势发展进行了多次修订，条文内容也出现了较大变化，而国内也出现了诸多关于侵权法和责任保险、社会保障等的相互关系的新作品，使得文稿的修订工作日益繁重。鉴于国内意外事故牵涉的诸多体制仍缺乏统一设计，相关制度和理论的牵连关系千头万绪，短期内难以梳理清楚，本书最终舍弃了对国内部分的总结和分析，留待日后补叙。本书更多地是从历史和比较的视角，从理论和实践的不同层面入手，就意外事故所导致的人身伤害的综合救济机制在代表性国家的展开乃至挫折，描绘了一幅波澜壮阔的图卷。在当下侵权法危机论和意外事故综合救济理论日渐退却的背景下，尤其是英美的三位主要旗手 Jeffrey O'Connell、P. S. Atiyah、Stephan Sugarmann 相继于 2013 年、2018 年、2021 年去世，除新西兰和瑞典分别维持着意外事故综合救济体制和人身伤害的综合性无过错体制外，各国在意外事故救济制度的设计上仍基本保持着既有的多元分散救济路径。囿于语言局限和最新资料的匮乏，本书在最后的修订完善中主要对新西兰和澳大利亚的最新立法进行了补充更新，部分网络文献因为时间久远已经无法打开，为保持叙述的流畅，仍保留了原初引用。意外事故的多元救济机制是一个牵涉多学科的综合话题，如果本书能对国内相关理论和实践的发展提供有益的借鉴，当幸甚哉！

本书写作分工如下：

引言、第一章、结语　王晓明（中国社会科学院法学博士、北京初亭律师事务所高级合伙人）、李昊（中南财经政法大学法学院教授）

第二章　　汪志刚（江西财经大学法学院教授）

第三章　　唐超（汕头大学法学院副教授）

第四章　　窦海阳（中国社会科学院法学研究所副研究员）

第五章　　张挺（杭州师范大学沈钧儒法学院副教授）

全书由李昊最后进行统稿和修订，中南财经政法大学研究生徐耀铭、李汶轩和唐成参与了本书所引法律文本和文献资料的更新及文稿校对工作，特此致谢。

李　昊

2023 年 10 月 28 日

于德国奥格斯堡